21世纪高等院校实验教学改革与创新系列教材

有机化学实验

主　　编　朱卫国　罗　虹

副 主 编　易　兵　张复兴　廖德仲　陈贞干　刘　煜

参编人员　阳年发　邓国军　陈朗秋　周诗彪　陈红飙
罗志强　沈　平　龚　行　张　劲　周　昕
党丽敏　杨　涛　张维庆　王晓娟　郑清云
桂陆军　何　军　申有名　魏传晚　梁　俊
廖云峰　梁　波

湘潭大学出版社

总　序

为了提高国家的持续发展能力、综合实力和国际竞争力，党中央、国务院提出构建创新型国家体系、增强自主创新能力的战略，鼓励创造，鼓励创新，特别是鼓励原始创新。创新的关键在人才，人才的成长靠教育。推动教育事业特别是高等教育事业的发展，培养和造就一大批基础扎实、具有创新精神和创新能力的高素质拔尖人才，是构建国家创新体系、建设创新型国家的基础。

正是在这样的背景下，湘潭大学出版社经过精心策划，组织实验教学一线的专家和教师编写了这套"21 世纪高等院校实验教学改革与创新系列教材"。实验教学是培养学生创新能力的基本途径，是培养高素质创新人才教学体系的重要组成部分。目前，对作为连接理论与实践的纽带和激发学生发现问题、研究问题、独立解决问题能力的重要环节——实践教学的研究，还显得相对不足；对如何进一步深化实验教学改革，创新实验教学方法、途径，以更好地发挥实验教学对培养学生创新思维与创造技能的平台作用方面的研究与探讨，尚待深入；已出版的实验教材还比较零散，不成体系和规模，高质量、高水平的实验教材建设与实验教学之间还存在一定的差距。随着科技的发展，各种实验手段、实验仪器不断更新，传统实验教学中的许多范例、方法，既不能体现与学科发展相适应的前沿性，也不能体现与产业相衔接的应用性，使许多实验教材严重滞后于实验教学的现实需要和教学改革的进程。要实现创新人才培养的重要目标，必须重视实验教学；而要实现教学目标，达到好的教学效果，则必须以实验教材为基础，必须有好的实验教材作支撑。因此，湘潭大学出版社出版的这套实验教学改革与创新系列教材就非常有意义。

这套教材最大的特点是融入了许多新的实验教学理念和教学方法，引入了新的实验手段与实验方法，尤其是增加了计算机技术在实验中的应用，有利于激发学生的学习兴趣，增强学生对现代高新技术的了解，具有一定的新颖性和前瞻性。教材范围涵盖了物理、化学、计算机、机械等几大传统学科专业，并注意区分了理科和工科教学过程中各自的侧重，做到了理工交融，也较好地实现了实践性与理论性、基础性与先进性、基本技能与学术视野、传统教学与开放教学的相互结合。好的实验教材既是实验教学成果的直接反映，也是先进的实验教学理念传播的重要载体。相信湘潭大学社出版的这套系列教材，能够为我们提供有益的借鉴，也相信广大教育理论研究者和教师，在不断推进实验教学改革与创新过程中，一定能够探索出新的经验，推出新的成果，编写出更多的精品教材，进一步推广先进的实验教学理念和教学方法，提升实验教学质量与水平，为培养高素质的创新人才，建设创新型国家作出新的贡献。

是为序。

罗和安

2009 年 3 月

前　言

有机化学实验是高等学校化学、材料化学、高分子材料与工程、应用化学、化学工程与工艺、制药工程、环境化学、生物学、农学、林学、药学等多个学科专业教学体系的重要组成部分;是培养学生良好的科学素养和娴熟的实验技能,提高学生发现问题和解决问题的能力,增强学生创新能力和实践能力的重要环节。

本书根据"高等学校基础课实验教学示范中心建设标准"、"厚基础、宽专业、大综合"的教学理念以及"理论性与实验性相结合、基础性与先进性相结合、基本技能与学术视野相结合"的指导原则,结合有机化学学科发展的最新成果和湖南省多所大学有机化学实验项目的特色,并吸收了湘潭大学化学学院有机化学教研室2002年编写的《有机化学实验》和国内外同类教材的优点编写而成。全书涵盖了有机化学实验基本知识、基本操作技术、色谱分离技术、波谱分析技术、基本操作实验、合成与制备实验、设计与创新性实验和附录等内容,共计70个实验,其中基本操作实验16个,合成与制备实验42个,设计与创新性实验12个。

本书具有四个特点:(1) 贯穿"循序渐进"的指导思想,凸显有机化学实验基础验证性、综合性、设计与创新性"三个层次",实验安排由简到繁,由单元技能训练到组合技能训练,循序渐进,逐步提高;(2) 增加物理性能、健康危害、燃爆危险和主要用途等知识的介绍,以帮助学生观察、理解实验现象,增强学生的安全意识;(3) 倡导有机化学实验绿色化的理念,对实验项目及某些实验的操作条件作了更新和改进,在保证实验现象明显、实验结果正确的前提下,降低试剂用量,以减少环境污染,并对实验过程产生的"三废"提供了必要的处理方法;(4) 附录列出了常用溶剂的纯化方法,方便教师和学生查阅。

本书由湘潭大学、南华大学、湖南工程学院、衡阳师范学院、湖南理工学院、湖南文理学院等学校的29位专家、老师共同编写完成。本书的出版参阅和借鉴了国内外有机化学实验教材的有关内容,同时得到了湘潭大学出版社的大力支持,以及湘潭大学教材出版基金、湖南省有机化学实验精品课程和湖南省普通高等学校教学改革研究项目的资助,在此不再一一列出,特深表谢意。

限于编者的学识水平和经验,本书难免存在错误和疏漏之处,恳请专家、读者批评指正,不吝赐教。

本书可作为高等学校化学、化工、生物、农学、林学和药学等多个学科专业的有机化学实验教材,也可供从事化学化工研究的科研人员参考。

编　者

2009年12月

目　录

第三章　色谱分离技术

第四章　波谱分析技术

第一章　有机化学实验基本知识

1.1　实验须知

有机化学是一门实验性很强的学科，它的理论来源于实验，且又依靠实验来验证。因此，有机化学实验课与有机化学理论课一样，一直是化学化工类专业学生不可缺少的必修课程，也是生物、农学、林学、药学等多个学科专业学生的重要基础课程。

有机化学实验课程的主要目的是：

(1) 使学生掌握有机化学实验的基本技能，学会正确选择有机化合物的合成，分离提纯和分析鉴定方法；

(2) 加深学生对有机化学基本理论和基本概念的理解，增强学生运用所学知识解决实际问题的能力；

(3) 养成学生实事求是的科学态度和良好的工作习惯；

(4) 培养学生的综合实验能力和创新精神。

有机化学实验安全尤为重要，如果操作不当，常会出现意外事故。为保证实验的正常进行，培养良好的实验作风，学生实验时必须做到：

(1) 严格遵守实验室的各项规章制度。

(2) 实验前须详细阅读实验内容，并按要求写好实验预习报告，否则不准进行实验。

(3) 严格按实验操作规程进行实验。如果不知道如何安全地进行实验操作，应向实验指导老师咨询。如发生意外事故，应立即向指导老师报告，切勿惊慌。

(4) 集中精力，仔细观察，积极思考，并如实做好实验记录。不得做与实验无关的事情，中途不得随意离开实验室。

(5) 保持实验室台面、地面的整洁。公共仪器和化学药品使用后，应立即归回原处；固体、液体废弃物应分类倒入指定的废弃物回收容器内，严禁倒入水槽和下水道，以免污染环境和堵塞管道；实验完成后，应及时关好水、电、气，整理好实验台面，清洗好仪器，并将仪器放回原处。

(6) 爱惜公共财产。节约水电，严格控制药品用量。实验过程中如损坏仪器，应立即向指导老师报告，并及时登记补领。

(7) 遵守实验秩序，保持实验室安静。

(8) 遵守实验结果报告制度。实验报告递交指导老师签字后，方可离开实验室。

(9) 遵守轮流值日制度。值日生应负责整理公用仪器和药品，打扫实验室卫生，处理废物，检查水、电、气是否关闭，并关好门窗。

1.2　安全常识

在有机化学实验室，经常要使用易燃溶剂、具有腐蚀性和毒性的化学药品、易爆物和易碎玻璃仪器，使用不当就可能发生爆炸、着火、中毒、灼伤、割伤和触电等事故，因此实验时应牢固树立安全无小事和安全第一的意识。只要采取适当的预防措施，遵循安全操作规程，就可以避免安全事故的发生。为了防止安全事故的发生和正确处理发生的安全事故，下面介绍一些必要的防范知识和预防措施。

1.2.1　一般原则

(1) 凡进入实验室做实验的人员，必须掌握安全使用化学药品的一般知识。

(2) 进入实验室前，应该了解实验使用的化学药品的危险性和毒害性，预计可能发生的危险，事先采取预防措施。

(3) 实验开始前，应检查仪器是否完整无损，装置是否正确；实验过程中，应注意仪器是否出现破裂、装置是否漏气和反应是否正常。

(4) 不能在无人看管的情况下进行有机化学实验。

(5) 化学药品不得随意散失、丢弃和携带出实验室，要用规定的容器储存化学药品，按规定处理废液、废渣、废瓶和有害气体，以免污染环境、影响身体健康和发生安全事故。

(6) 实验工作要做到有条不紊，决不容许匆匆忙忙，草率从事。要集中思想、开动脑筋，严格按操作规程开展实验。任何匆忙的举动都有可能产生事故。

(7) 当你或你的同伴在使用可燃液体时，要特别注意着火的危险性。在有充分的防护措施的条件下才能使用易爆、有毒和致癌的化学药品。

(8) 实验室严禁饮食、吸烟。

(9) 实验区域内严禁嬉戏、打闹和闲聊，不准在实验区域内随意跑动。

(10) 所有不安全的情形、不安全的行为和可能引起意外事故的任何状况，都要及时向指导教师报告。

(11) 能正确使用所有安全设施和防护设备(如灭火器、砂桶及急救箱)，并清楚它们的放置位置。

(12) 实验完毕，打扫卫生，关好水电门窗。

1.2.2　化学药品的危害与预防

预防化学药品的危害，要做到如下三点：

(1) 熟悉了解所用化学药品的毒性及防护措施。

(2) 按照特定的要求存放化学药品。

液体有机物在室温下都有较大的蒸气压，容易挥发到空气中造成危害，必须妥善存放。常温下的液体有机物应存放在小口颈的容器中，并随时盖好瓶盖或塞好塞子，严禁用广口容器(如烧杯、广口瓶)和量筒存放液体有机物，以减少液体有机物在空气中的挥发，使空气中的有机蒸气浓度降到最低限度。

固体有机物储存在广口容器内，以便取用。对于挥发度较大或容易吸湿潮解的固体有机物，要随时盖好瓶盖。

根据化学药品的性质，选用不同材质的器皿存放化学药品。如强碱性液体保存在有橡皮塞的玻璃瓶内（而不能采用玻璃塞），氢氟酸应存放在塑料瓶内。对光敏感的物质（如醚类有形成过氧化物的倾向），应存放在棕色玻璃瓶中，并用不透光的锡箔纸将外面包裹起来。

【注意】在任何情况下，决不能将化学药品存放在装食物或饮料的容器中。

装有易燃、易爆物的容器，应远离火源。对于有互相作用的药品应分门别类，分开存放。

一切储有化学药品的容器必须贴上耐久的标签，标签用不褪色的黑墨水书写，贴在清洁的地方。不要将新标签贴在原来的标签上，以免上层标签脱落后留下原来的标签而造成失误。为了防止标签腐蚀脱落，可在标签上涂一层熔融的固体石蜡。没有标签的药品在未检验确定以前不要使用，无法检验的药品按废弃物处理。

(3) 严格遵守实验操作规程。

回流和蒸馏操作要严防暴沸，反应装置要正确搭建，冷凝水要保持畅通，以防止蒸气逸出。冷却不了和冷却不完全的有害气体要用橡皮管接入风管（特别是低沸点的溶剂，更应如此），或经通风柜的通风井排出。

苯、四氯化碳、乙醚、硝基苯等溶剂的蒸气会使人中毒，它们虽有特殊气味，但久嗅会使人嗅觉迟钝，因此，应在通风良好的情况下使用这些溶剂。

在任何情况下，要根据有机化合物的性质和加热温度，正确选择电加热套、油浴、水浴和蒸气浴等加热方式，不可用火焰或电炉直接加热烧瓶里的有机化合物。

当附近有人使用易燃溶剂时，在任何情况下，不能有明火产生。使用易燃易爆的气体时（如氢气和乙炔），还应防止一切火星发生，如敲击、鞋钉摩擦、马达碳刷或电器开关时所产生的火花。

开启易挥发液体的瓶塞时，必须充分冷却后再开启。开启时瓶口必须指向无人处。如瓶塞不易开启时，必须注意瓶内储物的性质，切不可贸然加热或乱敲乱打。

(4) 按规定取用化学药品。

切勿直接用手取用，更不能用口去尝化学药品。有些药品（如苯、苯胺等）能透入皮肤，伤害人体，因此，在使用这些药品时，应戴橡皮手套，避免这些药品直接与皮肤接触，操作后立即洗手。

氰化物、高汞盐[如 $HgCl_2$ 和 $Hg(NO_3)_2$]、可溶性钡盐（$BaCl_2$）、重金属盐（如镉和铅盐）、三氧化二砷等剧毒药品，应妥善保管，使用时要特别小心，不得接触伤口或进入口内。

金属汞易挥发（通常加一层水保护），可通过呼吸道进入人体内，逐渐积累引起慢性中毒。取用汞时，应该在盛水的搪瓷盘上小心操作。一旦汞洒落在桌面或地上，必须尽可能收集起来，并用硫磺粉盖在洒落的地方，使汞变成不挥发的硫化汞。

钾、钠和白磷等暴露在空气中易燃烧，所以，钾、钠应保存在煤油中，白磷应保存在水中，取用时必须遵守操作规程，如用镊子取用。

1.2.3　火灾的预防与处理

1. 火灾的预防

在有机化学实验室中，各种易燃、易爆的化学药品的使用极为普遍，这些化学药品，有的易燃,有的自燃,有的相互间性质抵触,稍有不慎,很有可能酿成火灾事故。另外,实验要经常使用各类电气设备,个别情况下还有明火作业,有时需进行各种蒸馏、回流、萃取等典型操作,从而增大了实验室的火灾危险性。为了预防火灾的发生,应采取如下预防措施:

1)加强消防安全教育

对实验人员要进行细致的岗前消防安全教育,使他们了解国家的消防法律法规和各项规章制度,牢固树立消防安全意识,掌握基本的安全操作规程、防火常识、灭火方法和火灾情况下的自救常识。

2)加强易燃、易爆化学药品管理

有机化学实验室使用的化学药品多为易燃、易爆药品。这些药品由于性质活泼、稳定性差和挥发性强,极易诱发火灾爆炸事故。因此,加强化学药品储存的消防管理,断绝火灾发生的物质来源是有机化学实验室防火的重点。

常用的方法是严格执行分类、分项存放化学药品的原则,严防跑、冒、滴、漏现象的发生。实验室使用或制得的化学药品必须严格封闭保存,防止挥发或变质引发事故。任何化学药品放置于容器储存,必须贴上标签,发现异常情况应及时处理,不能乱丢、乱放和盲目使用。冰箱内严禁存放低闪点类液体,存放其他可燃液体时也应完全封闭,防止液体挥发遇冰箱启闭产生的火花而引发爆炸事故。存放危险药品的位置应避免日光照射,向阳的窗户等开口部位应有遮阳设施。

3)严格执行操作规程

有机化学实验室火灾大多数是由于违反操作规程或缺乏相应扑救措施引发的。因此,严格执行操作规程是做好实验室防火工作的最基本、最可靠的手段。

除此之外,还应注意以下事项:① 在进行蒸馏或回流操作时,必须预先放置沸石,防止溶液过热爆沸而冲出。若在加热中发现未放沸石时,则应停止加热,待溶液稍冷后再补放;② 避免用明火直接加热烧瓶,应根据所盛的化学药品和溶剂的沸点的高低选用水浴、油浴或电热包加热,并保证冷凝水畅通,以防止大量蒸气来不及冷凝而逸出;③ 严禁将实验残液随处乱倒,应回收、密闭后统一处理;④ 蒸馏和回流操作要保证整个系统严密不漏气,真空接引管的尾气应由通风橱排出;⑤ 常压操作,应使全套装置和大气相通,防止形成密闭体系;⑥ 减压操作,应选用圆底烧瓶,不可用锥形瓶,以免锥形瓶炸裂;⑦ 加压操作,应密切监视釜内压力,以免超过安全负荷;⑧ 久置的有机化合物如醚、共轭烯烃等物质因生成易爆炸的过氧化物,需特殊处理后方可使用。

4)严格用电管理

电气故障是发生火灾的重要原因之一。有机化学实验室各类电气设备较多,应严格管理。电气线路的铺设、电气设备的安装、保护和维修都应严格执行国家的有关标准,严禁私拉乱接电线,电气设备应做到人走电断,确保安全。经常使用易燃易爆气体和液体的实验室的电气设施应达到整体防爆要求。另外,电气设备及线路应及时检测和更新,避免带着隐患运转,养患成灾。

2. 火灾事故的处理

一旦不慎失火,切莫惊慌失措,应冷静、沉着,并立即采取各种相应措施,防止火势蔓延,以减少事故损失。如果火灾处于初起阶段,燃烧面积很小,自己有把握将火扑灭,就应立即采用最快速有效的方法将火扑灭。如果发现火灾的火势已很大,自己无力扑救,就应当立刻报警。

【注意】公安消防部门的报警电话号码是"119"，打报警电话应沉着镇定，清楚扼要说明起火地点（区、街、单位、楼栋名称等），燃烧的物质，火势情况等。同时应将自己的姓名及联系电话号码告诉报警台，以便随时联系。报警完毕，应派人在校门口或街道口等候，引导消防车迅速到达火灾现场灭火；同时，还应向学校保卫部门值班室报告。

灭火时应注意切断通向火场的电源和燃气源；同时应转移火场附近的易燃、易爆危险品，转移不了的应设法降温冷却。常采取的灭火方法有：

1）隔离灭火法

将燃烧物体与附近的可燃物质隔离或疏散开，使燃烧停止。

2）窒息灭火法

容器（如烧杯、烧瓶，热水漏斗等）发生的局部小火，可用石棉网、表面皿或木块等盖灭。有机溶剂在桌面或地面上局部蔓延燃烧时，可撒上细砂或用灭火毯（玻璃纤维布）、湿布扑灭。钾、钠等金属着火时，通常用干燥的细砂覆盖，严禁用水和四氯化碳灭火器灭火，以免导致猛烈的爆炸。衣服着火，可就地卧倒打滚焖熄火焰，切勿慌张奔跑，以免风助火势。邻近人员可用湿布、灭火毯等将着火处包裹，使火熄灭，也可就近用水龙头浇灭。

3）化学抑制灭火法

将足够数量的化学灭火剂喷射在燃烧物上，抑制和中断燃烧反应，达到灭火的目的。通常要根据着火物质的性质选用不同的灭火器灭火。下面介绍几种常用灭火器及其使用方法。

（1）二氧化碳灭火器：灭火器里装有压缩的液态二氧化碳（CO_2），适用于扑灭有机物和电器引起的火灾，但不能用于扑灭金属引起的火灾。使用时，一手提灭火器，一手握在喷 CO_2 喇叭筒的把手上，打开开关，即喷出 CO_2 气体。应注意，喇叭筒上的温度会随着喷出的 CO_2 气压的骤降而骤降，故手不能握在喇叭筒上，以免手被冻伤。CO_2 无毒害，使用后对周围环境无污染。

（2）泡沫灭火器：灭火器里分别装有碳酸氢钠与硫酸铝溶液。使用时，将筒身颠倒，两种溶液会立即混合、发生反应，生成有硫酸钠、氢氧化铝和大量 CO_2 组成的泡沫、泡沫随 CO_2 气压喷射而出，灭火时泡沫把燃烧物质包住，与空气隔绝而灭火。由于泡沫能导电，泡沫灭火器不能用于扑灭电器着火。另外，灭火后存在硫酸钠、氢氧化铝的污染，给火场清理工作带来麻烦，因此，一般非大火时不用泡沫灭火器。

（3）干粉灭火器：灭火器里装有压缩的二氧化碳和干粉。干粉是一种干燥的、易于流动的微细固体粉末，由能灭火的基料、防潮剂、流动促进剂、结块防止剂等添加剂组成。干粉灭火器主要是利用压缩的二氧化碳吹出干粉（主要含有碳酸氢钠或磷酸氢二铵）来灭火。主要适用于扑救石油、有机溶剂等易燃液体、可燃气体和电气设备的初起火灾。使用时，打开保险销，把喷管口对准火源，拉动拉环，干粉喷出灭火。

无论使用何种灭火器，都应将喷出口对准火焰底部，从火的四周开始向中心扑灭。

1.2.4　爆炸的预防与处理

1. 爆炸的起因

下列几种情况，常导致实验室发生爆炸事故：

（1）随意混合化学药品。如氧化剂和还原剂的混合物在受热、摩擦或撞击时容易发生爆炸。

（2）在密闭体系中进行常压蒸馏、回流等加热操作。

（3）在加压或减压实验中使用不耐压的玻璃仪器，气体钢瓶减压阀失灵。

（4）反应过于激烈而失去控制。

（5）易燃、易爆气体引发爆炸。如氢气、乙炔、烃类气体、煤气和有机蒸气等大量逸入空气，引起燃烧、爆炸。

（6）易爆化合物引发爆炸。如硝酸盐类、硝酸酯类、三碘化氮、芳香族多硝基化合物、乙炔及其重金属盐、重氮盐、叠氮化物和有机过氧化物（如过氧乙醚和过氧酸）等，在受热或被敲击时会爆炸。强氧化剂与一些有机化合物接触，如乙醇和浓硝酸混合时会发生猛烈的爆炸反应。

2. 爆炸的预防措施

爆炸的毁坏力极大，必须严格加以防范。凡是有爆炸危险的实验，在教材中应该有具体的安全指导，必须严格按操作要求进行实验。此外，实验时要养成以下良好习惯：

（1）进行高压或减压实验时，使用防护屏或戴防护面罩。

（2）搬运钢瓶时使用钢瓶车。不得让易燃、易爆气体钢瓶在地上滚动，不得撞击钢瓶表头，更不得随意调换表头。

（3）使用或生成易燃、易爆气体（如氢气、乙炔等）时，在通风橱内或通风环境较好的区域进行，并严防烟火。

（4）使用或生成易爆物质时，预先了解易爆物质的性质，防患于未然。

1.2.5 化学灼伤的预防与处理

化学灼伤也是化学实验经常出现的安全事故，给人体带来的伤害主要包括眼睛灼伤和皮肤灼伤，因此，必须严加防范。

1. 化学灼伤事故的预防

（1）注意配戴护目镜（平光玻璃或有机玻璃眼镜），防止眼睛受刺激性气体熏染，防止任何化学药品特别是强酸、强碱、玻璃屑等异物进入眼内。

（2）禁止用手直接取用任何化学药品，使用有毒药品时除用药匙和量器外，还必须配戴橡皮手套，实验后马上清洗仪器用具，并立即用肥皂洗手。

（3）尽量避免吸入任何药品和溶剂的蒸气。处理具有刺激性的、恶臭的和有毒的化学药品时，如 H_2S、NO_2、Cl_2、Br_2、CO、SO_2、SO_3、HCl、HF、浓硝酸、发烟硫酸、浓盐酸和乙酰氯等，必须在通风橱中进行，并保持实验室通风良好。通风橱开启后，不要把头伸入橱内。

（4）禁止冒险品尝药品试剂，不得用鼻子直接嗅化学药品的气味。

（5）不要用乙醇等有机溶剂擦洗溅在皮肤上的药品，以免增加皮肤对药品的吸收速度。

2. 化学灼伤的急救

1）眼睛灼伤

眼睛里一旦溅入化学药品，应立即用大量水缓缓彻底冲洗。洗眼时要保持眼皮张开，可由他人帮助翻开眼睑，持续冲洗 15 min。忌用稀酸中和溅入眼内的碱性物质，反之亦然。对因溅入碱金属、溴、磷、浓酸、浓碱或其他刺激性物质的眼睛灼伤者，急救后必须迅速送往医院检查治疗。

2）皮肤灼伤

（1）酸灼伤：先用大量水冲洗，以免深度受伤，再用稀碳酸氢钠溶液或稀氨水浸洗，最后用水洗。

氢氟酸能腐烂指甲和骨头，滴在皮肤上，会导致痛苦的、难以治愈的烧伤。皮肤若被氢氟酸灼烧，应先用大量水冲洗 20 min 以上，再用冰冷的饱和硫酸镁溶液或 70％酒精浸洗 30 min 以上；或用大量水冲洗后，用肥皂水或 2％～5％ 碳酸氢钠溶液冲洗，再用 5％碳酸氢钠溶液湿敷。局部灼伤处可外用可的松软膏或紫草油软膏或硫酸镁糊剂涂敷处理。

（2）碱灼伤：先用大量水冲洗，再用 1％硼酸或 2％醋酸溶液浸洗，最后用水洗。

（3）溴灼伤：被溴灼伤后的伤口一般不易愈合，必须严加防范。凡使用溴时都必须预先配制好适量的 20％硫代硫酸钠溶液备用。一旦有溴沾到皮肤上，立即用硫代硫酸钠溶液冲洗，再用大量水冲洗干净，包上消毒纱布后就医。

（4）金属钠灼伤：皮肤上溅有钠时，先不能用水冲洗，须先用镊子移走钠屑，再用大量水冲洗，然后按碱灼伤处理。

【注意】在受上述灼伤后，若创面起水泡，均不宜把水泡挑破，以免感染。

1.2.6　中毒的预防与处理

1. 中毒的预防

人体中毒的途径有三种，即误服、皮肤沾染和经呼吸道摄入。预防中毒的最根本办法是：（1）预先查阅有关资料，对所使用的试剂的毒性有详细的了解；（2）药品取用后，立即盖好瓶盖，以防药品蒸气的大量挥发，并保持空气流通，使空气中的有毒气体的浓度降至允许浓度以下；（3）严格遵守操作规程，细心操作，防止皮肤沾染药品和药品的飞溅。

2. 中毒的处理

对于中毒事故，应视不同情况分别处理。

如果药品溅入口中，应立即吐出，并用大量水冲洗口腔。如果已经吞下，若为强碱或强酸，先需大量饮水稀释，然后根据酸碱性服用氢氧化铝膏或醋，最后服用鸡蛋白或牛奶。勿吃呕吐剂。

若发生毒气中毒事件，应区别症状的轻重，进行不同的处理。若中毒者感到有窒息、头昏、恶心等轻微中毒症状，应停止实验，到空气新鲜的地方做深呼吸，待恢复正常后，改善实验场所的通风状况再重新开始实验。若中毒者昏倒，应迅速将其抬到空气新鲜处平卧休息。若严重昏迷，或出现斑点、呕吐等症状，应及时送医院治疗。

1.2.7　割伤的预防与处理

1. 割伤的预防

容易造成割伤的三种情况：（1）切割玻璃管、玻璃棒时操作不当；（2）玻璃仪器口径不合而勉强连接或装配仪器用力过猛；（3）向软木塞、橡皮塞中插入温度计、玻璃管和玻璃棒时，塞孔太小，而手握在温度计、玻璃管或玻璃棒距离塞子太远的地方会导致温度计、玻璃管或玻璃棒断裂而割伤皮肤。

预防割伤的注意事项：（1）装配任何质脆易碎的玻璃仪器时用力都要适度，不得用力挤压或造成张力;(2) 向软木塞、橡皮塞中插入温度计、玻璃管和玻璃棒时,塞子的孔径要与温度计、玻璃管和玻璃棒的粗细吻合;(3) 玻璃管、玻璃棒的锋利切口必须在火中烧圆,玻璃管和玻璃棒上最好用几滴水或甘油润湿后,再用布包住用力部位轻轻旋入塞子,切不可用力过猛。

2. 割伤的处理

先取出伤口处的玻璃碎屑等异物,若伤口不大,可用蒸馏水洗净伤口,挤出一点血,涂上紫药水,撒上止血粉,再用消毒纱布包扎;也可在洗净的伤口上贴上"创可贴"止血。若伤口较大或割破了动脉血管,应以手按住或用绷带扎住血管靠近心脏的一端,以防止大量出血,并迅速送医院治疗。

为了方便处理实验室的安全事故,实验室应备有急救箱,并内置以下物品:(1) 绷带、纱布、药棉、橡皮塞、医用镊子和剪刀等;(2) 凡士林、灼伤油膏及消毒剂;(3) 2%醋酸、1%硼酸、1%碳酸氢钠、酒精、甘油、红汞和龙胆紫等。

1.2.8 用电安全

化学实验室使用仪器设备较多,一定要注意安全用电。违章用电常常导致仪器设备损坏、火灾,甚至造成人身伤亡等严重事故。为了保障人身安全,一定要遵守实验室的用电安全规则。

(1) 使用仪器设备时,应先了解其性能,按操作规程操作。实验前先检查仪器设备,再接通电源;实验结束后,先关闭仪器设备,再关闭电源。

(2) 若仪器设备发生过热现象或出现焦煳味时,应立即关闭电源。

(3) 实验室人员如离开实验室或遇突然断电,应关闭电源,尤其要关闭加热电器的电源开关。

(4) 电源或电器设备的保险丝烧断后,应先检查保险丝被烧断的原因,排除故障后再按原负荷更换合适的保险丝,不得随意加大或用其他金属线代替。

(5) 实验室内不能有裸露的电线头。如有裸露,应设置安全罩;需接地线的设备要按照规定接地,以免发生漏电、触电事故。

(6) 如遇触电事故,应立即切断电源,或用绝缘物体将电线与触电者分离,再实施抢救。

(7) 电源开关附近不得存放易燃、易爆物品或堆放杂物,以免引发火灾事故。

(8) 仪器设备或电源线路应由专业人员按规定装设,严禁超负荷用电;不准乱拉、乱接电线;严禁实验室内用电炉、电加热器取暖和非实验工作所需的用电。

(刘煜,朱卫国 供稿)

1.3 实验室废弃物的处理与环境保护

化学实验室产生的废弃物，大多数是有毒、有害物质，有些还是剧毒或致癌、致畸物质。其特点是数量少、种类多和变化大。不经处理直接排放到环境中，对环境危害很大。环境保护是可持续发展的重要内容和根本保障，人类的生存和发展离不开化学，更离不开环境。因此，化学实验室要规范废弃物的处理，以减少实验室废弃物对环境的污染。

1.3.1 化学废弃物的处理原则

实验室产生的化学废弃物主要包括废气、废液和废渣。一般数量少、种类多，应视特性分类收集、存放，集中处理。处理方法不但要操作简单、效率高、投资小，而且化学废弃物要尽可能综合利用。无法循环利用的，进行无害化处理后按环保要求排入环境。另一方面，实验教学要贯彻“绿色化学”思想，多选择一些低毒、污染小、后处理容易的实验项目，尽量不安排或少安排对环境污染大、毒性大、危害大和三废处理困难的实验项目，在源头上减少化学废弃物。

1.3.2 化学废弃物的收集与处理

1. 废气的收集与处理

通常实验室产生的废气种类和数量相对较少，一般可通过实验室的通风设施将其直接排入大气中，能够达到环保排放要求。但对于毒性较大且浓度高的废气，则应采取适当的措施，降低其毒性后再排出。例如 CO_2、NO_2、SO_2、Cl_2、H_2S 和 HF 等废气先用碱溶液吸收；NH_3用酸吸收；CO 先与 O_2 充分燃烧变成 CO_2，再用碱溶液吸收。废气须经吸收处理后排出。个别毒性很大或者数量多的废气，可参考工业废气处理方法，用吸附、吸收、氧化和分解等方法进行处理。

2. 废液的收集与处理

实验室产生的废液按成分分类，主要包括无机废液、有机废液和生化废液。其中无机废液中对环境污染较大的主要成分是重金属离子（如 Cr^{6+}、Pb^{2+}、Cd^{2+} 和 Hg^{2+}）、氰化物、砷化合物、废酸、废碱及其他无机离子等。有机废液中对环境污染较大的主要成分是酚类、硝基苯类、苯胺类、多氯联苯、醚类、有机磷化合物、石油类、油脂类及废弃的有机溶剂等物质。废液应根据其化学性质，选择合适的容器分类密闭存放，不能混合存放，容器须贴上标明废物成分的标签，存放地点要通风良好。

在有机废液中，废弃的有机溶剂占有较大的比例。这些有机溶剂若直接排放对环境的污染较大。但其中大部分可以回收使用，实验中要注意把用过的废溶剂分类倒入指定回收瓶中，然后集中回收，经洗涤、干燥、蒸馏或分馏处理，加以精制和纯化，供实验重复使用。对于其他的有机废液，按含卤素有机废液和非卤素有机废液分类储放，统一运送到有资质的部门，进行无害化处理。

3. 废渣的收集与处理

废渣数量和种类也相对较少，一般采用掩埋或焚烧法处理。对于有毒的废渣必须先进行化学处理，消除其毒性后，再掩埋于远离居民区的指定地点或作焚烧处理。

1.4 常用的玻璃仪器与设备

有机实验中，所用的玻璃仪器与设备的品种和规格较多。因此，实验人员要了解玻璃仪器与设备的类别、性能、正确的使用方法和维护方法。

1.4.1 玻璃仪器的种类

玻璃仪器一般由软质玻璃（钠玻璃）、硬质玻璃（硼硅玻璃）和石英玻璃制作而成。软质玻璃价廉、质软、易加工，但耐温和耐腐蚀性差，用它制作的仪器不耐温，如普通的锥形瓶、漏斗、量筒、吸滤瓶和干燥器等。硬质玻璃具有较好的耐温和耐腐蚀性，用它制作的仪器可在温度变化较大的情况下使用，如烧瓶、烧杯和冷凝器等。石英玻璃耐温性很强，它能使紫外线通过，而其他玻璃则不能，但它加工困难，用它制作的仪器价格较贵，大都用于光学仪器，如石英皿等。

(1) 锥形瓶；(2) 滴液漏斗；(3) 分液漏斗；(4) 恒压滴液漏斗；
(5) 布氏漏斗；(6) 烧杯；(7) 抽滤瓶（含有布氏漏斗）；(8) 玻璃漏斗；
(9) T 型管；(10) 蒸发皿；(11) 提勒管；(12) 量筒；(13) 真空干燥器；(14) 干燥器

图 1-1 常用普通玻璃仪器

玻璃仪器一般分为普通和标准磨口两种。其中，普通玻璃仪器通常是非磨口的，如锥形瓶、漏斗、烧杯、量筒、吸滤瓶、T 形管、蒸发皿、表面皿和干燥器等，如图 1-1 所示。

标准磨口玻璃仪器，也称磨口仪器。它与普通玻璃仪器的区别在于各接头处都加工成了通用的标准磨口，内外磨口之间能互相紧密连接，因而不需要通过软木塞或橡皮塞连接。这样不仅可节省配制塞子和钻孔的时间，而且仪器装配简单，拆洗方便，使工作效率大大提高。实验室常用的标准磨口玻璃仪器有烧瓶、温度计套管、大小口转换头、Y 形管、蒸馏头、真空接引管、干燥管、冷凝管、恒压滴液漏斗和索氏提取器等，如图 1-2 所示。

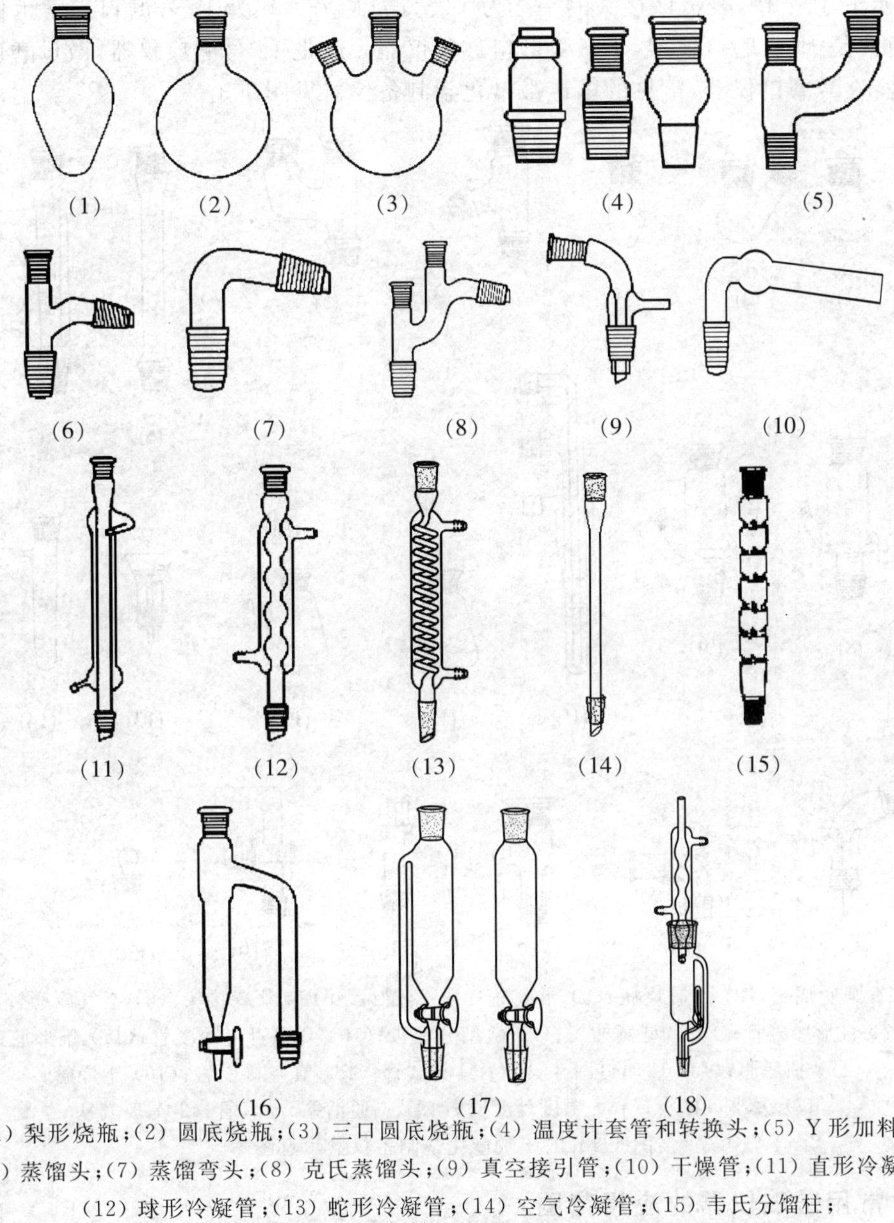

(1) 梨形烧瓶；(2) 圆底烧瓶；(3) 三口圆底烧瓶；(4) 温度计套管和转换头；(5) Y 形加料管；(6) 蒸馏头；(7) 蒸馏弯头；(8) 克氏蒸馏头；(9) 真空接引管；(10) 干燥管；(11) 直形冷凝管；(12) 球形冷凝管；(13) 蛇形冷凝管；(14) 空气冷凝管；(15) 韦氏分馏柱；(16) 油水分离器；(17) 恒压滴液漏斗；(18) 索氏提取器

图 1-2　常用标准磨口玻璃仪器示意图

1.4.2　标准磨口玻璃仪器

标准磨口玻璃仪器根据标准磨口的口径分为10、14、19、24、29、34、40和50等多种型号，这些型号的编号数字是指磨口最大端直径的毫米数。

相同编号的子口和母口可以连接，编号不同的子口和母口不可以直接相连，但可以通过在中间加一个大小口接头(即转换头)使之连接。通常用两个数字表示转换头大小口径的大小，如转换头14×19，表示该接头的一端为14号磨口，另一端为19号磨口。学生使用的常量仪器通常是19号磨口仪器，半微量磨口玻璃仪器一般是14号磨口仪器，微量磨口玻璃仪器一般是10号磨口仪器，常见的国产微量化学制备仪器见图1-3。

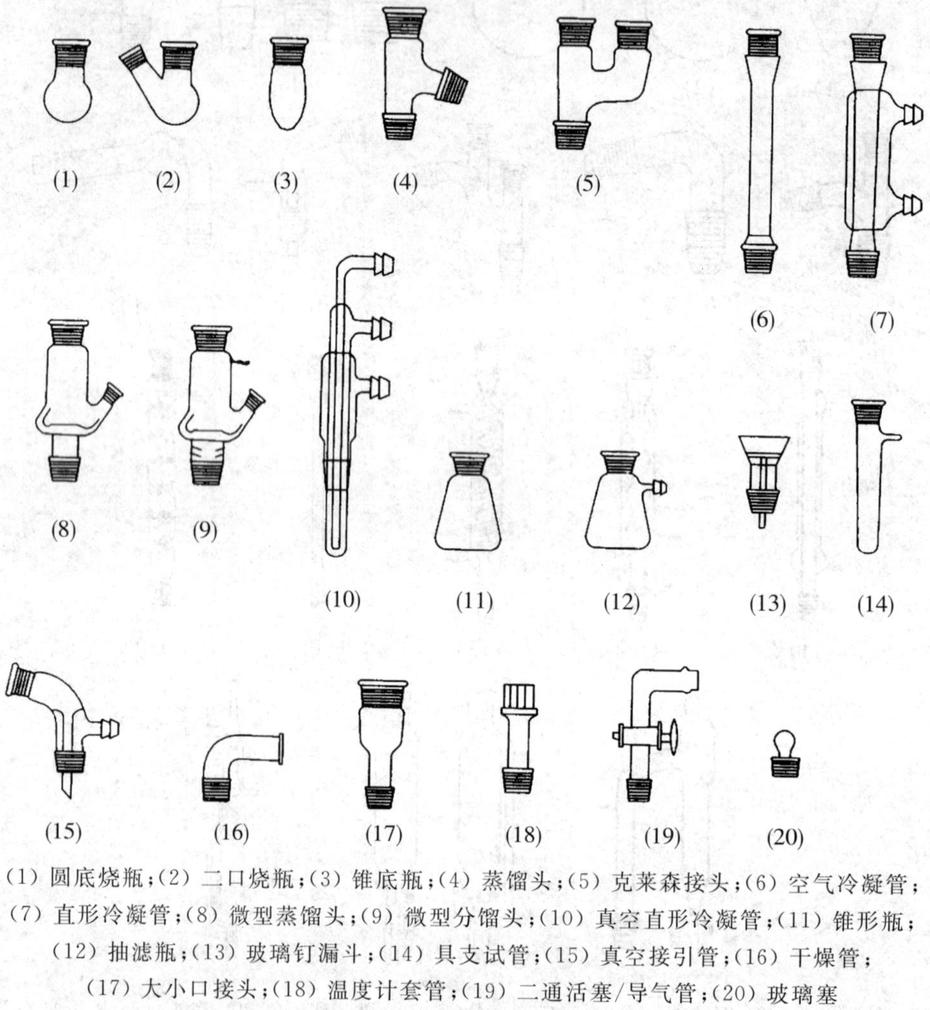

(1) 圆底烧瓶；(2) 二口烧瓶；(3) 锥底瓶；(4) 蒸馏头；(5) 克莱森接头；(6) 空气冷凝管；(7) 直形冷凝管；(8) 微型蒸馏头；(9) 微型分馏头；(10) 真空直形冷凝管；(11) 锥形瓶；(12) 抽滤瓶；(13) 玻璃钉漏斗；(14) 具支试管；(15) 真空接引管；(16) 干燥管；(17) 大小口接头；(18) 温度计套管；(19) 二通活塞/导气管；(20) 玻璃塞

图1-3　国产微量化学制备仪器示意图

1.4.3　常用玻璃仪器的应用范围

有机化学实验常用玻璃仪器及其应用范围如下：

(1) 烧瓶：根据口径的数量实验室的烧瓶常分为单口烧瓶、两口烧瓶、三口烧瓶和四口烧瓶，根据烧瓶的形状主要分为圆底烧瓶和梨形烧瓶。圆底烧瓶常用于有机反应、回流及蒸馏操作，梨形烧瓶常用于半微量操作。实验涉及搅拌和回流、等较复杂操作时，应选用多口烧瓶。烧瓶大小的选择则要依据所盛物质体积的多少而定。通常，普通蒸馏时盛装物质的体积不超过烧瓶容量的三分之二（要考虑到受热体积增大），但也不能少于三分之一。水蒸气蒸馏和减压蒸馏时，盛装物质体积不能超过烧瓶容量的三分之一。

(2) 冷凝管：包括直形冷凝管、空气冷凝管、球形冷凝管和蛇形冷凝管等，主要用作回流与蒸馏操作。其中球形冷凝管和蛇形冷凝管的冷却面积大于直形冷凝管和空气冷凝管，因而前二种冷凝管的回流、冷却效果好于后两种冷凝管的回流冷却效果。通常情况下，回流用球形冷凝管和蛇形冷凝管，蒸馏用直形冷凝管。当馏出物的沸点超过 140 ℃，应改用空气冷凝管代替直形冷凝管，以免蒸馏时内管和套管熔接处温差较大，仪器受热不均匀，造成冷凝管炸裂。

(3) 分液漏斗：按其形状分为筒形分液漏斗、圆形分液漏斗和梨形分液漏斗等，常用于液体的萃取、洗涤和分离，也可用于滴加试剂。

(4) 滴液漏斗：包括普通滴液漏斗和恒压滴液漏斗，常用于滴加液体。当反应体系内具有压力时，最好采用恒压滴液漏斗滴加液体，它能使液体平稳、顺利滴加到正压或负压反应体系中。

(5) 接引管：包括单股接引管、双股（尾）接引管和三股（尾）接引管等。单股接引管在常压蒸馏时用作接收馏出液用；多股（尾）接引管常在减压蒸馏时用于接收多种馏分。

(6) 锥形瓶：也称三角烧瓶，常用于溶液贮存、溶液混合、少量溶液加热以及常压蒸馏的接收瓶以及重结晶操作。因锥形瓶的瓶底较薄、不耐压，切勿用于减压蒸馏，以免炸裂。

(7) 吸滤瓶：常用于减压过滤，因瓶壁较厚，一般不能用来加热溶液。

(8) 布氏(Büchner)漏斗：一般是由陶瓷制作而成，常与吸滤瓶组合，用于减压过滤。

(9) 提勒(Thiele)管：又称 b 型管，内装石蜡油或硅油或浓硫酸，通常用于测定熔点。

(10) 干燥管：常用于无水溶剂处理或无水反应装置中，干燥管内填装干燥剂。实验室通常填装无水氯化钙干燥剂，以免潮气的侵入。

(11) 温度计：根据工作原理，一般分为膨胀温度计、压力表式温度计、电阻温度计、热电偶温度计和辐射温度计等。实验室用得最多的是膨胀式玻璃温度计，常见的有酒精和汞温度计。根据温度的适用范围，实验室常备有 100 ℃，150 ℃和 300 ℃三种温度计，选用温度计的原则一般是其最高量程要高出被测温度 10～20 ℃。

1.4.4　玻璃仪器的洗涤和干燥

1. 玻璃仪器的洗涤

使用洁净的玻璃仪器是实验成功的重要条件之一，也是实验人员应有的良好习惯。玻璃仪器使用完后立即清洗，不但容易洗净，而且还可以根据残留物的成分与性质，及时找出清洗残留物的方法。通常，酸性残留物用碱液（稀氢氧化钠溶液）洗涤，碱性残留物用酸液（稀盐酸或稀硫酸溶液）洗涤；有机残留物用能溶解该残留物的有机溶剂洗涤。当不洁净的玻璃仪器放置一段时间后，往往由于溶剂的挥发，给仪器的清洗带来困难。

洗刷玻璃仪器最简易的方法是：用毛刷蘸少许清洁剂，刷洗器皿的内外部，直至污物除去，再用清水冲洗。玻璃器皿洗净的标志是洗净的器皿倒置时，水流出后器壁不挂水珠。

【注意】洗刷玻璃仪器时，要根据仪器的形状、大小，选用不同形状和型号的毛刷，如烧瓶刷、冷凝管刷和试管刷等。洗刷时,不能用秃顶的毛刷,不能用力过猛,以免戳破玻璃仪器。也不能让毛刷上的铁丝摩擦仪器磨口,以免损坏磨口。毛刷够不到的地方,可将毛刷上的铁丝柄适当弯曲,直到可以洗刷到污物。

遇到难以洗去的残渣或焦油状物时,可根据残留物的性质,选用不同的有机溶剂(如二氯甲烷、丙酮、石油醚等)浸泡;必要时通过水浴加热含有机溶剂的仪器,温热后再刷洗。如果还是洗刷不净,再用强烈的化学洗涤液(铬酸洗液或氢氧化钾乙醇溶液)清洗。

铬酸洗液的配制方法:在 400 mL 烧杯中,搅拌下缓慢将 180 mL 浓硫酸加入到由 10 g 重铬酸钾($K_2Cr_2O_7$)和 20 mL 水组成的溶液中。控制浓硫酸加入速度,使混合液的温度控制在 70～80 ℃。浓硫酸加完后,冷却到 40 ℃以下,将混合液倒入干燥的试剂瓶中密封保存。配好后的铬酸洗液为深褐色,是强酸和强氧化剂,有强腐蚀性,使用时应特别注意安全。

氢氧化钠乙醇洗涤液的配制方法:将氢氧化钠 120 g 溶于 120 mL 水中,再用 95%乙醇稀释至 1 000 mL 即可。此液用于洗涤各种油污,但能侵蚀玻璃,故使用时注意不宜与玻璃长时间接触。

在使用铬酸洗液前,应把仪器上的残渣污物,特别是还原性物质尽量洗净,在把仪器内的水倒干净后,缓慢倒入洗液,让洗液充分润湿未洗净的地方,放置几分钟后,不断转动仪器,使洗液充分浸润有残渣的地方,再把多余的洗液倒回原来的洗液瓶中,然后加少量水摇荡,混合液倒入废液缸内,最后用清水把仪器冲洗干净。若污物有碳化残渣,则可在洗液浸润时,加热仪器,直到洗液开始冒气泡为止,然后按后续洗涤方法洗刷。

【注意】(1) 铬酸洗液可以多次循环使用,一旦洗液呈深绿色时,表明洗液失效,不能再使用。(2) 不允许盲目使用酸、碱和有机溶剂来清洗仪器,这样不仅浪费试剂和溶剂,而且还会带来危险。如硝酸与许多有机物发生激烈反应而导致意外事故。

2. 玻璃仪器的干燥

在有机化学实验中,往往需要使用干燥的仪器。仪器的干燥与否有时甚至是实验成败的关键。仪器的干燥程度可视实验的要求而定,某些反应不需要干燥仪器,而有些反应则要求在无水条件下进行,实验室干燥仪器的方法通常包括晾干和烘干。

1) 晾干

在有机化学实验中,应尽量采用晾干法干燥仪器。仪器洗净后,先倒净其中的水滴,再倒置直到晾干即可使用。

2) 烘干

实验室常用的烘干仪器是带鼓风机的电烘箱。一般干燥玻璃仪器时,先要尽量沥干仪器里面的水,无水滴下时放入烘箱,烘箱温度控制在 100～120 ℃,鼓风可以加速仪器干燥。烘箱放置玻璃仪器时,要自上而下放入,以免残留的水滴流下使下层热的玻璃仪器炸裂。取出烘干的仪器时,要注意用干布垫在手上,以免烫伤。一般情况下,应先降低温度,再取出仪器,不能把烘烤得很热的仪器骤然接触冷水或冷的金属表面,以免炸裂。

实验有时急需干燥的玻璃仪器时,可在洗净的玻璃仪器的水沥干后,加少量丙酮和乙醇溶去其中的水,再倒回溶剂回收瓶中,然后用压缩空气或吹风机吹干,也可用水泵抽去残留溶剂,即可使用。

【注意】带旋塞或塞子的玻璃仪器,应先分离旋塞或塞子,然后放入烘箱烘干;橡胶塞、聚四氟乙烯旋塞和计量仪器,不能放在烘箱里烘烤。另外,凡用有机溶剂洗过的仪器不能放入烘箱烘烤,以免产生的有机蒸气被烘箱的电热丝引爆。

1.4.5　玻璃仪器的使用与保养

使用玻璃仪器时，应注意如下事项：

(1) 使用时，轻拿轻放。

(2) 标准磨口仪器的磨口处必须洁净，不得沾有固体物质，清洗时，应避免用去污粉擦洗磨口，以免磨口对接不紧密，导致漏气甚至损坏磨口。

(3) 安装玻璃仪器时，应做到横平竖直，松紧适度。磨口连接处不应受歪斜的应力，以免仪器破裂。

(4) 一般使用时，标准磨口仪器的磨口处无需涂润滑剂，以免粘有反应物或产物。但是，当使用强碱反应时，则要涂润滑剂(如凡士林等)，以免磨口连接处被碱腐蚀而粘结，无法拆开。对于减压蒸馏，所有磨口处都要涂润滑剂(如真空脂等)，以保证装置密封性好。

(5) 不能用明火直接加热玻璃仪器，加热时至少要垫石棉网(试管加热有时可例外)。

(6) 不能用高温烘烤不耐温的玻璃仪器(如抽滤瓶、量筒)；不能用不耐压的玻璃仪器进行减压操作(如锥形瓶)。

(7) 不能用温度计作为搅拌棒，以免损坏。温度计使用后，应自然冷却至室温再冲洗，不能用冷水冲洗热温度计，以免炸裂。

(8) 玻璃仪器用完后，应立即拆卸洗净，否则，放置太久的磨口连接处容易粘结一起，很难拆开。特别是蒸馏沸点较高液体后(如呋喃甲醇、苯胺等)，蒸馏头与蒸馏瓶经常容易粘在一起。如果发生此情况，可用热水煮粘结处或用热风吹粘结处母口，使其膨胀而脱落，还可用木槌轻轻敲打粘结处。

(9) 具旋塞(或塞子)的仪器清洗后，应在旋塞(或塞子)和磨口接触处夹入纸片或涂凡士林，以防止长久放置而粘结。

1.4.6　常用的实验设备及其用途

1. 调压变压器

调压变压器是调节电源电压的电器装置，如图 1-4 所示。常用作调控电炉、电热套的加热温度或控制电动搅拌器转动速度。使用时应注意以下几点：(1) 在变压器标明“输入”的接线柱上连接电源导线，在标明“输出”的接线柱上连接加热套等电器装置的导线，切忌接错而引起电器烧毁；(2) 旋动旋钮时要均匀缓慢，防止电刷受损；(3) 不要长期超负载使用调压变压器，以防烧毁线圈或缩短使用寿命；(4) 使用完毕应将旋扭调回零点，切断电源，存放在干燥、无腐蚀的地方。

图 1-4　调压变压器

2. 电热套

电热套是用玻璃和石棉纤维织成套，在套内嵌进镍铬电热丝制成的电加热器，如图 1-5 所示。玻璃和石棉纤维有隔绝明火的作用，加热和蒸馏有机物时不易起火，使用比较安全。加热最高温度可达 400 ℃左右，热效率比较高。用串联的调压变压器控制加热温度。电热套的大小有 50～5 000 mL 各种规格，大小应与所用容器匹配，使用电热套应注意控制温度，最好将电热套置于升降台或耐热垫板上，便于调节容器和加热套内侧的距离，以防调控疏忽导致过热。不要将试剂洒在电热套里。现在大部分加热套都与电磁搅拌结合，使用更加方便。

图 1-5 电热套

3. 机械搅拌器

机械搅拌器主要由机座、小型电动马达和变压调速器组成，如图 1-6 所示。通常在常量实验的搅拌操作中使用，适用于固液两相混合物的搅拌与反应，但不能用于搅拌过于粘稠的胶状液体，以免造成马达超负荷运转，导致发热而烧毁。

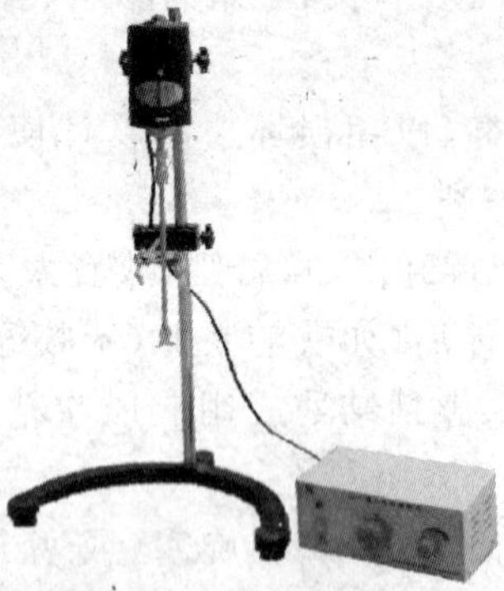

图 1-6 机械搅拌器

【注意】不定期向轴承加润滑油进行维护。

4. 磁力搅拌器

磁力搅拌器是通过磁铁转动引起磁场变化，带动容器内的磁子（用玻璃或聚四氟乙烯塑料封闭的棒状磁铁）转动，起到搅拌作用。一般磁力搅拌器都附有加热、调温和调速装置，如图 1-7 所示。这种搅拌器使用简单、方便，常用在常量、半微量实验操作中。

图 1-7 磁力加热搅拌器

使用磁力搅拌器时，需小心旋转控温和调速旋钮，不要用力过猛，应依档次顺序缓缓调节转速，搅拌速度不要过快，以免搅拌子打破烧瓶。高温加热时不宜长时间使用，以免烧断电阻丝。用完需存放在清洁和干燥的地方。

5. 循环水式多用真空泵

循环水式真空泵是一种以循环水作为流体，利用射流产生负压的原理而设计的一种多用真空泵，如图 1-8 所示。广泛用于减压蒸馏、真空过滤和升华等操作中。该设备的优点是在水压不足或停水情况下皆可使用。

【注意】① 真空泵抽气孔最好接一个缓冲瓶，以免停泵时水被倒吸入反应瓶中，使反应失败；②开泵前，应检查是否与体系连接好，然后打开缓冲瓶上旋塞。开泵后，通过旋塞调节所需真空度。关闭真空泵前，应先打开旋塞，拆掉与体系相连的接口。切忌相反操作。③ 应经常补充和更换水泵中的水，以保持水泵的清洁，来维持水泵的真空度。

图 1-8　循环水式多用真空泵

6 旋转蒸发仪

旋转蒸发仪是由马达带动的可旋转蒸发器（圆底烧瓶）、冷凝器和接收瓶组成，如图 1-9 所示，可在常压或减压下使用，可一次进料，也可分批加入蒸发料液。

蒸发器旋转时，会使料液的蒸发面大大增加，从而加快蒸发速度。因此，它是浓缩溶液、回收溶剂的方便装置。使用时需注意保持旋转蒸发仪的清洁，经常检查是否有污物沾在冷凝系统和管路内侧，发现污染物要及时清除并用蒸馏纯溶剂的方法来洗净仪器。加热用的水浴要定期加水和换水，防止干烧；应尽量防止连续长时间使用，如出现真空度下降等故障时应及时维修。

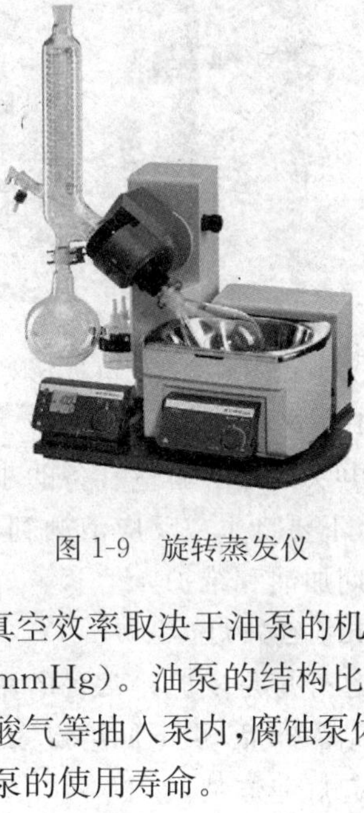

图 1-9　旋转蒸发仪

7. 真空油泵

油泵是实验室常用的减压设备，如图 1-10 所示。油泵的真空效率取决于油泵的机械结构和泵油的蒸气压高低，好的油泵真空度可达 13.3 Pa（0.1 mmHg）。油泵的结构比较精密，工作条件要求严格，使用时，要防止低沸点有机溶剂、水或酸气等抽入泵内，腐蚀泵体、污染油泵、增大蒸气压。此外，要定期检查，定期换油，以提高油泵的使用寿命。

图 1-10　真空油泵

【注意】为保护泵体，在蒸馏系统和油泵之间通常安装冷阱、安全防护装置、污染防护装置和测压装置。

8. 电热鼓风干燥箱

干燥箱是用来干燥玻璃仪器或烘干无腐蚀、无挥发性、加热不分解的物品。严禁将挥发、易燃、易爆物放在烘箱内烘烤。刚刚用乙醇、丙酮等有机溶剂刷洗过的玻璃仪器，要待有机溶剂挥发后才可放入烘箱，以免发生爆炸。干燥箱用完后，要及时切断电源，确保安全。实验室常用的电热鼓风干燥箱，如图 1-11 所示，具有自动温度控制系统，温度量程一般为 0～300 ℃，通常使用温度控制在 50～200 ℃范围内。

9. 真空干燥箱

真空干燥箱是专为热敏性、易分解和易氧化物质的干燥和一些复杂成分物品的快速高效干燥而设计的，如图 1-12 所示。与传统的电热鼓风干燥箱相比，可缩短产品的干燥时间(干燥时间可以减少 50%以上)。另外，干燥可以在没有氧气或者在充满惰性气体的环境里进行，因此，可以避免干燥物氧化。实验室的真空干燥箱，能够向内部冲入惰性气体，也具有自动控温系统，温度量程一般为 0～250 ℃。

图 1-11 电热鼓风干燥箱

图 1-12 真空干燥箱

10. 电吹风

电吹风是实验室常备的小型电器，用来吹干玻璃仪器，有冷风档和热风档。使用时特别注意，不要将水或反应液洒到机壳的孔眼里，使用完毕要放在干燥处，注意防潮、防腐蚀，并要定期加油和维护。

11. 红外灯

红外灯是实验室常备的用作产生热量的灯泡，如图 1-13 所示，常用于烘干少量固体试剂或结晶产品，烘干低熔点固体时要注意经常翻动，防止固体熔化，切忌把水溅到热灯泡上而引起灯泡炸裂。

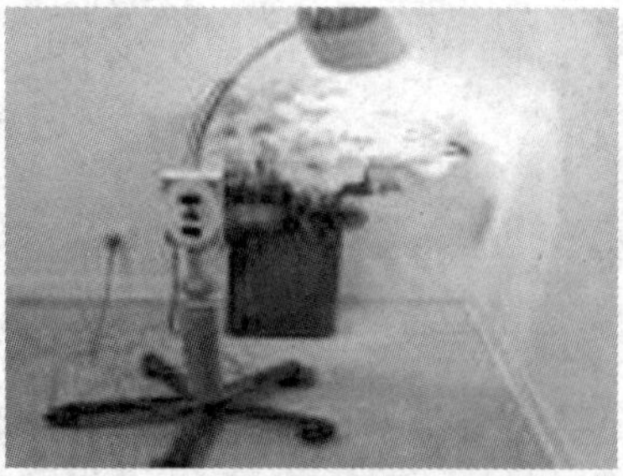

图 1-13 红外灯

图 1-14 托盘天平

12. 托盘天平

托盘天平是实验室常用的称量工具，如图 1-14 所示，实验室常用的托盘天平的最大称量质量为 250 g，可准确称量到 0.1 g。使用时，应用镊子取用砝码，注意保持托盘天平清洁。称量操作时，称量物体不允许直接放在托盘上，应放在干净的称量纸或表面皿上。要注意物体放在左盘，砝码放在右盘。

13. 电子天平

在半微量制备实验中，经常使用电子天平，如图 1-15 所示。电子天平根据使用目的的不同，其精度有多种规格可供选择。与普通机械天平相比，它具有称量准确，操作简单，方便快捷的特点。电子天平为精密仪器，操作时要小心，往秤盘里放置物品时手要轻；要尽量避免与酸、碱和氧化物等试剂的直接接触；不小心掉在秤盘上的试剂要及时清理干净；被称物品不要超过天平的称量范围；要有足够的通电预热时间以使天平趋向稳定；电子天平使用时要置于避风处。

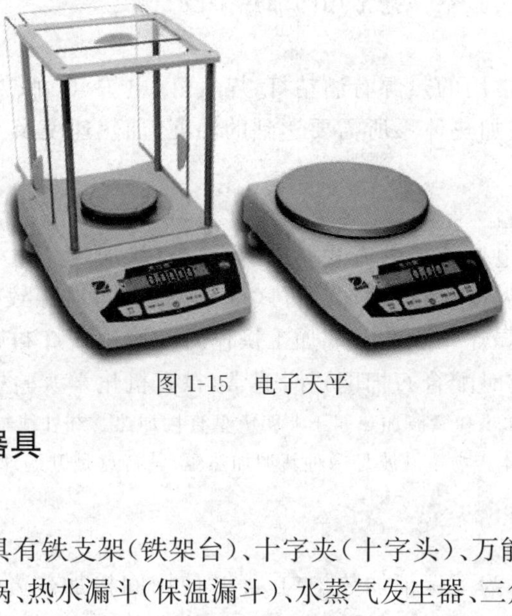

图 1-15　电子天平

1.4.7　其他仪器和器具

1. 金属器具

实验室用的金属器具有铁支架（铁架台）、十字夹（十字头）、万能夹（冷凝管夹）、烘瓶夹（霍夫曼夹）、铁圈、水浴锅、热水漏斗（保温漏斗）、水蒸气发生器、三角架、止水夹、螺丝夹、不锈钢刮铲、剪刀、镊子、三角锉、圆锉、老虎钳、起子（螺丝刀）、板手、打孔器、台秤、气体钢瓶等。所有这些器具在不用时要保持干燥，防止药品侵蚀。凡有螺丝或转动轴的地方应滴加润滑油以防锈蚀。

2. 橡胶、塑料和陶瓷制品

实验室常用橡胶制品是橡胶管、橡皮塞、氧气袋等，应避免与有机溶剂或腐蚀性气体长期接触，以免被溶解（胀）或加速老化。常用塑料制品是聚乙烯塑料和聚四氟乙烯搅拌棒（头、叶片）等，应保持洁净，防火防烫。陶瓷制品主要是蒸发皿和布氏漏斗。其特性和使用常识与玻璃仪器相同。

（刘煜，沈平，龚行 供稿）

1.5 基础实验技术

1.5.1 加热与冷却

1. 加热

有机化合物发生化学反应时，通常需要获得能量以克服分子之间的势垒形成新的化合物，因此，大多数化学反应需要通过加热获得能量才得以进行。通常升高温度，反应速度加快。此外在有机化学实验一些基本操作中，例如干燥、重结晶、升华、蒸馏、分馏、减压蒸馏、玻璃加工等，也离不开加热操作。不同的反应与不同的基本操作对加热形式与方法都有不同的要求，因此，应熟悉实验室一些常用的加热手段。

1）热源

有机化学实验室中常用的热源有酒精灯、煤气灯、电炉、电加热套、红外辐射器和微波加热器等，热源的选择由被加热体系所需要达到的温度、加热速度及安全要求来决定。

2）加热方式

（1）直接加热

用酒精灯、煤气灯、电炉加热的方式属于明火型直接加热。明火型直接加热的特点是能快速加热体系到较高的温度，但这种加热方式受热不均匀，易导致被加热体系局部过热、引起化合物部分分解甚至爆炸。除在玻璃加工操作时使用酒精灯和煤气灯以及加热非易燃易爆的物质时使用电炉（有时配合石棉网）外，通常，在有机化学实验中不使用明火直接加热。

【注意】红外线辐射器加热和微波加热属于非明火型直接加热。红外线辐射器加热是一种比较温和的加热源，常用于干燥有机固体产物。微波是一种新型加热源，其特点是升温速率快，受热均匀，其应用范围将会日益扩大。

（2）间接加热

在有机化学实验中，为了保证加热均匀，经常使用间接加热方式来加热。实际操作时，要根据具体情况选择不同的加热介质。常用的加热介质有水、油、砂、空气等。由于间接加热具有受热面积大、受热均匀、浴温可控制和非明火加热等优点，所以在实验中得到了广泛的应用：

① 水浴：加热温度不超过 100 ℃时，可优先考虑使用水浴加热。水浴加热时，需将被加热容器浸入水浴锅内（注意勿使容器接触水浴锅底），通过调节加热速度，来控制加热温度。如需加热到 100 ℃，可用沸水浴，也可把容器放在沸水上方的铁环上，利用水蒸气加热。如果停止加热，只要把水浴的热源关闭即可。如需快速冷却，再将容器撤离水浴。水浴因水的比热容大，可很好地调节反应温度，加上来源方便，操作安全，因而被广泛应用于 100 ℃以下的加热。但是，水浴在加热过程中会产生大量的水蒸气，在无水操作（如制备格利雅试剂、醇钠与醇钾等）时要慎用。

② 油浴：油浴是以高沸点液体有机化合物作为传热介质的热浴，其使用与水浴相似。常用作传热介质的液体有机化合物，列于表 1-1。油浴的优点在于被加热体系受热均匀，温

度容易控制。油浴所能达到的最高温度取决于所用传热介质的种类与性质。如甘油可加热到 140～150 ℃，温度过高时易分解；透明石蜡油可加热到 220 ℃，但长时间高温加热会导致冒烟甚至燃烧；有机硅油在 250 ℃时仍较稳定，是一种理想的传热介质。

表 1-1　油浴常用的传热介质及使用温度

介　质	乙二醇	三甘醇	甘　油	有机硅油	石蜡油
使用温度/℃	10～180	0～250	20～150	－40～250	60～220

使用油浴加热时，通常配置继电器装置，以自动调节浴温和控制被加热体系温度。如果没有配置继电器装置，加热时，需在油浴中安装温度计，以便观察油浴温度，及时调节油浴电源的加热速度。

停止加热时，首先关闭油浴电源，然后将容器撤离油浴，置于油浴的正上方，待附着在容器外壁上的油流完后，再用纸和干布把容器擦净。

使用油浴加热要特别小心，防止着火。当油冒烟严重时，应立即停止加热。万一着火，也不要慌张，可首先关闭油浴电源，再移去周围易燃物，然后用石棉板盖住油浴口，即可熄灭。或用灭火器进行灭火。

【注意】使用水浴和油浴加热时，应将容器固定在合适的高度，以能使容器方便从加热装置中移开为宜。由于水价廉易得，且安全方便，因此，实验中凡使用水浴加热能达到要求的就不要用油浴加热。

③ 砂浴：砂浴是由细砂和铝(或不锈钢)锅构成。砂浴的优点是使用方便，加热温度较高，通常可加热到 350 ℃以上。但不足的是砂子传热较差，散热快，温度分布不太均匀。因此，使用砂浴时，一般将被加热的容器半埋在砂子中，让容器底部的砂子薄些，四周的砂子厚些，以使容器易受热，且热量不易散失。

砂浴散热快，温度上升慢且不易控制，在实验室中使用不多。

【注意】使用砂浴时，砂浴中应插温度计，温度计水银球紧靠容器，以更好地控制容器的温度；另外，桌面要铺上石棉板，以防辐射热烤焦桌面。

④ 电加热套：电加热套的电阻丝是用玻璃纤维织物包裹着的夹套，通电后以辐射的方式加热，实际上它是一种简单的空气浴。可用调压变压器控制和调节电加热套的加热温度。使用电加热套时一定要注意不可加热过度，以免加热套内玻璃纤维熔融变硬而碎裂。更不可让有机液体或酸碱盐溶液流到电加热套中，以免电阻丝短路或腐蚀，损坏电加热套。电加热套与电磁搅拌器组合可用于多种加热搅拌装置。

加热温度在 250 ℃以下时可使用电加热套。将加热容器放入大小合适的电加热套中即可，加热十分方便、安全，加上它的加热范围很宽且连续可调，是实验室较理想的热浴方法。

2. 冷却

有些反应(如重氮化反应)，其中间体在室温下是不稳定的，必须在低温下进行；有的放热反应常产生大量的热，如不及时冷却，会导致有机物的分解或增加副反应，当热量累积到一定程度后甚至有发生爆炸的危险，因此在某些特定的反应中，必须进行冷却。此外，在结晶操作中，为了减少有机物在溶剂中的溶解度，使其易于析出结晶，也常需冷却。

冷却的方法有直接冷却法和间接冷却法两种。直接冷却是直接将冷却剂加入到体系中(如某些反应可直接加入碎冰进行冷却)的冷却方法。间接冷却是通过体系的外壁，向周围的冷却剂(冷却介质)自然散热的冷却方法。

冷却操作首选的冷却剂是水，它具有价廉、不燃、热容量大等优点。其次是冰(使用前将冰块敲碎，或使用碎冰加水)，碎冰加水后能与容器更好地接触，因此其冷却效果要比单用碎冰的好。若要获得低的冷却温度，可按表 1-2 配制特殊的冷却剂。

如果需要将体系温度降到 0 ℃以下，通常使用冰-盐混合冷却剂。使用时，将盐类物质与冰块分别粉碎，然后按一定的比例混合均匀，装在盛有冷却剂的容器中，其容器的外面，用保温材料加以保护，使之较长时间维持在低温状态。

将干冰(固体二氧化碳)和适当的有机溶剂混合，可获得冷却温度更低的冷却剂。例如，干冰-乙醇冷却剂的冷却温度可达－72 ℃；干冰-丙酮和干冰-氯仿冷却剂的冷却温度可达－77 ℃。为了保持冷却剂的冷却效力，通常把干冰和有机溶剂混合物放在杜瓦瓶(保温瓶)中。

干冰粉碎必须在铁研缸中(不能用瓷研缸)进行，操作时应带护目镜和手套。由于有爆炸的危险，如用保温瓶盛装时，外面应当用石棉绳或类似材料包裹，也可以用金属丝网罩或木箱等加以防护。瓶的上缘是特别敏感的部位，使用时要特别小心，避免碰撞。在配制时，将粉碎的干冰加入到有机溶剂中，并进行搅拌，两者用量并无严格规定，只是干冰应当过量。

使用低温制冷剂时，应当注意不要用手直接接触，以免发生冻伤。温度低于－38 ℃时，不能使用水银温度计测量温度，因为水银的凝固点为－38.9 ℃。对于较低的温度，常使用内装有机液体(如甲苯，可达－90 ℃；正戊烷，－130 ℃)的低温温度计。为了便于观察度数，往往在有机液体里加入少许颜料。

如果要将物质较长时间在低温下保存，可使用电冰箱。放入冰箱中的容器必须贴好标签，塞紧瓶塞，否则水会渗入容器内。

表 1-2 常用冷却剂组成及最低冷却温度

冷却剂组成	最低温度/℃	冷却剂组成	最低温度/℃
冰水	0	干冰＋乙醇	－72
氯化铵(1 份)＋碎冰(4 份)	－15	干冰＋丙酮	－78
氯化钠(1 份)＋碎冰(3 份)	－21	干冰＋乙醚	－100
六水合氯化钙(1 份)＋碎冰(1 份)	－29	液氮	－196
六水合氯化钙(1.4 份)＋碎冰(1 份)	－55		

1.5.2 加压与减压

1. 加压操作

在进行有机化学反应时，如果反应温度比反应物的沸点高，这时可以加压把反应温度控制在反应物的沸点以下；又如有的反应，如催化氢化，必须在密闭的容器内加压进行。因此在有机化学实验中有时需要使用加压操作。但是，常规实验装置不能采用加压操作。如果反应物量少，且压力不高，可以使用封闭管；但对于有大量反应物参加的高压反应，则必须使用金属耐压容器——高压釜。高压釜中的压力可以连续测量，也可以同时向其中压入气体。往高压釜内压入的气体，如氢气、氧气和二氧化碳等是用高压钢瓶储藏的。通常，储气充足时钢瓶的压力可达 14 MPa(140 个大气压)或更高。在加压操作时必须严格掌握和遵守技术操作条件，尤其是在需要通入氢气、氧气等易燃、易爆气体时更要特别注意安全。

通常，所指的加压操作是指在 10 MPa(100 个大气压)以下，少数超过 10 MPa。

1) 高压釜

有机化学实验室普遍使用的一种高压釜是搅拌式高压釜，如图 1-16 所示，一般采用不锈钢制成。高压釜的容积一般从 100 mL 到 2 000 mL，耐压范围 10～30 MPa(100～300 个大气压)，容许的最高温度为 350 ℃。

高压釜的三个关键部分是：(1) 密封部分；(2) 压力表及阀门部分；(3) 搅拌部分。加压操作中最易出现的问题就是高压釜漏气。为使高压釜在 100 多个大气压和长时间加热、搅拌下操作不漏气，须保证密封部分和压力表及阀门部分的接头的绝对严密。密封部分是指釜盖和釜身之间的连接衬垫和拧紧部分，这是控制高压釜不漏气的最重要部分。一般高压釜的衬垫有铅衬垫、软合金衬垫或紫铜衬垫，这些衬垫密封效果好，但由于铅或软合金衬垫对反应中的某些物质如氢化催化剂起化学作用，紫铜衬垫价格贵，因此使用范围有一定的局限。现在，常常不用衬垫，而是将高压釜的釜盖与釜身之间的接触面处磨成非常吻合的锥形斜面，它们之间经直接拧紧后即能完全密闭。但要注意，如果有少许较坚硬的微粒如催化剂在拧紧前未完全擦净，则在拧紧时会损坏磨口，导致漏气。

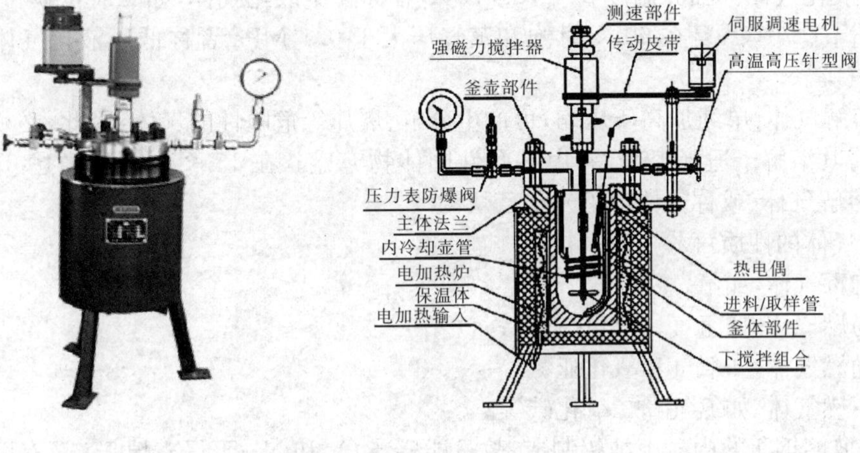

图 1-16　搅拌式高压釜

高压釜的搅拌的目的是使釜内参加反应的物质——液体与气体之间、固体微粒与气体之间密切接触，促使反应迅速进行。因此搅拌装置的好坏直接影响高压釜内反应。早期，由于搅拌系统不容易密封，现在，使用磁性密封搅拌装置，搅拌的密封问题也得到了解决。

一般的高压釜都有一个电加热夹套，加热的速度和温度的高低是用调压变压器来控制。在反应之前，必须确定需要达到的压力指标。使用高压釜的操作方法：① 向高压釜中加入反应物，一般不能超过高压釜容积的 2/3(假设与气体进行反应，至少应保留 1/3 的气体空间)。② 仔细擦净锥形密封塞，小心地放上釜盖，按照规定程序将釜盖上的各个螺丝拧紧(彼此相对的螺丝要交替地逐渐拧紧)。③ 压缩气体可直接从钢瓶压入釜内。在正式压入反应气体之前，应首先将气体交替地压入和排出 1～2 次，使高压釜换气，然后再压入气体直至所需的压力。④ 开动搅拌装置，接上电加热装置。用调压变压器调节电压，使加热速度适当，严防过热。⑤ 在任何情况下都不能超过规定的操作压力和操作温度，并必须不断地观察和检查，以保证操作安全。⑥ 实验结束时，首先切断加热电源，然后停止振荡和搅拌。当高压釜自行冷却至室温后（注意：热的高压釜绝不能用冷水直接冷却），缓缓打开放气阀，让釜内残余气体慢慢放出，直到釜内压力与外界相等为止。⑦ 打开釜身，取出釜内反应物，洗干净釜内釜外。若在反应后几天内不再使用高压釜，需将阀、接头、搅拌器等在高压釜内的部分拆洗干净。否则，不但在以后使用时会漏气，而且拧紧时会擦伤接触面使仪器损伤。高压釜的不锈钢部分在保存时需涂上凡士林。

通常，高压釜放在专门的实验室内使用，而进行催化氢化的高压釜则更需放在远离各种实验室的专用实验室中，并装上良好的通风设备。

2）钢瓶及钢瓶使用

钢瓶又称高压钢瓶（或高压气瓶），是一种在加压下储存或运送气体的容器，通常有铸钢的、低合金钢和玻璃钢的等。

高压钢瓶内气体根据气体贮存形态常分为如下三类：

① 压缩气体：临界温度低于－10 ℃的气体，经高压压缩仍处于气态者称压缩气体，如氧气、氮气、氢气、空气、氩气、氦气等。这类气体钢瓶若设计压力大于或等于 12 MPa（125 kg/cm^2）称高压气瓶。

② 液化气体：临界温度≥10 ℃的气体，经高压压缩，转为液态并与其蒸气处于平衡状态者称为液化气体。临界温度在－10～70 ℃者称高压液化气体，如二氧化碳和氧化亚氮。临界温度高于 70 ℃，且在 60 ℃时饱和蒸气压大于 0.1 MPa 者称低压液化气体，如氨、氯气、硫化氢等。

③ 溶解气体：单纯加高压压缩，可产生分解、爆炸等危险性的气体，因此，必须在加高压的同时，将其溶解于适当溶剂，并由多孔性固体物充盛。在 15 ℃以下压力达 0.2 MPa 以上，称为溶解气体（或称气体溶液），如乙炔。

根据气体的性质可分为四类：

① 剧毒气体，如氟、氯等；

② 易燃气体，如氢气、一氧化碳等；

③ 助燃气体，如氧气和氧化亚氮等；

④ 不燃气体，如氮气和二氧化碳等。

通常玻璃钢瓶的内衬由纯铝制成，故只能盛装 O_2 和 N_2，不得充填 H_2 及有腐蚀性的或在高压下能与铝发生反应的气体。为了防止各种钢瓶混用，全国统一规定了瓶身、横条及标字的颜色，以示区别。常用的几种钢瓶的标准色见表 1-3。

表 1-3 气体钢瓶的标准色

气体类型	瓶身颜色	横条颜色	标字颜色	气体类型	瓶身颜色	横条颜色	标字颜色
氮气	黑	棕	黄	氯气	草绿	白	白
空气	黑		白	氨气	黄		黑
二氧化碳	黑		黄	其他一切可燃气体	红		
氧气	天蓝		黑	其他一切不燃气体	黑		
氢气	深绿	红	红				

钢瓶使用时的注意事项如下：

① 钢瓶应放置在阴凉、干燥、远离热源的地方，避免日光。玻璃钢瓶应防止水浸和与强酸、强碱接触。在实验室中应尽量少放钢瓶。

② 搬运钢瓶时要旋上瓶帽，轻拿轻放，防止摔碰或剧烈振动。搬运玻璃钢瓶还应防止与尖锐物体接触，以免被划伤。

③ 使用钢瓶时，如直立放置应用支架或用铁丝绑住，以免摔倒；如水平放置应垫稳，防止滚动，还应防止油和其他有机物玷污钢瓶。

④ 从钢瓶放出气体时一定要用减压阀。一般可燃性气体（如 H_2）的钢瓶的气门螺纹是反向的，不燃或助燃气体（如 N_2、O_2）的钢瓶的气阀是正向的。各种减压阀不得混用。

⑤ 钢瓶中的气体不可用完，应留有 0.5%表压以上的气体，以防止重新灌气时发生危险。

⑥ 用可燃气体时一定要有防止回火的装置（有的减压阀带有此种装置）。

⑦ 定期检查钢瓶，一般钢瓶每三年检查一次，玻璃钢瓶一年检查一次。

3）减压表

减压表由指示钢瓶压力的总压力表、控制压力的减压阀和减压后的分压力表三部分组成。使用时应注意，在把减压表与钢瓶连接好后（勿拧紧），将减压表的调压阀旋到最松位置（即关闭状态）。然后打开钢瓶总阀门，总压力表即显示瓶内气体总压。在检查各接头不漏气后（可用肥皂水检查），方可缓慢旋紧调压阀门，使气体缓缓送入系统。使用完毕时，应首先关闭钢瓶总阀，再排空系统的气体，待总压力表与分压力表均指到零时，再旋松调压阀。若钢瓶与减压表连接部分漏气，应加垫圈使之密封，切不能用麻丝等物堵漏，特别是氧气钢瓶更应注意。氧气钢瓶上阀门的螺纹绝不能涂以润滑脂，否则有可能导致爆炸。

2. 减压操作

有机化学实验经常进行减压蒸馏、减压升华、减压干燥、减压过滤等减压操作。减压操作须利用真空条件，因此，了解真空的产生、测量和减压系统装置是十分重要的。

1）真空的产生

实验室通常利用水泵，油泵和扩散泵产生真空。

（1）水泵

水泵达到的真空度以水的蒸气压为极限。当水的压力足够时，随水温的不同，能够获得 1.33 kPa (10 mmHg)左右的压力真空。一般用于抽滤和真空度要求不太高的减压蒸馏。

（2）油泵

油泵能使体系达到 13.33～6.7 Pa (0.1～0.05 mmHg)的真空度，但使用油泵前，必须注意以下事项：

① 首先用水泵先将体系中易挥发的组分和溶解气体彻底除去。

② 在减压系统装置与油泵之间设一冷阱，以提高体系的真空度。

③ 为了延长泵的寿命，避免腐蚀性气体和蒸气进人油泵，在油泵前应连接相应的洗气塔。

泵油使用 100 h 后必须更换，以免真空度降低。

为了提高减压系统的真空度，可将油泵组合联用。具体办法是将第二个油泵的真空端与第一个油泵的出口喷嘴相连接（两级油泵），这样能达到 0.53 Pa(0.004 mmHg)的真空度。

(3) 扩散泵

扩散泵是一种次级泵，它以性能良好的机械油泵作为前级，真空度可小于 0.133 3 Pa (10^{-3} mmHg)。其原理是：将液体(干净的汞或硅油)加热，使其沸腾，液体的蒸气从喷嘴中高速喷出，将已经处于相当真空(此真空由机械泵造成，并已达到前级机械泵的作用极限)的空气向前驱赶。此后，液体蒸气被冷凝回流，空气则被驱赶和压缩，从而达到前级机械泵的作用范围内，被前级泵抽走。一般使用的扩散泵又可分为汞扩散泵和油扩散泵。汞扩散泵的主要缺点是汞的毒性大，必须严防溢漏。但汞扩散泵的真空性能较佳。油扩散泵使用硅油，其极限真空度达 1.33×10^{-5} Pa (10^{-7} mmHg)，但硅油在加热下易分解。

2) 真空的测量

实验室一般是用压力计来测量真空。常用的真空压力计如下：

(1) 开口式 U 型水银压力计

如图 1-17 所示。这种压力计装入汞时比较方便，但管长必须超过 760 mm，使用时需和大气相通，且用汞的量较多，很不安全。此表测量的真空度最低为 133.3 Pa (1 mmHg)。

(2) 缩短型压力计

如图 1-18 所示。这种压力计有以下特点：使用方便，但装入汞和使用时常有空气进入顶端，使测出的真空度不准确而需重装。一般用它来测量 0.13～26.6 kPa(1～200 mmHg)的压力，其精确度可达±66.66 Pa(0.5 mmHg)。在操作时为避免气泡渗入真空压力计的密封端，只有在读数时才允许打开压力计的旋塞。检验压力计是否被挥发性物质所污染的简便方法是：直接用泵抽至 26.66 Pa(0.2 mmHg)以下真空，此时真空计两臂中的汞面应处于同一水平，若呈现“负压”表示有杂质存在。

这种压力计的充汞装置如图 1-19 所示。先把清洁汞放在小圆底烧瓶内，然后用高效油泵抽至 13.33 Pa(0.1 mmHg)以下。轻拍小烧瓶，使汞内部的气泡逸出，并用电吹风加热玻璃管，使附着于管壁之气体抽走。再把汞灌入 U 型管，停止抽气，放入大气即可。

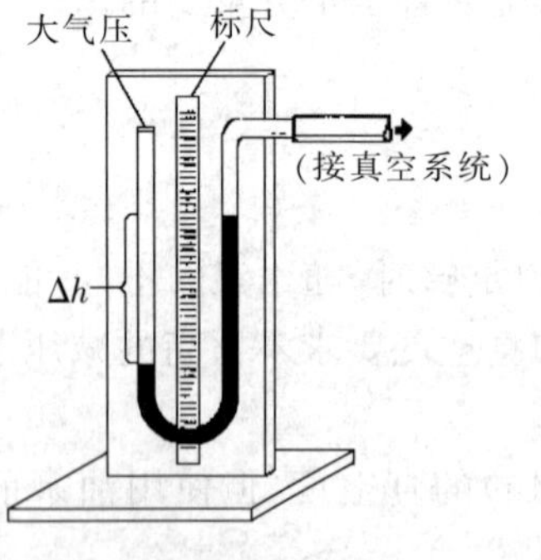

图 1-17　开口压力计

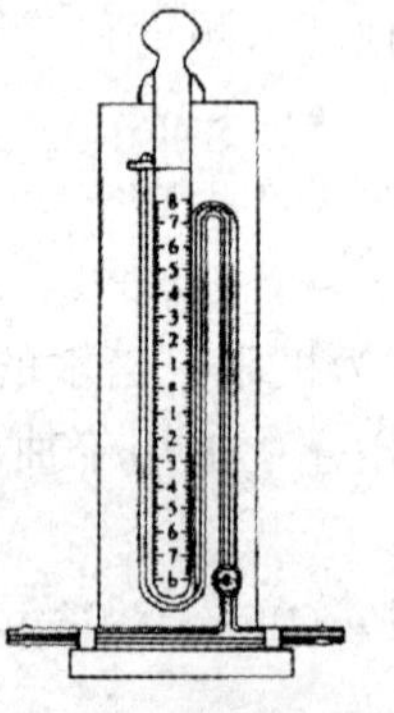

图 1-18　缩短型压力计

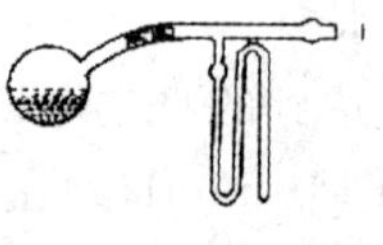

图 1-19　充汞装置

(3) 麦氏(Maclevd)压力计

麦氏压力计，又称麦氏真空表，是目前唯一能同时测量低真空和高真空的绝对真空压力计，如图 1-20 所示。它的测量范围是 13.33～0.13 Pa(10^{-1}～10^{-3} mmHg)。

在实验室中结构更简单，使用更方便的真空表是转动式麦氏真空表(又叫爱德华兹真空计)和密兰真空计。使用爱德华兹真空计的操作为：先转动真空计到水平位置(图 1-21 中虚线所示的位置)，使真空计中的压力和抽真空装置中相等，然后将表徐徐旋转至直立状(图

1-21 中实线所示的位置)，此时比较毛细管 σ 中的汞柱应升至零点。真空度可直接从刻度表上读出。看完压力值后应立即徐徐恢复横卧状态，并关闭连通真空系统的活塞。爱德华兹真空计测量范围是 1.33～1333.2 Pa(10^{-2}～10 mmHg)。密兰真空计和爱德华兹真空计的原理相同，其测量范围是 1.33～1.07×10^4 Pa(0.01～80 mmHg)。

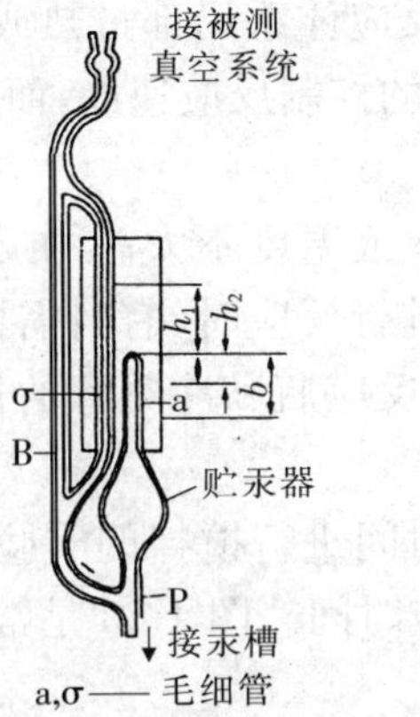

图 1-20　麦克劳德压力计

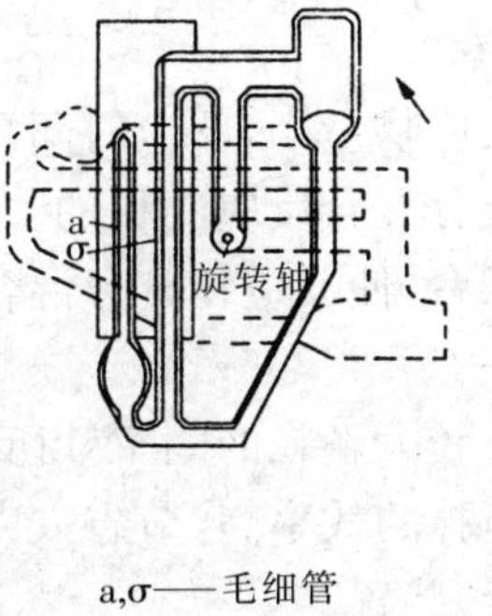

图 1-21　爱德华兹真空计

3) 减压系统装置及注意事项

(1) 真空系统内的压力梯度应尽可能小。为此，应尽可能避免使用直径小的部件，如长的真空管路、细孔旋塞、狭窄的接头以及填充很紧密的柱子等。

(2) 由于平底烧瓶在真空下可能内向爆炸，因此蒸馏瓶与接收瓶必须是圆底的。

(3) 真空油脂及涂法。在进行真空操作时，磨口接头应涂上真空油脂以防漏气。涂真空油脂时，用电吹风温热油脂成半液态，然后在磨口处涂上数条整齐的油脂线，再插入瓶中转动使油脂均匀。

(4) 检漏与除气。检漏是一件很麻烦与费时的事，一般是在体系内部通入压缩空气，然后在水中(或涂肥皂水后)观察有无气泡。

【注意】有时真空度上不去是由于管壁吸附着空气而致。因此，在抽气时，可以加热玻璃至 300 ℃左右除去管壁的气体。

(5) 干燥系统(图 1-22)。一般水泵前不接干燥系统，只接安全瓶。油泵前可用固体 NaOH、无水 $CaCl_2$、碱石灰、活性炭等，也可用五氧化二磷为干燥剂。活性炭一般应放在靠近油泵的一端。

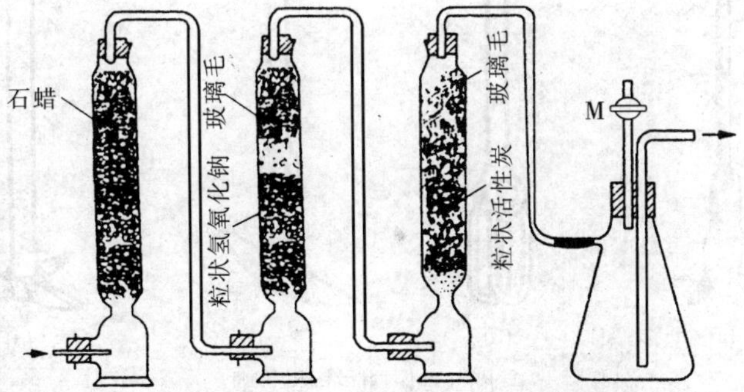

图 1-22　吸除酸气、水蒸气和有机物蒸气的干燥塔

1.5.3 搅拌

为了使反应体系中各组分之间充分接触，对于非均相体系，如固-液体系、气-液体系，或互不相溶的液体之间，或是往反应瓶中滴加反应液的反应体系，都应该给以搅拌或振荡。有时即使是均相体系，搅拌或振荡也是必要的，以避免反应体系局部过热或浓度过高等问题。在许多有机合成实验中，使用搅拌装置不但可以较好的控制反应速度，而且也可以缩短反应时间，提高产率。

通常在反应物量小，反应时间短，而且不需要加热或温度不太高的反应中，用手摇动容器就可达到充分混合反应的目的。用回流冷凝装置进行反应时，有时需要通过间歇摇动或振荡整个铁架台，使反应物充分混合（注意，此时固定反应瓶和冷凝管的每一个夹子都要夹牢）。

在有些有较大颗粒的固-液相反应，且需要较长时间进行搅拌的实验中，最好用电动搅拌器。电动搅拌的效率高，节省人力，还可以缩短反应时间。图 1-23 是常用的机械搅拌（又称为电动搅拌）装置。

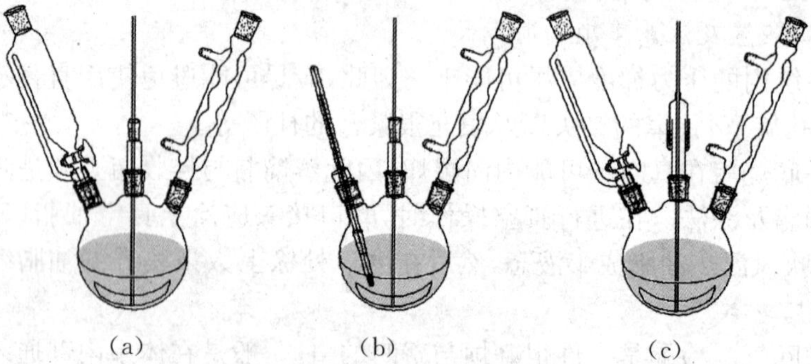

(a) (b) (c)

图 1-23 机械搅拌装置

机械搅拌的搅拌棒通常由玻璃棒和聚四氟乙烯制成，或在不锈钢外镀聚四氟乙烯制成，常用的几种搅拌棒见图 1-24，其中(a)聚四氟乙烯电动搅拌棒；(b)较难制作；(c)中半圆形搅拌叶可用聚四氟乙烯制成，(b)和(c)的优点是可以伸入细颈瓶中，且搅拌效果较好。(d)为浆式搅拌棒，适用于两相不混溶的体系，其优点是搅拌平稳，搅拌效果好。

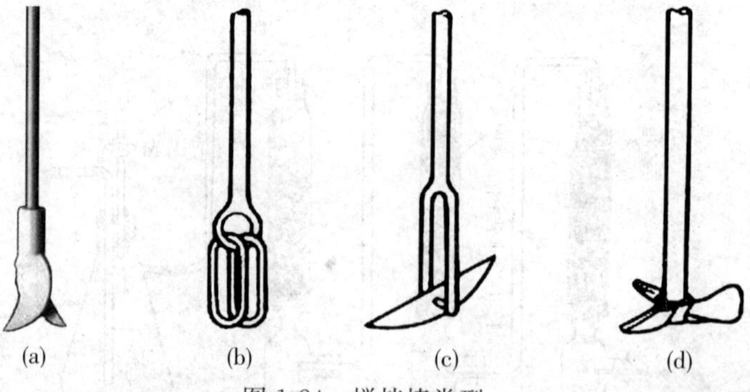

(a) (b) (c) (d)

图 1-24 搅拌棒类型

在装配机械搅拌装置时，可采用简单的橡皮管密封或用液封管密封。搅拌棒与套管（插入橡皮塞中央的长度约 5～7 cm 的玻璃管或具磨口的玻璃套管和液封管)应配合合适,不能太松也不能太紧,搅拌棒要能在中间自由地转动。根据反应瓶的高度和搅拌棒的长度选定三口烧瓶和电动搅拌器的位置。先将短玻璃棒(长约 5 cm)固定在搅拌器的轴上,用一段长约 2 cm、内径与搅拌棒紧密接触,弹性较好的橡皮管(通常也用乳胶管)套在套管的上端,然后将搅拌棒从套管的下端插入套管中,搅拌棒的上端通过橡皮管再连接到搅拌器轴上的玻璃棒上,用细铁丝缠紧。然后小心地将搅拌棒插入三口烧瓶中,至搅拌棒的下端距瓶底约 0.5 cm,将三口烧瓶夹紧。检查仪器安装是否正、直,搅拌器的轴和搅拌棒是否在同一直线上。试验运转情况:用手试验搅拌棒转动是否灵活,再以低转速开动搅拌器。当搅拌棒与套管之间不发出摩擦声时,仪器装配合格,否则需要进行调整。最后装上冷凝管、滴液漏斗(或温度计),用夹子夹紧。整套仪器应安装在同一个铁架台(或固定架)上。用橡皮管密封时,在搅拌棒和紧套的橡皮管之间可滴入少量液体石蜡或甘油,对搅拌起润滑和密封作用。用液封管时,可在封管中装液体石蜡、甘油、浓硫酸或水银。液封装置一般只能在常压下使用。

实验还会经常用到另一类搅拌器,即磁力搅拌器。磁力搅拌器的装配比机械搅拌的装配要简单得多,且整套装置完全密封,气密性好。搅拌时,向反应烧瓶中加一个长度合适的电磁搅拌子,在烧瓶的下面放磁力搅拌器,通过调速旋钮,控制烧瓶中搅拌子转动速度。一般磁力搅拌器还带有加热装置,并可调节加热电压的大小。当反应体系内没有较大固体颗粒,体系粘度不是太高的情况下,可优先考虑使用磁力搅拌器。不过相对机械搅拌而言,磁力搅拌器的功率小,搅拌强度不太大,因此磁力搅拌比较适合小剂量的反应。

1.5.4　回流

溶剂或反应液经加热气化,经冷凝后又变成液体,反复气化-冷凝-气化-冷凝的过程称回流。

有机化学实验常用的回流装置如图 1-25 所示。

在室温下有些反应速度很慢或是难以进行。为了加快反应速度,常常需要使反应体系较长时间保持沸腾。为此,常用回流装置。在回流装置中,液体被加热气化并不断逸出,然后被冷凝为液态而返回反应烧瓶。这样可以防止反应烧瓶中的物质气化逸出。图 1-25(a)是最简单的回流装置。如果反应中所用的反应物可以预先混合,或者对水或空气不敏感的反应可用此装置。该装置也可用于重结晶操作。回流操作时,将装有反应物的反应瓶放在适当的热源或热浴中加热,直立的冷凝管夹套中自下而上通入冷却水,使夹套中充满水,水流速度应根据反应瓶中液体的沸点来调节,沸点高,水流速较慢,沸点低,水流速较快,以确保蒸气充分冷凝即可,通常回流速度控制在液体蒸气浸润的高度不超过球形冷凝管 2 个球为宜。如果反应物易受潮,可在冷凝管上端口装配氯化钙干燥管来防止潮气侵入,见图 1-25(b)。干燥管内装好干燥剂后应检查其是否通畅。如果反应会放出有害的水溶性气体(如氯化氢、溴化氢、二氧化硫等),可连接气体吸收装置,见图 1-25(c)。

回流装置加热前,应向反应瓶中加入 1～2 粒沸石,以产生沸腾中心,防止瓶内液体受热暴沸。根据瓶内液体的沸腾温度不同,可选用水浴、油浴、电加热套或酒精灯等不同的加热方式。有些反应剧烈放热,如将反应物一次加入,往往会使反应难以控制。在这种情况下,可用带恒压滴液漏斗的回流装置,如图 1-25(d)、(e)所示。将一种试剂通过恒压滴液漏斗逐渐滴入反应瓶,有时根据需要,可在烧瓶外面用冷水浴或冰水浴强行冷却。

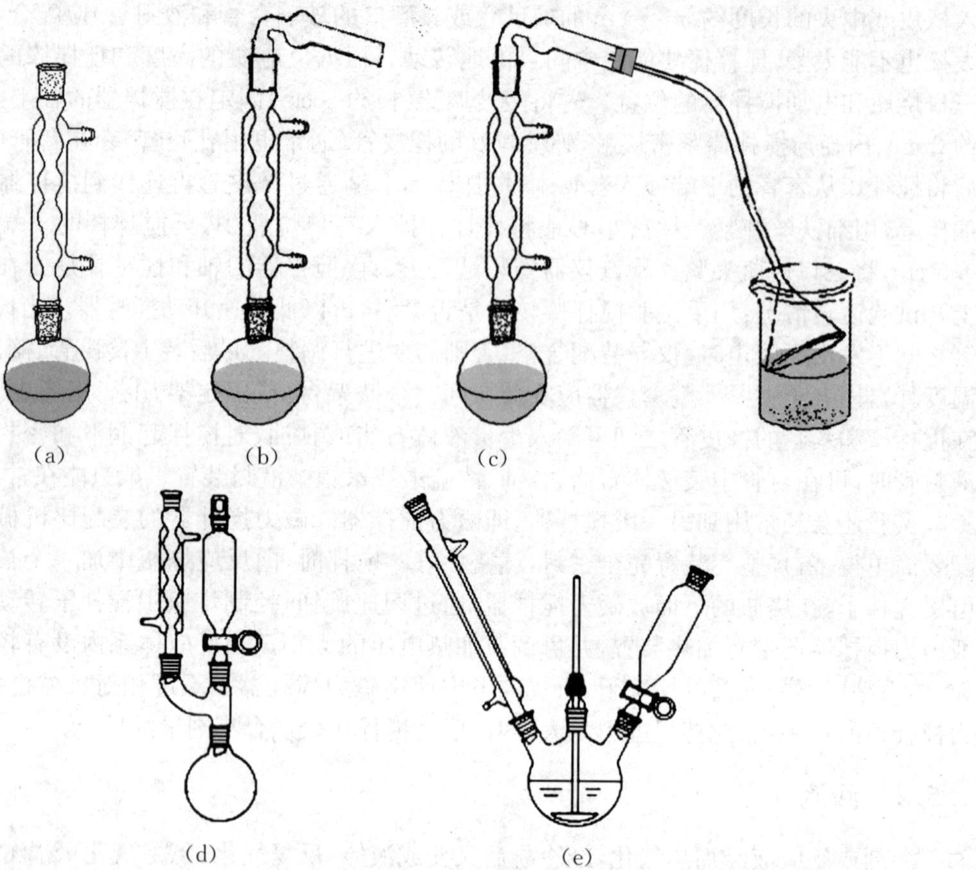

图 1-25　回流装置示意图

1.5.5　无水无氧操作

有些化合物的反应活性很高，在有机合成中有着十分重要的应用。然而它们对空气、水分非常敏感，这就给制备条件提出了较高的要求，通常需要在无水无氧操作线上进行操作。

1. 基本原理

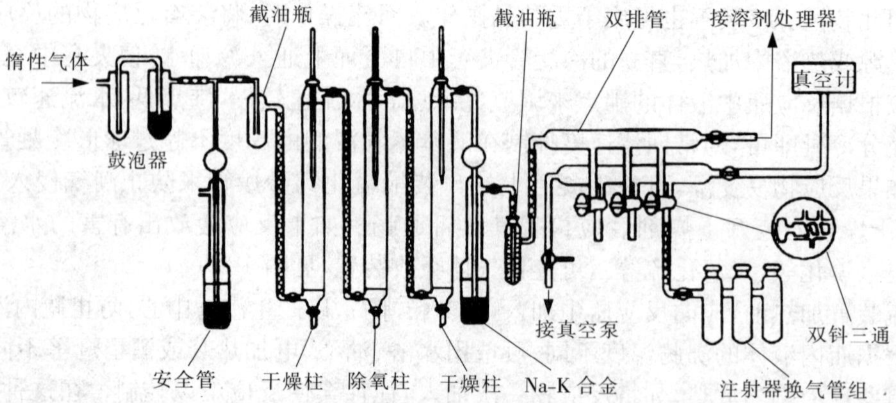

图 1-26　无水无氧操作线

无水无氧操作线也称史兰克线（Schlenk Line），是一套惰性气体的净化及操作系统。

通过这套系统，可以将无水无氧的惰性气体导入反应系统，从而使反应在无水无氧环境气氛中顺利进行，无水无氧操作线主要由除氧柱、干燥柱、Na-K合金管、截油管、双排管，真空计等部分组成。如图1-26所示。

惰性气体（如氮气或氩气）在一定压力下由鼓泡器导入安全管，经第一根干燥柱初步除水，再进入除氧柱除氧，然后进入第二根干燥柱以吸收除氧柱中生成的微量水，继而通过Na-K合金管以除去残余微量水和氧，最后经过截油管进入双排管（惰性气体分配管）。

在干燥柱中，常填充脱水能力强并可再生的干燥剂，如5 A分子筛；在除氧柱中则选用除氧效果好并能再生的除氧剂，如银分子筛，经过这样的脱水除氧系统处理后的惰性气体，就可以导入到反应系统或其他操作系统。

2. 实验方法

在使用无水无氧操作线之前，事先要对干燥柱和除氧柱进行活化。

若选用5A分子筛作干燥剂，则在长为60 cm、内径为3 cm的玻璃柱中，装入5 A分子筛。从柱的上端插入量程为400 ℃的温度计，柱外缠绕50 W电热丝，其外再罩上长为60 cm、内径为6 cm的玻璃套管。柱的下端连三通，分别与真空泵及惰性气体相接。在1.33 kPa (10 mmHg)、320～350 ℃的条件下使分子筛柱活化10 h。然后旋转三通，导人惰性气体，停止加热，自然冷却至室温，关上旋塞，并接入系统。

若选用银分子筛来除氧，则在长为60 cm、内径为3 cm的玻璃柱内，装入银分子筛，柱的上端插入量程为400 ℃的温度计，柱外缠绕300 W的电热丝，其外再罩上长为60 cm、内径为6 cm的外管。活化时，从柱下端侧管通入氢气，尾气从柱上端侧管通至室外。加热至90～110 ℃，活化10 h左右，活化过程中生成的少量水可以通过柱下端的导管放出。当银分子筛变黑后，停止加热，继续通氢气，自然冷却至室温，关上旋塞，并接入系统。

Na-K合金管上端长为50 cm、内径为2 cm，下端长为15 cm、内径为5 cm。合金管上端侧管连三通，并分别与真空泵和惰性气体相接。先抽真空并用电吹风或煤气灯烘烤后，自然冷却至室温，再充惰性气体，重复抽换气3次。在充惰性气体条件下，从上口加入切碎的钠(15 g)和钾(45 g)，并用适量的石蜡油加以覆盖。然后加热下端，使钠、钾熔融，冷却后形成钠钾合金。插入已抽气、换气的内管，关上旋塞，并接入系统。

将上述柱子处理后串联起来就可以进行除水除氧操作。

将要求除水除氧的仪器通过带旋塞的导管与无水无氧操作线上的双排管相连，以便抽气、换气。在该仪器的支口处必须接上液封管，以便放空。同时保持仪器内惰性气体气压为正，使空气不能入内。关闭支口处的液封管，旋转双排管的双斜旋塞使体系与真空管相连。抽真空，用电吹风或煤气灯烘烤待处理系统各部分，以除去系统内的空气及内壁附着的潮气。烘烤完毕，待仪器冷却后，打开惰性气体阀，旋转双排管上双斜三通，使待处理系统与惰性气体管路相通。这样重复处理3次，即抽气、换气完毕。

在惰性气流下进行各种操作的装置如图1-27至图1-32所示。

3. 注意事项

(1) 在常量反应中，如果对于无水无氧条件要求不是很高，只要采用一根除氧柱和两根干燥柱就可以，如图1-27所示。

(2) 如果含氧要求在2 mL/m^{3}的范围，在史兰克操作线上可以不用钠钾合金管。

(3) 用5 A分子筛来干燥惰性气体（如氩气），容量大，易再生，水的平衡蒸气压小于0.13 Pa。

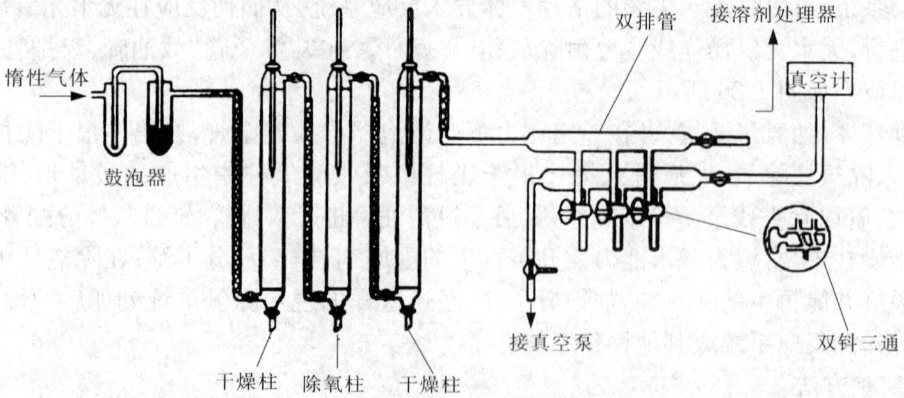

图 1-27 简易无水无氧操作线

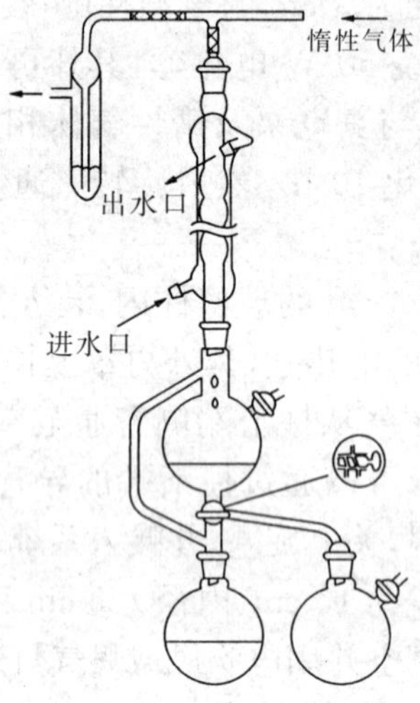

图 1-28 溶剂处理装置

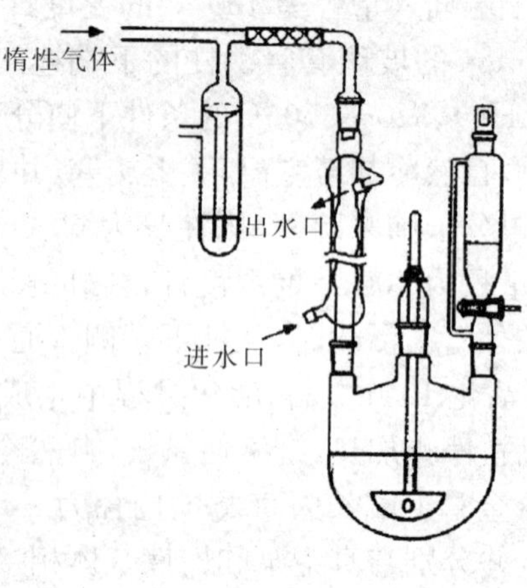

图 1-29 搅拌反应装置

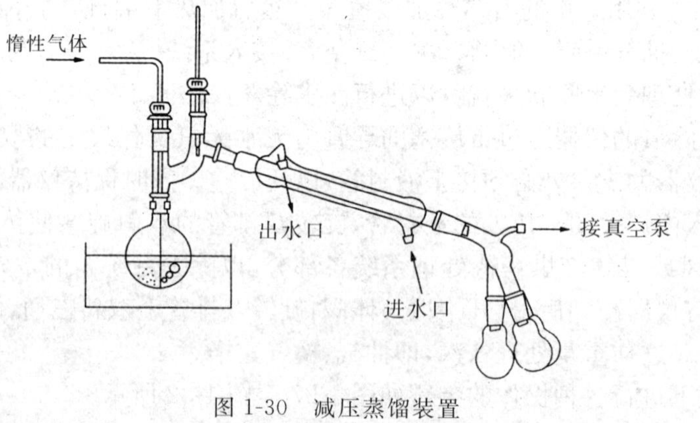

图 1-30 减压蒸馏装置

(4) 用银分子筛除氧容易,容量较大,可再生。一般经银分子筛除氧处理后的惰性气体,其含氧量可降至 2 mL/m^3 以下。

(5) 无水无氧操作线中所用胶管宜采用厚壁橡皮管,以防止抽气、换气时有空气渗入。

(6) 如果在反应过程中要添加药品或调换仪器,需要开启反应瓶时,都应在较大的惰性气流中进行操作。

(7) 反应系统若需搅拌，应使用磁力搅拌。若使用机械搅拌器，应加大惰性气体气流量。

(8) 若要对乙醚、四氢呋喃、甲苯等溶剂作严格无水无氧处理，可按如下步骤进行：将溶剂处理装置，如图 1-28 所示，通过三通管与无水无氧操作线相连，经抽换气后，将由钠丝预处理过的溶剂以及钠块与二苯甲酮(按 1∶4 质量比)转入其中。旋转双斜三通活塞，使上下相通保持回流。待溶液由黄色变为深蓝色后，即可关上双斜三通，使溶剂积聚于储液腔中(当溶剂中的水分和氧气被除尽后，金属钠便将二苯甲酮还原成苯片呐醇钠，呈深蓝色)。取溶剂时可用注射器从上口抽出或旋转双斜三通从下侧管放出。

(9) 无水无氧操作线中，鼓泡器内装有石蜡油和汞。通过鼓泡器，一方面可以方便地观察体系内惰性气体气流的情况；另一方面也可以在体系内部压力或温度稍微变化产生负压时，使内部与外部隔绝，防止空气进入。水银安全管的作用主要是为了防止反应系统内部压力太大而导致将瓶塞冲开。它既可以保持系统一定的压力，又可以在系统压力过大时，让惰性气体从中放空。截油瓶起着捕集鼓泡器中带出的石蜡油的作用。截油管内装有活化的分子筛，以吸收惰性气体流速过快时从钠钾合金管中带出的少量石蜡油，避免进入反应器，如图 1-27 所示。

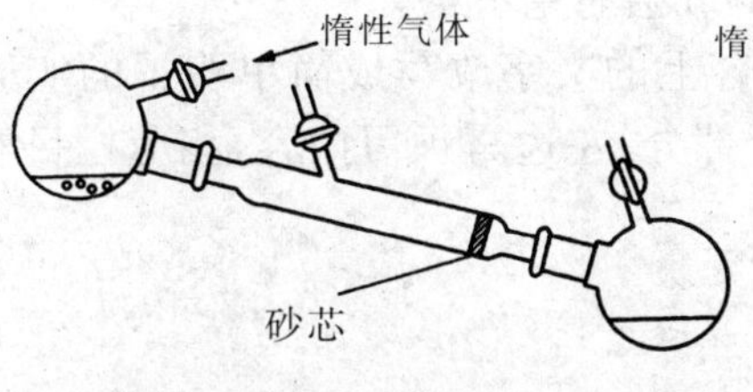

图 1-31　过滤装置

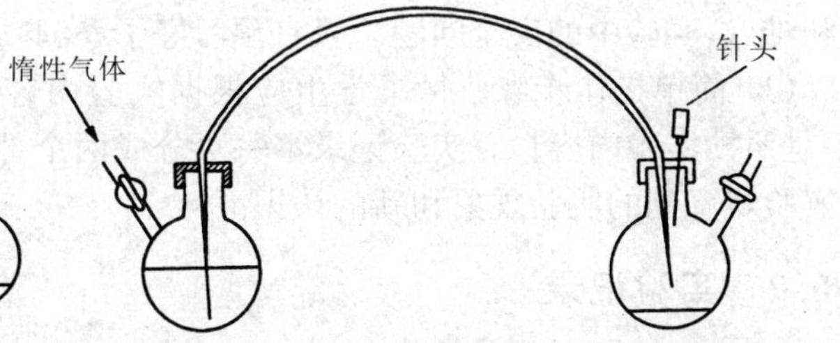

图 1-32　液体物料转移装置

(龚行，刘煜，沈平 供稿)

1.6 实验预习、实验记录和实验报告

1.6.1 实验预习

实验预习是有机化学实验的重要环节，对保证实验的顺利进行和实验的安全具有非常重要的作用。为了使学生做到对整个实验内容心中有数，避免照方抓药，依葫芦画瓢地进行实验，要求学生实验前必须认真做好实验预习。预习报告是实验记录的一部分，是研究实验内容和书写实验报告的依据，在实验开始前，可参考如下项目做好实验预习报告。

(1) 实验的名称、目的、要求、原理和反应式（主反应，主要副反应）。

(2) 主要反应物、试剂和产物的物理常数（查手册或辞典）、用量（g，mL，mol）和规格并计算理论产量。

(3) 列出粗产物纯化过程及原理。

预习时要明确各步操作的目的和要求是什么，为什么要这样做。要弄清每次实验的关键和难点，实验中的安全问题。只有预习好了，实验才会有条不紊。

(4) 简单操作步骤。每个学生应根据实验内容上的文字改写成简单明了的实验步骤（不是照抄实验内容！）。实验记录本每页分成两个部分，左边写预习内容，相应栏目右边则写实验观察到的实验现象和新的认识。

1.6.2 实验记录

实验是培养学生科学素养的主要途径，实验中要做到操作认真、观察仔细、思考积极，并将所用物料的数量和浓度以及全过程观察到的现象（如反应温度的变化、体系颜色的改变、结晶或沉淀的产生或消失、是否放热或有气体放出等）和测得的各种数据（产品的量、熔点或沸点）及时如实地记录于实验记录本中。记录做到字迹清楚、简明扼要。实验完毕后学生应将实验记录本和产物交给老师。产物要盛于贴好标签的样品瓶中。标签格式如下所示（以正溴丁烷为例）：

正溴丁烷
(*n*-bromobutane)
沸程：99～103 ℃
产量：18 g
瓶重：15.5 g
×××（班级） ×××（姓名）
××××年××月××日

1.6.3 实验报告

实验完成之后，必须对实验进行总结，即讨论观察到的现象，分析出现的问题，整理归纳

实验数据，完成指定的思考题或提出改进本实验的意见等。如果实验失败，应找出失败的原因，然后写出实验报告交给老师。撰写实验报告是完成整个实验的一个重要环节，也是把各种实验现象提高到理论认识的必要步骤。

实验报告的内容大致可分为8项，以溴丁烷为例。

实验××　正溴丁烷(*n*-bromobutane)

1）目的和要求

（1）了解由醇制备溴代烷的原理及方法。

（2）初步掌握回流及气体吸收装置的安装以及分液漏斗的使用。

2）反应原理

［主反应］

$$NaBr + H_2SO_4 \longrightarrow HBr + NaHSO_4$$

$$n\text{-}C_4H_9OH + HBr \xrightarrow{H_2SO_4} n\text{-}C_4H_9Br + H_2O$$

［副反应］

$$n\text{-}C_4H_9OH \xrightarrow{H_2SO_4} CH_2CH_2CH{=}CH_2 + H_2O$$

$$2n\text{-}C_4H_9OH \xrightarrow{H_2SO_4} (n\text{-}C_4H_9)_2O + H_2O$$

$$2NaBr + 3H_2SO_4 \longrightarrow Br_2 + SO_2\uparrow + 2H_2O + 2NaHSO_4$$

3）主要物料及产物的物理性质

表××　物料的主要物理性质

名　称	相对分子质量	性　状	折光率 n_D^{20}	相对密度 d_4^{20}	熔点/℃	沸点/℃	溶解度（g/100 mL）		
							水	醇	醚
正丁醇	74.12	无色透明液体	1.399	0.810	−89.2	117.71	7.920	∞	∞
正溴丁烷	137.03	无色透明液体	1.440	1.299	−112.4	101.6	不溶	∞	∞

4）主要物料用量及规格

正丁醇，化学纯，产地__________，15.0 g（18.5 mL，0.20 mol）。

浓硫酸，工业纯，产地__________，53.4 g（29.0 mL，0.54 mol）。

溴化钠，化学纯，产地__________，25.0 g（0.24 mol）。

5）实验步骤及实验现象记录

表××　实验步骤及实验现象

步　骤	现　象
（1）于150 mL圆底烧瓶中加入20 mL水，29.0 mL浓H_2SO_4，振摇冷却	放热，烧瓶烫手
（2）加入18.5 mL $n\text{-}C_4H_9OH$和25.0 g NaBr，振摇，再加入沸石	不分层，有许多NaBr未溶解。瓶中已出现白雾状HBr

续表

步骤	现象
(3) 安装冷凝管和 HBr 吸收装置，用电热套小火加热 1 h	沸腾，瓶中白雾状 HBr 增多，并从冷凝管上升，被气体吸收装置吸收。瓶中液体由一层变成三层，上层开始极薄；中层为橙黄色；上层越来越厚。中层越来越薄，最后消失，上层颜色由淡黄⟶橙黄色
(4) 稍冷，改成蒸馏装置，加入沸石，蒸出 $n\text{-}C_4H_9Br$	馏出液浑浊，分层，产物在下层。瓶中上层越来越少，最后消失，消失片刻后停止蒸馏。蒸馏瓶冷却析出无色透明结晶($NaHSO_4$)
(5) 粗产物用 15 mL 水洗，在分液漏斗中分出有机层，再依次用 10 mL H_2SO_4、15 mL 水、15 mL 饱和 $NaHCO_3$ 和 15 mL 水洗涤	水洗时产物在下层，H_2SO_4 洗涤时产物在上层；二层交界处有些絮状物($NaHCO_3$)
(6) 粗产物置于 50 mL 锥形瓶中，加入 2 g $CaCl_2$ 干燥	粗产物有些浑浊，稍振荡后透明
(7) 产物滤入 25 mL 圆底烧瓶中，加入沸石，蒸馏，收集 99～103 ℃馏分	99 ℃以前馏出液很少，收集 101～102 ℃的馏分，温度升至 103 ℃，开始下降，瓶中液体很少，停止蒸馏
(8) 产物外观、质量	无色液体。瓶重 15.5 g，毛重 33.5 g，则产物净重 18.0 g

6）粗产品纯化过程及原理

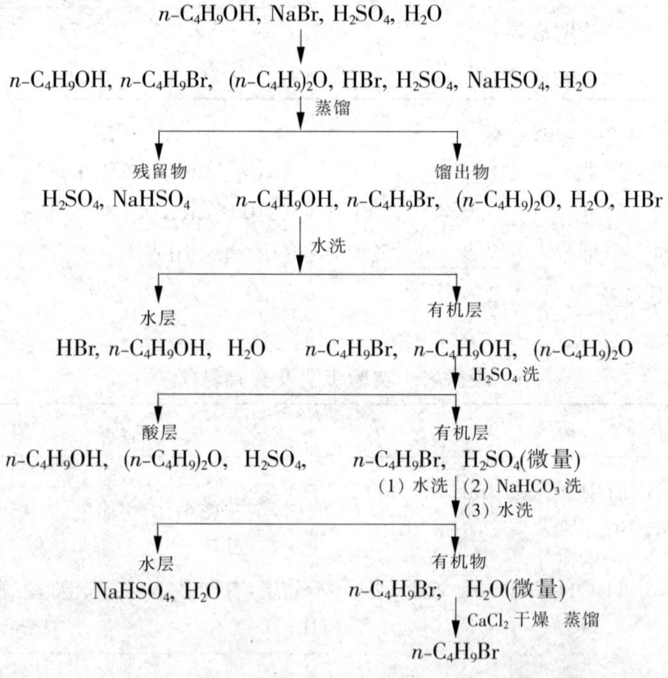

7）产率计算

理论产量按正丁醇计算。0.2 mol 正丁醇能反应生成 0.2 mol(即 $0.2\times137=27.4$ g)正溴丁烷。

$$产率=\frac{18}{27.4}\times100\%=65.7\%$$

8）讨论

(1) 醇能和硫酸生成镁盐，而卤代物不溶于硫酸，故随着正丁醇转化为正溴丁烷，烧瓶中分成三层。上层为正溴丁烷，中层可能为硫酸氢正丁酯，中层消失即表示大部分正丁醇已转化为正溴丁烷。上、中两层液体呈黄色，可能是由副反应产生的溴所致。从实验现象可知，溴在正溴丁烷中的溶解度较硫酸中的溶解度大。

(2) 从反应瓶中蒸馏除去正溴丁烷后，烧瓶冷却，析出的结晶是硫酸氢钠。

(3) 由于操作时疏忽大意，反应开始前未加沸石，使回流不正常。停止加热，稍冷后再加入沸石，继续回流，致使操作时间延长。这点今后要引起注意。

(陈红飙，朱卫国 供稿)

1.7 辞典、手册与文献的查阅

化学文献是有关化学方面的科学研究、生产实践等的记录和总结，是人类科学文化知识的载体，是社会进步的宝贵财富。查阅化学文献是化学工作者从事科学研究的一个重要环节，也是每个化学工作者应具备的基本功之一。

查阅文献资料的目的是了解课题的国内外研究现状、水平和发展趋势，达到对实验方案的正确决策、科学问题的准确判断与解决。

基础有机实验课要求每个学生在实验前，查阅相关文献资料，了解所用的试剂、溶剂、反应物和产物等相关信息。通过文献资料的查阅不仅可以加深学生对实验内容的了解，而且可以培养学生良好的科学素养，以及查阅和应用文献资料的能力。

化学文献种类很多，浩如烟海。本节从工具书、专业参考书及化学文摘等三个方面，简单介绍常用的有机化学文献及其查阅方法，供化学工作者和学生参考。

1.7.1 常用工具书和专业参考书

1. 常用工具书

1)《化工辞典》

《化工辞典》由王箴主编，1969 年出版，再版 4 次，多次重印，由化学工业出版社出版发行，是一本综合性的化工工具书。该词典第 4 版收集了有关化学、化工名词 16000 余条，列出了物质的分子式、结构式、基本的物理化学性质(包括相对密度、熔点、沸点和溶解度等数据)、来源和用途。化工过程的生产方式仅阐述主要内容及原理。全书以汉字笔画为序排列，书前有按笔画顺序的目录，汉语拼音检字索引和汉字笔画检字索引，书末有英文索引。

2)《The Merk Index》

默克索引是德国 Merk 公司出版的非商业性化学药品手册，自称是"化学品、药品和生物试剂百科全书"。该手册 1976 年第 9 版收集了近一万种常用化学和生物试剂的别名、结构式、物理常数(熔点、沸点、闪点、密度、折射率、比旋光度和溶解度)、性质、制法、用途、毒性和原始文献出处，4 500 多个结构式及 42 000 条化学产品和药物的命名。全书按词条的英文名称字母的顺序排列，冠有流水号。默克索引已经成为介绍有机化合物数据的经典手册。CRC 和 Aldrich 等手册都引用该化合物在默克索引中的编号。书的后半部简单介绍了有机人名反应(Organic Name Reactions)，一般是用反应方程式来说明反应的原料、产物及主要反应条件，并列出了最初发表的论文和有关这个反应的综述性文章的文献出处。书末有分子式和主题索引。

3)《Dictionary of Organic Compounds》

简称 DOC，1934 年首次出版，以后每隔几年出版修订本，本书 1982 年第 5 版分为 7 卷，前 5 卷为正文，按有机化合物的英文名称字母顺序排列。收集了 10 万多种有机化合物的资料，内容包括有机化合物的 CA 登录号、结构式、分子式、分子量、别名、性状、物理常数(熔点、沸点和密度等)、危险指标、化合物性质及其衍生物、用途和参考文献等。后两卷为索引,其中一卷为分子式索引、杂原子索引和 CA 登录号索引,另一卷为名称索引。该书已有中文译本,名为《汉译海氏有机化合物辞典》,中文译本亦按化合物英文名称的字母排列,在英文名称后面附有中文名称。本书自第 6 版以后,每年出一补编。

4)《Handbook of Chemistry and Physics》

简称 CRC 或 CRC 化学物理手册,是美国化学橡胶公司(Chemical Rubber Company)出版的理化手册,1913 年出版第 1 版,以后每隔 1～2 年再版 1 次。从 50 年代起,它几乎每年再版 1 次,至 1988 年已出版 69 版。早期分上下两册,从第 51 版开始变为 1 册。内容主要分为 6 大部:A 部,数学用表:有基本数学公式、度量衡的换算等;B 部,元素和无机化合物;C 部,有机化合物;D 部,普通化学:包括二组分和三组分恒沸混合物、热力学常数、缓冲溶液的 pH 值等;E 部,普通物理常数;F 部,其他。目前已扩充至 14 部分,包括基本常数单位(Section 1)、符号与命名(Section 2)、有机(Section 3)、无机(Section 4)、热力学与动力学(Section 5)、流体(Section 6)、生化(Section 7)、分析(Section 8)等。

其中,第 3 部有机化合物报道占 740 页,这部分辑录了 1979 年国际纯粹和应用化学联合会对化合物的命名原则。列出了 14 934 个常见有机化合物的名称、别名、Merk lndex 编号、CA 登记号、分子式、相对分子质量、理化数据(颜色、结晶形状、熔点、沸点、密度、折光率、溶解度、比旋光度、紫外吸收)和参考文献。化合物是按照它的英文名称的字母顺序来排列的,以母体化合物为主。查阅时,首先要知道化合物的英文名称和归属类别,凡属衍生物及带有取代基的化合物,大多列在母体化合物的名称下。

另外,在 C 部有机化合物的物理常数表后,有分子式索引(Formula Index),按碳、氢数目的顺序排列,而其他元素符号按英语字母顺序(如 $C_8H_{12}ClNO$)排列。

5)《Lange's Handbook of Chemistry》

该手册于 1934 年出版,到 2005 年共计已出版了 16 版。内容和 CRC 手册类似,分 11 章。分别报道了无机化学、分析化学、电化学、有机化学、热力学性质等理化资料。其中第 7 章报道有机化学,刊载了 7600 多种有机化合物的名称,分子式和分子量;其他章节报道了介电常数、偶极距、核磁氢谱和核磁碳谱的化学位移、共沸物的沸点和组成等信息。

该手册已由尚久芳等人翻译为中文,名为《兰氏化学手册》,1991 年 3 月由科学出版社出版。

6)《Beilstein Handbuch der Organischen Chemie》

简称 Beilstein,原为俄国化学家 Beilstein 编写,1882 出版,之后由德国化学会编辑,以德文书写,是报道有机化合物数据和资料十分权威的巨著。内容包括化合物的结构、理化性质、衍生物的性质、鉴定分析方法、提取纯化、制备方法以及原始参考文献。

目前,Beilstein 出版了 7 大系列(H, EI、EII、EIII、EIV、EV),其中 H 表示 Hauptwevk(正编),E 表示 Erganzungswerk(补编),H 系列为基本系列,报道了 1910 年 1 月 1 日以前的文献资料。之后每 10 年增加 1 个系列(补编),后面的补编逐步采用英文书写。每个系列有 27 卷主卷,其他为索引(28 和 29 二卷索引),横向分为三大部分:Acyclies(非环系,1～4 卷),Isocyclics(碳环系,5～6 卷),Heterocyclics(杂环化合物,7～27 卷);按照所具有的官能团纵向依序分为:无,OH,C=O,CO_2H,SO_3H,Se,NH_2,NHOH,金属有机等 17 类。通过"Table of Contents of the 27 Volumes of the Beilstein Handbook"可以帮助了解上述分类。

Beilstein有严格的编排原则，最简单的查阅方法是通过分子式检索查阅，查阅时首先写出该化合物的分子式，式中的元素按下列次序排列：C，H，O，N，Cl，Br，I，F，S，P，Ag…Zr（Ag…Zr按字母顺序排列），然后通过分子式索引（包括正编和补编），查找这一分子式及其分子式下的化学名称，在化学名称后面，注有它在正编和补编中所在的卷数及页数。此外，也可通过主题索引查找母体结构化合物的相关信息。

7)《商用试剂目录》

目前，在国内比较常见的进口试剂品牌主要有Acros、Aldrich、Alfa、Fluka、Sigma与TCI等，商用试剂目录每年更新，可以免费索取，用来查阅化合物的基本数据（分子量、结构式、熔点、沸点和命名等）使用十分方便。比较著名的商用试剂目录主要有如下几种：

【Aldrich】全称"Aldrich Catalog Handbook of Fine Chemicals"，由美国Aldrich化学试剂公司出版。书中收集了18 000多个化合物，每个化合物都有一个条目，介绍了该化合物的相对分子质量、分子式、沸点、折光率、熔点等数据。较复杂的化合物还附了结构式和该化合物的核磁共振和红外谱图的出处。书中同时给出了每个化合物的不同包装的价格，为有机合成订购试剂提供了重要参考。书中列出了化学实验中常用仪器的名称、图形和规格。书后附有分子式索引。

【Acros】Acros公司总部在比利时。Acros公司出版的试剂目录。目前在国内流行，供货期短（2～4周），订购方便，百灵威公司负责其国内代销。Acros主要涉及有机试剂。

【Alfa】Alfa公司出版的试剂目录。Alfa公司的全称是Alfa Aesar A Johnson Matthey Company，它是英国Johnson Matthey公司（简称JM公司）的子公司，Alfa试剂涉及金属纯元素，金属有机，高纯有机化合物等。

【Fluka】Fluka公司出版的试剂目录。其产品有些是Alcrich找不到的。Fluka公司总部在瑞典。

【TCI】TCI公司出版的试剂目录。TCI公司的中文名称是东京化成。其产品比较有特色，一般是上述几家公司没有的，经常能在TCI中找到。

2. 有机化学实验参考书

1)《Organic Synthesis》

该书于1921年开始出版，每年1卷，是详细介绍各种有机化合物制备方法的丛书。书中对一些特殊仪器和装置用文字和图形来同时说明。书中的每个反应步骤的叙述非常详细，并在附注中介绍了作者的经验和注意点。每个反应都经过至少两个实验室的重复核对，内容可信度极高，是有机合成的良好参考书。

该书每10卷有合订本（Collective），卷末附有分子式、反应类型、化合物类型和主题等索引。在1976年还出版了合订本1～5集（即1～49卷）的累积索引，可供阅读时查阅。54卷、59卷、64卷的卷末附有包括本卷在内的前5卷的作者和主题累积索引；每卷末也有本卷的作者和主题索引。另外，《Organic Synthesis》合订本的第1、2集已分别译成中文出版。从50卷后每5年一累积，目前已有10累积共86卷。读者也可以通过http://www.orgsyn.org网址查阅。

2)《Organic Reactions》

这是一套介绍著名有机反应的综述丛书，1942年首版，约1～2年出版1卷，目前已有40余卷。每卷卷末都有以前各卷的作者索引、章节索引及题目索引。稿件为特邀稿，综述介绍有一定理论价值和实际意义的有机化学反应，内容极为详尽，包括前言、历史介绍、反应机理、反应类型、应用范围、反应条件等。每章有许多表格刊载各种研究过的反应实例，并附有大量的参考文献。

3)《Reagents for Organic Synthesis》

由 L. F. Fieser 和 M. Fieser 主编，1967 年开始出版的系列丛书，约 1～2 年出版 1 卷。其前身是有机化学实验(Experiments in Organic Chemistry)，每卷介绍 1～2 年间一些特殊化学试剂所涉及的化学反应，是一本有机试剂合成全书，书中每个试剂按英文名称的字母顺序排列。该书介绍了入选试剂的化学结构、相对分子质量、物理常数、制备和纯化方法以及合成方面的应用等，并列出了主要原始资料以备进一步查考。每卷卷末附有反应类型、化合物类型、合成目标物、作者和试剂等索引。

4)《Vogel's Textbook of Practical Organic Chemistry》

简称 Vogel，1948 年首版，是一本实验设计参考书。内容主要包括三个方面，即实验操作技术、基本原理及实验步骤、有机分析。常用的有机化合物的制备方法大都可以在这里找到，而且实验步骤比较成熟。

1.7.2 检索工具书

据报道，目前世界上每年发表的化学、化工文献达几十万篇，如何将如此大量的、分散的、各种文字的文献加以收集、摘录、分类和整理，使其便于查阅，这是一项十分重要的工作，化学文摘就是处理这种工作的杂志。

最著名的化学文摘是美国化学文摘(《Chemical Abstracts》)，简称为 C. A.，创刊于 1907 年，自 1962 年起每年出版 2 卷。自 1967 年上半年即 67 卷开始，每逢单期号刊载生化类和有机化学类内容，双期号刊载大分子类、应化和化工、物化与分析化学类内容。有关有机化学方面的内容几乎都在单期号内(即 1,3,5,…25)。

美国化学文摘包括两部分内容：(1) 从资料来源刊物上将一篇文章按一定格式缩减为文摘。再按索引词字母顺序编排，或给出该文摘所在的页码或给出它在第 1 卷栏数及段落。现在发展成一篇文摘占有一条顺序编号。(2) 索引部分。其目的是用最简便、最科学的方法又全又快地找到所需资料的摘要，若有必要再从摘要列出的来源刊物寻找原始文献。美国化学文摘的优点在于从各方面编制各种索引，使读者省时、全面地找到所需要的资料。因此，掌握各种索引的检索方法是查阅 C. A. 的关键。

自创刊以来，美国化学文摘在文摘的编排和索引的类别方面作过不少改进，为了便于查找，简单介绍如下：

1907～1934，各卷索引中的数字代表文摘所在页数。

1935～1946，上述数字代表文摘所在栏数(每页分两栏)，最后再附加一个小体数字表示文摘位于栏内第几段(一栏分成 9 段)。如 9083_4 表示该文摘在这一卷的 9083 栏内第 4 段中可以找到。

1947～1967 编排同前，但将表示段数的小字体改用英文字母 a 至 i 代替。如 9083d 等。

自第 67 卷开始至今，上述数字不再代表页数或栏数，而是代表第几号文摘，即每一条文摘有一个编号，如 9083d 就代表 9083 号文摘，对号入座就可以找到，后面的字母 d 是计算机编码用的，一般查阅可以不用去理会它。

号码前面冠有 B,P,R 等字母,它们的含义是:

B 代表该条文摘是介绍一本书(Book);

P 代表该条文摘是介绍一篇专利(Patent);

R 代表该条文摘是一篇综述性文章(Review)。

由于 C. A. 的索引系统编得比较完善,每期收编的文章又很多,因此充分利用索引来查阅所需文献,比较省时间,使用熟练以后也很方便。每期 C. A. 的后面都有主题索引(关键词索引)、作者索引和专利号索引。每卷末又专门出版包括全卷内容的各种索引,每 5 年(1956 年前每 10 年)还出版包括这 5 年(10 年)全部内容的各种索引,可以在短时间内找出 5～10 年内发表过的大部分有关文献的摘要。这种索引系统是其他文献所没有的。

自 1967 年以来,年度索引的内容又有所扩大,除了主题索引、作者索引、分子式索引和专利索引以外,还陆续增加了环系索引、索引指南和登记号码索引,自 76 卷开始,又将主题索引划分为两部分,即普通主题索引和化学物质索引。现将各种索引简单介绍如下:

(1) 专题索引(Subject Index)。在每期后面有关键词索引(Key Words Index),自 76 卷开始的年度索引和第 9 次累积索引(1972－1976)中,主题索引开始分为普通主题索引(General Subject Index)和化学物质索引(Chemical Substance Index)两部分。前者内容包括原来主题索引中属于一般化学论题的部分,后者以化合物(及其衍生物)为主题,主要提供有关化合物的制备、结构、性质、反应等方面的文摘号。在这种索引系统中,化学物质将给以一个特定的 CAS 号码。

(2) 作者索引(Author Index)。姓在前,名在后,姓和名之间用逗号分开。欧美国家通常的写法是把名字写在姓前面,中间不加逗号,名字一般是第二个字,用字头(第一个字母)加实心点缩写来表示。

俄文人名、日文人名和中文人名均有规定的音译法,日文人名写的是汉文,要按日文读音译成英文,中文人名是按罗马拼音(不是现在国内的汉语拼音)译成英文。

(3) 分子索引(Formula Index)。含碳的化合物首先按分子式中的 C 的原子数,其次按 H 的原子数排列,然后才是其他元素按字母顺序排列。不含碳的化合物以及各元素一律按字母顺序排列。

(4) 专利索引(Patent Index)和专利协调(Patent Concordance)。专利索引是分国别按专利号排的,前后期的专利号有很大的交叉,不能只查阅一年。许多国家往往将同一个专利在几个国家中注册取得专利权,即同一专利内容往往可以在几个国家的专利中查到(专利号不同)。在 58 卷以后每期和年度索引中都有专利协调一章,专门查这件事。我们可以利用这一点,如果某一国家的某专利在国内没有收藏,或看不懂这种语言,可以查一查专利协调中相同内容的别国专利有没有,这就扩大了查阅范围,同时也可以避免重复查找内容相同的专利,因此拿到一个专利号要查阅时,最好先查一查专利协调。

(5) 环系索引(Index of Ring System)。也称为杂原子次序索引。它给出各种杂环化合物在 C. A. 中所用的分子式,然后可以从分子式索引中查出,从 66 卷开始采用。

(6) 索引指南(Index Guide)。自 69 卷开始每年出一次。内容包括:① 交叉索引(Cross Index),可以帮助选定主题和关键词;② 同名物;③ 各种典型的结构式;④ 词义范围注解;⑤ 商品名称检索等。此索引系统在第 8 次累积索引(1967－1971)中也已开始使用。

(7) 登记号码索引(Register Number Index)。从 62 卷开始收入 C. A. 的每种化合物都

给一个登记号，简称 CAS 号码，今后沿用不变。这种号码主要是计算机归档号，与化合物组成和结构等无任何联系。这种 CAS 号码出现于 71 卷以后的主题索引和分子式索引上，也出现于同时期的有机化学杂志(J. Org. Chem.)上，利用这个号码还可以互查化合物的英文名称和分子式。

(8) 来源索引(Source Index)。这是以专题形式分册出版的索引，于 1970 年出版。列举了 C. A. 中摘引的原文出处，期刊的全文(俄、日、中文等仍为英译名)、缩写等，C. A. 目前所摘引的期刊已超过一万种。1970 年后每年出版补编一册。1961 年以前附在 C. A. 内的期刊表，即来源索引的前身。

另外关于化合物的命名法还可以查阅 1916，1937，1943，1962 年的 C. A.。

美国化学文摘中每条摘要的内容及编排顺序如下：

① 题目；

② 作者姓名；

③ 作者工作单位，在作者姓名后的括号内；

④ 原始文献的来源，包括：(a) 期刊名称或缩写(斜体字)；(b) 卷号(黑体字)；(c) 期号(在括号内)；(d) 起止页码，如 456～468 表示自 456 页至 468 页；(e) 文摘本身；(f) 摘录人姓名。

初学者在阅读 C. A. 时常见到许多难以辨认的缩写，可查每一卷第一期前面的简字表。

最后必须强调一点，在查阅 C. A. 的主题索引前一定要查阅索引指南(Index Guide)，以核对选用的某化合物的关键词(Key Word)是否与 C. A. 编写索引时采用的化合物的关键词相同。若不一致时，被检索的这一卷索引指南或有关的累积索引指南中会告诉你所选用化合物的对应名词。例如：丁酸的英文普通命名法的命名为 butyric acid。但现在 C. A. 做索引时采用 IUPAC 系统，因此，在 Index Guide 中指示你选用(See) butanoic acid。一些商业名称，也能在指南上找到索引用的正确名称。如 Mendok 是植物生长调节剂的商品名，在索引指南上注出 See propanioc acid；2，3-dichloro-2-methyl，sodium salt，所以商品名称 Mendok 指的是 2，3-二氯-2-甲基丙酸钠这一化合物。

随着科技的飞速发展与电子网络技术的进步，C. A. 由过去的纸质版发展为电子光盘版，进而成为网络版(SciFinder Scholar)。真正成为快速、快捷、方便的文献检索工具。有关“SciFinder Scholar”的工具检索请参考相关文献资料。

(陈红飙，朱卫国 供稿)

第二章　有机化学实验基本操作

2.1　简单玻璃工操作与塞子的装配

在化学实验中，经常使用形状各异的玻璃管、滴管以及毛细管，它们需要通过对玻璃管的加工而得到。因此，掌握一些玻璃工操作的基本实验技能是十分必要的。

2.1.1　玻璃管(棒)的清洗、干燥和切割

1. 清洗

玻璃管(棒)在加工前应先洗净。当玻璃管内积有灰尘时，用水冲洗干净即可；当玻璃管内附有油污，用水无法洗净时，可先将其割断，然后浸于铬酸洗液中，最后用水冲洗干净。如果玻璃管保存得很好，也可以不洗，用布将玻璃外管拭净，直接进行加工。

2. 干燥

洗净后的玻璃管应自然晾干或用热空气吹干，亦可在烘箱中烘干，但不可用火直接烤干，以防玻璃管炸裂。

3. 切割

左手持管，把玻璃管平放在实验台边缘，用锉刀的锋棱压在欲截断处，用力使锉刀向前推或向后拉，同时将玻璃管朝相反的方向转动，此时在玻璃管上刻下一条细、直的印痕，且应与管轴垂直(见图 2-1)。注意，不要用锉刀来回拉锉，以免挫伤锉刀并使锉痕加粗。在刻好痕迹后，用拇指抵住锉痕的背面，以弯折与拉力的合力将它折断(见图 2-2)。为了安全，折断时应尽可能远离眼睛，或在锉痕两边包上布再折。通常，断口处边沿锋利，为防止断口割伤皮肤、刺破胶皮管，必须在火中烧熔使其圆滑，烧熔时可将断口处放在火焰的边缘，同时不断转动玻璃管，将其烧到微红即可。切不可烧熔太久，以防止断口缩小。

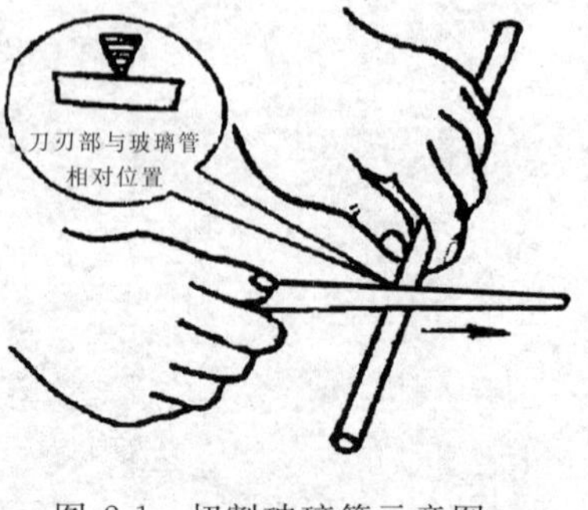

图 2-1　切割玻璃管示意图

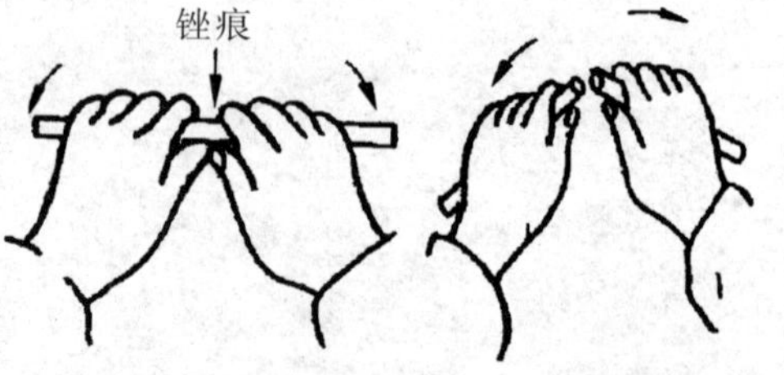

图 2-2　折断玻璃管示意图

2.1.2　玻璃管与玻璃棒的拉制

在制作毛细管、沸点管和滴管时，要将玻璃管拉制到一定的细度。玻璃管的拉制操作如下：将洗干净的玻璃管外部用干布擦净，于酒精喷灯灯焰的上方不断转动，将玻璃管预热（避免突然加热，以防爆裂）；待玻璃管内的水汽烘干后，双手按图 2-3 所示姿势握住玻璃管，将其慢慢放入酒精喷灯灯焰温度最高部位加热，并不断转动玻璃管。转动时玻璃管不要上下移动，在玻璃管将要软化时，双手要以相同的速度将玻璃管转动，以免玻璃管绞曲起来。当玻璃管发黄变软时，将其从火焰中取出，按图 2-4 所示的姿势，两手平稳地沿水平方向移动，一直拉成所需要的规格为止。拉好后，两手不能马上松开，待其完全变硬后，置于石棉网上冷却（不要直接放在实验台上）。

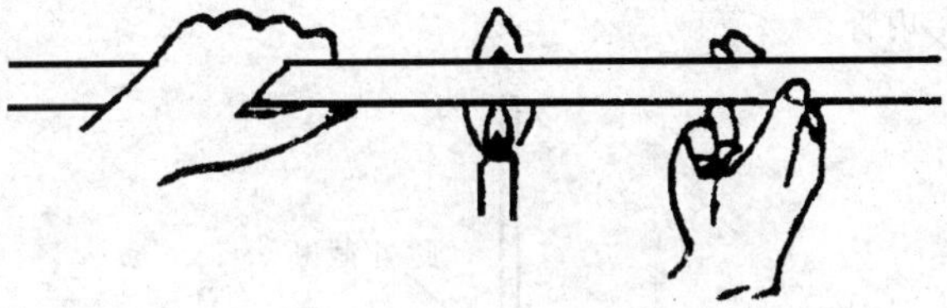

图 2-3　玻璃管的加热

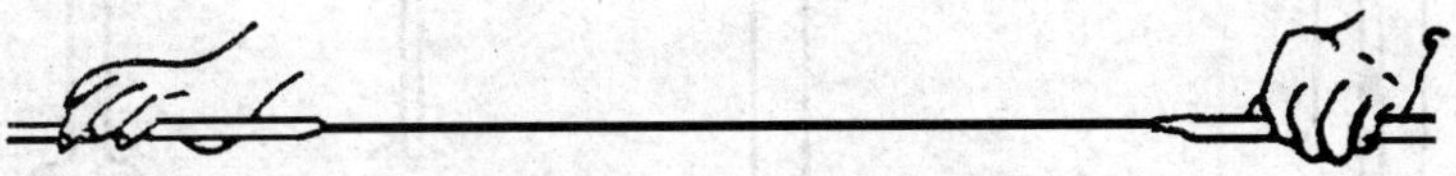

图 2-4　玻璃管的拉制

用小磁片将毛细管截断成所需的尺寸，两端的玻璃管可制成滴管。

1. 滴管的拉制

将直径 5 mm 的玻璃管截断成 15 mm 长，然后按照玻璃管拉制方法操作。当玻璃管发黄变软时，将玻璃管拿离火焰，趁热慢慢拉成适当管径，晾冷后截成所需长度的滴管。将未拉细的一端经 45°的倾斜角在酒精喷灯上加热，并不断转动，待软化后在石棉网上再轻轻按一下，冷却后套上乳胶头即成 1 支滴管，如图 2-5 所示。

图 2-5　滴　管

2. 熔点管和沸点管的制作

熔点管的制作：取一根直径为 1 cm、厚为 1 mm 左右，长度为 30 cm 的玻璃管，按照玻璃管拉制方法操作。在拉伸过程中，当观察到中间的管径粗细符合要求规格（内径为 1.0～1.5 mm）时，可以稍稍停顿一下，以便使中间部分冷却下来（不再被拉细），然后再继续拉两端较粗的部分。拉好后平放在桌面上，并在两端的玻璃管下边各垫一石棉网，以免烫坏桌面。待冷却后，用小磁片或锉刀把毛细管截成长 15 cm 左右的小段，两端用小火封口（将毛细管呈 45°角，在小火边沿处一边转动，一边加热），冷却后放到试管内，用于测定熔点。使用时，将它从中央切断，即得两支熔点管。

沸点管的制作：用上述方法拉成内径为 3～4 mm 的毛细管，截成长为 7～8 cm，一端用小火封闭，作为沸点管外管。另将内径约为 1 mm 的毛细管在中间部位封闭，自封闭处一端截取约 5 mm（作沸点管内管的下端）、总长约 9 cm 的一段作为沸点管的内管，由此内外管构成微量沸点管(见图 2-6)。

3. 电动搅拌器中搅拌棒的弯制

选取长度、粗细适宜的玻璃棒,在燃气灯的强火焰处灼烧,并不断来回转动,使之受热均匀。当灼烧到呈黄红光,玻璃软化(不可太软,以防变形)时,从火焰中取出,用镊子弯成所需形状。弯曲后在小火焰上烘烤(称之退火),以免冷却后搅拌器易碎裂。

4. 玻璃钉的制作

取两根直径 5 mm、长 30 cm 的玻璃棒,按照玻璃管拉制方法操作,当玻璃烧至软化时,将其从火焰中取出,拉伸至直径约为 2～3 mm 粗细的玻璃棒。晾冷后,从较粗的一端开始,截取长度约 6 cm 的一段,将粗的一端在燃气火焰上烧至软化,然后在石棉网上按一下,再把较细的一端烧圆,即成玻璃钉(图 2-7),供玻璃钉漏斗过滤使用。

图 2-6　微量沸点管

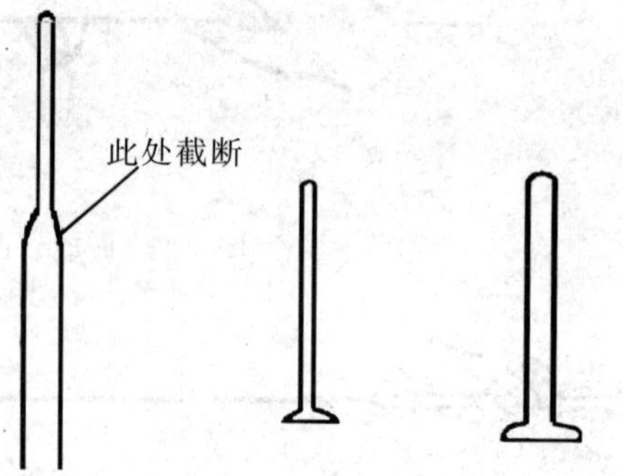

图 2-7　玻璃钉

5. 玻璃弯管的制作

两手持玻璃管,将需要弯曲处置于强火焰(3)与(4)之间灼烧,同时缓慢旋转玻璃管,使之受热均匀。将玻璃管倾斜一定角度灼烧,增加玻璃管的受热面积。当玻璃管受热发出黄红光且变软后,立即离开火焰,并轻轻顺势弯成所需的角度(见图 2-8)。若所需的弯曲角度较大时,应分几次操作,以免一次弯曲得过多而使弯曲部分发生瘪陷或纠结。在分次弯管时,要注意各次的加热部分应稍有偏移,待弯曲好的玻璃管稍冷后再重新加热,并且每次弯曲应在同一平面上,以免玻璃管弯得歪歪扭扭(见图 2-8)。

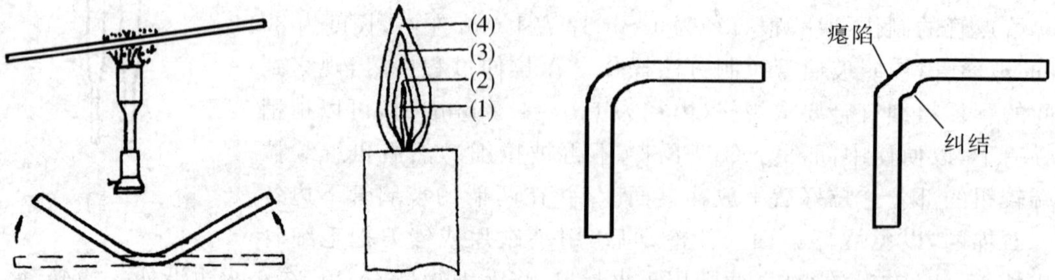

(a) 弯曲玻璃管　(b) 火焰图　(c) 符合要求的弯管　(d) 不符合要求的弯管

图 2-8　弯曲玻璃管示意图

在进行弯管操作时需注意以下几点:

① 玻璃管应受热均匀,否则不易弯曲并出现纠结和瘪陷现象;

② 玻璃管不应受热过度，否则出现厚薄不均以及瘪陷现象；

③ 加热玻璃管时，两手旋转速度应一致，否则会发生歪扭；

④ 不能在火焰中弯玻璃管；

⑤ 在加热玻璃管时，不要向外拉或向内推玻璃管，以免管径变得不均；

⑥ 弯曲好的玻璃管应放在石棉网上冷却，不可直接放在桌面上或铁架上。

2.1.3　塞子的选用、打孔与装配

选用塞子是化学实验中经常遇到的问题。塞子的质地、大小选择是否合适，口径是否适宜，都直接关系到整个实验能否顺利进行。实验室常用塞子有软木塞、橡皮塞和磨口玻璃塞。磨口玻璃塞使用方便，但只能用于磨口仪器，与相应的磨口配套使用，当碰到非磨口仪器或没有相应的磨口玻璃塞时，就必须配制橡皮塞或软木塞。橡皮塞密封性好，钻孔方便，在实验室使用得比较多，但橡皮塞易受有机溶剂溶胀和腐蚀，甚至污染产品，在这种情况下可使用软木塞或用锡箔纸把橡皮塞包起来使用。但是，在要求密封的实验中（如减压蒸馏）必须使用橡皮塞，以防漏气。

塞子的大小应与所用玻璃仪器的瓶口大小相适应，塞子进入瓶口部分不能少于塞子本身高度的 1/3，也不能多于 2/3，一般以 1/2 为宜。所选塞子应先检查，不应有裂缝或污物。

在使用非标准磨口仪器时，为了使不同仪器相互连接，需在塞子上打孔。软木塞在钻孔前先要用压塞器碾压紧密，以防止在打孔时软木塞裂开，所钻的孔径的大小既要使插入物（玻璃管或温度计等）能够插入，又要保证不会漏气。因此，所选打孔器的直径应略小于所插入物件的直径。橡皮塞因具有一定弹性，因此选用的打孔器内径应较插入管口径稍大。打孔器的管口要锋利，如管口变钝，可用圆锉修磨其口刃内圆，用手锉修磨其外圆。钻孔时，将塞子小端向上放在木板上（不要直接放在实验台上，以免损坏台面），并将打孔器的管口处涂一些甘油或水润滑，以减小摩擦。然后，用左手握住塞子，右手持打孔器，一边向下施加压力，一边做顺时针方向旋转，从塞子小端的中央垂直均匀地钻入，注意不要倾斜，也不要晃动。切不可强行推入，用力太大会使软木塞破裂或橡胶塞的孔变形。当钻至塞子的 1/2 左右时，边转动打孔器，边向上拔出，然后将塞子倒转，依照相同方法，再从大的一端中央向下垂直钻孔，把孔钻通，最后用金属棒捅掉打孔器内的木屑或橡皮屑。

将玻璃管或温度计插入塞孔时，应将手握住玻璃管或温度计靠近塞子的部位，慢慢旋入。为减小插入阻力，可将管口蘸少量水或甘油作为润滑剂。切记握玻璃管或温度计的手不能离塞子太远，以免玻璃管折断，造成割伤事故。

用过的塞子应洗净，晾干，以备下次使用，已污染而无法清洗的塞子则不能再使用。

（杨涛，廖德仲 供稿）

2.2 有机化合物物理性质的测定

有机化合物的物理性质与其种类、纯度和分子结构相关，一般包括熔点、沸点、密度、折光率、比旋光度等。测定有机化合物的这些物理性质，是分析表征有机化合物的重要手段之一。随着科学技术的发展，测定有机化合物物理性质的手段和方法，也在不断发展和丰富，我们一方面要牢固掌握经典的、标准规范的测定方法，同时也要学习先进的测定方法与技术。

2.2.1 熔点的测定及温度计的校正

熔点是固体有机化合物固液两态在一个大气压力下，达到相平衡时的温度。纯净的固体有机化合物一般都有固定的熔点，它们在固液两态之间的变化是非常敏锐的，从初熔至全熔(熔程)的温度变化不超过 0.5～1 ℃。

1. 纯物质的熔点

纯净的物质在任何温度下都有相应的蒸气压。一般来说，温度升高，物质的蒸气压随之增大。图 2-9(a)为固相蒸气压-温度曲线，图 2-9(b)为液相蒸气压-温度曲线，蒸气压-温度曲线相交于 M 点，如图 2-9(c)所示，此时固液两相同时并存，固相和液相的蒸气压相等，与这一点相对应的温度 T_M 为熔点。当温度高于 T_M 时，所有的固相全部转变为液相；反过来，若温度低于 T_M 时，则液相又会转变为固相。

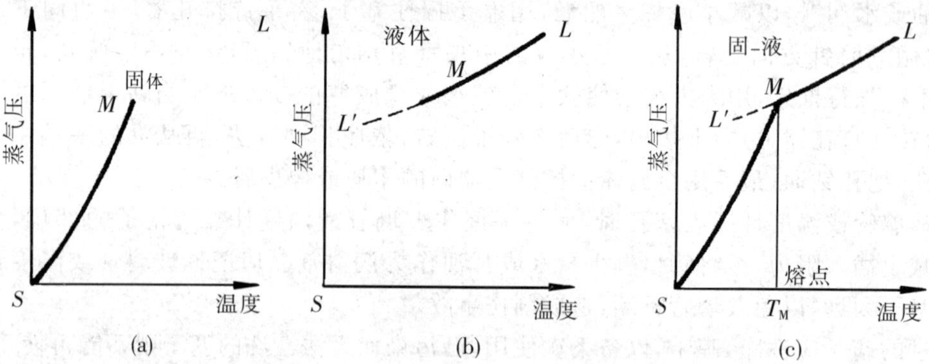

图 2-9 物质的蒸气压与温度曲线图

2. 杂质对熔点的影响

当有杂质存在时(假定两者不能形成固溶体)，根据拉乌耳(Raoult)定律可知，在一定压力和温度下，增加溶质的量，将导致溶液蒸气压降低，而固态蒸气压不变，如图 2-10 所示，固体有机化合物液相的蒸气压-温度曲线会从 ML 变为 M_1L_1，该掺杂后化合物的熔点必定比其纯净化合物的低。例如，纯的 α-萘酚熔点为 95.5 ℃，在此温度时加入少量的萘(熔点 80 ℃)，萘溶解在熔化成液体的 α-萘酚中，导致液相中 α-萘酚的蒸气压下降，α-萘酚固液两相的平衡点破坏，固体 α-萘酚的蒸气压和萘 α-萘酚的混合溶液中，α-萘酚的蒸气压随它们各自的曲线下降，其液相的蒸气压-温度曲线变为 M_1L_1，在 M_1 处相交，此时的三相平衡温度 T_{M1} 小于纯 α-萘酚的三相平衡温度 T_M。因此，含杂质萘的 α-萘酚的熔点比纯 α-萘酚的熔点要低。

少数有机化合物，在加热尚未达到其熔点前，即开始局部分解，分解物的作用与可熔性的杂质相似，因此这一类化合物没有恒定的熔点。分解的迟早、快慢与加热的速率有关，加热的情况决定此类化合物分解点的高低，通常是加热速度快，测得的分解点较高，加热速度慢时，则分解点低。

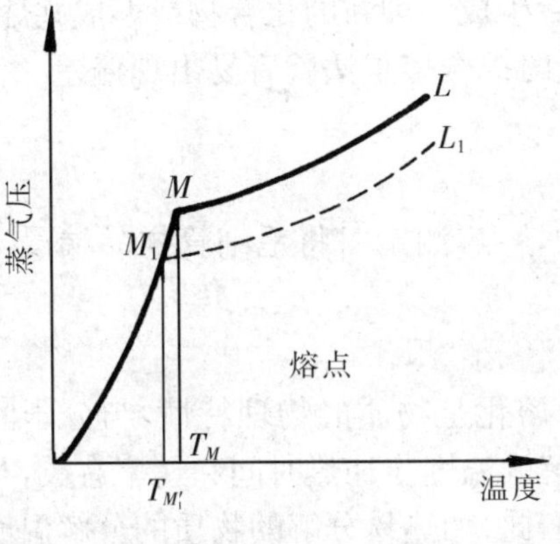

图 2-10　α-萘酚混有少量萘时的蒸气压降低示意图

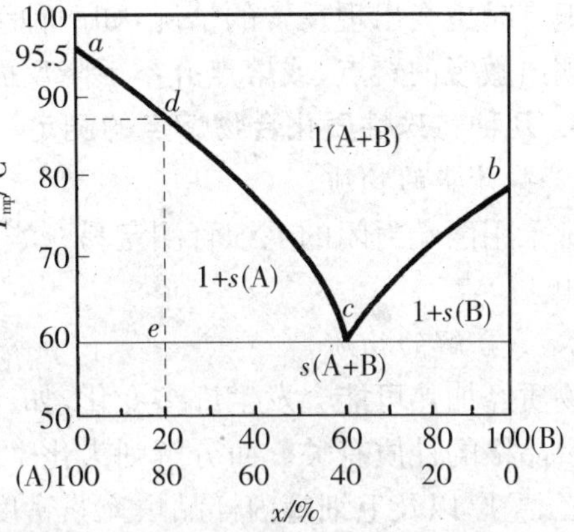

图 2-11　α-萘酚与萘的摩尔组成与熔点的关系图

3. 混合物的熔点

混合物的熔点与混合物的组成之间的关系非常复杂。二元混合物熔点与组成关系的类型也很多，其中最常见的一种类型与图 2-11 所示的 α-萘酚(A)与萘(B)组成的混合物的情况相似。纯 α-萘酚的熔点(a)为 95.5 ℃，纯萘的熔点(b)为 80 ℃，若将 α-萘酚与萘以不同比例混合，测其熔点可得 α-萘酚与萘混合物的摩尔组成 α-熔点曲线图，见图 2-11。图中曲线 ac 是在 α-萘酚中逐渐加入萘，直至萘的摩尔分数为 0.605 时 α-萘酚的熔点降低情况；曲线 bc 是在萘中逐渐加入 α-萘酚，直至 α-萘酚的摩尔分数为 0.395 时萘的熔点降低情况；曲线 ac 和 bc 的交叉点 c 为最低共熔点，这时混合物能像纯物质一样在恒定的温度(61 ℃)熔化，而且液态的组成和固态的组成相同。但要注意它不是一种化合物，因为在固体析出时可以从显微镜下观察到两个组分不同的晶体，所以它是一种均匀的机械混合物——共熔混合物。

从图 2-11 还可以看到混合物的熔融过程：80%的 α-萘酚和 20%的萘的混合物，加热升温至 e 点时(61 ℃)，α-萘酚和萘将按恒定的比例(共熔点的比例)一起熔化，而温度保持不变。最后，由于萘含量少，先全部熔化，只留下 α-萘酚与熔化的共熔组分(液体)保持平衡。继续加热，则剩下的 α-萘酚将继续熔化，液体中的 α-萘酚含量超过共熔组分。由于溶液的 α-萘酚的蒸气压增加，它与熔融液达到平衡的温度也将提高，其关系可由图 2-11 中曲线的 cd 表示。当温度达到 d 时(约 89 ℃)，α-萘酚全部熔化。这时全熔点比纯物质低，而从始熔到全熔的温度间隔(熔距)较宽(e～d)，约 28 ℃。因此，测熔点时一定要记录始熔和全熔时的温度。

【注意】当样品组分恰好与共熔混合物组分相同时，在其共熔温度时会显示敏锐的熔点，因此共熔混合物容易误认作纯净化合物。此时，可向样品中加入少量任意一种已知组分，其熔点会升高，由此可作出判断。

在有机化合物的分析和研究工作中，鉴定任何一种新制备的化合物是否为一已知化合物，常采用混合熔点法鉴定。例如，有一种化合物在 133 ℃ 熔化，估计为尿素或反式肉桂酸（两者熔点都为 133 ℃）。此时，将该化合物与尿素充分混合，并测定混合物的熔点（至少测定三种不同的质量比，如 7∶3，1∶1，3∶7）。若混合物熔点低于该化合物的熔点也低于尿素的熔点，则尿素就是作为杂质而该化合物不可能是尿素；若混合物的熔点与纯化合物及纯尿素的熔点一致，那么该化合物可初步认为是尿素。当我们要鉴定某化合物，而手头上又有一个可能是该化合物的已知样品时，常常可采用这种方法。

但有时也会出现反常的情况，如两种组分混合后生成一种新的化合物或形成共熔体，也可能测出敏锐的熔点，或熔点并不下降反而升高，这时混合熔点法就容易出现偏差。

4. 几种特殊性质化合物熔点的测定

1）易升华的物质

常采用两端封闭的毛细管测定易升华的物质的熔点，测定时将毛细管样品端浸入加热液体中。

2）易分解的物质

物质经加热可能会发生许多变化，如：物质发生熔化是物质的物理特性，与分子间的内聚力及晶格的性质有关。而分解则为化学过程，分解的温度与加热时间和速率有关，与毛细管直径、壁厚以及毛细管内样品填充紧密度有关。因此，加热易分解的物质的分解温度不能作为该物质的特性。一般能熔化的物质若有分解过程多在熔点之前分解，然后全部熔化。其结果是熔化所得的不是纯净物质，而是该物质与分解产物的混合物，测定的熔点值下降。

如果样品长时间加热易分解，就先将熔点管加热至低于样品熔点 20 ℃，然后投入样品，进行熔点测定。如果化合物测不到熔点，只能测得分解点，即到一定的温度时样品完全分解而不熔化，此时应记录分解时的温度。

3）易吸潮的物质

实验室常采用两端封闭的毛细管测定易吸潮的物质的熔点，可避免加热过程中吸潮引起熔点下降的现象。使用该法测定熔点，是因为实验已证明：当压力改变数十倍时，固体有机物的熔点只相差 0.01～0.1 ℃，改变压力对熔点测定影响极小。

4）熔点低于室温的物质

将装有样品的毛细管与温度计一起冷却，使样品凝结成固体。保持这一温度，将样品与温度计安装在一个双套管装置中。撤除冷源，观察容器内温度计示数慢慢上升，至样品熔化，记录该温度即熔点。

5. 测定熔点的方法

1）毛细管熔点测定法

毛细管熔点测定法需要制备合格的毛细管（内径约 1 mm、长约 60～70 mm 且一端封闭），毛细熔点管制备方法和技术见本章第一节。

毛细管熔点测定需要设计便于控制和观察温度、使样品受热均匀的热浴装置。现在，普遍使用的有提勒（Thiele）管热浴法、烧瓶套试管双浴法和烧杯热浴法。下面介绍实验室两种最常用的熔点测定法。

（1）提勒（Thiele）管热浴法

提勒（Thiele）管又称 b 形管，如图 2-12(a)所示。管口装有开口软木塞，温度计通过软木塞插入其中，刻度面向软木塞开口，水银球位于b形管上下两叉管口之间，装好样品的熔点管，用少许浴液粘附于温度计下端，也可用乳胶圈捆好贴实（注意胶圈不要浸入浴液）。样品部分置于水银球侧面中部，见图2-12(c)和图2-12(d)。b形管中装入加热液体（浴液），液面高度超过上叉管处即可。在图2-12(a)所示的部位加热，受热的浴液作沿管上升运动，从而促成了整个b形管内浴液呈对流循环，使得温度较为均匀。由于加热速率对熔点的测定也有较大影响：如酪氨酸慢慢加热时在208℃熔化，而加热速率快时，熔化温度可达314～318℃；硫脲的熔点在慢加热条件下为167～172℃，快速加热条件下可上升为180℃，因此，测定熔点时，开始时升温速度可以较快，到距离熔点10～15℃时，调整火焰使每分钟上升约1～2℃。愈接近熔点，升温速度应愈慢（掌握升温速度是准确测定熔点的关键）。记下样品开始塌落且有液相（俗称出汗）产生时（初熔）和固体完全消失时（全熔）的温度计读数，即为该化合物的熔程。注意，还要观察和记录在加热过程中是否有萎缩或软化、放出气体以及分解等现象。例如，某物质在120℃时开始萎缩，121℃时有液滴出现，122℃时全部溶化，应记录如下：熔点121～122℃，120℃时萎缩。如果测定未知物的熔点，应先对样品粗测一次，测定时加热速度可以稍快，知道大致的熔点范围后，再精确测定。

熔点测定至少要有2次重复数据，且每次要用新毛细管重新装入样品。2次测得的结果要平行，否则，需测定第3次，直至2次结果平行。

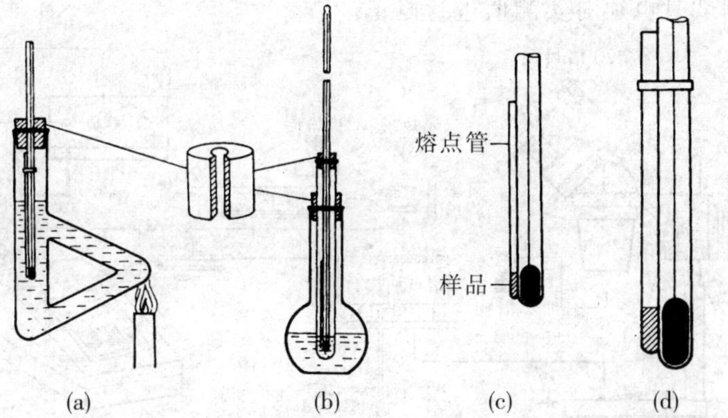

图2-12　熔点测定装置

(2) 烧瓶套试管双浴法（双浴式）

烧瓶套试管双浴法测定熔点的装置如图2-12(b)所示。将试管经开口软木塞插入250 mL平底（或圆底）烧瓶内，距离瓶底约1 cm处，试管口配一个开口橡皮塞或软木塞，插入温度计，其水银球应距离试管底0.5 cm。瓶内装有约占烧瓶2/3体积的加热液体，试管内也放入一些加热液体，其液面高度在插入温度计后与烧瓶内液面高度相同。熔点管粘附于温度计水银球旁，与在b形管中的位置相同。

样品熔点在200℃以下的，可采用脱色植物油作浴液，植物油作浴液具有环保、安全、价格便宜的特点。也可用浓硫酸（用于220℃以下）、磷酸（用于300℃以下）、石蜡油和有机硅油等作为浴液。

浓硫酸作浴液时，高温可分解放出三氧化硫及水，因此最高使用温度不宜超过220℃。长期不用时应先将浓硫酸渐渐加热去掉吸入的水分，如果加热过快，就有暴沸冲出的危险。当有机物和其他杂质触及硫酸时，会使硫酸变黑，有碍熔点的观察，可加入少许硝酸钾晶体共热后使之脱色。

如果熔点温度超过 220 ℃,则必须另换浴液。将 7 份浓硫酸和 3 份硫酸钾或 5.5 份浓硫酸和 4.5 份硫酸钾在通风橱中一起加热,直至固体溶解,这样的浴液可用于 220～320 ℃的范围。若以 6 份浓硫酸和 4 份硫酸钾混合,浴液温度甚至可达 365 ℃。但此类加热液体不适用于测定低熔点的化合物,因为它们在室温下呈半固态或固态。

2) 显微熔点测定仪测定法

显微熔点测定仪测定熔点,最显著的优点是装样简单、取样极少、观察晶形变化初熔全熔过程非常清晰。

显微熔点测定仪主要由电加热系统、温度传感器、温度指示系统与显微镜组成如图 2-13 所示。测定熔点时,按照系统图,将显微熔点测定仪的显微镜部分、加热台、传感器与调压测温仪安装连接,取样品少许(约 0.1 mg)放在两片洁净的载片玻璃之间碾转、压实、布匀,置于热台中心,盖上隔热玻璃,调节显微镜高度和调焦手轮,直至能清晰观察被测物质的晶形。然后拧开加热旋扭,先快速升温,到温度低于熔点 10～15 ℃时,调整微调旋扭,减慢升温速度,使每分钟上升 1～2 ℃。观察被测样品的熔化过程,记录初熔和全熔时的温度。若要重复测定或继续测定另一样品时,只需电压调为零或切断电源,稍冷后,用镊子拿走载片,将金属冷却圆板(散热器)置于热台上,使温度降至低于待测样品熔点 30 ℃即可重新装样测定。精密测试时也须对实测值进行修正。

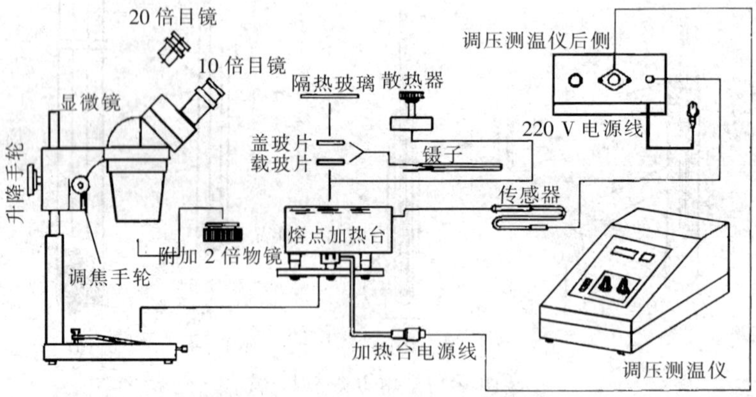

图 2-13 显微熔点测定仪

6. 校正温度计的方法

用以上方法测定熔点时,温度计上的熔点读数与真实熔点之间常有一定的偏差。这可能是由于温度计的质量所引起,当温度计中的毛细孔径不是很均匀,有时刻度也不很精确时,会导致测试值不准。其次,温度计有全浸式和半浸式两种,全浸式温度计的刻度是在温度计的汞线全部均匀受热的情况下刻出来的,而在测熔点时仅有部分汞线受热,因而露出的汞线温度当然较全部受热时为低。另外,经长期使用的温度计的玻璃也可能发生体积变形而使刻度不准。因此,要精确测定物质的熔点,就须校正温度计。通常采用化合物标准样品的熔点作为校正温度计的标准。常见的有机化合物标准样品的熔点如表 2-1 所示。

表 2-1　一些化合物标准样品的熔点

标准样品	熔点/℃	标准样品	熔点/℃	标准样品	熔点/℃
水一冰	0	乙酰苯胺	114.3	3,5-二硝基苯甲酸	205.0
环己醇	25.5	苯甲酸	122.4	蒽	215.9
薄荷醇	42.5	尿素	132.7	糖精	228.4
二苯甲酮	48.1	肉桂酸	133	咖啡因	236.2
α-萘胺	50	1,6-己二酸	151.6	对硝基苯甲酸	242.0
对二氯苯	53.1	水杨酸	159	酚酞	261.4
苯甲酸苄酯	71	对苯二酚	170.5	蒽醌	284.7
萘	80.5	丁二酸	184		
间二硝基苯	90	磺胺二甲嘧啶	198.3		

校正时只要选择数种已知熔点的纯粹化合物作为标准，测定它们的熔点，以观察到的熔点作纵坐标，测得熔点与应有熔点的差数作横坐标，画成曲线。在任一温度时的校正值可直接从曲线中读出。通过此法校正的温度计，上述误差可一并除去。

如果只是校正全浸式温度计外露段所引起的误差，则可用另一支辅助温度计将其并贴使水银球处于主测温度计外露段的中位，测定外露段的平均气温 t_2℃，按下式求出实测熔点校正值 Δt：

$$\Delta t = K \cdot h \cdot (t_1 - t_2)$$

式中：K——水银和玻璃膨胀系数的差。对于普通玻璃，温度范围在 0～150 ℃，$K=1.58\times 10^{-4}$，温度每升高 50 ℃，K 值约增加 1×10^{-6}。

h——主测温度计外露在热浴液面以上的水银柱高，用温度读数差表示(℃)。

t_1——主测温度计观测的熔点(℃)

例如：浴液面在主测温度计的 30 ℃处，主测温度计观测的熔点为 190 ℃(t_1)，则外露段的水银柱高为 190 ℃－30 ℃＝160 ℃，辅助温度计水银球应放在(30 ℃＋160 ℃/2)＝110 ℃处，辅助温度计测得外露段温度为 65 ℃(t_2)，K 值应取 $1.58\times 10^{-4}+1\times 10^{-6}=1.59\times 10^{-4}$，这样可求得：

$$\Delta t = 1.59\times 10^{-4}\times 160\times (190-65)\approx 3.2\ ℃$$

因此，校正后的熔点为 190 ℃＋3.2 ℃＝193.2 ℃。

2.2.2　沸点的测定

1. 沸点的概念

液体在一定温度下具有一定的蒸气压。液体受热时，蒸气压增大。当液体的蒸气压上升到与外界大气压(或所施外压)相等时，液体开始沸腾，这时的温度称为液体的沸点。通常所说的沸点是指在 1 个大气压(0.1 MPa)下液体沸腾的温度。例如，水的沸点为 100 ℃，即是指在 0.1 MPa 压力下，水在 100 ℃时沸腾。

纯的液体有机化合物在一定压力下都具有固定的沸点。

根据液体的蒸气压-温度曲线(图 2-14)可知,一个物质的沸点与该物质所受的外界压力有关。外界压力增大,液体沸腾时的蒸气压加大,沸点升高;相反,外界的压力减小,则液体沸腾时的蒸气压下降,沸点降低。由于物质的沸点随外界大气压的改变而变化,因此,讨论或报道一个化合物的沸点时,一定要注明测定沸点时的外界大气压,以便与文献值相比较。

但必须指出,具有固定沸点的液体不一定均为纯净物。一些共沸混合物都有固定的沸点。如 95.6 的乙醇与 4.4%的水组成的二元共沸混合物的共沸温度为 78.2 ℃。83.2%的乙酸乙酯、9.0%的乙醇与 7.8%的水组成的三元共沸混合物的共沸温度为 70.3 ℃。由于共沸混合物在气相中的组成与液相一样,故不能用蒸馏或分馏的方法将它们分离。

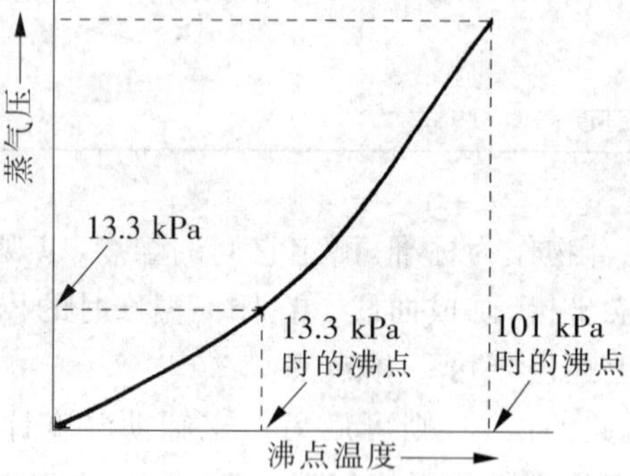

图 2-14 液体的蒸气压与温度曲线

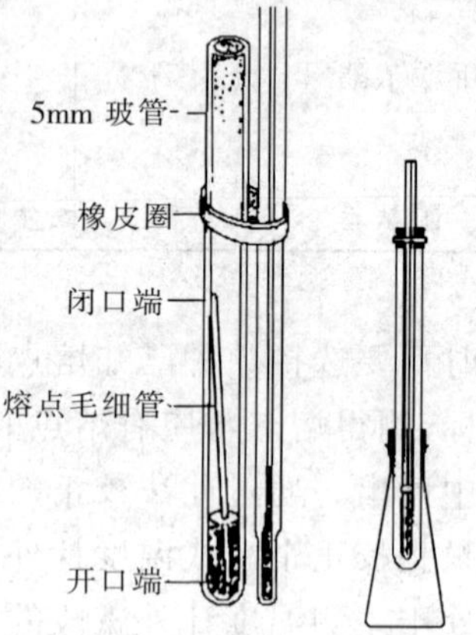

图 2-15 微量法测定沸点装置

2. 有机化合物沸点的测定方法

液态有机化合物沸点可通过简单蒸馏法来测定(叫常量法),其方法、原理、仪器装置和操作技术参见本章第三节“简单蒸馏”和“无水乙醇的制备”。纯液态有机化合物在蒸馏过程中沸点范围很小(0.5～1 ℃),不纯的液态有机化合物的沸程一般很长(常超过 3 ℃),在这种情况下,应先把不纯的液态有机化合物提纯,再测定沸点。简单蒸馏法测定沸点,取样量较大,一般要 5 mL 以上。若样品较少时,可采用毛细管微量法。

微量法测定沸点的装置如图 2-15 所示。取 1～2 滴液体样品于沸点管的外管中,液柱高约 1 cm,再放入内管,然后将沸点管用小橡皮圈固定于温度计旁,放入加热浴中进行加热。加热时,由于气体膨胀,内管中会有小气泡缓缓逸出,在到达该液体的沸点时,将有一连串的小气泡快速地逸出。此时停止加热,使浴温自行下降,气泡逸出的速度渐渐减慢。在气泡不再冒出而液体刚要进入内管的瞬间(即最后一个气泡刚欲缩回至内管中时),表示毛细管内的蒸气压与外界压力相等,此时的温度即为该液体的沸点。为准确起见,重复操作几次,读数相差应该不超过 1 ℃。

如果需对温度计进行校正,通常也可采用纯晶体有机化合物标准样品的沸点作为校正的标准。表 2-2 为标准化合物样品的沸点数据。

表 2-2　液体化合物标准样品的沸点(760 mmHg)

化合物名称	沸点/℃	化合物名称	沸点/℃	化合物名称	沸点/℃
溴乙烷	38.4	水	100.0	苯胺	184.5
丙酮	56.1	甲苯	110.6	苯甲酸甲酯	199.5
氯仿	61.3	氯苯	131.8	硝基苯	210.9
四氯化碳	76.8	溴苯	156.2	水杨酸甲酯	223.0
苯	80.1	环己醇	161.1	对硝基甲苯	238.3

2.2.3　折光率的测定

1. 基本原理

光在两个不同介质中的传播速度是不相同的。光线从一个介质进入另一个介质，当它的传播方向与两个介质的界面不垂直时，则在界面处的传播方向会发生改变，这种现象称为光的折射。根据折射定律，波长一定的单色光线，在确定的外界条件(如温度、压力等)下，从一个介质 A 进入另一个介质 B 时，入射角 α 和折射角 β(图 2-16)的正弦之比和单色光在介质 A 中的传播速度(C_A)与在介质 B 中的传播速度(C_B)成正比，即：

$$\frac{\sin\alpha}{\sin\beta}=\frac{C_A}{C_B}$$

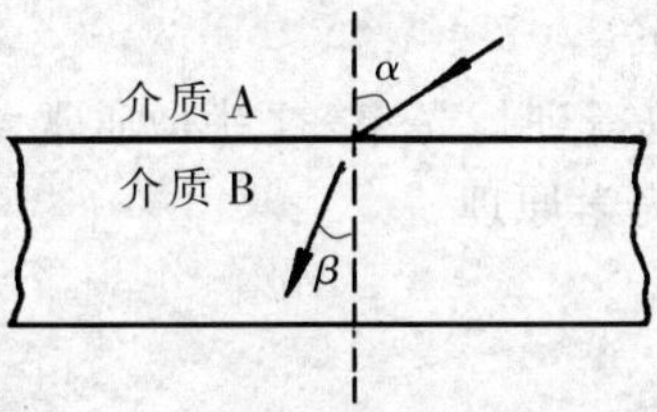

图 2-16　光通过界面时的折射

通常，我们把光的速度比值 C_A/C_B 叫做介质 B 对介质 A 的折光率(n)。即：

$$n=\frac{C_A}{C_B}=\frac{\sin\alpha}{\sin\beta}$$

如果介质 A 是真空，则 $C_A=c$(真空中的光速)，那么

$$n=\frac{c}{C_B}=\frac{\sin\alpha}{\sin\beta}$$

但在测定折光率时，一般是让光从空气射入液体介质中，由于空气的折光率为：

$$n=\frac{C_{真空}}{C_{空气}}=\frac{c}{C_{空气}}=1.000\ 27$$

因此，通常用在空气中测得的折光率作为该介质的折光率：

$$n=\frac{C_{空气}}{C_{液体}}=\frac{\sin\alpha}{\sin\beta}$$

即一个介质的折光率，就是光线从真空进入这个介质时的入射角和折射角的正弦之比。这种折光率称为该介质的绝对折光率。通常测定的折光率，都是以空气作为比较的标准。

折光率是有机化合物最重要的物理常数之一，是液体化合物纯度的标志，可用于鉴定未知化合物。也可用于确定液体混合物的组成。在蒸馏两种或两种以上液体混合物且当各组分的沸点彼此接近时，可利用折光率来确定馏分的组成。通常，当组分的结构相仿且极性小

时，混合物的折光率和物质的量组成之间常呈线性关系。例如，纯甲苯和纯四氯化碳 n_D^{20} 分别为 1.499 4 和 1.465 1，在相同温度下，由 1 mol 四氯化碳和 1 mol 甲苯组成的混合物，n_D^{20} 为 1.482 2。

2. 折光率的影响因素

液体折光率不但和其本身的结构有关，而且也受入射光的波长、温度和压力等因素的影响。通常使用单色光——钠的黄光来测定折光率(D 线)。当温度升高 1 ℃时，液体有机化合物的折光率降低 $4\times10^{-4}\sim5\times10^{-4}$，但当温度相差太悬殊时，往往不准确。所以折光率的表示，需要注明测定时所用的光线和温度，常用 n_D^t 表示。D 是以钠灯的 D 线(589.3 nm)作光源，t 是测定的温度。例如，n_D^{20} 表示 20 ℃时，该介质对钠灯的 D 线的折光率。由于大气压的变化对折光率的影响不显著，一般的测定不考虑压力的影响。

3. 阿贝(Abbe)折光仪及操作方法

测定液体折光率的仪器构成原理见图 2-17。当光由介质 A 进入介质 B，如果介质 A 对于介质 B 是疏物质，即 $n_A < n_B$ 时，则折射角 β 必小于入射角 α；当入射角 α 为 90° 时，$\sin\alpha=1$，这时折射角达到最大值，称为临界角，用 β_0 表示。很明显，在一定波长与温度条件下，β_0 也是一个常数，它与折光率的关系是：

$$n = 1/\sin\beta_0$$

可见，通过测定临界角 β_0，就可以得到折光率，这就是通常所用阿贝(Abbe)折光仪的基本光学原理。

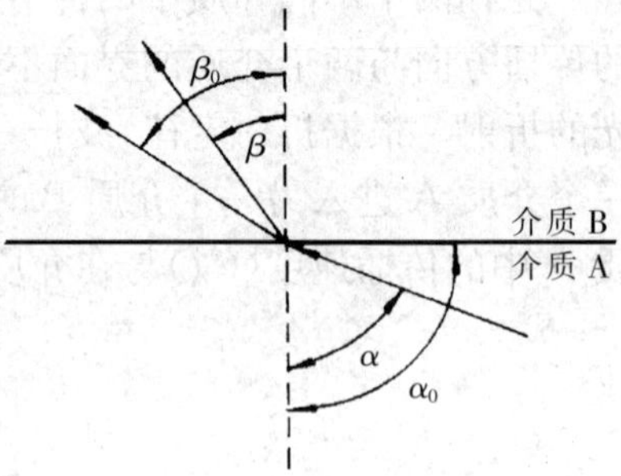

图 2-17 光的折射现象

阿贝折光仪的结构见图 2-18。

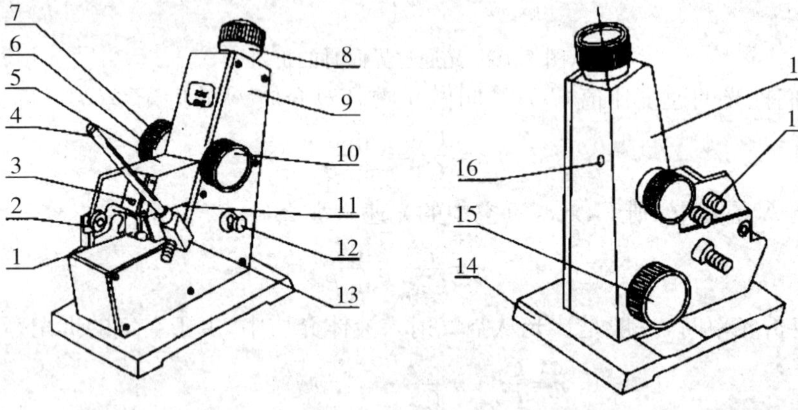

1-反射镜；2-转轴；3-遮光板；4-温度计；5-进光棱镜座；6-色散调节手轮；7-色散值刻度圈；8-目镜；9-盖板；10-手轮；11-折射棱镜座；12-照明刻度盘聚光镜；13-温度计；14-底座；15-刻度调节手轮；16-小孔；17-壳体；18-恒温器接头

图 2-18 阿贝折光仪结构图

为了测定 β_0 值，阿贝折光仪采用了"半明半暗"的方法，就是让单色光由 0～90° 的所有角度从介质 A 射入介质 B，这时介质 B 中临界角以内的整个区域均有光线通过，因而是明亮的；而临界角以外的全部区域没有光线通过，因而是暗的，明暗两区域的界线十分清楚。如果在介质 B 的上方用一目镜观测，就可看见一个界线十分清晰的半明半暗的象。

介质不同,临界角也就不同,目镜中明暗两区的界线位置也不一样。如果在目镜中刻上一"×"字交叉线,改变介质B与目镜的相对位置,使每次明暗两区的界线总是与"×"字交叉线的交点重合,通过测定其相对位置(角度),并经换算,便可得到折光率。而阿贝折光仪的标尺上所刻的读数即是换算后的折光率,故可直接读出。同时阿贝折光仪有消色散装置,故可直接使用日光,其测得的数字与钠光线所测得的一样。这些都是阿贝折光仪的优点所在。

阿贝折光仪的使用方法:先使折光仪与恒温槽相连接,恒温后,分开直角棱镜,用丝绢或擦镜纸沾少量乙醇或丙酮轻轻擦洗上下镜面。待乙醇或丙酮挥发后,加一滴蒸馏水于下面镜面上,关闭棱镜,调节反光镜使镜内视场明亮,转动棱镜直到镜内观察到有界线或出现彩色光带;若出现彩色光带,则调节色散,使明暗界线清晰,再转动直角棱镜使界线恰巧通过"×"字的交点。记录读数与温度,重复两次测得纯水的平均折光率与纯水的标准值(n_D^{20} = 1.330 0)比较,可求得折光仪的校正值。表2-3为不同温度下纯水与乙醇的折光率,用于折光仪校正,校正后以同样方法测定液体样品的折光率。校正值一般很小,若数值太大时,整个仪器必须重新校正。

表 2-3　不同温度下纯水与乙醇的折光率

温度/℃	折光率(n_D^t)	
	水	乙醇(99.8%)
14	1.333 48	
16	1.333 33	1.362 10
18	1.333 17	1.361 29
20	1.332 99	1.360 48
22	1.332 81	1.359 67
24	1.332 62	1.358 85
26	1.332 41	1.358 03
28	1.332 19	1.357 21
30	1.331 92	1.356 39
32	1.331 64	1.355 57
34	1.331 36	1.354 74

2.2.4　旋光度的测定

1. 旋光度与比旋光度的概念

旋光度是指光学活性物质使偏振光的振动平面旋转的角度。旋光度的测定对于研究具有光学活性的分子的构型及确定某些反应机理具有重要的作用。在给定的实验条件下,将测得的旋光度通过换算,即可得知光学活性物质特性的物理常数比旋光度,后者对鉴定旋光性化合物是不可缺少的,并且可计算出旋光性化合物的光学纯度。

物质的旋光度与溶液的浓度、样品管长度、温度、所用光源的波长及溶剂的性质等因素有关。因此，常用比旋光度$[\alpha]_\lambda^t$来表示物质的旋光性。当光源、温度和溶剂固定时，$[\alpha]_\lambda^t$等于单位长度、单位浓度物质的旋光度(α)。像沸点、熔点一样，比旋光度是一个只与分子结构有关的表征旋光性物质的特征常数。溶液的比旋光度与旋光度的关系为：

$$[\alpha]_\lambda^t = \frac{\alpha}{c \cdot l}$$

式中：$[\alpha]_\lambda^t$表示旋光性物质在温度为t ℃、光源波长为λ时的比旋光度，当光源用钠光(λ=589.3 nm)时，比旋光度可表示为$[\alpha]_D^t$；

α为旋光度，标尺盘转动角度的读数；

l为旋光管的长度，单位为分米(dm)；

c为溶液的质量浓度，100 mL 溶液所含溶质的克数。

如测定的旋光性物质为纯液体，比旋光度可由下式求出：

$$[\alpha]_\lambda^t = \frac{100\alpha}{d \cdot l}$$

式中d为纯液体的相对密度(g/mL)。表示比旋光度时通常还需标明测定时所用的溶剂。

定量测定溶液或液体旋光度的仪器称为旋光仪，其工作原理见图 2-19。常用的旋光仪主要由光源、起偏镜、样品管和检偏镜等组成。光源为炽热的钠光灯。起偏镜是由两块光学透明的方解石粘合而成的，也称尼科尔棱镜，其作用是使自然光通过后产生所需要的平面偏振光，简称偏光。光活性物质能使偏振光的振动平面旋转一定的角度，使偏振光平面向右旋转(顺时针方向)的旋光性物质叫做右旋体，向左旋转(反时针方向)的叫左旋体。样品管装入待测的旋光性液体或溶液，其长度有 1 dm 和 2 dm 等几种，对旋光度较小或溶液浓度较稀的样品，最好采用 2 dm 长的样品管。当偏光通过盛有旋光性物质的样品管后，因物质的旋光性使偏光不能通过第二个棱镜(检偏镜)，必须将检偏镜扭转一定角度后才能通过，因此要调节检偏镜进行配光。检偏镜的标尺盘移动的角度，可指示出检偏镜转动角度，即为该物质在此浓度的旋光度。

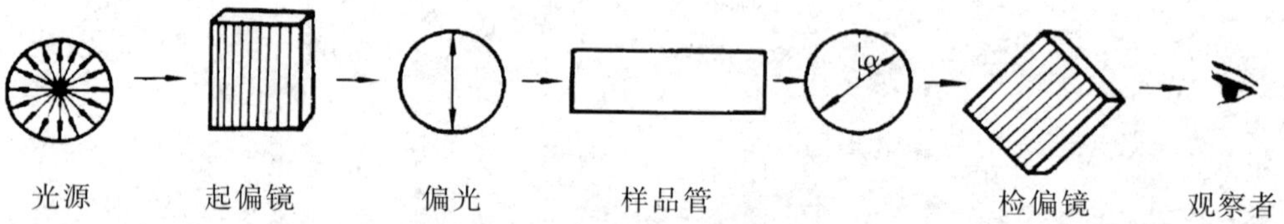

图 2-19 旋光仪工作原理

为了准确判断旋光度的大小，测定时通常在视野中分出三分视场(见图 2-20)。当检偏镜的偏振面与通过棱镜的光的偏振面平行时，通过目镜可观察到图 2-20(b)所示的情形(当中明亮，两旁较暗)；若检偏镜的偏振面与起偏镜偏振面平行时，可观察到图 2-20(a)所示的情形(当中较暗，两旁明亮)；只有当检偏镜的偏振面处于 1/2ϕ(半暗角)的角度时，视场内明暗相等，如图 2-20(c)所示，这一位置作为零度，使标尺上 0°对准刻度盘 0°。

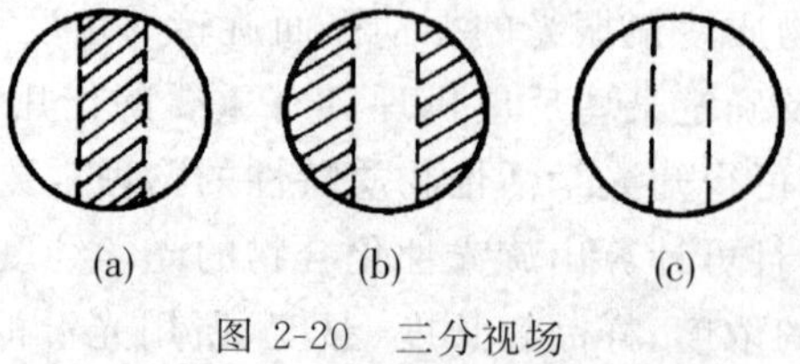

图 2-20 三分视场

测定时，应调节视场内明暗相等，以使观察结果准确。一般在测定时选取较小的半暗角，由于人的眼睛对弱照度的变化比较敏感，视野的照度随半暗角 ϕ 的减小而变弱，所以在测定中通常选几度到十几度的结果。

2. 旋光度与比旋光度测定方法

测定旋光度需用旋光仪，现在使用的有目测旋光仪和自动旋光仪。自动旋光仪采用光电检测器和计算机处理技术，自动读数，灵敏度高，并能判断“左”、“右”旋，操作简便，可参照仪器说明书进行操作。目测旋光仪以小型圆盘旋光仪为例介绍测定方法如下：

(1) 将仪器电源接入 220 V 交流电源(要求使用交流电子稳压器)，并将接地线可靠接地。

(2) 打开电源开关，启亮钠光灯，预热钠光灯 5 min，使钠光灯发光稳定。

(3) 打开电源开关，若光源开关扳上后，钠光灯熄灭，则再将光源开关上下重复扳动 1～2 次，使钠光灯在直流下点亮。

(4) 打开测量开关，这时数码管应有数字显示。

(5) 将装有蒸馏水或其他空白溶剂的试管放入样品室，盖上箱盖，待示数稳定后，按清零按钮。试管中若有气泡，应先让气泡浮在凸颈处。通光面两端的雾状水滴，应用柔软的布擦干。试管螺帽不宜旋得过紧，以免产生应力，影响读数。试管安放时应注意标记位置和方向。

(6) 取出试管，将待测样品注入试管，按相同的位置和方向放入样品室内，盖好箱盖。仪器数显窗将显示出该样品的旋光度。

(7) 逐次按下复测按钮，重复读几次数，取平均值作为样品的测定结果。

(8) 若样品超过测量范围，仪器在 $\pm 45^\circ$ 处来回振荡，此时，取出试管，仪器即自动转为零处。

(9) 仪器使用完毕后，应依次关闭测量光源和电源开关。

(10) 钠灯在直流供电系统出现故障不能使用时，仪器也可在钠灯交流供电的情况下测试，但仪器的性能可能略有下降。

(11) 当放入小角度样品(小于 0.5°)时，示数可能变化，这时只要按复测按钮，就会出现新的数字。

(12) 根据公式 $[\alpha]_\lambda^t = \dfrac{100\alpha}{d \cdot l}$ 计算比旋光度。

3. 光学纯度的计算

光学纯度(Optical Purity)是旋光性产物的比旋光度除以光学纯试样在相同条件下的比旋光度。

$$\text{光学纯度} = \frac{[\alpha]_D^t\ \text{实测值}}{[\alpha]_D^t\ \text{理论值}} \times 100\%$$

4. 旋光仪的维修及保养

(1) 仪器应放在干燥通风处，防止潮气侵蚀，尽可能在 20 ℃的工作环境中使用仪器，搬动仪器应小心轻放，避免振动。

(2) 光源(钠灯光)积灰或损坏，可打开机壳擦净或更换。

(3) 机械部件摩擦阻力增大，可以打开门板，在伞形齿轮蜗杆处加少许机油。

（4）如果发现仪器停转或其他元件损坏等故障，应按电原理图详细检查，或由厂方维修人员进行维修。

（5）打开电源后，若钠光灯不亮，可检查保险丝。

2.2.5 密度的测定

1. 密度的概念

某种物质的质量与体积的比值，即单位体积的某种物质的质量，叫做这种物质的密度，符号用 d 表示。数学表达式为 $d=m/V$。国际单位为 kg/m^3，常用单位还有 g/cm^3。密度也是物质的固有特性，它与物质的组成、结构、分子量等有关。

2. 测定密度的方法

1）用密度计测量液体密度

密度计是测量液体密度的专用工具，在工农业生产中，经常用它来测量各种液体的密度，此种方法易操作，但使用时要注意，密度计上所标的读数是液体的密度和水的密度的比值，即 $d_{液}/d_{水}$。

2）采用比重瓶法测定物质密度

使用比重瓶的方法来测定物质的密度是基于测量已知体积的溶液的质量。首先，精确称量清洁、干燥的比重瓶的空瓶质量，注满待测液体后，塞紧毛细管塞，直到瓶塞达到标记位置。必须注意的是，瓶内不能留有气泡，而且充满比重瓶时的温度应近似地等于此后的测量温度（决不能超过后者）。由于液体的体积与温度的关系很密切，故比重瓶的温度必须利用恒温槽来保持恒定（±0.03 ℃）。当比重瓶处于恒温槽时，可用一片干净的吸水纸或纤维织物吸去因膨胀而从瓶中排出的液体。称量待测液体和比重瓶的总质量 G_2，重复测定一次以减少误差。同样方法，称量纯水注满比重瓶的总质量 G_1。按下式计算在测定温度下的密度。

$$d=\frac{G_2-G_0}{G_1-G_0}d_{H_2O}$$

式中：G_2 是充满待测液体的比重瓶在空气中的质量；G_1 是充满纯水的比重瓶在空气中的质量；G_0 为空比重瓶在空气中的质量；d_{H_2O} 为测定温度下的水的密度。

（陈贞干，刘煜 供稿）

2.3　液体有机化合物的分离和提纯

2.3.1　萃取和洗涤

萃取是利用物质在两种不互溶(或微溶)的溶剂中的溶解度或分配系数的不同来达到分离、提取或纯化目的的一种操作，是实验室常用的一种分离提纯方法。洗涤也是萃取的一种方法，洗涤和萃取在原理上是一致的，只是目的不同。利用溶剂从混合物中提取需要的物质，这种操作叫做萃取或抽提；利用溶剂或溶液从混合物中除去不需要的杂质，这种操作叫做洗涤。按照萃取两相的不同，萃取可分为液-液萃取、液-固萃取和气-液萃取。本节重点介绍液-液萃取和液-固萃取。

1. 基本原理

分配定律是萃取方法的理论依据。在一定温度下，某化合物与两种互不相溶的溶剂不发生化学反应时，该化合物在两种溶剂(A 和 B)中的浓度比值为一常数，用公式表示为：

$$K = C_A / C_B$$

式中，K 为分配系数；C_A、C_B 分别表示该化合物在两种互不相溶的溶剂中的浓度。

分配系数可以近似地看作某物质在两种溶剂中的溶解度之比。下面用与水不相溶(或微溶)的有机溶剂从水溶液中萃取有机化合物来说明。

当用一定量的溶剂从水溶液中萃取有机化合物时，萃取的效率可以利用下列推导来说明。设在体积为 V(mL)水中溶解质量为 W_0(g)的有机物，每次用 S(mL)与水不互溶的有机溶剂重复萃取。假如 W_1(g)为萃取 1 次后剩余在水溶液中的有机物量，则有机物在水中的浓度和在有机相中的浓度就分别为 W_1/V 和$(W_0 - W_1)/S$，两者之比等于 K，即：

$$\frac{W_1/V}{(W_0 - W_1)/S} = K \qquad \text{或} \qquad W_1 = W_0\left(\frac{KV}{KV+S}\right)$$

设 W_2(g)为萃取 2 次后在水中的剩余量，则有：

$$\frac{W_2/V}{(W_1 - W_2)/S} = K \qquad \text{或} \qquad W_2 = W_1\left(\frac{KV}{KV+S}\right) = W_0\left(\frac{KV}{KV+S}\right)^2$$

显然，萃取 n 次后的水中有机物的剩余量 W_n 应为

$$W_n = W_0\left(\frac{KV}{KV+S}\right)^n$$

当用一定量的溶剂萃取时，总是希望在水中的剩余量越少越好。因为上式中$\frac{KV}{KV+S}$恒小于 1，所以 n 越大，W_n 就越小，也就是说把溶剂分成几份进行多次萃取的效果比用全部量的溶剂萃取 1 次好。

影响分离效果的主要因素包括：被萃取物质在萃取剂与原溶液两相之间的平衡关系，在萃取过程中两相之间的接触情况。这些因素都与萃取次数和萃取剂的选择有关。

例如：在 100 mL 水中含有 4 g 正丁酸的溶液，在 15 ℃时，用 100 mL 苯萃取，已知在

15 ℃时正丁酸在水和苯中的分配系数 $K=1/3$。

若用 100 mL 苯一次性萃取，则正丁酸在水中的剩余量为 W_1：

$$W_1 = 4 \times \frac{\frac{1}{3} \times 100}{\frac{1}{3} \times 100 + 100}\ \mathrm{g} = 1.00\ \mathrm{g}$$

若用 100 mL 苯分 3 次萃取，则正丁酸在水中的剩余量为 W_3：

$$W_3 = 4 \times \left(\frac{\frac{1}{3} \times 100}{\frac{1}{3} \times 100 + 33.3} \right)^3\ \mathrm{g} = 0.5\ \mathrm{g}$$

从上面的计算可以看出，用 100 mL 苯一次性萃取可以提取出 3.0 g 正丁酸，占总量的 75%，分 3 次萃取后可提取出 3.5 g 正丁酸，占总量的 87.5%。当萃取剂总量不变时，萃取次数增加，每次用萃取剂的量就要减小。当 $n>5$ 时，n 和 S 这两种因素的影响几乎抵消。再增加萃取次数，$W_n/(W_n+1)$的变化很小。所以一般同体积溶剂分为 3～5 次萃取即可。

【注意】上面的式子只适用于几乎和水不互溶的溶剂，例如苯、四氯化碳或氯仿等。对于与水有少量互溶的溶剂，如乙醚等，上面的式子只是近似的，但也可以定性预测萃取的结果。

上述原理也适合于从溶液中萃取出（或洗涤除去）溶解的杂质。

2. 液-液萃取

液-液萃取是一种用液态萃取剂处理与之互不相溶的或部分互溶的欲分离的液体混合物，利用液体混合物中各组分在两相中的溶解度和分配系数的不同，实现组分的分离过程。

萃取过程的分离效果主要表现为被分离物质的萃取率和分离纯度。萃取率为萃取液中被提取的溶质与原溶液中的溶质的量之比。萃取率越高，表示萃取过程分离效果越好。因此，萃取溶剂的选择对萃取分离效果的影响很大，选择萃取剂的一般规则是：萃取剂和原溶剂互不混溶；萃取剂和溶质互不发生反应；溶质在萃取剂中的溶解度远大于在原溶剂中的溶解度。除此之外，还应考虑以下几个方面：

(1) 分配系数。被分离物质在萃取剂与原溶液两相间的平衡关系是选择萃取剂首先应考虑的问题。分配系数(K)的大小对萃取过程有着重要的影响，分配系数(K)大，表示被萃取组分在萃取相的组成高，萃取剂用量少，溶质容易被萃取出来。

(2) 密度。在液-液萃取中两相间应保持一定的密度差，以利于两相的分层。

(3) 界面张力。萃取体系的界面张力较大时，细小的液滴比较容易聚结，有利于两相的分离。但是界面张力过大，液体不易分散，难以使两相很好的混合；但是界面张力过小时，液体易分散，易产生乳化现象使两相难以分离。因此，应从界面张力对两相混合与分层的影响来综合考虑，一般不宜选择界面张力过小的萃取剂。常用体系界面张力的数值可在文献中找到。

(4) 粘度。萃取剂粘度低，有利于两相的混合与分层，因为粘度低的萃取剂对萃取有利。

(5) 其他。萃取剂应具有良好的化学稳定性，不易分解和聚合，一般选择低沸点溶剂，萃取剂容易与溶质分离和回收。另外，毒性、易燃易爆性和价格等都应加以考虑。

一般水溶性较小的物质可用石油醚萃取；水溶性较大的可用苯或乙醚作萃取剂；水溶性极大的用乙酸乙酯作萃取剂。

通常用分液漏斗来进行液-液萃取。操作时应选择容积合适的分液漏斗（一般萃取溶剂和需萃取溶液的总体积为分液漏斗容积的 1/2～2/3）；在把活塞擦干并在离活塞孔稍远处涂上一层薄薄的润滑脂（注意，切勿涂得太多或使润滑脂进入活塞孔中，以免玷污萃取液）；塞好后再把活塞旋转几圈，使润滑脂均匀分布，看上去透明即可。使用前在分液漏斗中加入一定量的水，将上口塞盖好，摇荡，检查塞子与活塞是否渗漏水，确认不漏水时方可使用。漏斗的上口顶塞及下面的活塞需用橡皮筋固定。如果分液漏斗需要干燥则必须取下两个塞子后再进行干燥，防止在干燥时塞子粘住。如果分液漏斗的塞子不是标准件，则需要一一对应，不能混淆。分液漏斗用完后要及时清洗，如果较长时间不用时，则需要取下塞子，用一小纸片置于活塞处，防止塞子粘住。

在萃取或洗涤时，先将溶液与萃取剂（或洗涤剂）由分液漏斗的上口倒入，将塞子塞紧，把分液漏斗倾斜，让漏斗的上口略朝下，下口略朝上，右手的拇指和中指拿住分液漏斗上口颈部，用食指压紧上口塞，左手的食指和中指夹住下口管，同时食指和拇指控制旋塞，如图 2-21 所示。然后，前后摇动或做圆周运动，使液体振荡起来，两相充分接触。在振动过程中，应注意不断朝无人方向放气，以免萃取和洗涤时，内部压力过大，造成漏斗的塞子被顶开，使液体喷出，严重时会引起漏斗爆炸，造成伤人事故。

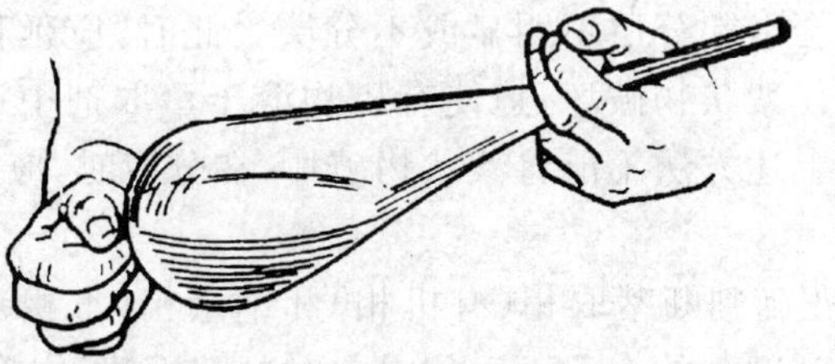

图 2-21　分液漏斗的使用

放气时，保持漏斗下口向上倾斜，并注意不要对着人，旋开活塞，放出气体，使内外压力平衡（尤其是在漏斗内盛有易挥发溶剂如乙醚、苯等，或用碳酸钠溶液中和酸液时，振荡后更应注意及时旋开旋塞，放出气体）。经过几次振荡和放气后，将分液漏斗放在铁环上，将上口塞子上的凹缝对准漏斗上口的通气孔，使之与大气相通，静置。待混合液体分成清晰的两层后，旋开下口旋塞，让下层的液体缓慢从漏斗下口流出。当液面分界面接近下口旋塞时，关闭旋塞，静置片刻，待下层液体汇集不再增多时，小心地全部放出下层液体。然后把上层液体从上口倒入另一个容器里。

若下层液体是被萃取剩余的水相，需要继续萃取，可将剩余的水相和萃取剂从上口倒入分液漏斗中，重复上面萃取操作。

当合并萃取的有机相需要洗涤时，可将有机相和洗涤剂从上口倒入分液漏斗中，按萃取操作方法进行洗涤操作。

当被萃取的原溶液量很少时，可采取微量萃取技术进行萃取。取一支离心分液管放入原溶液和萃取剂，盖好盖子，用手摇动离心分液管或用滴管向液体中鼓气，使液体充分接触，并注意随时放气。静止分层后，用滴管将萃取相吸出，在萃余相中加入新的萃取剂继续萃取（图 2-22）。萃取的操作如前所述。

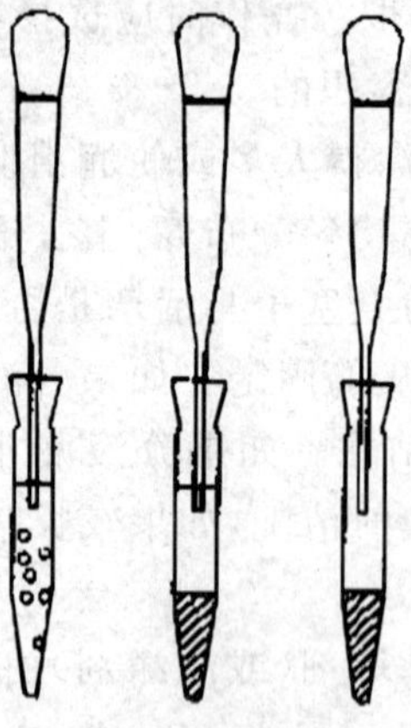

图 2-22 微量萃取法

在萃取和洗涤操作中,应注意以下几个问题:

(1) 分液漏斗中的液体不易太多,以免摇动时影响液体接触使萃取效果下降。

(2) 液体分层后,上层液体由上口倒出,下层液体从下口经旋塞放出,以免污染萃取相。

(3) 溶液呈碱性时,常产生乳化现象。萃取出现少量轻质沉淀、两液相密度接近和两液相部分互溶等情况时都会引起分层不明显或不分层。此时,应延长静止时间。加入一些食盐,增加水相的密度,可使絮状物破坏,迫使有机物溶于萃取剂中;加入几滴酸、碱、醇等,也可以破坏乳化现象。如上述方法不能将絮状物破坏,在分液时,应将絮状物与萃余相(水层)一起放出。

(4) 液体分层后应正确判断萃取相(有机相)和萃余相(水相),一般根据两相的密度来确定,密度大的在下面,密度小的在上面。如果一时判断不清,应将两相分别保存起来,待弄清楚后,再弃掉不要的液体。

3. 液-固萃取

液-固萃取,也叫浸取,用溶剂从固体混合物中萃取所需要的组分。如用水浸取甜菜中的糖类;用酒精浸取黄豆中的豆油。最简单的方法是把固体混合物粉碎或研细,放在容器里,加入适当溶剂,用力振荡,然后用过滤或倾析的方法把萃取液和残留的固体分开。若被提取的物质特别容易溶解,也可以把固体混合物放在有滤纸的锥形玻璃漏斗中,用溶剂洗涤。这样,所要萃取的物质就可以溶解在溶剂里而被萃取出来。如果被提取的物质溶解度很小,则用洗涤的方法要消耗大量的溶剂和很长的时间。在这种情况下,实验室一般用索氏提取器(Soxhlet extractor)来萃取。

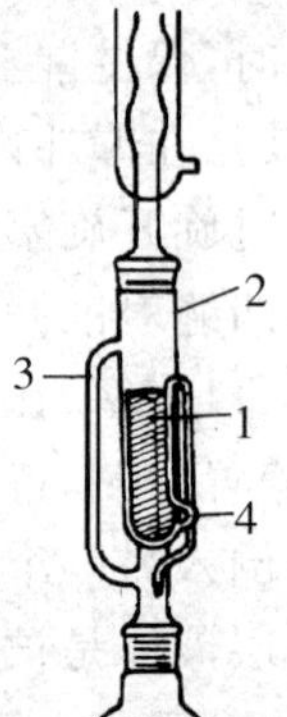

1-滤纸筒;2-提取筒;
3-溶剂蒸气上升管;4-虹吸管
图 2-23 液-固萃取装置

索氏提取器(Soxhlet extractor)又称脂肪提取器(图 2-23),它是利用溶剂回流和虹吸原理,使固体物质连续不断地被纯的溶剂所萃取,因而效率较高。其具体操作为:将滤纸做成与提取器大小相适应的滤纸筒,然后把研细的固体混合物放入滤纸筒内,上下口处应扎紧,以免固体逸出。将其装入提取筒内,滤纸筒不宜太紧,以加大液体和固体的接触面积;但是也不能太松,否则不好装入提取筒中。滤纸筒的高度不要超过虹吸管的顶部,以保证回流液均匀浸润被萃取物。在圆底烧瓶中加入提取溶剂和沸石，连接好圆底烧瓶、索氏提取器、回流冷凝管，接通冷凝水，加热。沸腾后回流，冷凝后的溶剂回流到提取筒中，浸取固体混合物。当蓄积在提取筒内的萃取剂液面超过虹吸管顶部时，就携带所提取的物质一同从侧面的虹吸管流入烧瓶中。溶剂就这样在提取器循环流动，把所要提取的物质集中到下面的烧瓶内。提取过程结束后，再用合适手段分离提纯得到所需要的物质。

2.3.2　干燥

干燥是常用的除去固体、液体或气体中少量水分或少量有机溶剂的方法。有机化合物在进行有机物波谱分析、定性或定量分析以及测定物理常数时，都必须使它完全干燥，否则会影响测定结果的准确性。液体有机物在蒸馏前常需干燥，否则沸点前馏分较多，产物损失。有时为了破坏某些液体有机物与水生成的共沸混合物，也需要干燥。此外，许多有机反应需要在无水条件下进行，因此，溶剂、原料和仪器等均要干燥。可见，在有机化学实验中，试剂、原料、产品和仪器的干燥是十分重要的。

干燥方法可分为物理方法和化学方法。

(1) 物理方法

物理方法中有烘干、晾干、吸附、分馏、共沸蒸馏和冷冻等。近年来，还常用离子交换树脂和分子筛等方法来进行干燥。其中离子交换树脂是一种不溶于水、酸、碱和有机溶剂的高分子聚合物。分子筛是多水硅铝酸盐的晶体。

(2) 化学方法

化学方法采用干燥剂来除去水。根据除去水的作用原理可将干燥剂分为两种类型：

① 能与水可逆地结合，生成水合物，例如：

$$MgSO_4 + n\,H_2O \rightleftharpoons MgSO_4 \cdot nH_2O \qquad n=1\sim7$$

② 与水发生不可逆的化学反应，生成新的化合物，例如：

$$2Na + 2\,H_2O \longrightarrow 2NaOH + H_2\uparrow$$

目前，实验中应用最广泛的是第一类干燥剂。

1. 液体有机物的干燥

1) 干燥剂的选择

液体有机物的干燥，通常是将干燥剂直接与之接触。因此，所选的干燥剂首先应与被干燥的液体有机化合物不发生化学反应和催化作用，亦不能生成分子化合物(络合物)。例如，干燥酸性化合物不能用碱性干燥剂，而干燥碱性物质则不能用酸性干燥剂。有些干燥剂能与某些被干燥的物质生成络合物，如氯化钙易与醇类、胺类形成络合物，因而氯化钙不能用于干燥醇类和胺类化合物。强碱性干燥剂如氧化钙、氢氧化钠能催化某些醛类或酮类发生缩合、自动氧化等反应，也能使酯类或酰胺类发生水解反应，因此氧化钙和氢氧化钠不能用于干燥醛、酮、酯和酰胺化合物。表 2-4 列出各类常用干燥剂及其性能。表 2-5 列出了有机化合物常使用的干燥剂。

表 2-4 常用干燥剂及其性能

干燥剂	吸水作用	吸水容量	干燥效能	干燥速度	应用范围
氯化钙	$CaCl_2 \cdot nH_2O$ $n=1,2,4,6$	0.97 按 $CaCl_2 \cdot 6H_2O$ 计	中等	较快,但吸水后表面为薄层液体覆盖,故放置时间要长些	能与醇、酚、胺、酰胺及某些醛、酮形成络合物,因而不能用于干燥这些化合物。工业品中可能含氢氧化钙和碱或氧化钙,故不能用来干燥酸类
硫酸镁	$MgSO_4 \cdot nH_2O$ $n=1,2,4,5,6,7$	1.05 按 $MgSO_4 \cdot 7H_2O$ 计	较弱	较快	中性,应用范围广,可代替 $CaCl_2$ 用于干燥酯、醛、酮、腈和酰胺等不能用 $CaCl_2$ 干燥的化合物
硫酸钠	$Na_2SO_4 \cdot 10H_2O$	1.25	弱	缓慢	中性,一般用于有机液体的初步干燥
硫酸钙	$2CaSO_4 \cdot H_2O$	9.06	强	快	中性,常与硫酸镁(钠)配合使用
碳酸钾	$K_2CO_3 \cdot 1/2H_2O$	0.2	较弱	慢	弱碱性,用于干燥醇、酮、酯、胺及杂环等碱性化合物,不适于酸、酚等其他酸性化合物
氢氧化钾(钠)	溶于水		中等	快	强碱性,用于干燥胺、杂环等碱性化合物,不能用于干燥醇、酯、醛、酮、酸和酚等
金属钠	$2Na+2H_2O \rightarrow 2NaOH+H_2\uparrow$		强	快	限于干燥醚和烃类中痕量水分
氧化钙	$CaO+H_2O \rightarrow Ca(OH)_2$		强	较快	适于干燥醚类
五氧化二磷	$P_2O_5+3H_2O \rightarrow 2H_3PO_4$		强	快,但吸水后表面易被覆盖	适应于干燥醚、烃、卤代烃、腈等中的痕量水分。不适应于醇、酸、胺和酮等
分子筛	物理吸附	约 0.25	强	快	各类有机化合物的干燥

表 2-5 有机化合物常用的干燥剂

有机化合物	干燥剂
烃	氯化钙,金属钠,分子筛
卤烃	氯化钙,硫酸镁,硫酸钠
醇	碳酸钾,硫酸镁,硫酸钠,氧化钙
醚	硫酸镁,金属钠
醛	硫酸镁,硫酸钠
酮	碳酸钾,氯化钙(用于干燥高级酮)
酯	硫酸镁,硫酸钠,碳酸钾
硝基化合物	氯化钙,硫酸镁,硫酸钠
有机酸,酚胺	硫酸镁,硫酸钠
胺	氢氧化钠,氢氧化钾,碳酸钾

2) 干燥剂的吸水容量和干燥效能

使用干燥剂时要考虑干燥剂的吸水容量和干燥效能。干燥效能是指达到平衡时液体被干燥的程度。对于形成水合物的无机盐干燥剂,常用吸水后结晶水的蒸气压来表示干燥剂效能。如硫酸钠形成10个结晶水的水合物，在25 ℃时蒸气压为260 Pa (1.92 mmHg)，吸水容量为1.25；氯化钙能形成6个结晶水的水合物，在25 ℃时水蒸气压力40 Pa (0.30 mmHg)，吸水容量为0.97，因此，硫酸钠的吸水容量较大，干燥效能弱；而氯化钙吸水容量较小，干燥效能强。在干燥含水量较大而又不易干燥的化合物时，先用吸水容量较大的干燥剂除去大部分水分，再用干燥效能强的干燥剂进行干燥。

3）干燥剂的用量

根据水在液体中的溶解度和干燥剂的吸水量，可算出干燥剂的最低用量。但是，干燥剂的实际用量是大大超过计算量的。一般来说，对于含亲水性基团化合物(醇、醚、胺等)，其含水量多，干燥剂过量要多些；对于不含亲水性基团化合物(烃和卤代烃等)，其含水量少，干燥剂过量要少些；实际操作中，主要是通过实验观察判断。

(1) 观察被干燥液体，确定干燥剂的用量

例如，在环已烯中加入无水氯化钙进行干燥。未加干燥剂之前，环已烯中含有水，而环已烯不溶于水，所示溶液处于浑浊状态。当加入干燥剂吸水之后，环已烯呈清澈透明状.表明干燥合格。否则，应补加适量干燥剂继续干燥。

(2) 观察干燥剂状态，确定干燥剂的用量

例如，用无水氯化钙干燥乙醚时，乙醚中的水除净与否，溶液总是呈清澈透明状，如何判断干燥剂用量是否合适，则应看干燥剂的状态。加入干燥剂后，因其吸收水后变得粘稠，粘在器壁上，摇动不易旋转，表明干燥剂用量不够，应适量补加无水氯化钙，直到新加的干燥剂不结块，不粘壁，干燥剂棱角分明，摇动时旋转并悬浮(尤其 $MgSO_4$ 等小晶粒干燥剂)，表示所加干燥剂用量合适。

由于干燥剂还能吸收一部分有机液体，影响产品收率，故干燥剂用量应适中。加入少量干燥剂后应静置一段时间，观察用量不足时再补加。一般每10 mL液体样品约需加入0.5～1 g干燥剂。

4）干燥温度

对于生成水合物的干燥剂，加热虽可加快干燥速度，但远远不如水合物放出水的速度，因此，干燥通常在室温下进行。

2. 干燥的操作方法

在干燥前应将有机液体中的水分尽量分离干净，不应有任何可见的水层或水珠。将待干燥的液体置于锥形瓶中，取颗粒大小适宜的适量干燥剂，放入溶液或液体里，用塞子塞紧瓶口，轻轻振摇，观察判断干燥剂是否足量，放置一定时间，然后将干燥好的溶液通过放有折叠滤纸的漏斗中直接滤入蒸馏瓶中蒸馏。对于通过化学方法干燥液体的干燥剂(如金属钠、石灰和五氧化二磷)，由于它们与水反应后生成比较稳定的产物，可以不过滤而直接进行蒸馏。干燥剂的用量不能过多，否则由于固体干燥剂的表面吸附，被干燥物质会有较多的损失；反之干燥剂用量太少，则加入的干燥剂便会溶解在所吸附的水中。所用的干燥剂的颗粒也不能太大，但也不要呈粉状。颗粒太大，表面积减小，吸水作用不大；粉状干燥剂在干燥过程中容易成泥浆状，造成分离困难。温度越低，干燥剂的干燥效果越大，所以干燥宜在室温下进行。一般情况下，蒸馏前必须把干燥剂过滤除去。

2.3.3 简单蒸馏

蒸馏是分离和提纯液体有机化合物最常用的重要方法之一。主要包括常压(简单)蒸馏、减压蒸馏、水蒸气蒸馏和分馏。其中,简单蒸馏不仅可以把挥发性物质与不挥发性物质分离,还可以把沸点不同的物质以及有色杂质等分离,但被分离液体的沸点应相差 30 ℃以上。

1. 基本原理

蒸馏就是将液体混合物加热至沸腾,使液体汽化,然后,蒸气通过冷凝变为液体,使液体混合物分离纯化的过程。蒸馏是根据混合液的各组分的蒸气压不同来达到分离目的,可广泛用于分离和纯化液体有机物。例如,在常压下苯的沸点为 80.1 ℃,甲苯的沸点为 116 ℃,若将苯和甲苯的混合液在蒸馏瓶内加热至沸腾,溶液部分被汽化。此时,溶液上方蒸气的组成与液相的组成不同,沸点低的苯在蒸气相中的含量增多,而在液相中的含量减少。若部分汽化的蒸气全部冷凝,该冷凝液的易挥发组分苯的含量比蒸馏瓶内残留溶液的苯含量高;同样,若将混合蒸气部分冷凝,正如部分汽化一样,则蒸气中易挥发组分增多,从而达到分离的目的。

2. 简单蒸馏装置

普通的简单蒸馏装置由蒸馏烧瓶、蒸馏头、温度计套管、温度计、直形冷凝管、接引管和接收瓶等玻璃仪器组装而成,如图 2-24(a)所示;半微量的蒸馏装置如图 2-24(b)所示。

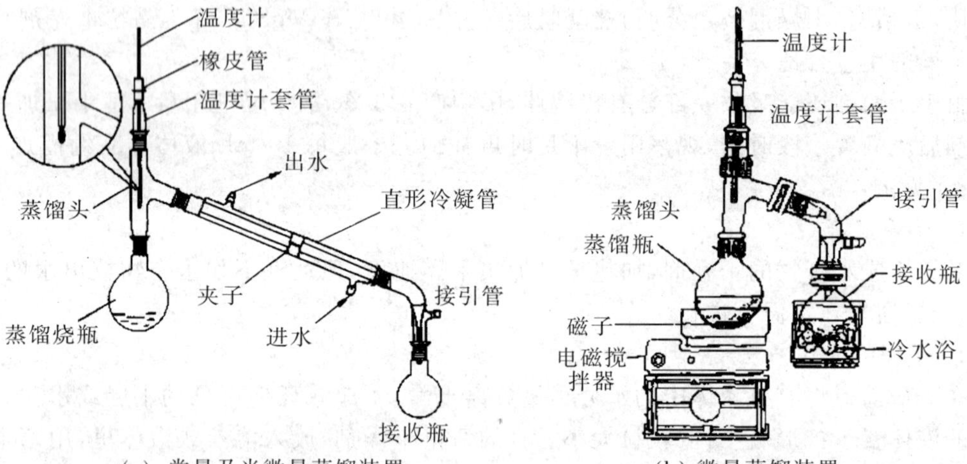

(a) 常量及半微量蒸馏装置　　(b) 微量蒸馏装置

图 2-24 蒸馏装置

在装配蒸馏装置过程中应注意:

(1) 为了保证温度测量的准确性,温度计水银球的位置应置于如图 2-24(a)所示位置,即温度计水银球的上端与蒸馏头支管的底边处在同一水平线上。

(2) 任何蒸馏或回流装置均不能密封,否则,当液体蒸气压增大时,轻者蒸气冲开连接口,使液体冲出蒸馏瓶,重者引起装置爆炸,有时还会引起火灾。

(3) 安装仪器时,应首先确定仪器的高度,一般在铁架台上放一块 2 cm 厚的垫板,将电热套放在板上,再将蒸馏瓶放置于电热套中间。然后,按自下而上,从左至右的顺序组装。仪器组装应做到横平竖直,铁架台、铁夹一律整齐地放置于仪器背后。

(4) 各铁夹不应夹得太紧或太松，以夹住后稍用力能转动为宜。铁夹的位置要正确，蒸馏烧瓶必须用圆形的夹子(烧瓶夹)，夹在磨口接头上面的地方，冷凝管要用冷凝管夹或万用夹，夹在冷凝管的中部。

(5) 如果蒸馏出的物质易受潮分解，可在接引管上连接一个氯化钙干燥管，以防止湿气的侵入；如果蒸馏出的物质易挥发、易燃或有毒，则可在接收瓶上连接一长橡皮管，通入水槽的下水管内或通风管道排出室外。如果蒸馏的同时还放出有毒气体，则尚需另外安装气体吸收装置，处理后，再经通风管道排出室外。

(6) 同一实验台装有几套蒸馏装置时，每两套装置的相对位置必须是蒸馏烧瓶对蒸馏烧瓶，或是接收瓶对接收瓶。如果每两套装置的相对位置是蒸馏烧瓶对接收瓶，容易发生着火的危险。

3. 简单蒸馏操作

(1) *加料*。按图 2-24 组装仪器，再加原料。加液体原料时，取下温度计和温度计套管，在蒸馏头上口放一个长颈漏斗，注意长颈漏斗下口处的斜面应超过蒸馏头支管，慢慢地将液体倒入蒸馏烧瓶中。

(2) *加沸石*。为了防止液体暴沸，再加入 2～3 粒沸石(或放一根只有一端封口的毛细管)。沸石为多空性物质，刚加入液体中小孔内有许多气泡，它可以将液体内部的气体导人液体表面，形成气化中心。毛细管的长度应足以使其上端紧贴烧瓶的颈部，毛细管的封口在上部，开口的一端朝下。如果加热中断(或再加热)，应重新加入新沸石，因原来沸石上的小孔已被液体充满，不能再起气化中心的作用。同理，分馏和回流时也要加沸石。

(3) *加热*。在加热前，应检查仪器装配是否正确，原料、沸石是否加好，冷凝管是否通水(冷凝水从冷凝管的下端进入，上端流出，上端的出水口朝上)，一切无误后再开始加热。开始加热时，电压可以调得略高一些，一旦液体沸腾，水银球部位出现液滴，控制调压器电压，以蒸馏速度 1～2 滴/秒为宜。蒸馏时，温度计水银球上应始终保持有液滴存在，如果没有液滴，说明可能有两种情况：一是温度低于沸点，体系内气-液两相没有达到平衡，此时，应将电压调高；二是温度过高，出现过热现象，此时，温度已超过沸点，应将电压调低。

(4) *馏分的收集*。蒸馏前应至少准备 2 个已称重的洁净接收瓶(锥形瓶或烧瓶)，在到达所需组分的沸点前，常有沸点较低的液体蒸出，这部分馏出液称为“前馏分”或“馏头”，当前馏分蒸完后，温度趋于稳定，蒸出的是较纯的物质时，应取下接收瓶，换一个已称量干燥的接收瓶来接收馏分，即产物。并记录这部分液体开始馏出时与最后 1 滴馏出时的温度，即该馏出物的沸程。当温度超过沸程范围，停止接收。沸程越小，蒸出的物质越纯。

(5) *停止蒸馏*。馏分蒸完后，如不需要接收第二组分，可停止蒸馏。应先停止加热、将变压器调至零点，关掉电源，取下电热套。待稍冷却后馏出物不再继续流出时，取下接收瓶，保存好产物，关掉冷却水，按规定(即安装的相反顺序)拆除仪器并加以清洗。

4. 注意事项

[1] 蒸馏前应根据待蒸馏液体的体积，选择合适的蒸馏瓶。一般被蒸馏的液体占蒸馏瓶容积的 1/2～2/3 为宜，如果蒸馏瓶装入液体量过多，加热沸腾时，液体可能冲出(或液体飞沫被蒸气带出)，混入馏出液中。如果蒸馏瓶装入液体量太少，蒸馏结束时，相对会有较多的液体残留在瓶内蒸不出来，产品损失增多。

[2] 在加热开始后发现没加沸石，应停止加热，待稍冷却后再加入沸石。千万不要在沸

腾或接近沸腾的溶液中加入沸石,以免在加入沸石的过程中发生暴沸。

[3] 对于沸点较低又易燃的液体,如乙醚,应用水浴加热,而且蒸馏速度不能太快,以保证蒸气全部冷凝。如果室温较高,接收瓶应放在冷水中冷却,并在接引管支口处连接一根橡胶管,将未被冷凝的蒸气导入流动的水中带走。

[4] 在蒸馏沸点高于140 ℃的液体时,应用空气冷凝管。主要原因是温度高时,如用水作为冷却介质,冷凝管内外温差增大,而使冷凝管接口处局部骤然遇冷容易断裂。

5. 思考题

(1) 试利用平衡相图叙述简单蒸馏原理。

(2) 为什么蒸馏系统不能密闭?

(3) 什么情况下接收的为前馏分、主馏分和后馏分?

(4) 为什么蒸馏时不能将液体蒸干?

(5) 蒸馏时,温度计水银球上有无液滴分别意味着什么?

(6) 为什么进行蒸馏、分馏和回流时要加入沸石?

(7) 拆、装仪器的程序是怎样的?

(8) 一般简单蒸馏的速度多少为宜?

2.3.4 减压蒸馏

减压蒸馏是分离和提纯有机化合物的一种重要方法。它特别适用于那些在常压下沸点较高,及常压蒸馏时易发生分解、氧化、聚合等反应的热敏性有机化合物的分离提纯。

1. 基本原理

液体的沸点与外界施加于液体表面的压力有关,随着外界施加于液体表面压力的降低,液体沸点下降。因而,如果用减压操作,使液体表面上的压力降低,就会降低液体的沸点,在这种较低压力下进行的蒸馏称为减压蒸馏。

沸点与压力的关系可近似地用下式表示:

$$\lg p = \mathrm{A} + \mathrm{B}/T$$

式中:p——液体表面的蒸气压;

T——溶液沸腾时的热力学温度;

A,B——常数。

如果用 $\lg p$ 为纵坐标,$1/T$ 为横坐标,可近似得到一条直线。从二元组分已知的压力和温度,可算出A和B的数值,再将所选择的压力值代入上式即可求出液体在这个压力下的沸点。但实际上许多物质的沸点变化是由分子在液体中的缔合程度决定的。因此,在实际操作中,经常使用图2-25所示的沸点-压力的经验计算图来估计某种化合物在某一压力下的沸点。其具体使用方法如下:

在 B 线上找到该化合物常压对应的沸点 B_1,在 C 线上找到该化合物所处的压力值 C_1,连接 B_1C_1,其延长线交于 A 线于 A_1,则 A_1 值为该化合物在 C_1 压力下的沸点值。利用此图也可以 反过来估算常压下的沸点和减压时要求的压力。

例如:水杨酸乙酯在常压下的沸点为234 ℃,现欲找出在20 mmHg下的沸点值,可在图2-25的 B 线上找出相当于234 ℃的点,将此点与 C 线上20 mmHg处的点联成一直线,把此线延长与 A 线相交,其交点所示的温度就是水杨酸乙酯在20 mmHg时的沸点,约为

118 ℃。

压力对沸点的影响还可以作如下估算：

(1) 当大气压降至 3 332 Pa (25 mmHg) 时，高沸点(250～300 ℃)化合物的沸点随之下降 100～125 ℃左右。

(2) 当大气压在 3 332 Pa (25 mmHg)以下时，压力每降低一半，沸点下降 10 ℃。

对于具体某个化合物减压到一定程度后其沸点是多少，可以查阅有关资料，但更重要的是通过实验来确定。

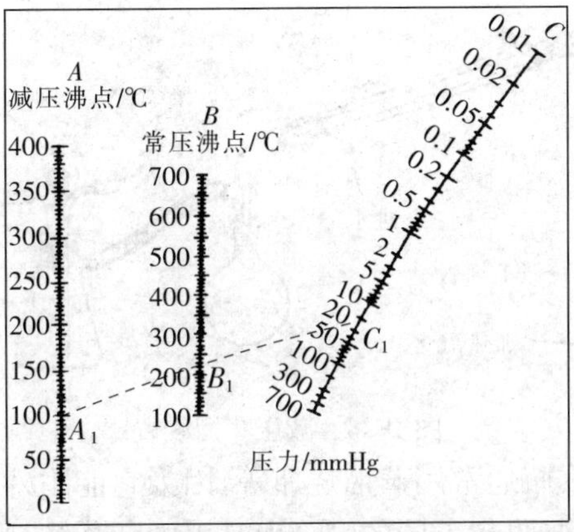

图 2-25　有机物液体的沸点-压力的经验计算图

2. 真空度的划分

所谓真空只是相对真空，我们把任何压力较常压低的气态空间称之为真空。为了应用方便，常常把不同程度的真空划分成几个等级。

1) 低真空(气压 760～10 mm Hg，即 101～1.33 kPa)

一般在实验室中可用水泵获得。水泵的抽空效力与水压、泵中水流速率及水温有关。好的水泵所达的最大真空度受水的蒸气压力所限制，因此水源温度在 3～4 ℃时，水泵可达 6 mmHg(0.8 kPa)真空度；而水源温度在 20～25 ℃时，最高只能达到 17～25 mmHg(2.26～3.33 kPa)。

2) 中度真空(气压 $10\sim10^{-3}$ mmHg，即 $1.33\sim0.133\times10^{-3}$ kPa)

一般可用油泵获得，最高可达到 0.001 mmHg(0.133×10^{-3} kPa)左右。

3) 高真空(气压 $10^{-3}\sim10^{-8}$ mmHg，即 $0.133\times10^{-3}\sim0.133\times10^{-8}$ kPa)

在实验室获得高真空主要用扩散泵。它是利用一种液体的蒸发和冷凝，使空气附着在凝聚时所形成的液滴的表面上，达到富集气体分子的目的而被另一泵抽出。该泵在这里的作用，一方面是抽走集结的气体分子，另一方面它可以降低所用液体的气化点，使其易沸腾。扩散泵所用的工作液可以是汞或其他特殊油类，其极限真空主要决定于工作液的性质。

3. 减压蒸馏装置

减压蒸馏装置通常由蒸馏烧瓶、冷凝管、接收瓶、水银压力计、干燥塔、缓冲用的安全瓶和减压泵等组成。简便的减压蒸馏装置如图 2-26 所示。

减压蒸馏烧瓶通常用克氏蒸馏烧瓶(也可由圆底烧瓶和克氏蒸馏头组成)，它有两个瓶颈：带支管的瓶颈装配插有温度计的螺口接头，而另一瓶颈则装配插有毛细管的螺口接头。毛细管的下端调整到离烧瓶底约 1～2 mm 处，其上端套一段短橡皮管，用螺旋夹夹住，以调节进入烧瓶的空气量，使液体保持适当程度沸腾。在减压蒸馏时，空气由毛细管进入烧瓶，冒出小气泡，成为液体沸腾的汽化中心，同时又起一定的搅拌作用。这样可以防止液体暴沸，使沸腾保持平稳。

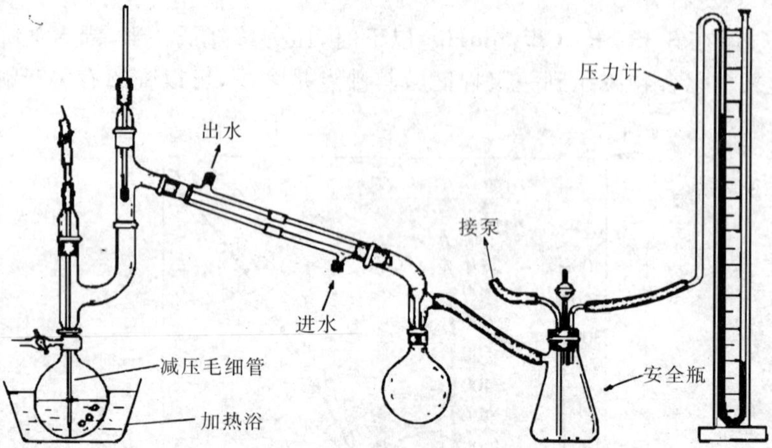

图 2-26　减压蒸馏装置

减压蒸馏装置中的接收瓶通常用蒸馏烧瓶等，因为它能耐外压，但不要用锥形瓶和平底烧瓶作接收瓶。蒸馏时，若要收集不同的馏分而又不中断蒸馏，则可用多头接引管。多头接引管的上部有一个支管，连接抽真空装置。多头接引管与冷凝管的连接磨口涂上少许甘油或凡士林，以便灵活转动多头接引管，使不同的馏分流入指定的接收瓶中。接引管的支管用耐压的厚橡皮管与作为缓冲用的安全瓶连接起来。安全瓶的瓶口上装一个三孔橡皮塞，一孔连接水银压力计，一孔接二通旋塞，另一孔插导管，导管的下端应接近瓶底，上端与减压泵相连接。

减压泵可用循环水泵或油泵。

1）水泵

水泵所能达到的最低压力为当时室温下的水蒸气压。例如，在水温 6～8 ℃时，水蒸气压为 0.93～1.07 kPa；在夏天，若水温为 30 ℃，则水蒸气压为 4.2 kPa 左右。用水循环泵代替简单的水泵，方便、实用和节水。

2）油泵

好的油泵能抽至真空度为 133.3 Pa(1 mmHg)，一般使用油泵时，系统的压力常控制在 0.67～1.33 kPa 之间，因为在沸腾液体表面上要获得 0.67 kPa 以下的压力比较困难。这是由于蒸气从瓶内的蒸发面逸出而经过瓶颈和支管(内径为 4～5 mm)时，需要 0.13～1.07 kPa 的压力差，如果要获得较低的压力，可选用短颈和支管粗的克氏蒸馏瓶。

使用油泵要注意油泵的防护保养，不使有机物、水、酸等的蒸气侵入泵内。易挥发有机物质的蒸气可被泵内的油所吸收，把油污染，这会严重地降低泵的效率；水蒸气凝结在泵里，会使油乳化，也会降低泵的效率；酸会腐蚀泵。为了保护油泵，应在泵前面装配净化塔(图 2-27)，里面依次放石蜡片、氢氧化钠、氧化钙，以除去有机物蒸气、水蒸气和酸气。因此，用油泵进行减压蒸馏时，在接收瓶和油泵之间，应依次装上冷却阱、水银压力计、净化塔和缓冲用的安全瓶，其中缓冲瓶的作用是使反应体系内的压力不发生突然的变化，以防止泵油的倒吸。冷阱可放在广口保温瓶内，用冰-盐或干冰-乙醇冷却剂冷却。

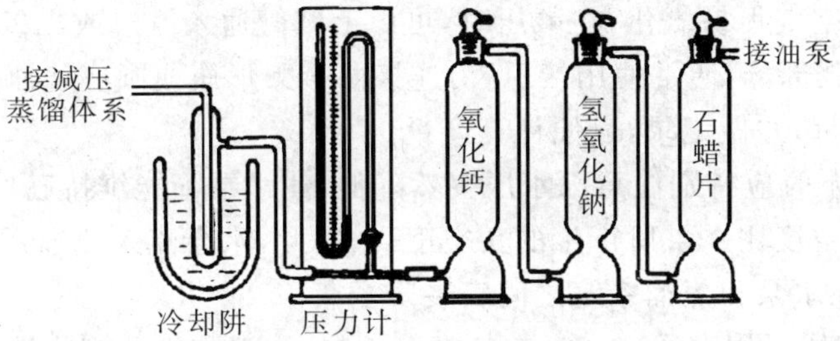

图 2-27 净化塔示意图

4. 减压蒸馏的操作方法

(1) 减压蒸馏时，蒸馏瓶和接收瓶均不能使用不耐压的平底仪器（如锥形瓶、平底烧瓶等）和薄壁或破损仪器，以防止由于装置内处于真空状态，外部压力过大而引起爆炸。

(2) 减压蒸馏的关键是装置密封性好，因此在安装仪器时，应在磨口接头处涂抹少量凡士林或真空脂，以保证装置密封和润滑。温度计一般用一小段乳胶管固定在温度计套管上，根据温度计的粗细来选择乳胶管内径，乳胶管内径略小于温度计直径较好。

(3) 仪器装好后，应检查系统是否密封。具体方法：① 打开泵，关闭安全瓶上的放空阀，拧紧毛细管的螺旋夹，待压力稳定后，观察压力计（表）上的读数是否到了最小或是否达到所要求的真空度。如果没有，说明系统内漏气，应进行检查。② 检查方法：首先将真空接引管与安全瓶连接处的橡胶管折起来用手捏紧，观察压力计（表）的变化，如果压力马上下降，说明净化系统内有漏气点，应进一步检查净化系统，排除漏气点；如果压力不变，再检查安全瓶以后的蒸馏装置系统是否漏气，并加以排除或请指导老师排除。③ 漏气点排除后，应再重新检查，直至压力稳定并且达到所要求的真空度时，方可进行下面的操作。

(4) 加入待蒸馏液（体积不能超过蒸馏瓶容积的 1/2），减压，调节毛细管上的螺旋夹，使蒸馏瓶内液体有连续平稳的小气泡通过。如果气泡太大已冲入克氏蒸馏头的支管，则可能有两种情况：一是进气量太大，二是真空度太低。此时，应调节毛细管上的螺旋夹使其平稳进气。加热时，克氏蒸馏瓶的圆球部位至少有 2/3 浸入浴液中。由于减压蒸馏时一般液体在较低的温度下就可以蒸出，因此，加热不要太快。当前馏分蒸完后转动真空接引管（一般用双股接引管，当要接收多组馏分时可采用多股接引管），开始接收馏分，蒸馏速度控制在 1～2 滴/秒。在压力稳定及化合物较纯时，沸程应控制在 1～2 ℃范围内。

(5) 停止蒸馏时，应先将加热源撤走，打开毛细管上的螺旋夹，待冷却后，慢慢地打开安全瓶上的放空阀，使压力计（表）恢复到零的位置，再关泵。否则由于系统中压力低，会发生油或水倒吸至安全瓶或冷阱的现象。

(6) 为了保护油泵系统，在使用油泵进行减压蒸馏前，应将低沸点的物质先用简单蒸馏的方法去除，必要时可先用水泵进行减压蒸馏。加热温度以产品不分解为宜。

5. 注意事项

[1] 减压蒸馏最重要的是系统不漏气，压力稳定，平稳沸腾。为了防止暴沸，保持稳定沸腾，常用的方法是拉制一根细而柔软的毛细管尽量伸到蒸馏烧瓶底部，空气的细流经过毛细管引入瓶底，作为气化的中心。蒸馏时，为了控制毛细管的进气量，可在瓶外的毛细管上套一段乳胶管，并夹一螺旋夹，最好在橡皮管中插入一段细铁丝，以免因螺旋夹夹紧后不通

气，或夹不紧进气量过大。

【注意】在减压蒸馏中加入沸石一般对防止暴沸是无效的。

有些化合物遇空气很易氧化，在减压时，可由毛细管通入氮气或二氧化碳气保护。

[2] 蒸出液接收部分，通常使用接引管，连接两个梨形瓶或圆底烧瓶。在安装接收瓶前需先称每个瓶的质量，并做记录，以便计算产量。

[3] 在使用水泵时应特别注意因水压突然降低，使水泵不能维持已经达到的真空度，此时蒸馏系统中的真空度比水泵所产生的真空度高，因此，水会流入蒸馏系统玷污产品。为了防止这种情况，需在水泵和蒸馏系统之间安装安全瓶。

[4] 减压蒸馏时，可用水浴、油浴、空气浴等加热，浴温需较蒸馏物沸点高 30 ℃以上。

6. 思考题

(1) 简述减压蒸馏的过程。

(2) 为什么减压蒸馏时，必须先抽真空后加热？

(3) 请估计苯甲醛、苯胺、苯已酮在 1 333 Pa(10 mmHg)下的沸点大约是多少？

2.3.5　共沸蒸馏

共沸蒸馏又称恒沸蒸馏，主要用于共沸物的分离。共沸物是指在一定压力下，混合液体具有相同的沸点的物质。该沸点比纯物质的沸点更低或更高。

1. 实验原理

在液体混合物中加入第三组分，该组分与原液体混合物中的一种或两种组分形成沸点比原来组分和液体共沸物沸点更低的、新的具有最低共沸点的共沸物，使组分间的相对挥发度增大，易于用蒸馏的方法分离。这种蒸馏方法称为共沸蒸馏，加入的第三组分称为恒沸剂或夹带剂。

工业上常用苯作为恒沸剂进行共沸蒸馏制取无水酒精。常用的夹带剂有苯、甲苯、二甲苯、三氯甲烷、四氯化碳等。

图 2-28 为乙醇和水的气液相图，从图中可以看出 95.6%的乙醇和 4.4%的水组成了一个最低共沸混合物。

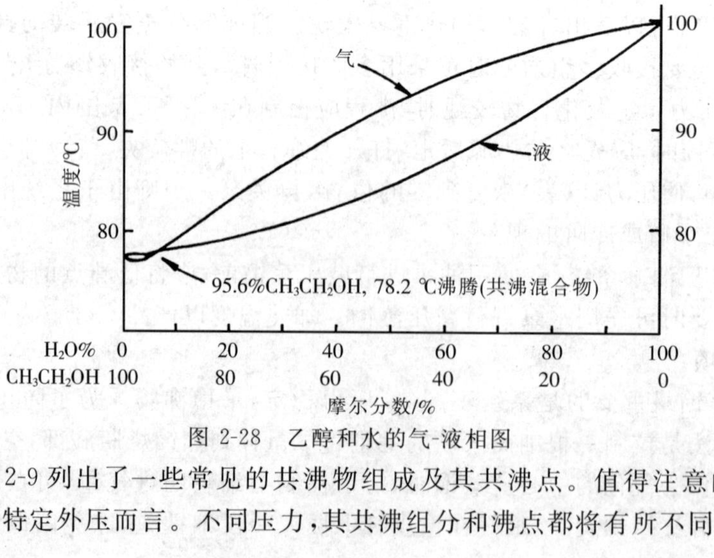

图 2-28　乙醇和水的气-液相图

表 2-6 至表 2-9 列出了一些常见的共沸物组成及其共沸点。值得注意的是，任一共沸物都是针对某一特定外压而言。不同压力，其共沸组分和沸点都将有所不同。实践证明，沸

点相差大于 30 K 的两个组分很难形成共(恒)沸物(如水与丙酮就不会形成共沸物)。

表 2-6　与水形成的二元共沸物(水的沸点为 100 ℃)

溶剂	沸点/℃	共沸点/℃	含水量/%	溶剂	沸点/℃	共沸点/℃	含水量/%
苯	80.4	69.2	8.8	甲苯	110.5	85.0	20
乙醇	78.3	78.1	4.4	乙酸乙酯	77.1	70.4	8.0
环已烯	83.0	70.8	10	环已醇	161.5	97.8	80
氯化氢	−83.7	108.6	79.8	硝酸	86	120.5	

表 2-7　常见有机溶剂间的共沸混合物

共沸混合物	组分的沸点/℃	共沸物质量比	共沸物的沸点/℃
乙醇-苯	78.3,80.6	32:68	68.2
乙醇-甲苯	78.3，110.6	68∶32	76.7
丙酮-氯仿	56.2，61.2	20∶80	64.7
乙醇-乙酸乙酯-水	78.3，77，100	9.0∶7.8∶83.2	70.3
乙醇-环已醇-水	78.3，161.5，100	17.0∶7.0∶76.0	62.1
乙醇-苯-水	78.3，80.6，100	19∶74∶7	64.9

表 2-8　二元最低共沸混合物

组分(甲)		组分(乙)		共沸混合物		
名称	t_{bp}/℃	名称	t_{bp}/℃	$\omega_{甲}$/%	$\omega_{乙}$/%	t_{bp}/℃
乙醇	78.3	甲苯	110.5	68.0	32.0	76.7
乙酸乙酯	77.1	乙醇	78.3	69.4	30.6	71.8
叔丁醇	82.5	水	100.0	88.2	11.8	79.9
苯	80.1	异丙醇	82.5	66.7	33.3	71.9
苯	80.1	水	100.0	91.1	8.9	69.4
乙酸乙酯	77.1	水	100.0	91.9	8.8	70.4
水	100.0	乙醇	78.5	4.4	95.6	78.2
丙酮	56.4	氯仿	61.2	20.0	80.0	64.7
甲酸	100.7	水	100.0	77.5	22.5	107.3
氯仿	61.2	乙酸乙酯	77.1	22.0	78.0	64.5

表 2-9　三元最低共沸混合物

组分(甲)		组分(乙)		组分(丙)		共沸混合物			
名称	t_{bp}/℃	名称	t_{bp}/℃	名称	t_{bp}/℃	$\omega_{甲}$/%	$\omega_{乙}$/%	$\omega_{甲}$/%	t_{bp}/℃
乙醇	78.3	水	100.0	苯	80.1	18.5	7.4	74.1	64.9
乙酸乙酯	77.1	乙醇	78.3	水	100.0	83.2	9.0	7.8	70.3

由于共沸物的气相和液相具有相同的组成,因此共沸物不可能通过蒸馏或分馏手段加以分离。但可用其他方法破坏共沸组成后,再进行蒸馏或分馏以达到分离目的。如乙醇和水的共沸混合物可以加入氧化钙,使其与水起反应,然后再进行蒸馏,可得 99.5%的乙醇。

破坏共沸混合物的另一方法是加入第三组分，如向乙醇和水的共沸混合物中加入苯，使苯-乙醇-水形成三元共沸混合物蒸出，蒸出后分成上下两层，上层为苯和乙醇，可用分水器使之返回烧瓶中，下层为水和乙醇。这样不断地进行可把水都带出来，然后蒸出苯和乙醇的共沸混合物，烧瓶中留下的是相当纯的乙醇。图 2-29 为常见的共沸蒸馏装置。

通常，所说的共沸干燥，就是将一种既能与水形成共沸混合物，而又尽可能（在冷却时）与水互不相溶的物质，例如苯，加入待干燥的物质内，然后将混合物按图-29(a)所示的装置加热至沸腾，水与苯即形成共沸混合物而被蒸出，冷却时流出的水滴沉积于水分分离器的底部。这样很容易判断混合物的水分是否已被除尽，蒸出的水量也便于计量。在产生水的化学反应中，也可借此观察反应的进程，而且将反应所生成的水连续蒸出使平衡向要求的方向移动。

常用的"带水剂"是苯、甲苯、氯仿及四氯化碳。通常，相对密度比水小的带水剂，采用 2-30(a)和 2-30(b)结构的水分分离器。密度比水大的带水剂，使用图 2-30(c)或图 2-30(d)结构的水分分离器，构建共沸蒸馏装置。对于能与水形成共沸混合物的溶剂，若要求不太严格，可简单地用蒸馏法干燥。即弃去混浊的馏出液直至馏出液澄清为止。

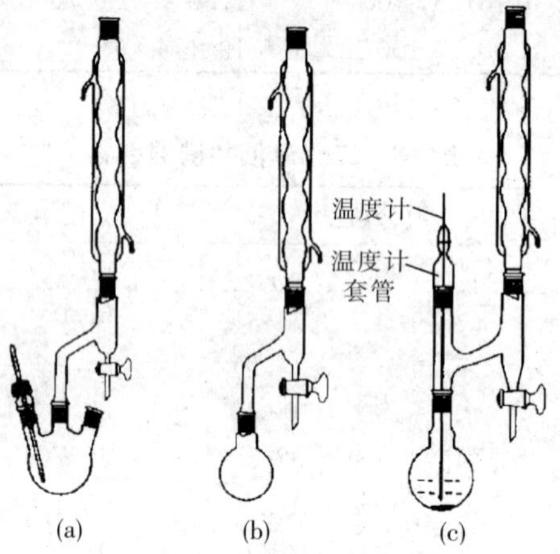

图 2-29 共沸蒸馏装置

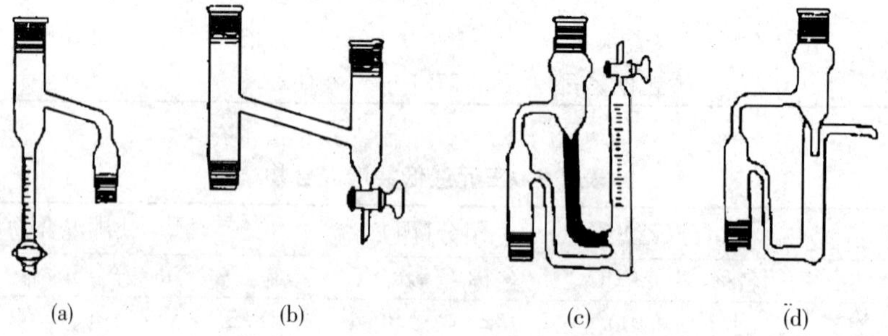

图 2-30 常用的几种水分分离器

2.3.6 水蒸气蒸馏

水蒸气蒸馏主要用于蒸馏与水不溶或难溶，且具有一定挥发性的有机物质[在 100 ℃时其蒸气压不小于 1 333.2 Pa(10 mmHg)]，使该有机物质在低于 100 ℃的温度下，随着水蒸气一起蒸馏出来。水蒸气蒸馏是用来分离和提纯有机化合物的重要方法之一，常用于下列几种情况：

(1) 从大量树脂状或焦油状杂质中分离有机物；

(2) 从大量固体混合物中分离被吸附的液体有机物；

(3) 除去产物中挥发性的有机杂质；

(4) 在常压下蒸馏会发生分解的高沸点物质。

1. 基本原理

两种互不相溶的液体混合物(A+B)的蒸气压，等于两液体单独存在时的蒸气压之和。

即
$$p=p_A+p_B$$

式中 p_A 和 p_B 为两种液体单独存在的蒸气压；p 为混合液体的蒸气压。

当液体混合物的两液体的蒸气压之和等于大气压力时，混合物就开始沸腾。因此，互不相溶的两液体混合物的沸点，要比任一液体单独存在时的沸点低。当在不溶于水或难溶于水的有机物质中，通入水蒸气进行水蒸气蒸馏时，在比该有机物的沸点低得多的温度(低于100 ℃)下就可以使该有机物蒸馏出来。在馏出物中，随水蒸气一起蒸馏出的有机物的质量(m_A)同水的质量(m_{H_2O})之比，等于两者的分压(p_A 和 p_{H_2O})分别和两者的相对分子质量(M_A 和 18)的乘积之比，所以馏出液中有机物同水的质量之比可按下式计算：

$$m_A/m_{H_2O}=(M_A\times p_A)/(18\times p_{H_2O})$$

上式表明：这两种物质在馏出液中的相对质量(就是它们在蒸气中的相对质量)与它们的蒸气压和相对分子质量成正比。

图 2-31 表示溴苯($t_{bp}=156$ ℃)和水($t_{bp}=100$ ℃)两个不互溶混合物以及两个化合物的混合蒸气压与温度的关系。由图 可知，在 95 ℃时溴苯和水的蒸气压分别为 120 mmHg(15.96 kPa)和 640 mmHg(85.12 kPa)。它们有该温度下的总蒸气压等于大气压，其馏出液的组分可从上述方程式计算：

$$m_{溴苯}/m_{H_2O}=120\times 157/640\times 18=1.64/1$$

尽管溴苯在蒸馏温度时的蒸气压很小，但由于溴苯的相对分子量远远大于水的相对分子量，所以按质量计算在水蒸气馏出液中溴苯要比水多。1 g 水能带出 1.64 g 溴苯，溴苯在水溶液中的组分占 62%。并且，如果使用过热蒸气，还可以提高组分在馏出液中的比例。

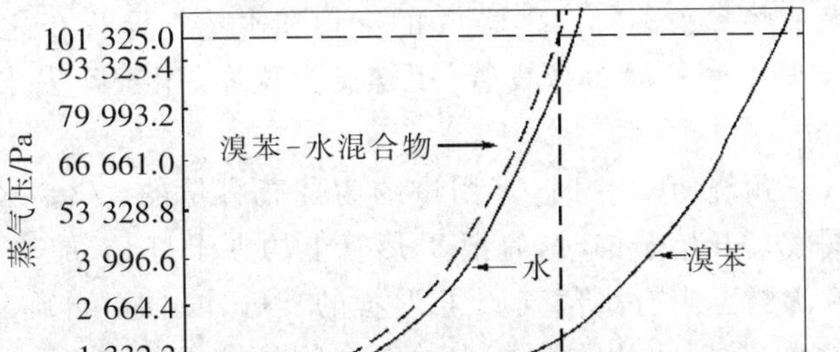

图 2-31　溴苯、水及溴苯-水混合物的蒸气压与温度的关系

图中虚线表示混合物在 95 ℃左右沸腾，该温度的总蒸气压就等于大气压。因此，在低于水的沸点可以将沸点为 156 ℃的溴苯通过水蒸气蒸馏出来。

鉴于通常有机化合物的相对分子量要比水大得多，所以即使有机物在 100 ℃时蒸气压只有 10 mmHg(1.33 kPa)，用水蒸气蒸馏亦可获得良好效果，甚至固体(例如粗产品萘)也常用水蒸气蒸馏提纯。

2. 水蒸气蒸馏装置

水蒸气蒸馏装置如图 2-32(a)所示，主要由水蒸气发生器 A、三颈或二颈圆底烧瓶 D 和长的直形冷凝管 F 组成。

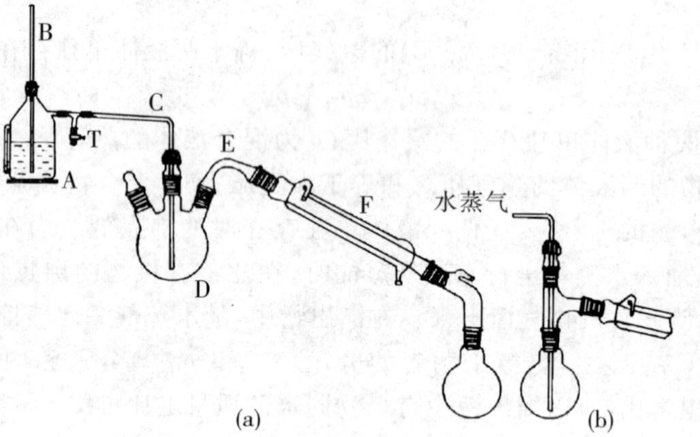

图 2-32 水蒸气蒸馏装置

若水蒸气蒸馏在圆底烧瓶内进行，可在圆底烧瓶上装配蒸馏头(或克氏蒸馏头)代替三颈烧瓶〔图 2-32(b)〕。铁质发生器 A 通常可用二颈或三颈烧瓶代替。器内盛水约占其容量的 1/2，可从其侧面的玻璃水位管察看器内的水平面。长玻璃管 B 为安全管，管的下端接近器底，根据管中水柱的高低，可以估计水蒸气压力的大小。三颈圆底烧瓶 D 应当用铁夹夹紧，其中一口通过螺口接头插入水蒸气导管 C，侧口插入馏出液导管 E。导管 C 外径一般不小于 7 mm，以保证水蒸气畅通，其末端应接近烧瓶底部，以便水蒸气和蒸馏物质充分接触并起搅动作用。导管 E 应略微粗一些，其外径约为 10 mm，以便蒸气能畅通地进入冷凝管中。若导管 E 的直径太小，蒸气的导出将会受到一定的阻碍，这会增加烧瓶 D 中的压力。导管 E 在弯曲处前的一段应尽可能短一些，在弯曲后一段则允许稍长一些，因它可起部分的冷凝作用。用长的直形冷凝管 F 可以使馏出液充分冷却。由于水的蒸发潜热较大，所以冷却水的流速可稍大一些。水蒸气发生器 A 的支管和水蒸气导管 C 之间用一个 T 形管相连接。在 T 形管的支管上套一段短橡皮管，用螺旋夹旋紧，用于除去水蒸气中冷凝下来的水分。

蒸馏的物质倒入三颈烧瓶 D 中时，其用量约为烧瓶容量的 1/3。水蒸气蒸馏操作前必须检查装置严密不漏气。开始蒸馏时，先把 T 形管上的夹子打开，加热水蒸气发生器 A，使发生器里的水加热到沸腾。当有水蒸气从 T 形管的支管冲出时，再旋紧 T 形管上的夹子，让水蒸气通入烧瓶 D 中，这时可以看到瓶中的混合物呈沸腾状态，不久在冷凝管中就出现有机物质和水的混合物。调节火焰，使瓶内的混合物不至于飞溅得太厉害，并控制馏出液的速度约为 2～3 滴/秒。为了使水蒸气不至于在烧瓶内过多地冷凝，在蒸馏时通常用小火将烧瓶加热保温。

3. 水蒸气蒸馏操作

(1) 蒸馏瓶可选圆底烧瓶和三颈瓶。被蒸馏液体的体积不应超过蒸馏瓶容积的 1/3。

将混合液加入蒸馏瓶后，先打开T形管上的螺旋夹。开始加热水蒸气发生器，使水沸腾。当水蒸气从T形管的支管冲出时，再旋紧螺旋夹，蒸气进入蒸馏系统，调节蒸气量，保证蒸气在冷凝管中全部冷凝下来。

(2) 在蒸馏过程中，若插入水蒸气发生器中的玻璃安全管B的水柱突然上升至几乎喷出时，说明蒸馏系统内压增高，可能系统内发生堵塞，应立刻打开螺旋夹，移走热源，停止蒸馏，待故障排除后方可继续蒸馏。当蒸馏瓶内的压力大于水蒸气发生器内的压力时，将发生液体倒吸现象，此时，应打开螺旋夹以免产生倒吸。

(3) 当馏出液不再浑浊时，用表面皿取少量馏出液，在日光或灯光下观察是否有油珠状物质，如果没有，可停止蒸馏。

(4) 停止蒸馏时先打开T形管上的螺旋夹，移走热源，待稍冷后，将水蒸气发生器与蒸馏系统断开。收集馏出物或残液(有时残液是产物)，最后拆除装置。

4. 注意事项

[1] 在蒸馏过程中，如果发生不正常现象，应立刻打开T形管上的螺旋夹，使与大气相通。

[2] 在操作时，要随时注意安全管中的水柱是否正常，以及烧瓶中的液体是否发生倒吸现象。一旦发生这种现象，应立刻打开T形管上螺旋夹，移去火焰，找出发生故障的原因。待故障排除后，方可继续蒸馏。

[3] 中断或结束蒸馏时，一定要先打开连接于水蒸气发生器与蒸馏装置之间的T型管上的螺旋夹，使体系通大气，然后再停止加热。

[4] 如果随水蒸气挥发的物质具有较高的熔点，在冷凝后易于析出固体，则应调小冷凝水的流速，使它冷凝后仍然保持液态。如果析出的固体接近阻塞时，要暂时停止冷凝水的流通，甚至要将冷凝水暂时放掉，以使物质熔融后随水流入接收瓶中。

5. 思考题

(1) 进行水蒸气蒸馏时，蒸出液由浑浊变澄清后为什么要多蒸出10～20 mL的透明液？如果不这样做有什么影响？

(2) 如果萘与水在99.3 ℃时可以进行水蒸气蒸馏，计算在馏出液中萘与水的质量比。并计算要蒸出4.00 g萘，最少需要多少水？

(3) 在水蒸气蒸馏中，如何判断馏出液中的有机组分在水的上层还是下层？

2.3.7　简单分馏与精馏

利用常压蒸馏可以分离两种或两种以上沸点相差较大的液体混合物，而对于沸点相差较小的或沸点接近的液体混合物的分离和提纯则要采用分馏的办法。分馏实际上就是多次蒸馏，它是应用分馏柱来使几种沸点相近的混合物进行分离的方法。分馏在化学工业和实验室中被广泛应用，工业上常称为精馏，现在最精密的分馏设备已能将沸点相差仅1～2 ℃的混合物分开。

1. 基本原理

如果将两种挥发性液体的混合物进行蒸馏，在沸点温度下，当气相与液相达成平衡，出来的蒸气中含有较多量易挥发物质的组分。将此蒸气冷凝成液体，其组成与气相组成等同，即含有较多易挥发组分，而残留物中却含有较多量的高沸点组分。这就是进行了一次简单的蒸馏。如果将蒸气凝成的液体重新蒸馏,即又进行了一次气液平衡,再度产生的蒸气中所含的易挥发物质组分又有所增高,同样,将此蒸气再经过冷凝而得到的液体中易挥发物质的组成进一步提高。如此重复蒸馏操作,最后能得到接近纯组分的两种液体。

应用这样反复多次的简单蒸馏,虽然可以得到接近纯组分的两种液体,但是这样做既浪费时间,且在重复多次蒸馏操作中的损失又很大。实际工作中是利用分馏来实现混合物的这种多次汽化和冷凝,即:当上升的蒸气与下降的冷凝液互相接触时,上升的蒸气部分冷凝放出热量使下降的冷凝液部分汽化,两者之间发生热量交换。其结果是上升蒸气中易挥发组分增加,而下降的冷凝液中高沸点组分增加。如此连续多次,就等于达到了多次蒸馏的效果。这样,靠近分馏柱顶部易挥发组分的比例高,而在烧瓶里高沸点组分的比例高。当分馏柱的效率足够高时,从分馏柱顶部出来的几乎是纯净的易挥发组分,而最后在烧瓶里残留的则几乎是纯净的高沸点组分。

为了简化,仅讨论混合物是二组分理想溶液的情况。所谓理想溶液是指在这种溶液中,相同分子间的相互作用与不同分子间的相互作用是一样的。也就是各组分在混合时无热效应产生,体积没有变化。只有理想溶液才遵守拉乌尔(Raoult)定律。

对于组分 R 和 S 组成的理想溶液,当 R 和 S 的分压和等于外界压力($p_{外}$)时,即 $p_R + p_S = p_{外}$ 时,溶液就开始沸腾,蒸气中易挥发液体的成分较在原混合液中要多。根据拉乌尔定律,这时溶液中每一组分的蒸气压等于此纯物质的蒸气压和它在溶液中的摩尔分数的乘积。即:

$$p_R = p_R^0 x_R, \qquad p_S = p_S^0 x_S \tag{1}$$

式中,p_R 和 p_S 分别为溶液中 R 和 S 组分的分压;p_R^0 和 p_S^0 分别为纯物质的蒸气压;x_R 和 x_S 分别为 R 和 S 在溶液中的摩尔分数。

根据道尔顿分压定律,气相中每一组分的蒸气压与它的摩尔分数成正比。因此,在气相中各组分蒸气的成分为:

$$x_{R(气)} = p_R/(p_R + p_S),\ x_{S(气)} = p_S/(p_R + p_S) \tag{2}$$

由式(1)和(2)可以得到:

$$x_{R(气)}/x_{S(气)} = (p_R/p_S) = p_R^0 x_R/p_S^0 x_S \tag{3}$$

如果在 R 和 S 的混合液上面一定体积的蒸气中,组分 R 和 S 的摩尔分数与其本身的分压成正比,(3)式中,如果 R 比 S 更易挥发,即 $p_R^0 > p_S^0$,那么 $p_R^0/p_S^0 > 1$。此时从(3)式可知:

$$x_{R(气)}/x_{S(气)} > x_R/x_S$$

即蒸气中易挥发组分的摩尔分子数 $x_{R(气)}$ 与 $x_{S(气)}$ 的比值大于与之平衡的液相中的相应比值。由此可知,在任何温度下易挥发组分在蒸气相中的含量高于与之平衡的液相中的含量。利用这一原理,沸点相近的液体混合物借助分馏柱就可以被分离。

图 2-33 是大气压下的苯-甲苯体系的沸点-组成图,是通过测定各温度气液平衡状况下的气相和液相的组成绘制而成,其中,横坐标表示组成 x(摩尔分数),纵坐标表示温度 t(如果是理想溶液,则可直接由计算做出)。从图中可以看出,由 20%苯和 80%甲苯组成的溶液(L_1)在 102 ℃时沸腾,和此液相平衡的蒸气组成(V_1)约为 40%苯和 60%的甲苯。若将此组成的蒸气冷凝成同组分的液体(L_2),则与此溶液成平衡的蒸气组成(V_2)约为 60%苯和 40%的甲苯。显然,如此继续重复,即可获得接近纯苯的气相。

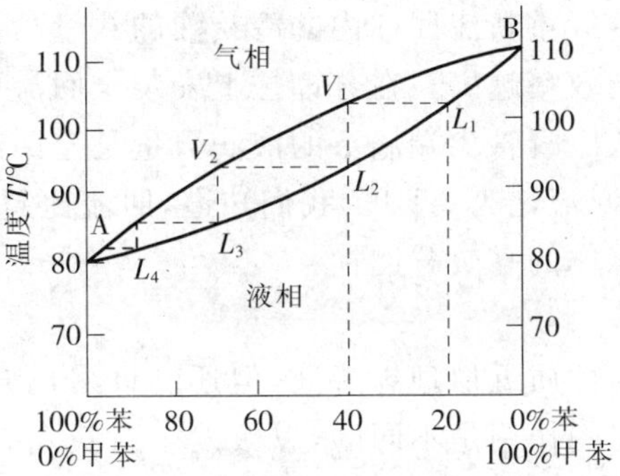

图 2-33　苯-甲苯体系的沸点-组成曲线图

2. 分馏柱

普通有机实验室中常用的分馏柱如图 2-34 所示。其中,球形分馏柱 2-34(a)的分离效率较刺形分馏柱 2-34(b)和填充分馏柱 2-34(c)的分离效率低,球形分馏柱常填玻璃环等填充物,以提高分离效率。

刺形分馏柱以称韦氏(Vigreux)分馏柱,其优点是操作简单、无需加填充物、且较填充分馏柱粘液少,但其分离效率较同样长度的填充分馏柱的分离效率低。

填充分馏柱,需在柱内填充惰性材料,操作稍复杂,常用的填充物包括玻璃环、陶瓷环和不锈钢环,以及螺旋形、马鞍形和网状形等各种形状的金属填料。

(a) 球形分馏柱
(b) 韦氏(Vigreux)分馏柱
(c) 填充式分馏柱

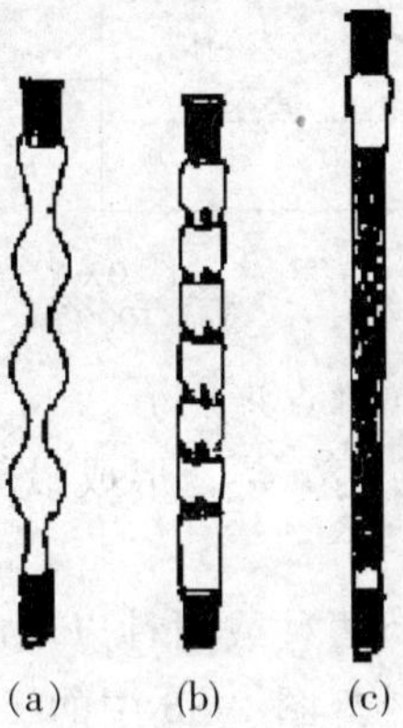

图 2-34　不同类型的分馏柱

在分馏过程中,不论使用哪一种分馏柱,都应防止回流液体在柱内聚集,否则会减少液体和蒸气接触面,或者上升蒸气会把液体冲入冷凝管中,达不到分馏目的。为了避免这种情况,需要在柱外包扎绝热物以保持柱内温度,防止蒸气在柱内很快冷凝。在分馏较低沸点的液体时,柱外缠石棉绳即可;若液体沸点较高,则需安装真空外套或电热外套管。当使用填充柱时,如果填料装得太紧或部分过分紧密,往往造成柱内液体聚集,这时需要重新填装。

在柱内保持一定的温度梯度对分馏柱来说是极为重要的。在理想情况下,柱底部的温度与蒸馏瓶内液体的沸腾温度接近,在柱内自下而上温度不断降低直至柱顶达到易挥发组分的沸点。在大多数分馏柱中,柱内温度梯度的保持是通过适当调节蒸馏速率建立起来的。若加热太猛,蒸出速率太快,整个柱体自上而下几乎没有温差,这样就达不到分馏的目的。另一方面,如果蒸馏瓶加热太迅猛而柱顶蒸气移去太慢,柱体将被流下来的冷凝液所阻,发生液泛。为了避免上述情况的出现,可以通过控制加热速度和回流比来实现。所谓回流比是指在一定时间内冷凝的蒸气重新流回柱内的冷凝液的数量与从柱顶移去的蒸馏液数量之间的比值。回流比越大分馏效率越好。在分馏柱上安装全回流可调蒸馏头可以测量和控制回流比。在一定的时间内从冷凝管尖端滴下的液滴数量是全回流的数值。若全回流中每十滴中有一滴流入接收瓶，则回流比为 9∶1。我们知道，回流比越大，分馏效率越好。对于某些精馏，可采用 100∶1 回流比的高效分馏柱。

3. 非理想溶液的精馏

虽然大多数均相液体的性质近似理想溶液，但还有许多已知的例子是非理想的。在这些溶液中不同分子相互之间的作用是不同的，以致发生对拉乌尔定律的偏离。有些溶液蒸气压较预期的大，即所谓正向偏离；另一些则较预期的要小，即所谓负向偏离。

在正向偏离情况下，两种或两种以上的分子间的引力要比同种分子间的引力弱，故其合并起来的蒸气压要比单一的易挥发的组分的蒸气压大，于是在此组成范围内的混合物（指图 2-35 中 x 与 y 之间），其沸点要比任何一个纯组分低（z 点），z 点的组成可成为第三组分，组成了最低共沸点混合物（图 2-35），这个最低沸点混合物有一定的组成（z 点）。

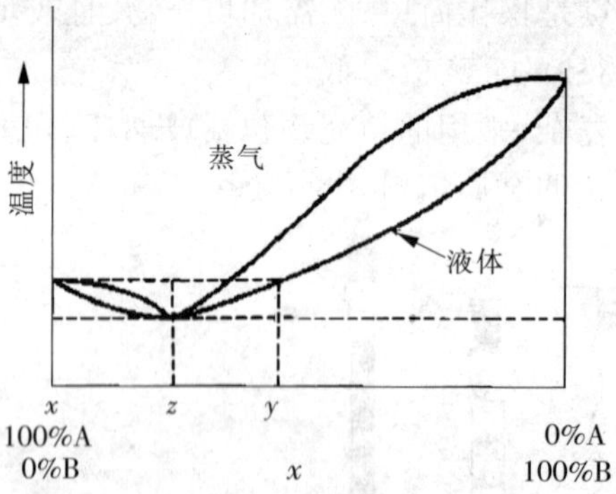

图 2-35 最低沸点共沸物

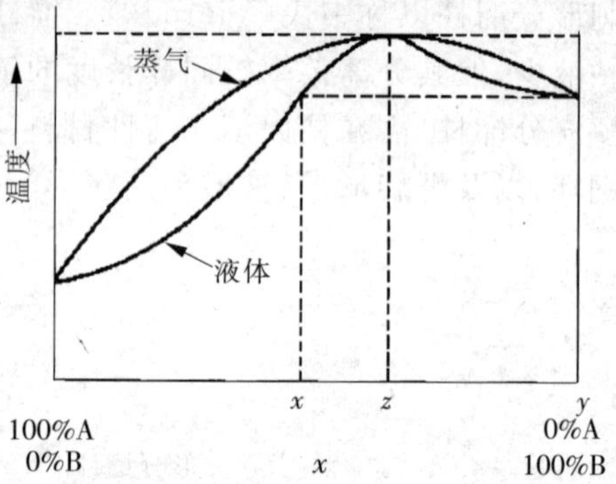

图 2-36 最高沸点共沸物

例如：水与乙醇（沸点 78.5 ℃）形成最低共沸物，沸点 78.2 ℃，其组成为水 4.4%，乙醇 95.6%。

在负向偏离的情况下，两种或两种以上的分子间的引力，要比同种分子间的引力大，故其合并组成范围内的混合物（图 2-36 中的 x 与 y 之间）沸腾温度比纯的沸点组分还高，这个最高共沸点混合物也有一定的组成（z 点）。因此在分馏过程中，有时可能得到与单纯化合物相似的混合物，有固定沸点和固定组成，其气相和液相的组成也完全相同，故不能用分馏法进一步分馏。

例如：甲酸（沸点 100.7 ℃）与水形成最高共沸点共沸物，其沸腾温度为 107.3 ℃，该沸点下的组成为甲酸 77.5%，水 22.5%。除该点外，蒸馏该体系，在分馏时都会获得共沸组成的残液。

共沸混合物虽不能用分馏来进行分离，但它不是化合物，它的组成和沸点要随压力而改变，用其他方法破坏共沸组成后再蒸馏即可得到纯净的单一组分。

4. 简单分馏操作

简单分馏装置如图 2-37 所示，与简单蒸馏装置相比，不同之处是增加了一根分馏柱。简单分馏操作和蒸馏大致相同。先将待分馏的液体混合物放入圆底烧瓶中，加入几粒沸石，插上温度计，连接好冷凝管，接引管和接收瓶。然后通冷却水，开始加热。在操作中应注意以下几点：

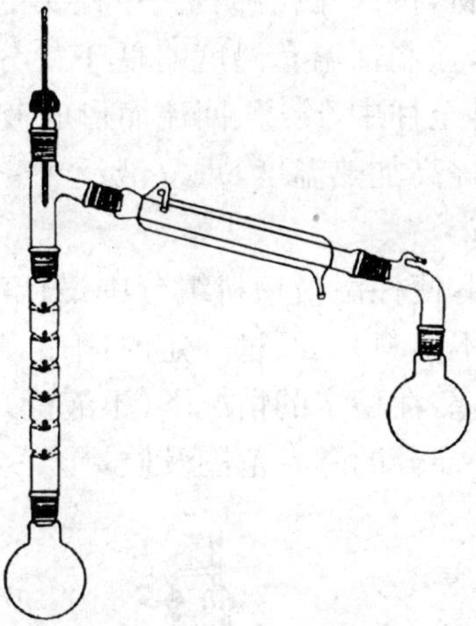

图 2-37　简单分馏装置

(1) 选择合适的热源加热，一般采用带调压器的加热套或油浴较好；

(2) 控制加热速度，在分馏过程中，加热过快易造成液泛而使分馏失败。分馏速度一般应控制在 2～3 滴/秒为宜。

(3) 当分馏的液体的沸点较高时，为了减少柱内热量的散发和损失，通常将分馏柱用石棉绳包缠起来。

5. 精馏

精密分馏通常简称为精馏，其原理与简单分馏相同。为了提高分馏效率，在操作上采取了两项措施。一是柱身装有保温套，保证柱身温度与待分馏的物质的沸点相近，以利于建立平衡。二是控制一定的回流比(上升的蒸气在柱头经冷凝后，回流入柱中的量和出料的量之比)。一般说来，对同一分馏柱，平衡保持好，回流比大，则效率高。

1) 精馏装置

精馏装置如图 2-38 所示。它主要由蒸馏瓶、精馏柱、分馏头、温度计所组成。

(1) 精馏柱的保温装置

为了维持柱内多次气液热交换的动态平衡，保温十分重要。保温不好，则分馏柱的效率大为降低，因此，在精馏中常用以下两种保温装置：一种是用电加热保温夹套来保温，另一种是镀银真空保温套。后一种操作简单，保温效果良好，但分馏温度超过 140 ℃时，效果有所下降。

(2) 分馏柱内填料

实验室常用的分馏柱填料的品种和式样很多，效率各异，主要有玻璃珠填料，单圈和多螺旋形填料，三角形线圈填料，网圈填料，波形填料等，可根据物质的分离性质与精制的要求来选择填料。在装填填料时要遵守紧密而均匀的规则，否则会降低分离效率。

(3) 分馏头

分馏头用于冷凝空气、控制回流比，测定馏出液的沸点。分馏头上有全冷凝式和部分冷凝式两类。目前实验室中大多采用全冷凝式分馏头。

2）精馏操作

在烧瓶中加入待分馏的物料，投入几粒沸石。在柱头的回流冷凝器中通水。关闭出料旋塞(但不得密闭加热)。通电，控制保温套温度略低于待分馏物料组分中最低的沸点。调节加热速度使物料沸腾，蒸气升至柱中，冷凝、回流而形成液泛。再降低加热速度，使液体流回烧瓶；待液泛现象消除后，又提高加热温度，重复液泛 1～2 次，充分润湿填料。若用玻璃填料，可省去预液泛操作。

液体冷却后，调节加热速度，使柱温与物料组分中最低沸点相同或稍低，当蒸气缓慢地上升至柱顶时，冷凝而全回流(不出料)。经过一定时间后，柱及柱顶温度均达到恒定，表示平衡已建立。逐渐旋开出料旋塞，在稳定的情况下(不液泛)，按一定回流比连续出料。收集一定沸点范围的馏分，记下每一馏分的沸点范围及质量。

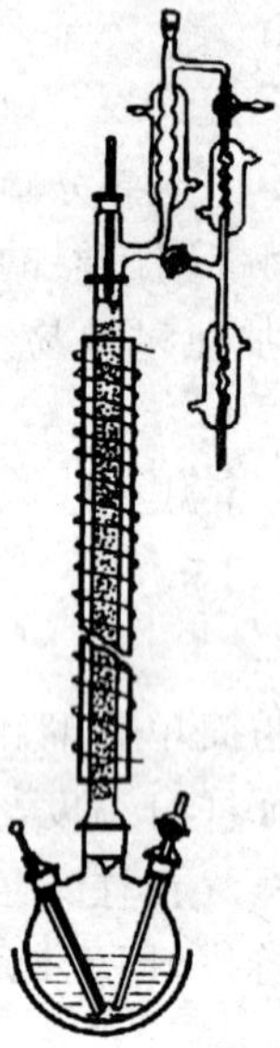

图 2-38　精馏装置

6. 思考题

(1) 若加热太快，蒸出液每秒钟的滴数超过一般要求，用分馏方法分离两种液体的能力会显著下降。为什么？

(2) 在分馏装置中分馏柱为什么要尽可能垂直？

(3) 在分离两种沸点相近的液体时，为什么装有填充料的分馏柱比不装填料的效率高？

(易 兵，桂陆军，党丽敏，廖云峰 供稿)

2.4　固体有机化合物的分离和提纯

2.4.1　过滤

把混合液中的固体物质分离出来的操作称为过滤。工业上将原有混合液体系（固体＋溶液）称为滤浆，过滤后得到的固体称为滤渣，过滤收集的澄清液体称为滤液。在过滤过程中，利用过滤介质的拦阻作用，使滤渣和滤液分开。过滤分为普通过滤、减压过滤与热过滤。

1. 过滤介质

过滤介质应选择恰当，过滤介质的孔径应正好小于过滤沉淀中最小的颗粒的直径，可起到拦阻颗粒的作用。通常，所观察到的过滤速度减慢是滤渣层集结紧密，起阻拦作用之故。实验室中常用的过滤器材有砂芯漏斗、滤纸、玻璃棉等。

1）*砂芯漏斗*

砂芯漏斗又称为烧结玻璃漏斗。它是由玻璃粉末烧结制成多孔性滤片，再焊接在相同或相似的膨胀系数的玻壳或玻璃上所形成的一种过滤容器。若滤液具有碱性，或者有酸性物质、酸酐或者有氧化剂等存在，则对普通滤纸有腐蚀性作用，在过滤时容易发生滤纸破损，使固体物质穿透滤纸，导致过滤的失败。此时，宜选用砂芯漏斗代替铺设有滤纸的漏斗，进行过滤操作。砂芯漏斗有不同的型号和规格，实验者针对不同沉淀颗粒尺寸，选用不同规格的漏斗，以达到最佳过滤效果。

砂芯漏斗在第一次使用前，应当用热盐酸或铬酸洗液进行抽滤，随即用蒸馏水洗净，除去砂芯中的尘埃等外来杂质。

砂芯漏斗不能过滤浓氢氟酸、热浓磷酸、浓碱液，因为这些试剂可溶解砂芯中的微粒，损坏玻璃器皿，使滤孔增大，并有可能使滤芯脱落。砂芯漏斗在减压使用时其两面的压力差不允许超过 101.3 kPa。在使用砂芯漏斗时，因其有粘接的边缘，温度环境需要相对稳定，防止温度急剧升降，使容器破损。

砂芯漏斗每次用毕或使用一段时间后，会因沉淀物堵塞滤孔而影响过滤效率，因此必须及时进行有效的洗涤。洗涤对于保持仪器的清洁、砂芯漏斗的过滤效率，延长使用寿命等具有重要作用。一般的洗涤方法是将砂芯漏斗倒置，用水反复进行冲洗，以洗净沉淀物，烘干后即可再用。还可根据不同性质的沉淀物，有针对性地进行“化学洗涤”。例如：脂肪、脂膏、有机物等沉淀物可用四氯化碳等有机溶剂进行洗涤；碳化物沉淀可用重铬酸盐的温热浓硫酸浸泡过夜；经碱性沉淀物过滤后的砂芯漏斗，可用稀酸溶液洗涤；经酸性沉淀物过滤后的砂芯漏斗，可用稀碱溶液洗涤，然后再用清水冲洗干净，烘干后备用。

2）*滤纸*

有机化学实验室最常用的过滤介质是滤纸，滤纸一般可分为定性及定量两种。普通滤纸的滤孔尺寸在 2～5 μm，细滤纸的滤孔尺寸在 0.8～1.7 μm。在实验过程中，应根据沉淀物的性质和沉淀颗粒的大小，选择合适滤孔的滤纸，进行过滤。

3）高分子膜材料

高分子膜材料是新型过滤材料。它有聚砜、聚醚砜、亲水性的三醋酸纤维素、聚丙烯腈等。这些高分子膜材料在溶剂脱水、饮用水处理、油水分离、工业水处理等行业中已得到很广泛的应用。

4）无机陶瓷膜材料

无机陶瓷膜材料也是一种新型过滤材料。它具有耐酸碱、耐有机溶剂、机械强度高、易清洗、能再生、抗污染、易储存及使用寿命长等特点。

5）其他过滤介质

棉织布：质地致密的棉织布，其强度比滤纸要高，可代替滤纸。

毛织物（或毛毡）：可用于过滤强酸性溶液。

涤纶布、氯纶布：可用在强酸性或强碱性溶液的过滤中。

玻璃棉：可用于过滤酸性介质。因其孔隙大，只适合于分离颗粒较粗的试样。

在实验室处理过滤溶液量较大时，可以根据被过滤物质的性质，有选择性地选用上述过滤介质。

2. 减压过滤

减压过滤是指将与过滤漏斗密闭连接的接收瓶中抽成真空，过滤表面的两面产生压力差，使过滤能加速进行的一种过程。减压过滤是一种在实验室和工业生产上广泛应用的操作技术。

1）减压过滤装置

减压过滤装置：主要由减压系统、安全瓶、过滤装置与抽滤瓶组成。减压系统一般由真空泵组成。用布氏漏斗过滤，接收容器为抽滤瓶。减压过滤装置如图 2-39 所示。

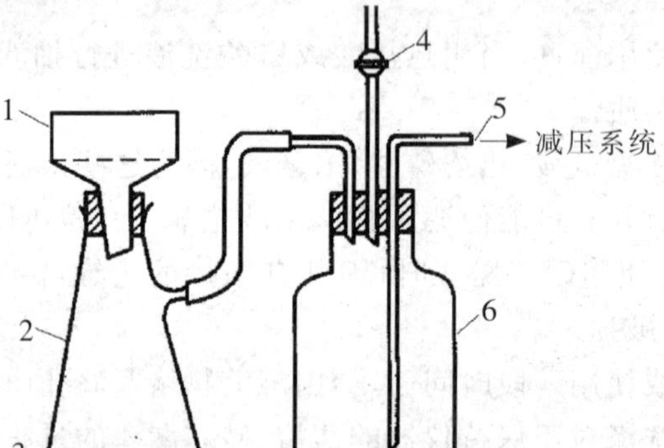

1-布氏漏斗；2-抽滤瓶；3-热滤液；4-放空阀；5-真空泵接口；6-安全瓶

图 2-39　减压过滤装置

瓷质的布氏漏斗，通过橡皮塞与抽滤瓶相连，漏斗下端斜口正对抽滤瓶支管，抽滤瓶的支管套上较耐压的橡皮管，与安全瓶相连，再与水泵连接。布氏漏斗内的滤纸直径应比布氏漏斗的内径小一些，但能完全覆盖住所有滤孔；不能采用比布氏漏斗内径大的圆形滤纸，这样滤纸的周边会皱折，不可能全部紧贴器壁与滤板面，使待过滤的溶液会不经过滤纸而流入吸滤瓶内。在用橡皮管相互连接时，应选用厚壁橡皮管，以使抽气时管子不会压扁，抽滤瓶与安全瓶都应固定在铁架台上，以防止操作时不慎碰翻，造成损失。由于在进行减压操作时，抽滤瓶与安全瓶均要承受压力，不能用薄壁器皿作为安全瓶，器皿的外观上不能有伤痕或裂缝。

2）减压过滤操作

在布氏漏斗中铺一张比漏斗底部略小的圆形滤纸，过滤前先用溶剂湿润滤纸，打开水泵，关闭安全瓶活塞，抽气，使滤纸紧贴在漏斗上，将要过滤的混合物分批倒入布氏漏斗中，使固体均匀分布在整个滤纸面上，用少量滤液将粘附在容器壁上的结晶洗出。继续抽气，并用玻璃钉挤压晶体，尽量除去母液。当布氏漏斗下端不再滴出溶液时，慢慢旋开安全瓶的活塞，使其与大气相通，再关闭水泵。过滤得到的固体，习惯上称滤饼。为了除去结晶表面的母液，可直接在布氏漏斗上洗涤滤饼，以减少因转移滤饼而造成的产品损失。最后，把洗净的滤饼倒入表面皿或培养皿中进行干燥。

使用安全瓶可防止水倒吸入抽滤瓶内，在不用安全瓶时，停止抽气前应先拔下与减压系统相连的橡皮管。禁止用力太猛，以免因空气突然急剧的冲入，把布氏漏斗中的晶体冲出。

3. 热过滤

热过滤是过滤操作的另一种形式。热过滤操作可以除去不溶杂质，但要求在过滤除去杂质时，溶液能以最短时间，迅速通过滤纸，而溶液温度变化不大。

【注】普通玻璃漏斗热过滤的缺点：过滤速度慢，过滤时间长，溶液的温度降低快，容易在滤纸上析出晶体、堵塞滤孔，阻碍滤液的通过，导致过滤操作的失败。

热过滤有两种方法，即常压热过滤（重力过滤）和减压热过滤（抽滤）。

1）常压热过滤

常压热过滤的装置如图 2-40 所示，包括热水漏斗和折叠滤纸（菊花形滤纸，折叠方法见图 2-41）。热水漏斗是一个铜质夹层漏斗，夹层内注热水，热水漏斗内放一个玻璃漏斗。

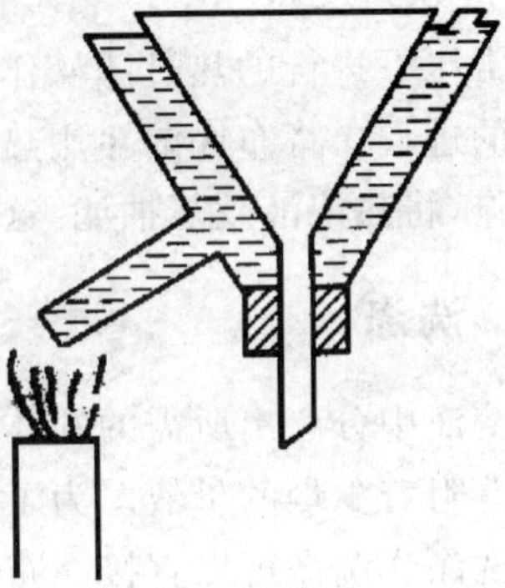

图 2-40　常压热过滤的装置

热水漏斗固定在铁三脚架上，热水漏斗中的水温视所用的溶剂的沸点而定，一般应在所用溶剂的沸点左右。温度过高，导致溶剂沸腾，大量挥发，使晶体在滤纸上析出或堵住漏斗颈，增加过滤困难。折叠滤纸放入漏斗中，先要用少量热溶剂湿润，避免干滤纸在过滤时因吸附溶剂而使晶体析出。漏斗下用锥形瓶（用水作溶剂时也可用烧杯）接收滤液，漏斗颈紧贴瓶壁，小心将待过滤的溶液沿玻璃棒倒入漏斗中的折叠滤纸内，每次倒入溶液后，必须用表面皿盖上漏斗，以减少溶剂的挥发。若使用的溶剂是水，可边加热边过滤，如果是易燃有机溶剂则在过滤时务必熄灭火焰。过滤完毕，用少量热溶液冲洗滤纸，把滤纸上析出的少量晶体冲洗下去。若滤纸上析出的结晶物较多时，可小心地将结晶物刮回原来瓶中，用少量溶剂溶解后再过滤。

折叠式滤纸是一种滤纸的折纸形式，普通玻璃漏斗中用的滤纸的过滤面积，只是其滤纸面积的 3/4，而折叠式滤纸的过滤面积是滤纸面积的全部，从过滤面积上比较，折叠式比普通滤纸多 1/4，过滤的速度同样会有较大的提高。折叠式滤纸应当折成扇面状，一经展开就成为热过滤用滤纸，具体折叠方法如图 2-41 所示。

(1) 将圆形滤纸对折后再对折，得折痕 1-2、2-3、2-4，再在 2-3 与 2-4 间对折出 2-5，在 1-2 与 2-4 间对折出 2-6；

(2) 在 2-3 与 2-6 间对折出 2-7，在 1-2 与 2-5 间对折出 2-8；

(3) 在 2-3 与 2-5 间对折出 2-9，在 1-2 与 2-6 间对折出 2-10；

(4) 在相邻两折痕(如 2-3 与 2-9、2-9 与 2-5 以及 2-10 与 2-1)间都按方向对折 1 次，乃呈双层的扇形，再在 1-2 和 2-3 各向内折一小折面；

(5) 拉开双层，即得菊花形滤纸(见图 2-41)。

【注意】 折纹集中的圆心处切勿重压，以免滤纸的中央在过滤时破裂。在使用前，应将折好的滤纸翻转并整理后再放入漏斗中，这样可以避免被手指弄脏的一面接触滤过的滤液。

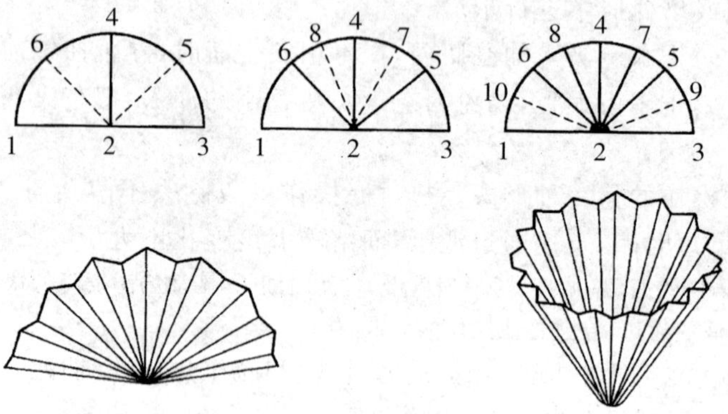

图 2-41 折叠滤纸的折叠方法

2) 减压热过滤

在常压下进行的热过滤操作的过滤速度通常是较慢的，容易在滤纸上析出晶体，妨碍过滤操作的进程。将布氏漏斗用热水浴或在烘箱中进行预热后，然后按图 2-39 所示进行减压过滤操作，将热溶液趁热抽滤，这样可以迅速地进行热过滤，避免热溶液在滤纸上析出晶体。

2.4.2 洗涤

从溶液中分离出所需的固体有机物，通常采用抽滤的方法实现，而分离出来的固体有机物表面总附着少量的母液。为了除去固体表面的母液，提高固体有机物的纯度，应对固体物质进行洗涤。洗涤可以直接在布氏漏斗上进行。洗涤方法是：用少量干净溶剂均匀洒在滤饼上，并用玻璃棒或刮刀轻轻翻动固体有机物，使全部固体有机物刚好被溶剂浸润(不要使滤纸松动)，打开水泵，关闭安全瓶活塞，抽去溶剂，重复操作 2 次，就可以把滤饼洗净。最后用玻璃钉或玻璃塞将滤饼压紧，尽量抽干溶剂。

2.4.3 干燥

固体有机物的干燥，主要是为除去残留在固体中的少量低沸点溶剂。由于通过重结晶得到的固体常带有水分或有机溶剂，所以应根据化合物的性质选择适当的方法进行干燥。常用的干燥方法有如下 5 种。

1. 加热干燥

对于热稳定的固体可直接放在烘箱中烘干。加热时的温度要适当，切忌超过被干燥固体的熔点，以免固体分解和变色。

2. 自然干燥

对于遇热易分解的物质或在结晶上附有易燃物、易挥发的溶液（如乙醚、石油醚、丙酮等）的，应先放在空气中晾干。

3. 红外线干燥

红外线的特点是穿透力强，干燥快。对于热稳定性好的固体化合物可用红外线烘干。

4. 干燥器干燥

对于易吸潮或在较高温度干燥时会分解或变色的固体化合物，可用干燥器进行干燥。干燥器有普通干燥器和真空干燥器。

1）普通干燥器

普通干燥器如图 2-42 所示。盖子与缸身之间的平面经过磨砂，在磨砂处涂以润滑脂，使之密封。缸中有多孔瓷板，瓷板下面放置干燥剂，上面放置盛有固体样品的表面皿等。这种干燥器干燥样品所需时间较长，干燥效率不高。一般适用于干燥无机物或保存易吸潮的有机物。

2）真空干燥器

真空干燥器如图 2-43 所示，其底部放置干燥剂，中间隔一个多孔瓷板，把待干燥的物质放在瓷板上，顶部装有带活塞的玻璃导气管。玻璃导气管连接抽气泵，使干燥器内压力降低，从而提高了干燥效率。

【注意】使用时真空度不宜过高，一般以水泵抽至干燥器的盖子推不动即可。使用真空干燥器前必须试压。试压时用网罩或防爆布盖住干燥器，然后抽真空，关上活塞。如果气压合适，可以放入样品进行真空干燥。干燥结束后，放入空气的速度宜慢不宜快，以免吹散被干燥的物质。

图 2-42　普通干燥器

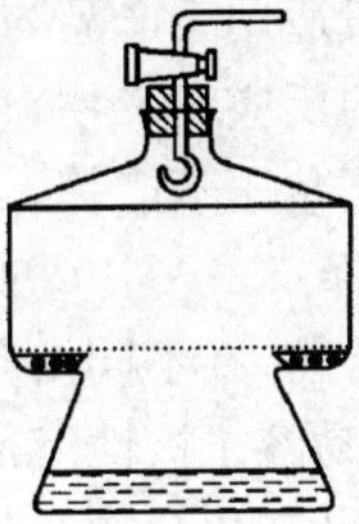

图 2-43　真空干燥器

5. 减压恒温干燥器干燥

减压恒温干燥器也称减压恒温干燥枪。当在烘箱或真空干燥器内干燥效果欠佳时，则可使用减压恒温干燥器（简称干燥枪）如图 2-44(a)所示。其干燥效率高，特别适用于除去结晶水或结晶醇，但此法仅用于少量样品的干燥。使用时，将盛有样品的小船放在夹层内，连接上盛有 P_2O_5 的曲颈瓶，然后减压至最高真空度时，停止抽气，关闭活塞，加热溶剂（溶剂的沸点切勿超过样品的熔点），回流。令溶剂的蒸气充满夹层的外层，这时夹层内的样品就在减压恒温情况下被干燥。在干燥过程中，每隔一定时间应抽气以保持应有的真空度。

真空恒温干燥器如图 2-44(b)所示，与减压恒温干燥器有相同的功能，差别仅在于加热方式不同。

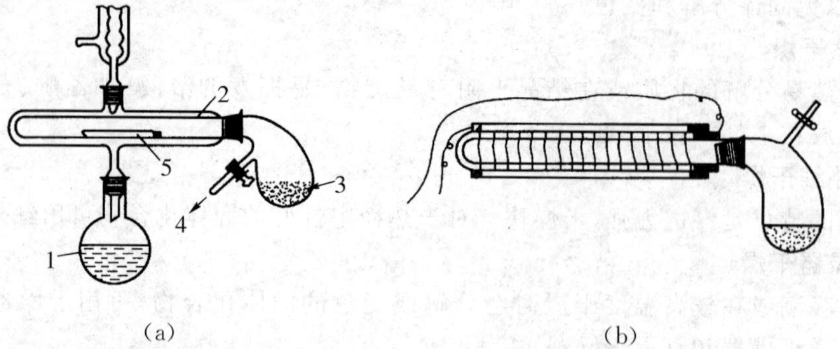

1-盛有溶剂的烧瓶；2-夹层；3-曲颈瓶中 P_2O_5；4-接收水的真空泵；5-放样品的玻璃或瓷的小船

图 2-44　减压恒温干燥器与真空恒温干燥器

2.4.4　重结晶

从有机化学反应中分离出来的固体粗产物往往含有未反应的原料、副产物及杂质，必须加以分离纯化。提纯固体化合物最常用的方法之一就是重结晶。

1. 基本原理

重结晶的原理是利用混合物中各组分在某种溶剂中的溶解度不同，或在同一溶剂中不同温度时的溶解度不同，而使它们相互分离。固体有机化合物在任何一种溶剂中的溶解度都是随着温度的变化而变化，大部分化合物的溶解度是随温度升高而增大，温度降低时溶解度减小。若将固体溶解在热的溶剂中，使之达到饱和，冷却时，由于溶解度降低，溶液变成过饱和而析出结晶，而可溶性杂质留在溶液中，过滤，可以得到较纯晶体，从而达到分离提纯的目的。重结晶一般适用于产品与杂质性质差别较大，产品中杂质含量小于5%的体系。对于杂质含量过高的反应粗产物，直接重结晶是不适宜的，常辅助其他方法进行初步提纯，如萃取、水蒸气蒸馏、减压蒸馏等，然后再用重结晶的方法提纯。

2. 溶剂的选择

被提纯的化合物，在不同溶剂中的溶解度与化合物本身的性质以及溶剂的性质有关。通常，极性化合物易溶于极性溶剂，反之，非极性化合物则易溶于非极性溶剂。借助文献资料、手册可以了解已知化合物在某种溶剂中的溶解度，但选择溶剂主要是通过试验来确定。

用于重结晶的溶剂应具备下述条件：

(1) 与被提纯的有机物不起化学反应；

(2) 被提纯的有机物应易溶于热溶剂中，而在冷溶剂中几乎不溶；

(3) 杂质的溶解度应很大(使杂质留在母液中，不随被提纯物的晶体析出，以便分离)，或者很小(使杂质趁热过滤)；

(4) 被提纯物能形成较好的结晶；

(5) 溶剂的沸点适中，易挥发、易与被提纯物分离。若沸点过低时，溶解度改变不大，难分离；沸点过高时，附着于晶体表面的溶剂不易除去；

(6) 经济，环保，操作安全。

1) 单一溶剂的选择

实验选择溶剂的具体方法如下：

取 0.1 g 待重结晶的固体样品置于一小试管中，用滴管逐滴加入溶剂，并不断振荡，待加入的溶剂约为 1 mL 时，若固体全部溶解或大部分溶解，则说明此溶剂的溶解度太大，不适宜作此样品的重结晶溶剂；若固体不溶或大部分不溶，但加热至沸腾（溶剂的沸点低于 100 ℃的，则应用水浴加热）时完全溶解，冷却，析出大量结晶，这种溶剂则适合作为样品的重结晶溶剂；若样品不全溶于 1 mL 沸腾的溶剂中时，则可逐次添加溶剂，每次约加 0.5 mL，并加热至沸腾，若加入的溶剂总量达到 3～4 mL 时，样品在沸腾的溶剂中仍不溶解，则表示这种溶剂不适用。反之，若样品能溶解在 3～4 mL 沸腾的溶剂中，则将试管冷却，观察有没有结晶析出，如没有结晶析出，可用玻璃摩擦试管壁或用冰水冷却，以促使结晶析出。若仍然未析出结晶，则表示这种溶剂也不适用；若有结晶析出，则以结晶析出的多少来选择溶剂。

按照上述方法逐一试验不同的溶剂，对试验结果加以比较，从中选择最佳的作为重结晶的溶剂。

重结晶常用的溶剂见表 2-10。

表 2-10　重结晶常用的溶剂

溶剂名称	沸点/℃	相对密度	极性	溶剂名称	沸点/℃	相对密度	极性
水	100	1	很大	环己烷	80.8	0.78	小
甲醇	64.7	0.792	很大	苯	80.1	0.88	小
95%乙醇	78.1	0.804	大	甲苯	110.6	0.867	小
丙酮	56.2	0.792	中	二氯甲烷	40.8	1.325	中
乙醚	34.5	0.714	小～中	四氯化碳	76.5	1.594	小
石油醚	30～60 60～90	0.68～0.72	小	乙酸乙酯	77.1	0.901	中

2）混合溶剂的选择

若难于找到一种适用的重结晶溶剂时，则可采用混合溶剂。混合溶剂的选择方法是：一般选用两种能以任何比例互溶的溶剂，按不同比例组合而成，其中一种溶剂对被提纯物质的溶解度较大（称为良溶剂），而另一种溶剂则对被提纯物质的溶解度较小（称为不良溶剂）。常用的混合溶剂有乙醇-水、乙醇-乙醚、乙醇-丙酮、乙醚-石油醚、苯-石油醚等。

选用混合溶剂重结晶的操作过程为：

（1）按照混合溶剂选择的方法，试验出混合溶剂的合适比例；

（2）将被重结晶物质加热溶解于适量的良性溶剂中；

（3）趁热过滤，以除去不溶杂质；

（4）用滴管逐滴加入热的不良溶剂，直至出现浑浊，且不再消失为止；

（5）再加热使其澄清，若不澄清，可再加极少量的易溶溶剂，使之刚好澄清；

（6）将此溶液在室温下放置，冷却析出晶体。

如冷却后析出油状物，则需调整两溶剂的比例，再进行实验，或另换一对溶剂。有时也可以将两种溶剂按比例预先混合好，再进行重结晶。

需要强调的是，制备好的热溶液必须经过热过滤，以除去不溶杂质。有时某些物质易于析出结晶，在过滤过程中结晶在滤纸上析出，阻碍继续过滤，处理不妥，产品损失很多。此时需小心将析出物与滤纸一同回收，重新制备浓度稍稀的热溶液，再重新热过滤、冷却、结晶。若热过滤溶液中含有少量不溶性杂质，热溶液呈浑浊状，且不能用简单过滤除去，可在溶液中加入少量活性炭煮沸 5 min，活性炭吸附色素和树脂状物质后，再趁热过滤。

当在非极性溶剂(苯、石油醚、环己烷等)中脱色时，活性炭效果不好，可试用氧化铝脱色的方法。

3. 重结晶的一般过程

重结晶提纯法的一般过程是：

固体溶解⟶脱色⟶热过滤⟶冷却结晶⟶抽滤⟶干燥。

1) 固体物质的溶解

将待重结晶的粗产物放入锥形瓶或圆底烧瓶中(因为它们的瓶口较窄，溶剂不易挥发，又便于振荡，促进固体物质的溶解)，加入比计算量略少的溶剂，加热到沸腾，若仍有固体未溶解，则在保持沸腾下逐滴添加溶剂至固体恰好溶解(注意判断是否有不溶性杂质，以免加入过多的溶剂)。最后，再多加 20%的溶剂将溶液稀释，以避免在热过滤时由于溶剂的挥发和温度的下降导致在滤纸上析出晶体，造成产品损失。如果溶剂过量太多，结晶较难析出时，需将过量的溶剂蒸出。

在溶解过程中有时会出现油状物。由于杂质易溶于油状物中，溶液冷却后，油状物固化，杂质会随着晶体同时析出，并夹带少量溶剂，因此，析出的固体往往含有较多杂质，这对物质的纯化很不利，应尽量避免这种现象的发生。避免结晶油状物的形成可采取下列措施：

① 所选溶剂的沸点应低于溶质的熔点；

② 选不出沸点较低的溶剂时，应在比熔点低的温度下溶解固体；

③ 补充溶剂，搅拌，直至油状物溶解。

如所用的重结晶溶剂是低沸点易燃或有毒的有机溶剂，必须按照安全操作规程进行。应在瓶口上安装回流冷凝管，严禁在石棉网上直接加热，应根据溶剂沸点的高低，选用热浴。添加溶剂时，应先把火熄灭，注意安全，防止着火事故的发生。

2) 脱色

粗制的有机物常含有有色杂质或存在某些树脂状物质、悬浮状微粒难以用一般过滤方法过滤时，则要用活性炭处理。活性炭是一种多孔物质，可以吸附色素、树脂状杂质以及均匀的分散物质。使用活性炭时，必须避免用量太多，因为它也能吸附一部分纯化的物质。所用活性炭的用量视杂质的多少和颜色的深浅而定，一般用量为固体粗产物的 1%～5%。如一次脱色不好，可再用少量活性炭处理一次。过滤后如发现滤液中有活性炭时，应重新过滤，必要时使用双层滤纸。活性炭对水溶液脱色较好，对非极性溶液脱色效果较差。

使用活性炭脱色时，不能向正在沸腾的溶液中加入活性炭，以免溶液暴沸而溅出，造成产品损失和发生危险。正确操作方法是：在被提纯物溶解完全，溶液稍冷后，再加入适量活性炭，在不断搅拌下煮沸 5～10 min，然后趁热过滤。

3) 热过滤

热过滤的目的是除去不溶性杂质。为了尽量减少过滤过程中晶体的损失，操作时应做到：仪器热，溶液热，动作快。而为了保证仪器热，应事先将所用仪器通过烘箱或气流烘干器烘热待用。热过滤有两种方法，即常压热过滤(重力过滤)和减压过滤(抽滤)。常压热过滤的装置如图 2-40 所示。

为了保证过滤速度快，经常采用折叠滤纸，折叠滤纸的折叠方法见图 2-41。

热过滤时动作要快，以免液体或仪器冷却后，晶体过早地在滤纸和漏斗中析出，如发生此现象，应用少量热溶剂洗涤，使晶体溶解。如果晶体在滤纸中析出太多，小心将析出物和滤纸一同回收，重新加热溶解，再进行热过滤。

减压热过滤的优点是过滤快，缺点是当用沸点低的溶剂时，因减压会使热溶剂蒸发或沸腾，导致溶液浓度变大，晶体过早析出。减压热过滤装置如图 2-39 所示。

抽滤时，滤纸的大小应比布氏漏斗底部略小，先用热溶剂将滤纸润湿，抽真空使滤纸与漏斗底部贴紧。然后迅速将热溶液倒入布氏漏斗中，在液体抽干之前漏斗应始终保持有液体存在，此时，真空度不宜太低。

4）冷却结晶

冷却结晶是使产物形成晶体的过程。其目的是进一步与溶解在溶剂中的杂质分离。将上述热的饱和溶液冷却后，晶体可以析出，当冷却条件不同时，晶体析出的情况也不同。当晶体不易析出时，通常采取以下措施，以帮助形成晶核，促进结晶生长：

(1) 用玻璃棒摩擦瓶壁，由于摩擦使液面粗糙，促使分子在液面定向排列形成结晶，析出或固化。

(2) 加入少量晶种，使结晶析出，这一操作称为“种晶”。实验室如果没有这种晶体，可以自己制备，其方法是：取数滴过饱和溶液于一试管中旋转，使该溶液在试管表面形成一薄膜，然后将此试管放入冷冻剂中，形成的少量结晶作为“晶种”。也可以取一滴过饱和溶液于表面皿上，使溶剂挥发得到晶种。

(3) 一般来说，将过饱和溶液置于冷冻剂中，用玻璃棒摩擦瓶壁，温度越低，越易结晶。但是过度的冷却，往往会使液体粘度增大，给分子间定向排列造成困难。此时，适当加入少量溶剂再冷却，可得到晶体。

(4) 在过饱和溶液中，加入难溶解该物质的少量溶剂后，用玻璃棒摩擦器壁或放入乳钵中长时间研磨，令其固化。

为了得到形状好、纯度高的晶体，在晶体析出的过程中应注意以下几点：

① 应在室温下慢慢冷却至有晶体出现时，再用冷水或冰进行冷却，这样可以保证晶体形状好，颗粒大小均匀，晶体内不含杂质和溶剂。否则，当冷却速度太快时会使晶体颗粒太小，晶体表面易从液体中吸附更多的杂质，加大洗涤的困难。当冷却速度太慢时，晶体颗粒有时太大(超过 2 mm)，会将溶液夹在里面，给干燥带来一定的困难。因此，控制好冷却速度是晶体析出的关键。

② 在冷却结晶过程中，不宜剧烈摇动或搅拌，这样会造成晶体颗粒太小。当晶体颗粒超过 2 mm 时，可稍微摇动或搅拌几下，使晶体颗粒大小趋于平均。

③ 有时滤液已冷却，但晶体还未出现，可用前述方法帮助晶体形成。溶液中一旦有了晶种或晶核，晶体将会逐渐形成。晶种的加入量不宜过多，而且加入后不要搅动，以免晶体析出太快，影响产品纯度。

④ 有时从溶液中析出的是油状物，此时，更深一步的冷却可以使油状物成为晶体析出，但含杂质较多。应重新加热溶解，然后慢慢冷却，当油状物析出时，剧烈搅拌可使油状物在均匀分散的条件下固化，如还不能固化，则需要更换溶剂或改变溶剂用量，再进行结晶。

5）抽滤

抽滤的目的是将留在溶剂(母液)中的可溶性杂质与晶体(产品)彻底分离。其优点是过滤和洗涤速度快，固体与液体分离得比较完全，固体容易干燥。

抽滤装置采用减压过滤装置，如图 2-39 所示，具体操作与减压过滤大致相同，所不同的是仪器和液体都应该是冷的，所收集的是固体而不是液体。在抽滤过程中应注意以下几点：

(1) 在转移瓶中的残留晶体时，应用母液转移，不能用新的溶剂转移，以防溶剂将晶体溶解，造成产品损失。用母液转移的次数和每次母液的用量都不宜太多，一般 2～3 次即可。

(2) 晶体全部转移至漏斗后，为了将固体中的母液尽量抽干，可用玻璃钉或瓶塞挤压晶体。当母液抽干后，将安全瓶上的放空阀打开，用玻璃钉或不锈钢小勺将晶体松动，滴入少量冷的溶剂进行洗涤，然后将放空阀关闭，将溶剂抽干同时进行挤压。这样反复 2～3 次，将晶体吸附的杂质洗干净。晶体抽滤洗涤后，将其倒入表面皿或培养皿中进行干燥。

6）晶体的干燥

为了保证产品的纯度，需要将晶体进行干燥，把溶剂彻底除去。当使用的溶剂沸点比较低时，可在室温下使溶剂自然挥发达到干燥的目的。当使用的溶剂沸点比较高(如水)而产品又不易分解和升华时，可用红外灯烘干。当产品易吸水或吸水后易发生分解时，应用真空干燥器进行干燥。

4. 思考题

(1) 简述重结晶过程及其各步骤的目的。

(2) 加活性炭脱色应注意哪些问题？

(3) 母液浓缩后所得到的晶体为什么比第一次得到的晶体纯度更差？

(4) 使用有毒或易燃溶剂重结晶时应注意哪些问题？

2.4.5 升华

升华是指固态物质不经过液态而直接气化，然后，蒸气又直接冷凝成为固态物质的过程。升华是提纯固体有机化合物方法之一，利用升华可以除去不挥发的杂质或分离挥发度不同的固体物质。升华可得到较高的纯度的物质，并且升华操作比重结晶简便，但操作时间较长，产品损失较大，不适合大量产品的提纯。此法只能用在不太高的温度下。有足够大的蒸气压力(在熔点以下具有高于 20 mmHg 的蒸气压)的固态物质，同时要求固体化合物中杂质的蒸气压较低。一般说来，具有对称结构的非极性化合物，具有较高的熔点，并且在熔点温度下具有较高的蒸气压，这类物质易通过升华提纯。

1. 基本原理

图 2-45 是物质的三相平衡图，由此图可以了解升华的原理和如何控制升华的条件。图中的三条曲线将图分为三个区域，每个区域代表物质的一相。由曲线上的点可读出两相平衡时的蒸气压。ST 表示固相与气相平衡时的蒸气压曲线；TW 表示液相与气相平衡时的蒸气压曲线；TV 则是固相与液相的平衡曲线。三条曲线相交于 T。T 是物质的三相平衡点，在此状态下物质的气、液、固三相共存。由于不同物质具有不同的液态与固态处于

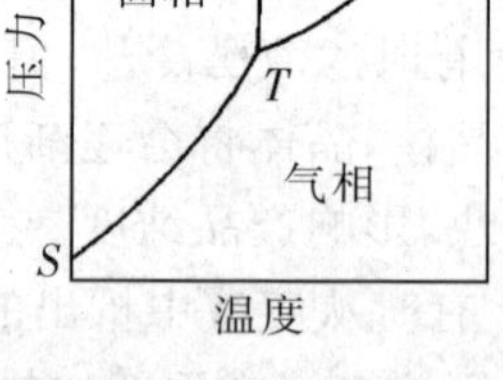

图 2-45 物质的三相平衡图

平衡时的温度与压力，因此不同的化合物三相点也是不同的。在三相点温度以下，物质只有固、气两相。升高温度，固态直接转变成蒸气；降低温度，蒸气直接转变成固态，这就是升华。

升华都是在三相点温度以下进行，即在固体的熔点以下进行。固体的熔点可以近似地看做是物质的三相点。如樟脑的三相点温度是 179 ℃，蒸气压为 49.3 kPa(370 mmHg)，只要缓缓加热，使温度维持在 179 ℃以下，它可不经熔化直接气化，蒸气遇到冷的表面即凝成固体，达到纯化的目的。

有些物质在三相点时的平衡蒸气压比较低，在常压下不易升华，这时可利用减压进行升华操作。

2. 实验操作

1）常压升华

图 2-46(a)是常用的常压升华简易装置。将粉碎了的待升华的固体样品烘干后置于瓷蒸发皿中，铺匀，上面覆盖一张穿有许多小孔(孔刺向上)的滤纸，以避免升华上来的物质再落到蒸发皿内。用一个直径小于蒸发皿的玻璃漏斗倒置在滤纸上，漏斗颈用棉花塞住，防止蒸气逸出，造成产品损失。将蒸发皿放在砂浴(或其他热浴)上加热，小心调节火焰，控制浴温(低于被升华物质的熔点)，让其慢慢升华。蒸气通过滤纸小孔，冷却后凝结在滤纸上或漏斗壁上。如晶体不能及时析出，可在漏斗外壁用湿布冷却。升华完毕，移去热源，稍冷却后小心拿下漏斗，轻轻揭开滤纸，用不锈钢刮刀将凝结在滤纸上及漏斗上的晶体刮落下来，并收集到干净的器皿内。

当待升华的样品量较大时，可用装置图 2-46(b)分批进行。把待升华的样品放入烧杯内，用通水冷却的圆底烧瓶作为冷凝面，使待升华的样品蒸气在烧瓶底部凝结成晶体并附在瓶底。

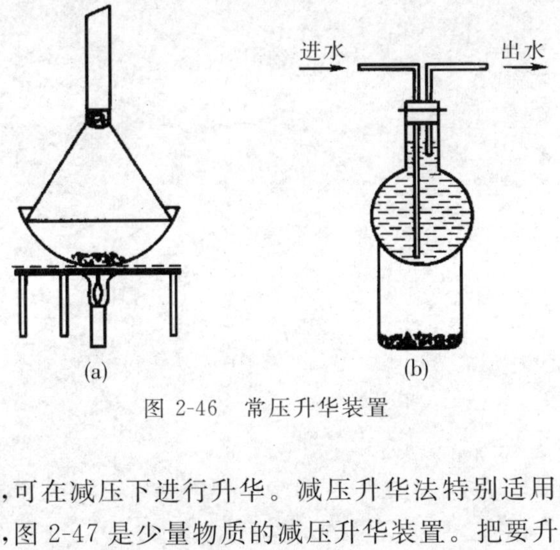

图 2-46　常压升华装置

2）减压升华

为了加快升华速度，可在减压下进行升华。减压升华法特别适用于常压下其蒸气压不大或受热易分解的物质，图 2-47 是少量物质的减压升华装置。把要升华的物质放在抽滤管内，抽滤管上装有指形冷凝管(也称冷凝指)，内通冷却水。通常用油浴加热，以使升华时加热尽可能保持在所要求的温度，并视具体情况采用油泵或水泵减压抽气，使其慢慢升华。升华物质冷凝于冷凝指的外壁上。

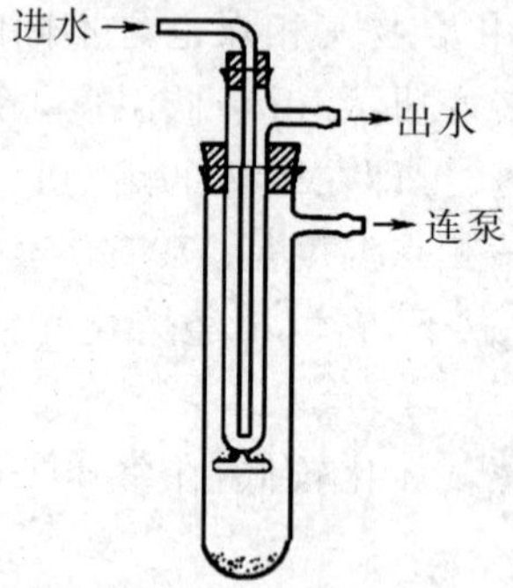

图 2-47 减压升华装置

3. 注意事项

[1] 升华温度一定要控制在固体化合物熔点以下。

[2] 被升华的固体化合物一定要干燥。如有溶剂将会影响升华后固体物质的凝聚。

[3] 滤纸上的孔径应尽量大一些，以便蒸气上升时顺利通过滤纸，在滤纸上面和漏斗中结晶，否则将会影响晶体的析出。

[4] 减压升华中，停止抽滤时，一定要先打开安全瓶上的放空阀，再关闭水泵。否则，循环泵中的水会倒吸进入吸滤管中，造成实验失败。

（张复兴，朱卫国 供稿）

第三章　色谱分离技术

色谱法是分离、纯化和鉴定有机化合物的重要方法之一。早期,因采用此法来分离有色物质时,常常得到颜色不同的色层,故取名色(层)谱。按组分在固定相中的作用原理不同,色谱可分为吸附色谱、分配色谱、离子交换色谱和排阻色谱等。根据操作条件不同,色谱又可分为柱色谱、纸色谱、薄层色谱、气相色谱及高压液相色谱等。

3.1　柱色谱

柱色谱作为色谱法的一种,因在柱状管中装入适当的固体物质作为固定相而得名。柱色谱通常分为吸附色谱和分配色谱两类,实验室中最常用的是吸附柱色谱。

3.1.1　基本原理

吸附色谱的分离原理是利用混合物中各组分在不相混溶的两相(即流动相和固定相)中吸附和解吸的能力不同(即在两相中的分配不同),当混合物随流动相流过固定相时,发生反复多次的吸附和解吸过程,从而使混合物分离成两种或多种单一的纯组分。

柱色谱可分为“干柱”色谱和“湿柱”色谱。

干柱色谱是将薄层色谱的分离条件应用到柱色谱的一种色谱分离技术,它既有薄层色谱快速的特点,又有柱色谱分离量大的优点。干柱色谱的操作是用吸附剂填满一空柱,将要分离的混合物溶液加入柱顶,使溶液借毛细作用和地心引力向下移动而将各组分展开分离。展开完毕,将吸附剂从柱内移出,用适当溶剂分别提取已分离的各组分层带,回收溶剂,即得分离的各个组分。此法具有消耗溶剂少,分离时间短等优点。

湿柱色谱是用洗脱剂把要分离的各个组分逐个洗脱分离的一种色谱分离技术。也称为洗脱色谱。这里主要介绍湿柱色谱。

3.1.2　吸附剂

选择合适的吸附剂作为固定相是柱色谱分离的关键技术之一。

常用的吸附剂有硅胶、氧化铝、碳酸钙、氧化镁和活性炭等。实验室最常用的吸附剂是氧化铝和硅胶,其中氧化铝的极性更大一些。市售氧化铝通常有中性(pH 值约为 7.5)、酸性(pH 值约为 4)和碱性(pH 值约为 10)三种。酸性氧化铝适用于分离酸性有机物;碱性氧化铝适用于分离碱性有机物,如生物碱和烃类化合物;中性氧化铝应用最广泛,适用于中性物质的分离,如醛、酮、酯、醌等有机物。硅胶略带酸性。

由于样品是被吸附在吸附剂表面,所以那些大小均匀、比表面积大的吸附剂分离效率较好。比表面积越大,组分在流动相和固定相之间越易达到平衡,色带就越窄。通常使用的吸附剂颗粒大小以 200 目为宜,太细则分离速度过慢。

吸附剂的活性取决于吸附剂的含水质量分数。含水质量分数越高,活性越低,吸附剂的吸附能力越弱;反之则吸附能力越强。吸附剂的含水质量分数和活性的等级关系如表 3-1 所示。一般常用的吸附剂是 II 和 III 级吸附剂,I 级吸附性太强,而且易吸水,V 级吸附性太弱。

表 3-1　吸附剂的含水质量分数和活性等级关系

吸附剂活性等级	I	II	III	IV	V
氧化铝的含水质量分数	0	3%	6%	10%	15%
硅胶的含水质量分数	0	5%	15%	25%	38%

3.1.3　洗脱剂

在柱色谱分离中,洗脱剂的选择是另一个重要的因素。一般洗脱剂的选择是通过薄层色谱实验来确定。能将样品中各组分完全分开的展开剂,即可作为柱色谱的洗脱剂。有时用一种展开剂达不到所要求的分离效果,可考虑选用混合展开剂。

选择洗脱剂时应注意:(1) 洗脱剂的极性应小于样品中各组分的极性,否则由于洗脱剂与样品竞争,会导致洗脱剂被吸附在固定相上,而样品一直保留在流动相中。即在这种情况下,组分在柱中移动得非常快,很少有机会建立起分离所要达到的化学平衡,从而影响分离效果。溶剂极性一般按以下顺序递增:己烷、石油醚、环己烷、甲苯、二氯甲烷、氯仿、乙醚、乙酸乙酯、丙醇、乙醇、甲醇、水和乙酸。(2) 所选择的洗脱剂必须能够将样品中各组分溶解。如果被分离的样品不溶于洗脱剂,那么各组分可能会牢固地吸附在固定相上,而不随流动相移动或者移动很慢。(3) 所用洗脱剂必须干燥,以免影响吸附剂的活性和分离效果。(4) 不同的洗脱剂具有不同的洗脱能力(即给定样品沿着固定相的相对移动能力)。在反相色谱中,洗脱能力按以下顺序排列:

在极性固定相上洗脱能力提高 →

水、甲醇、乙醇、1-丙醇、丙酮、乙酸乙脂、乙醚、氯仿、二氯甲烷、甲苯、环己烷、石油醚

← 在非极性固定相上洗脱能力提高

3.1.4　操作方法

1. 装柱

色谱柱的大小取决于分离物的量和吸附剂的性质。一般吸附剂质量应是待分离物质质量的 25～30 倍,所用柱的直径和高度比应为 1/10～1/4。装柱前应先将色谱柱洗干净并干燥。在色谱柱底铺一小块脱脂棉,再铺约 0.5 cm 厚的石英砂,然后进行装柱。柱子填充完后,再在吸附剂上端覆盖一层约 0.5 cm 厚的石英砂,其目的是:① 使样品能均匀地流入吸附剂表面;② 防止在加入洗脱剂时吸附剂的表面被破坏。装柱分为湿法装柱和干法装柱两种,下面分别加以介绍。

1) 湿法装柱

将吸附剂(氧化铝或硅胶)用洗脱剂中极性最低的溶剂调成糊状,在柱内先加入约 3/4 柱高的同种溶剂,再将调好的吸附剂一边震动,一边倒入柱中,同时旋开下端活塞,在色谱柱

下面放一个干净并且干燥的锥形瓶，接收溶剂。当装入的吸附剂有一定高度时，洗脱剂下流速度变慢，待所用吸附剂全部装完后，用流下来的溶剂转移残留的吸附剂至色谱柱中，并将柱内壁残留的吸附剂用溶剂淋洗下来。在此过程中，应不断敲打色谱柱，使色谱柱填充均匀并防止气泡出现。在整个装柱过程中，柱内洗脱剂的液面高度始终不能低于吸附剂最上端，否则柱内会出现裂痕和气泡。

2）干法装柱

在色谱柱上端放一个干燥的漏斗，将吸附剂倒入漏斗中，使其成为一细流并连续不断地装入柱中，轻轻敲打色谱柱柱身，使其填充均匀，再加入洗脱剂湿润。也可以先加入 3/4 柱高的洗脱剂，然后再倒入干的吸附剂。由于硅胶和氧化铝的溶剂化作用易使柱内形成缝隙，因此这两种吸附剂不宜使用干法装柱。

2. 上样及洗脱

先将柱内洗脱剂放至稍低于石英砂表面后关闭活塞，用滴管沿柱内壁把样品一次加完。液体样品可以直接加入到色谱柱中，如果浓度低，可浓缩后再上样。固体样品应先用尽可能少的溶剂溶解后再加入到柱中。在加入样品时，应注意滴管尽量向下靠近石英砂表面，以减少样品在柱壁上粘附。样品加完后，旋开下端活塞，使液体样品进入石英砂层后，再加入少量的洗脱剂将壁上的样品洗下来，待这部分液体进入石英砂层后，再加入洗脱剂进行淋洗，直至所有色带完全被展开、分离。图 3-1 给出了柱色谱装置图。色谱带的展开过程也就是样品的分离过程，在此过程中应注意：

（1）洗脱剂应连续平稳地加入，不能中断。样品量少时，可采用滴管加入。样品量大时，可采用滴液漏斗等作为储液瓶，控制好滴加速度，可得到更好的分离效果。

（2）在洗脱过程中，应先使用极性小的洗脱剂淋洗，然后逐渐加大洗脱剂的极性，使洗脱剂的极性在柱中形成梯度，以形成不同的色带环。也可以分步进行淋洗，即将极性小的组分分离出来后，再改变洗脱剂的极性，分出极性较大的组分。

（3）在洗脱过程中，样品在柱内的下移速度不能太快，但是也不能太慢。因为吸附表面活性较大，时间太长会造成某些成分被破坏，使色谱扩散，影响分离效果。通常流出速度为每分钟 5～10 滴，若洗脱剂下移速度太慢，可适当加压或减压。

（4）当色谱带出现拖尾时，可适当提高洗脱剂的极性。

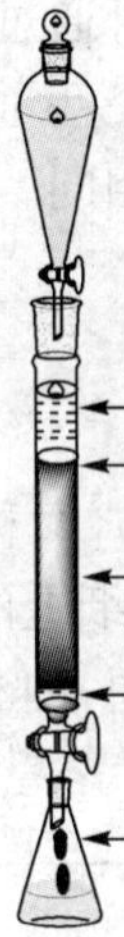

图 3-1　柱色谱装置图

3. 收集组分

当样品中各组分带有颜色时，可根据不同的色带分别进行收集，然后分别蒸去洗脱剂，得到纯组分。但是，大多数有机物质是无色的，通常采用等分收集，用薄层色谱进行监控。即将收集瓶编号，根据使用吸附剂的量和样品分离情况来进行等体积收集洗脱液。如果洗脱剂的极性增加或样品中组分的结构相近时，每份收集量可适当减小。也可以在吸附剂中加入某些指示剂，然后用紫外线照射来确定组分并分别进行收集。

3.2 快速柱色谱

应用普通柱色谱分离法解决了所制备化合物不能用重结晶、分馏、蒸馏等方法分离纯化的问题，但是传统的柱色谱分离往往非常耗时，当样品量大于 1 g 或 2 g 时，完全分离各组分常常需要几天甚至一星期。伴随着分离时间的延长，带来了拖尾现象、收率降低和敏感的化合物易分解等问题，所以目前又发展了加压和减压色谱法。

Still 于 1978 年首先详细介绍了一种快速柱色谱，此法于 1981 年获专利保护。它作为一种低压色谱，克服了普通柱分离的缺陷，具有快速省时、分离效率高、简单易行的优点。对于 0.01～10 g 的样品，在比移值之差大于 0.15 的情况下，10～15 min 就可快速得到分离。所以国内外实验室基本都倾向于采用此法。

快速柱色谱的装柱法与通用柱色谱的装柱法相同。进行分离时必须满足以下几个条件：选择洗脱剂通常以薄层层析条件为依据，要求被分离成分在该洗脱剂展开时比移值在 0.15 左右；当比移值之差大于 0.15 时，混合成分在薄层板上有良好的分离；当比移值之差约为 0.1 时，上样量较小也能分离。通常选择粒度为 40～63 μm (200～300 目)的硅胶 60 作为吸附剂，粒度过大或过小都会使分离效果降低；在加压下加入洗脱剂以排除空气，并使硅胶快速溶剂化；控制流速为 3～5 mL/min 时，可得到较好的分离效果。

流速的调节可通过调节压力或使用蠕动泵加洗脱剂来实现。通常，压力控制阀连接在层析柱上端的一个塞子上。溶剂加入后，压力一般要求为 0.3～0.4 kg/cm^2。其他操作与普通柱色谱操作相同。

3.3 纸色谱

纸色谱(PPC)(又称纸层析)属于一种分配色谱(分配层析)。通常，它是用特制滤纸作载体，用吸附在滤纸上的水作为固定相，用有机溶剂作为流动相，利用化合物的极性不同，在两相的溶解度不同，即利用分配系数不同来达到分离的目的。用含有一定比例水的有机溶剂作展开剂。

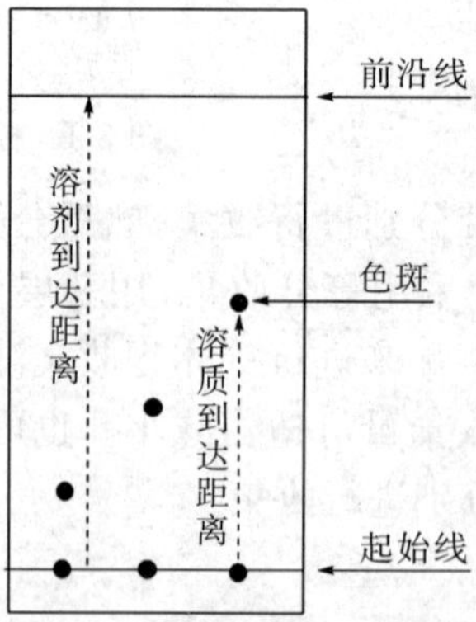

图 3-2 纸色谱展开示意图

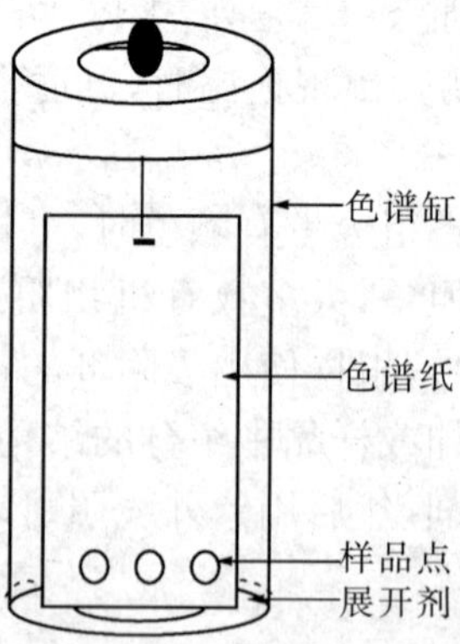

图 3-3 纸色谱装置

纸色谱主要是用于多官能团化合物或高极性化合物如糖、氨基酸等的分离。纸色谱展开示意图和装置如图 3-2 和图 3-3 所示。其操作步骤是：

(1) 在裁好的滤纸的一端 2 cm 处用铅笔画好起始线，在另一端 1～2 cm 处用铅笔画好前沿线，在前沿线的上方用针穿线。

(2) 用毛细管将要分离的样品点在起始线上，等样品溶剂挥发后，将滤纸的线头挂在层析缸的玻璃钩上，使层析纸的底部与展开剂接触，进行展开。

(3) 待展开剂上升到前沿线时，将滤纸取出，晾干。

若被分离组分为有色物时，可根据滤纸上各斑点位置计算比移值 R_f(Retio to front)。若分离组分为无色物质时，则将滤纸晾干后，在紫外灯下观察是否有荧光，或根据化合物的性质，喷上显色剂，再由显色斑点位置计算比移值 R_f。

$$R_f=\frac{\text{化合物移动的距离}}{\text{展开剂移动的距离}}$$

R_f 值与被分离化合物的结构、固定相、流动相的性质、温度以及层析纸等因素有关，因此要获得与文献数值一致的数据，则必须条件完全相同。要做到条件完全相同是较困难的，故在操作时总是用已知成分进行参照实验，分离出的色点可用比色法定量。

纸色谱展开方法除上述介绍的上升法外，还有下降法，圆形纸色谱法和双向纸色谱法等。

【注意】纸色谱的流动相和固定相并不是固定不变的，通常，根据被分离物质性质选择流动相与固定相。选择规律如下：

(1) 对于易溶于水的化合物，可直接以吸附在滤纸上的水作为固定相(即直接用滤纸)，以能与水混溶的有机溶剂作为流动相，如低级醇类。

(2) 对于难溶于水的极性化合物，应选择非水极性溶剂作为固定相，如甲酰胺、N-N-二甲基甲酰胺等：以不能与固定相相混合溶的非极性化合物作为流动相，如环己烷、苯、四氯化碳、氯仿等。

(3) 对于不溶于水的非极性化合物，应以非极性溶剂作为固定相，如液体石蜡等；以极性溶剂作为流动相，如水、含水的乙醇、含水的酸等。

当一种溶剂不能将样品全部展开时，可选择混合溶剂。常用的混合溶剂有：正丁醇-水，一般用饱和的正丁醇；正丁醇-醋酸-水，可按体积 4∶1∶5 的比例配制，混合均匀，充分振荡，放置分层后，取出上层溶液作为展开剂。

3.4　薄层色谱

薄层色谱(TLC)(又称薄层层析)，是一种微量、快速和简单的色谱法。它既适用于小量样品的分离、纯化与精制，也适用于样品的鉴定。

常用的薄层色谱分为吸附色谱与分配色谱两类。吸附色谱常用的吸附剂是氧化铝与硅胶，其分离原理与柱吸附色谱相同，利用不同物质的极性不同而分离。吸附剂的性质和洗脱剂的相对洗脱能力与柱吸附色谱相同。与柱色谱不同的是：薄层色谱中的流动相是沿着薄层板上的吸附剂向上移动，而柱色谱的流动相是沿着吸附剂向下移动。分配色谱常用的支持剂为硅藻土、纤维素，利用不同化合物的溶解度不同，在流动相与固定相中的分配系数不同而达到分离的目的。

在薄层色谱所用的吸附剂和支持剂中可加入荧光物质，便于在紫外灯下观察荧光；也可加入粘合剂，常用的粘合剂有煅石膏、淀粉和羧甲基纤维素钠。加粘合剂的薄层板称为硬板，不加粘合剂的薄层板称为软板。

薄层色谱操作是在洗涤干净的玻璃板上均匀涂上吸附剂或支持剂，干燥活化后将样品点在离薄层板一端约 1 cm 处，然后在盛有展开剂的密闭层析缸中展开，待展开剂走至薄层板另一端约 1 cm 处时将其取出，干燥显色，或在紫外灯下显色，计算比移值(R_f)：

$$R_f = \frac{\text{化合物移动的距离}}{\text{展开剂移动的距离}}$$

R_f 值在 0.15～0.75 之间表示分离较好的，否则应换新的展开剂重新展开。

3.4.1　薄层板的制作

选择一定规格的玻璃板洗净擦干。将吸附剂或支持剂调成糊状[1]。将玻璃板固定在涂布器中间，夹紧，在涂布器槽中装入糊状物，迅速推进涂布器，就可在玻璃板上均匀涂上吸附剂或支持剂。薄层涂布器的结构如图 3-4 所示。如无涂布器，则将糊状物均匀平铺在玻璃板上。

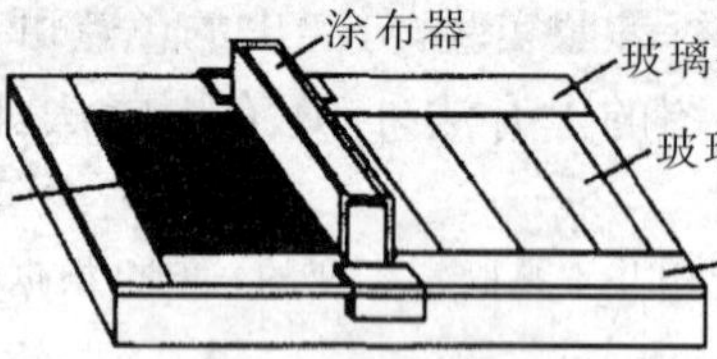

图 3-4　薄层涂布器

涂好的薄层板在室温晾干后，置于烘箱内进行活化。活化条件根据需要而定。例如，硅胶板一般在烘箱中于 105～110 ℃烘烤 30 min，氧化铝板在 200 ℃烘烤 4 h 可得Ⅱ级活性的薄层板。薄层板的活性与含水量有关，含水量越高活性越低，所以活化后的板应放在干燥器内保存。薄层板的活性可用相关的有颜色的化合物在适当的展开剂中展开，根据其比移值(R_f)来确定活性。例如，硅胶板的活性可用对二甲氨基偶氮苯、靛酚蓝和苏丹红三个染料的氯仿溶液，在乙酸乙酯-己烷($V_{乙酸乙酯}$ ∶ $V_{己烷}$ =1 ∶ 9)展开剂中展开后进行测定。

3.4.2　样品的展开

薄层色谱的展开需要在密闭的容器中进行。将选择好的展开剂放入展开容器内，使容器内的空气饱和几分钟，再将点好样的薄层板放入展开容器内展开。常用的展开容器一般为长方形盒式和广口瓶式。展开剂的选择与柱色谱一样，是根据样品的极性、溶解度和吸附剂的活性等因素综合考虑，一般为有机溶剂。

常用的展开方式有上升法、倾斜上升法、下降法、双向色谱法等。图 3-5 为倾斜上升法的展开装置示意图。

3.4.3　薄层板的显色

被分离化合物若是有色组分，展开后即呈现有色斑点。若为无色组分，可将荧光薄层板置于紫外灯下观察荧光斑点。或用碘蒸气法显色，操作如下：在密闭容器内装入少许碘，再将薄层板放入其中，几分钟后，薄层板上的样品点吸附碘而显示棕色斑点。将薄层板取出后，碘在空气中挥发，棕色斑点消失。所以，显色后应用铅笔标出化合物的位置。此外，还可根据化合物的特性采用相适应的试剂进行显色。除适用于纸层析的显色剂外，还可使用如浓硫酸、浓盐酸和浓磷酸之类的腐蚀性显色剂。

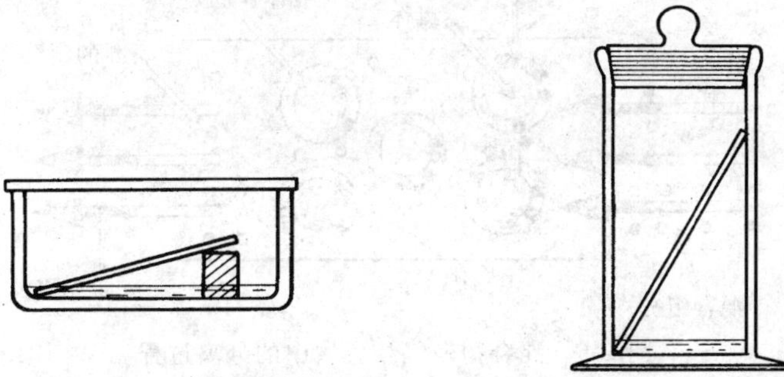

(a) 长方形盒式展开缸　　(b) 广口瓶式展开缸

图 3-5　倾斜上升法展开装置示意图

(何军，罗虹，刘煜 供稿)

3.5　气相色谱

气相色谱(Gas Chromatography，简称 GC)是 20 世纪 50 年代发展起来的一种色谱分离技术，主要用来分离和鉴定气体及挥发性较强的液体混合物。由于气相色谱仪结构简单，造价较低，且样品用量少，分析速度快和分离效能高，还能与红外光谱(IR)、质谱(MS)等联用，使色谱杰出的分离性能与 IR、MS 等仪器的定性效能完美地结合起来，因此气相色谱已在石油化工、生物化学、医药卫生及环境保护等方面得到广泛应用。

气相色谱是以气体作为流动相的一种色谱。根据固定相的状态不同常分为气-液色谱(GLC)和气-固色谱(GSC)。前者属于分配色谱，后者属于吸附色谱。本章主要介绍气-液色谱法。

3.5.1　基本原理

气相色谱中的气-液色谱法的原理与纸色谱类似，都是利用混合物中各组分在固定相与流动相之间分配情况不同，从而达到分离的目的。所不同的是气-液色谱中的流动相是载气，固定相是吸附在载体或担体上的液体。担体是一种具有热稳定性的惰性材料，常用的担体有硅藻土、聚四氟乙烯等。担体本身没有吸附能力，对分离不起什么作用，只是用来支撑固定相，使其停留在柱内。分离时，先将含有固定相的担体装入色谱柱中。色谱柱通常是一根弯成螺旋状的不锈钢管，内径约为 3 mm，长度 1～10 m 。当配成一定浓度的溶液样品，用微量注射器注入气化室后，样品在气化室中受热迅速气化，随流动相进入色谱柱中，由于样品中各个组分的极性和挥发性不同，汽化后的样品在柱中的固定相和流动相之间不断地发生分配平衡。其分离过程如图 3-6 所示。

从图 3-6 可以看出：挥发性较高的组分由于在流动相中的分配系数大，因此随流动相迁移快；挥发性较低的组分在固定相中分配系数大于在流动相中的分配系数，因此随流动相迁移慢。这样，易挥发的组分先随流动相流出色谱柱，进入检测器鉴定，而难挥发的组分随流动相移动的慢，后进入检测器，从而达到分离的目的。

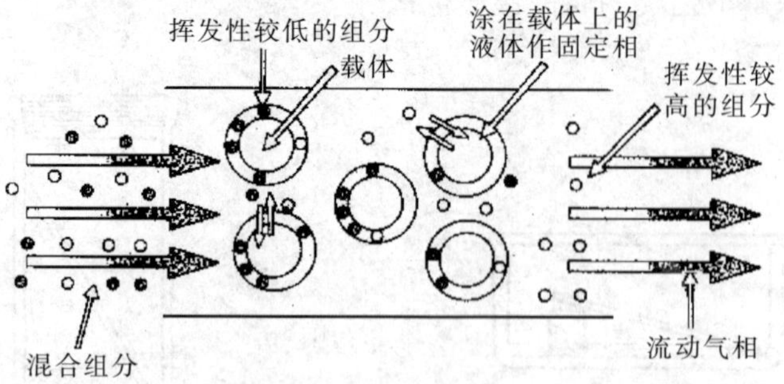

图 3-6 混合物在气相色谱中的分离过程

3.5.2 气相色谱仪

气相色谱仪的主要部件及气相色谱流程如图 3-7 所示。载气从高压钢瓶流出，经减压阀减压及净化管净化，用针形阀调节并控制载气的流量，通过转子流量计和压力表指示出载气的流量与柱前压。试样用进样器注入，在气化室瞬间气化后由载气带入色谱柱进行分离，分离后的各组分随载气进入检测器，检测器将各组分的瞬间浓度或单位时间的进入量转变为电信号，放大后由记录仪记录其色谱峰。

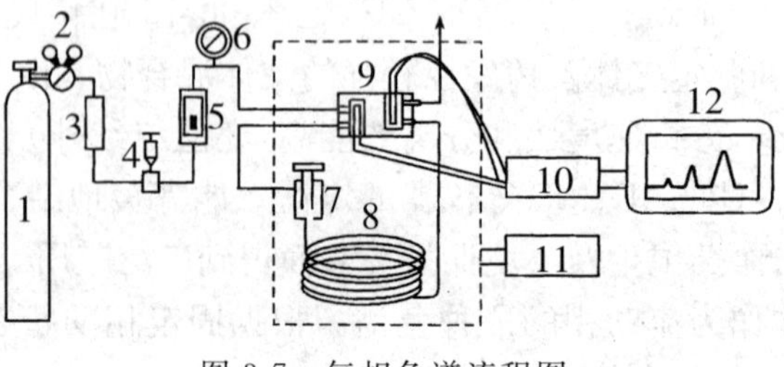

图 3-7 气相色谱流程图

1-高压钢瓶；2-减压阀；3-载气净化干燥管；4-针形阀；5-流量计；6-压力表；
7-进样器；8-色谱柱；9-检测器；10-放大器；11-温度控制器；12-记录仪

气相色谱仪品种很多，性能和应用范围均有差异，但基本结构和流程大同小异。主要包括载气系统、进样系统、色谱柱、温度控制系统、检测系统和数据处理系统等部分。其中色谱柱和检测器是色谱仪的关键部件。在气相色谱中，组分能否分离取决于色谱柱，而灵敏度大小则取决于检测器。根据色谱柱的不同，气相色谱又可分为填充柱色谱和毛细管色谱，后者的分离效率更高。气相色谱中应用的检测器较多，常用的有：① 热导检测器；② 氢火焰电离检测器；③ 电子捕获检测。

3.5.3 色谱分析

1. 定性分析

气相色谱法是一种高效、快速的分离分析技术，可以在很短的时间内分离几十种甚至上百种组分的混合物，其分离效能是其他方法难以相比的。但是，仅从气相色谱图不能直接给出组分的定性结果，而要与已知物对照分析。图 3-8 是一张典型的气相色谱样品分析图。

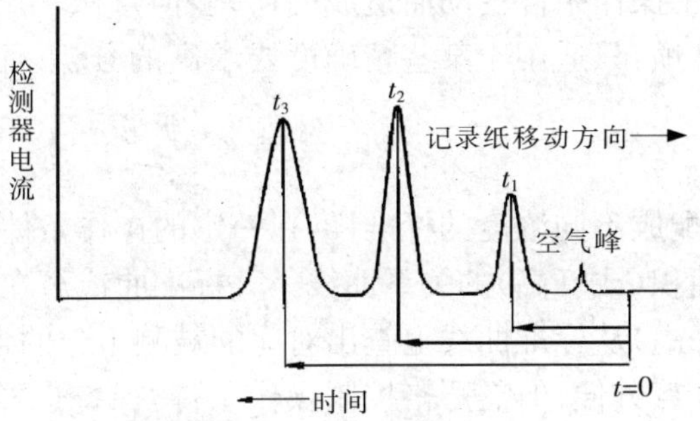

图 3-8　气相色谱样品分析图

图中除空气峰以外，其余三个峰均代表样品中的三个组分。三个组分的保留时间分别是 t_1，t_2，t_3。所谓保留时间，就是一个化合物从注入时刻到流出色谱柱所需的时间。保留时间是气相色谱定性分析的依据，当分离条件给定时，就像薄层色谱中的 R_f 一样，每一种化合物都具有恒定的保留时间。利用这一性质，可对化合物进行定性鉴定。在做定性鉴定时，最好用已知样品做参照对比。因为在一定条件下，不同的物质有时也可能具有相同的保留时间。

但是，与已知物对照作为定性分析方法还存在一定的问题。首先，色谱法定性分析主要依据每个组分的保留时间，因此需要标准样品，而标样不易得到；其次，由于不同化合物在相同条件下又具有相近甚至相同的保留时间，所以单靠色谱法对每个组分的鉴定是比较困难的。只能在一定条件下（例如，已知可能为某个化合物，或从来源可知化合物可能的类型）给出定性结果，对于复杂混合物的定性分析，目前是将气相色谱仪、质谱仪和红外光谱仪等仪器联用。

2. 定量分析

利用气相色谱还可以进行化合物的定量分析。气相色谱常用的定量计算方法有如下三种。

1）归一化法

如果分析对象中各组分的响应值都很接近，且各组分都已被分开，并出现在色谱图上，则可以用每组分的峰面积除以总的峰面积表示该组分的质量分数，即：

$$\omega_i = m_i / m = A_i f_i / \sum A_i f_i$$

式中：ω_i 为 i 组分的质量分数；m_i 为 i 组分的质量；m 为试样质量；A_i 为 i 组分的峰面积；f_i 为 i 组分的质量校正因子。

归一化法的优点是简便、准确，且操作条件（如进样量、流量）对结果影响小，适用于多组分同时分析。如果色谱峰出得不完全，即有的高沸点组分没有流出，或者有的组分在检测器中不产生信号，则不能使用归一化法。

2）内标法

当样品中各组分不能全部流出色谱柱，或检测器不能对各组分都产生响应信号，且只需要对样品中出现的某几个色谱峰的组分进行定量分析时，可采用内标法。即在一定量的样品中加入一定量的标准物质（内标物）进行色谱分析。

内标物的选择条件应满足：内标物能溶于样品中，其色谱峰与样品各组分的色谱能完全分离，且它的色谱峰与被测组分的色谱峰位置比较接近，其称样量与被测组分接近。

内标法可以避免由于操作条件变动而造成的误差，但每做一个样品都要用天平准确称量样品和内标物，比较麻烦，只适用于某些精确度要求高的分析，而不适合样品量大的常规分析。

3）外标法

外标法是用纯物质配成不同浓度的标准样，在一定的操作条件下定量进样，测定峰面积后，给出标准含量与峰面积（或峰高）的关系曲线——标准曲线。在相同条件下测定样品，由已得样品的峰面积（或峰高）从标准曲线上查出对应的被测组分的含量。

外标法操作简单，计算方便，但需严格控制操作条件，保持进样量一致才能得到准确结果。

3.6 高压液相色谱

高压液相色谱（High Pressure Liquid Chromatography），又称高效液相色谱（High Preformance Liquid Chromatography），简称 HPLC。是 20 世纪 70 年代初发展起来的一种高效、快速分离与分析有机化合物的方法。它适用于高沸点、难挥发、热稳定性差的离子型有机化合物的分离与分析。

作为分离分析手段，气相色谱和高压液相色谱可以互补。就色谱而言，它们的差别主要在于，前者的流动相是气体，而后者的流动相则是液体。与柱色谱相比，高压液相色谱具有方便、快速、分离效果好、使用溶剂较少等优点。高压液相色谱使用的吸附剂颗粒比柱色谱要小得多，一般为 5～50 μm，因此，需要采用高的柱进口压（几个兆帕至数十个兆帕）以加速色谱分离过程。这也是由柱色谱发展到高压液相色谱所采用的主要手段之一。

3.6.1 基本原理

高压液相色谱可以分为液-固吸附色谱、液-液分配色谱、离子交换色谱和凝胶渗透色谱等。其中液-液分配色谱应用最广泛，因此，在下面的讨论中将以液-液分配色谱为主。

当流动相携带着样品通过色谱柱时，样品在流动相和固体相之间进行反复多次的分配平衡。由于各组分在两相间的分配系数不同，因而各组分沿色谱柱移动的速度也不同。当通过适当长度的色谱柱后，各组分彼此间就会拉开一定的距离，先后流出色谱柱，即发生分离，至检测器给出信号。最后，由数据处理系统进行数据的采集、储存、显示、打印和数据处理工作。

在液-液分配色谱中，反向色谱最常用的固定相是十八烷基键合固定相，正相色谱常用的是氨基、氰基键合固定相。醚基键合固定相既可用于正相色谱，又可用于反相色谱。键合固定相不同，分离性能也不同。固定相确定之后，用适当的溶液调节流动相，可以得到较好的分离效果。若改变流动相后仍不能得到满意的结果，可以交换固定相或采取不同固定相的柱子串联使用。如果样品比较复杂，则需采用梯度洗脱方式，即在整个分离过程中，溶剂强度连续变化。这种变化是按一定程序进行的。

3.6.2 高压液相色谱流程

高压液相色谱仪由输液系统、进样系统、分离系统、检测系统和数据处理系统组成。高压液相色谱流程和气相色谱流程的主要差别在于：气相色谱是气流系统，高压液相色谱则是液流系统，由储液罐、高压泵等组成。其简单流程如图 3-9 所示。

在一根不锈钢制的封闭色谱柱内，紧密地装入高效微球固定相，用高压泵连续地按一定流量将溶剂送入色谱柱。然后，用进样器将样品注入色谱仪的顶端，用溶剂连续地冲洗色谱柱，样品中各组分会逐渐地被分离开来，并按一定的顺序先后从柱后流出。然后进入检测器，将各组分浓度的变化转换成电信号，经放大后送入记录仪而绘出色谱图。

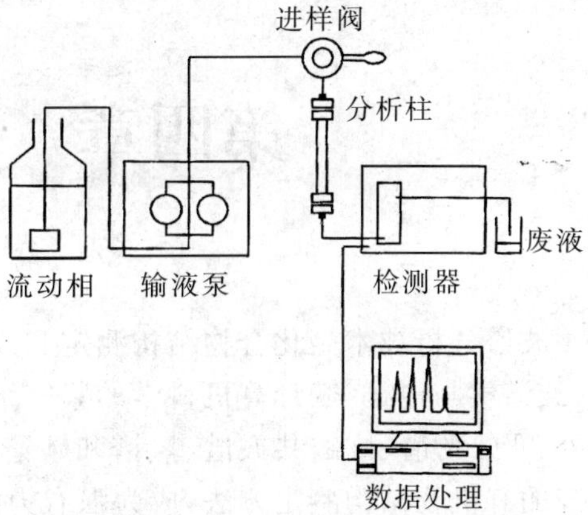

图 3-9　高压液相色谱流程图

3.6.3　高压液相色谱的流动相和固定相

1. 流动相

液相色谱的流动相在分离过程中有较重要的作用，因此在选择流动相时，不但要考虑到检测器的需要，同时又要考虑它在分离过程中所起的作用。常用的流动相有正己烷、异辛烷、二氯甲烷、水、乙腈和甲醇等。在使用前一般都要过滤、脱气，必要时需要进一步纯化。

2. 固定相

常用固定相类型有全多孔型、薄壳型、化学改性型等，如 β'，β- 氧二丙腈、聚乙二醇、角鲨烷等。

3.6.4　高压液相色谱法的特点

高压液相色谱的定性、定量分析方法与气相色谱法基本相同。它具有如下一些特点：

1. 高压

由于溶剂（流动相）的黏度比气体大得多，色谱柱内填充了颗粒很小的固定相，当溶剂通过色谱柱时会受到很大的阻力。一般 1 m 长的色谱柱的压强为 7.5×10^6 Pa，所以，高压液相色谱都采用高压泵输液。

2. 高速

溶剂通过柱子的流量可达 3～10 mL/min，制备色谱达 10～50 mL/min，使分离速度增大，可在几分钟至几十分钟内分析一个样品。

3. 高效

高压液相色谱使用了高效固定相，其颗粒均匀，直径小于 10 μm，表面孔浅，质量传递快，柱效高，理论塔板数可达 10^4 块/m。

4. 高灵敏度

采用高灵敏度的检测器，如紫外吸收检测器的灵敏度很高，最小检出限可达 5×10^{-10} g/mL，示差折光检测器为 5×10^{-7} g/mL.

（张复兴，刘煜，龚行 供稿）

第四章　波谱分析技术

波谱分析技术是化合物结构测定和成分分析的重要手段。近 30 多年来，科学技术的进步，波谱学与电子学、计算机科学的紧密结合，促进了波谱分析技术的极大发展。红外光谱、紫外-可见光谱、核磁共振谱(氢谱和碳谱)、质谱等波谱分析方法已迅速取代或部分取代了传统的有机物结构鉴定方法，成为强有力的有机化合物的研究工具。因此，波谱分析技术已成为从事化学及相关学科的科技人员必须掌握的基本知识和基本技能。

4.1　红外光谱

红外光谱 (Infrared Spectroscopy)，简称 IR，是一种吸收光谱，常用来定性地推断化合物的分子结构，鉴别化合物分子中所含有的基团，也可以定量地鉴别组分的纯度并进行分析研究。在有机化学理论研究中，红外光谱也可用于推断分子中化学键的强度，测定键长和键角，以及推算出反应机理等。由于具有迅速、准确、操作方便和样品用量少等优点，红外光谱已在有机化学中得到了广泛的应用。

4.1.1　基本原理

红外光是一种波长大于可见光的电磁波，波长范围约为 0.75～1 000 μm。根据波长的不同，红外光一般分为三个波长区：(1) 近红外区：0.75～2.5 μm (12 820～4 000 cm^{-1})；(2) 中红外区：2.5～50 μm (4 000～200 cm^{-1})；(3) 远红外区：50～1 000 μm (200～10 cm^{-1})。而在有机化合物的波谱分析鉴定中，最常用的红外光的波长范围为 2.5～50 μm，即处于中红外区。

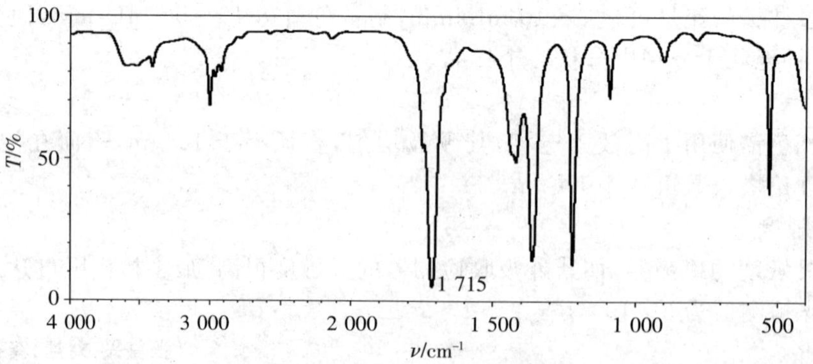

图 4-1　丙酮的红外光谱图

当用波长为 2.5～50 μm(4 000～200 cm^{-1})之间的单色红外光连续扫描照射到样品上

时，样品分子会对不同波长的光产生特有的吸收，从而发生分子键振动能级的跃迁，产生红外吸收，所测得的吸收光谱称为红外吸收光谱。图 4-1 是丙酮的红外光谱图，其中 C=O 键的伸缩振动在 1 715 cm^{-1}位置。

红外光谱图是以波长 λ(单位为 μm)或波数 ν(单位为 cm^{-1})为横坐标，以透过率 T(%)为纵坐标所作的吸收曲线。其中，横坐标表示吸收峰的位置，纵坐标表示吸收峰的强度。随着基团吸收强度的降低，曲线不断往上移，吸收峰朝下。

波长与波数的关系式可由等式(4-1)表示：

$$\nu = \frac{1}{\lambda} \times 10^4 \tag{4-1}$$

分子中的原子并不是固定在一个位置上，而是不停地振动。组成分子的原子越多，振动的数目就越多。分子的振动主要分为伸缩振动和弯曲振动。伸缩振动是原子沿着键轴方向进行伸长或缩短，并伴随着键长的改变；弯曲振动是原子离开键轴方向上下左右振动，只改变键角而无键长的改变。当一束连续红外光照射某一物质，物质分子中某个基团的振动频率和红外光的频率相等时，该处波长的光就会被物质吸收，分子吸收红外辐射后，发生振动能级的跃迁，从而产生红外吸收。这是产生红外光谱的条件之一。其次，由于红外光的能量转移是通过分子偶极距变化来实现的，因此并不是所有的振动都会产生红外吸收，只有伴随偶极距大小和方向发生变化的振动才能吸收红外光，这是产生红外光谱的第二个条件。分子只有同时满足这两个条件，才能产生红外吸收。

分子是由各种原子以化学键相互连接而成的，各个化学键可以近似地看作双原子分子。若把双原子分子的两个原子看作两个小球，把连接它们的化学键看成质量可以忽略不计的弹簧，则两个原子间的伸缩振动，可近似地看成沿键轴方向的简谐振动。根据 Hooke 定律，其振动频率 ν 与组成化学键的相对原子质量和化学键力常数关系表示为公式(4-2)：

$$\nu = \frac{1}{2\pi c}\sqrt{\frac{k/m_1 m_2}{m_1 + m_2}} = \frac{1}{2\pi c}\sqrt{k\left(\frac{1}{m_1} + \frac{1}{m_2}\right)} \tag{4-2}$$

式中：c 为光速；k 为化学键的力常数；m_1 和 m_2 为相对原子质量。

由(4-2)式可以看出：(1) 原子质量越小，振动频率越快，红外吸收频率越高。如 C—C、C—O、C—N 键的力常数相近，组成的各种键的相对原子量 $M_{C-C} < M_{C-N} < M_{C-O}$，因此这些键的伸缩振动分别出现在 1 430 cm^{-1}，1 330 cm^{-1}，1 280 cm^{-1}附近。(2) 键的力常数越大，振动频率越高。单键、双键、叁键三种碳碳键的质量相同，但 k 值分别为 4.5、9.6、15.6 N/cm，键力常数大小是单键＜双键＜叁键。因此，它们的红外吸收光谱分别出现在 1 200～800 cm^{-1}，1 680～1 620 cm^{-1}，2 260～2 100 cm^{-1}区域范围内。

这里需要指出的是：力常数的大小与键能和键长有一定的关系，键能越大，键长越短，k 值愈大。伸缩振动需要改变键长，所需能量较高，力常数 k 较大，它们产生的吸收峰往往在高频率区域出现；而弯曲振动不改变键长，需要的能量较低，力常数 k 较小，它们产生的吸收峰通常在低频率区域出现。

4.1.2　测定方法

目前，实验室常使用的是干涉调频分光的傅立叶变换红外光谱仪。它主要由光源(硅碳棒、高压汞灯)、Michelson 干涉仪、检测器、计算机和记录系统组成，如图 4-2 所示。

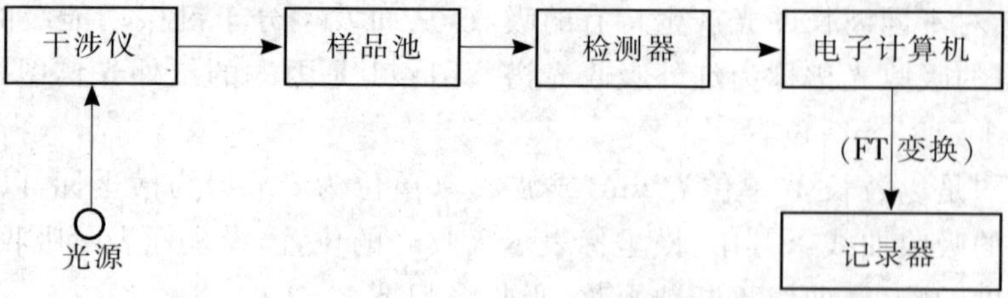

图 4-2　傅立叶变换红外分光光度计构成示意图

从光源发出的红外光经凹面反射镜使成平行光后进入干涉仪转变成干涉光。干涉光中包含了光源发出的所有波长光的信息。离开干涉仪的干涉光投射到一摆动的反射镜,使光束交替通过样品池和参比池,再经过另一摆动反射镜,使光束聚焦到检测仪器上。由于样品能吸收特征波数的能量,某一些波长的光被样品吸收,成为含有样品信息的干涉光。通过计算机采集得到样品干涉图,借助数学上的傅立叶变换技术对每个频率的光强进行计算,从而得到透过率和波数变化的红外光谱图。由于玻璃和石英等材料不能透过红外光,因此用于红外测试的样品池和参比池,都是由能透过红外光的 NaCl、KBr、CsI、KRS－5(58％TlI 和 42％TlBr 的混合晶体)等材料制成的。对于由 NaCl、KBr、CsI 等材料制成的窗片需注意防潮。

红外光谱仪能测定气体、液体和固体样品,下面具体介绍各种样品的测定方法。

1. 气体样品

气体样品可将它直接充入已抽成真空的样品池内进行测定。吸收峰的强度可通过调节样品池中样品的压力来调节。

2. 液体样品

1) *液膜法*

取 1 ～ 2 滴液体样品滴于由整块透明的溴化钾(或氯化钠)晶体制成的窗片上,然后用另一块窗片盖上,稍加压力,来回推移,使之形成一层均匀无气泡的液膜,再进行测定。

【注意】制作的液膜必须没有气泡。测试完的窗片需用二氯甲烷、三氯甲烷或四氯化碳进行清洗。

2) *溶液法*

将样品溶解在合适的溶剂中配成溶液,然后用注射器注入固定液体池中进行测试。这里常用的溶剂为 CCl_4 和 CS_2,若样品不溶于 CCl_4 和 CS_2,可以使用 $CHCl_3$ 或 CH_2Cl_2。该法的缺点是由于溶剂的加入会引起干扰。

3. 固体样品

1) *压片法*

将 1 mg 固体样品与 100 mg 干燥的 KBr 于玛瑙研磨钵中研细均匀,置于压模机中,压成几乎呈透明的含有分散样品的圆片,进行测定。样品和 KBr 都需干燥处理,固体样品应研磨到粒度小于 2 μm。

2) *石蜡油研糊法*

将干燥处理后的 2～3 mg 固体样品研细,与 1～2 滴液体石蜡在玛瑙研磨钵研磨成糊状,使样品均匀分散在石蜡油中,然后将糊状物夹于两片由溴化钾(或氯化钠)晶体制成的窗片间,放入样品池中进行测定。石蜡油本身的 C—H 键在 3 030～2 830 和 1 357 cm^{-1} 附近有吸收,应特别注意。

3）熔融法

熔融法是对熔点低于 150 ℃固体或胶状物直接夹在两片盐板之间熔融，然后测定其固体或熔融薄膜层的光谱。此方法有时会因晶型不同而影响吸收光谱。

4）薄膜法

将固体样品溶解在适当的溶剂中，配成浓度约 5%的溶液，把溶液倒在由溴化钾（或氯化钠）晶体制成的窗片上，待溶剂挥发后生成均匀薄膜，再放入样品池中进行测定。

其中最常用的是压片法，但此法常因样品浓度不合适或因压片不透明等问题需要重新测试。

红外光谱测试对样品的基本要求是：① 样品必须是单一组分的纯物质，这样便于与纯物质的标准光谱进行对照；② 样品中不应含有游离水。因为水本身在 3 500 cm^{-1}左右有强的红外吸收，如果样品中含有水，会严重干扰样品谱图，并且水也会腐蚀样品池的窗片。

4.1.3　红外光谱图的解析

1. 吸收峰的类型

1）基频峰

振动能级由基态跃迁到第一激发态时分子吸收一定频率的红外光所产生的吸收峰称为基频峰。

2）泛频峰

倍频峰、合频峰和差频峰统称为泛频峰。由基态跃迁到第二激发态、第三激发态等所产生的吸收峰称为倍频峰，这种跃迁几率很小，峰强很弱。由这种跃迁的和差组合形成的吸收峰叫合频峰或差频峰，强度更弱，一般不易辨认。

3）特征峰

凡是可用于鉴别官能团存在的吸收峰均称为特征吸收峰。它们是大量实验的总结，并从理论上得到了证明。

4）相关峰

一个基团常有多种振动形式，因而产生一组相互依存而又可相互佐证的吸收峰叫相关峰。

2. 红外光谱的特征区域

1）特征谱带区

红外光谱图上 2.5～7.5 μm（4 000～1 333 cm^{-1}）之间的高频区域，主要是由一些重键原子振动产生，受整个分子影响较小，叫做特征谱带区或官能团区。

2）指纹区

红外光谱上 7.5～15 μm（1 333～660 cm^{-1}）低频区域的吸收大多是由于一些单键（如 C—C，C—N，C—O 等）的伸缩振动和各种弯曲振动引起的。该区域的吸收受分子的整体结构影响较大，特异性（个性）较强，各化合物在这一区域吸收峰出现的位置、形状和强度都不相同，认证有机化合物的准确度较高，正如不同的人不可能有完全相同的指纹一样，故称为指纹区。分子结构的微小变化就会引起指纹区光谱的明显变化，因此指纹区对鉴定两个化合物是否为同一化合物起着非常大的作用。

3）红外光谱中的重要区域

为了便于解析，一般先将红外光谱划分成下列 8 个重要区域，见表 4-1。如果在某一区域中没有吸收带，则表示没有相应的基团或结构；有吸收带，则需要确认存在的键和基团的种类。表 4-1 同时列举出了一些常见化学键和基团的特征频率。

表 4-1　红外光谱的 8 个重要区段

波数/cm^{-1}	基团类型
3 650～2 500	O—H，N—H（伸缩振动）
3 300～3 000	—C≡C—H，—C═C—H，Ar—H（C—H 伸缩振动）
3 000～2 700	—CH_3，—CH_2—，$-\underset{|}{\overset{|}{C}}-H$，—CHO（C—H 伸缩振动）
2 400～2 100	—C≡C—，—C≡N（伸缩振动）
1 900～1 650	C═O（包括羧酸、醛、酮、酰胺，酯和酸酐的 C═O 伸缩振动）
1 690～1 500	C═N（伸缩振动），C═C（脂肪族和芳香族伸缩振动）
1 475～1 000	X—H（面内弯曲振动）
1 000～650	$\rangle C{=}C\langle^{H}$，Ar—H（面外弯曲）

其中，烯烃、芳烃的 C—H 面外弯曲振动（γ_{C-H}）在 1 000～650 cm^{-1} 区，对结构尤为敏感，人们常常借助于这些吸收峰来鉴别各种取代类型的烯烃及芳环上取代基的位置等。

3. 红外吸收光谱图的解析方法

（1）由高频到低频分段解析。先在官能团区查找预期的吸收峰，判断可能存在的官能团，初步推测化合物的类型，再从指纹区的谱带进一步推测结构细节，确认结构。

（2）注意基团的周围环境对基团吸收峰出现位置的影响。例如，醛、酮、羧酸、酰氯、酯、酰胺都含有羰基，但羰基的周围结构环境不同，其吸收峰出现的位置是不同的。在确认存在羰基的前提下，可以根据羰基吸收峰的差异，推断属于何种类型的羰基。

（3）对于一个吸收峰所作的结论都应尽可能从图谱的其他部分加以确认。例如，当把一个吸收峰归属于醛化合物中的羰基时，就应该在 2 900～2 695 cm^{-1} 区域内找到醛基中的 C—H 伸缩振动引起的吸收峰来进一步加以证实。

（申有名，刘煜 供稿）

4.2　紫外-可见光谱

紫外-可见吸收光谱法是基于分子内电子跃迁产生的吸收光谱进行分析的一种常用的光谱分析法。紫外光谱(UV)也称为近紫外光谱，是指波长在 200～380 nm 的电磁波吸收光谱；可见光谱是指波长在 380～780 nm 的电磁波吸收光谱。光谱区域如图 4-3 所示：

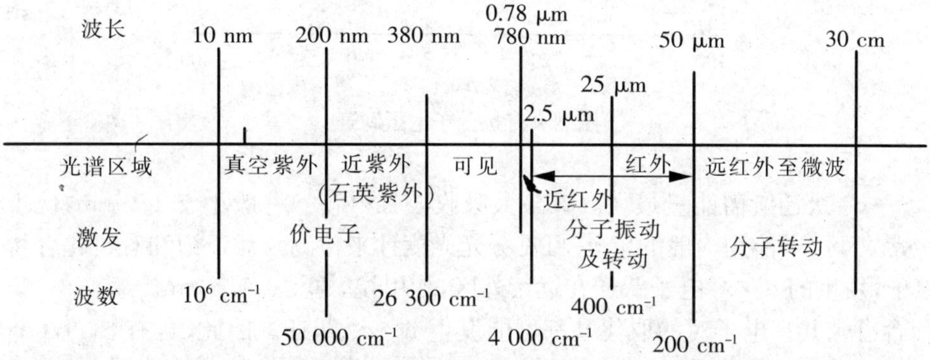

图 4-3　紫外-可见光谱区域

分子在紫外-可见光区的吸收与其电子结构紧密相关。紫外光谱的研究对象大多是具有共轭双键结构的分子。如 4-4 所示，胆甾酮(a)与异亚丙基丙酮(b)分子结构差异很大，但两者具有相似的紫外吸收峰。两分子中相同的 O═C—C═C 共轭结构是产生紫外吸收的关键基团。

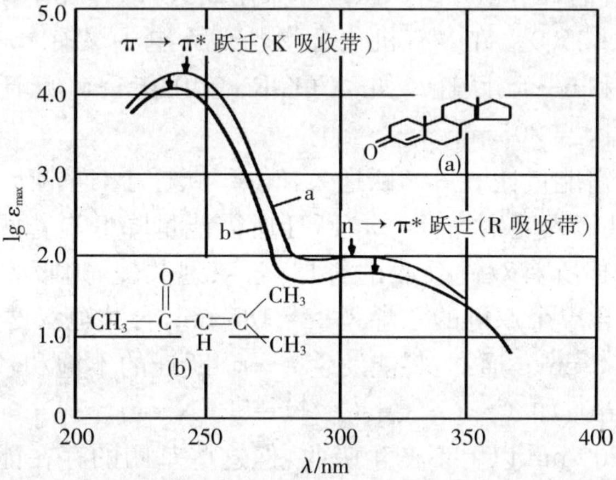

图 4-4　胆甾酮(a)与异亚丙基丙酮(b)的紫外吸收光谱

从化学键性质考虑，与有机物分子紫外-可见吸收光谱有关的电子是：形成单键的 σ 电子，形成双键的 π 电子以及未共享的或称为非键的 n 电子。当分子吸收能量后，电子可以从成键轨道跃迁到反键轨道，即 $\sigma \rightarrow \sigma^*$、$\pi \rightarrow \pi^*$；而未成键的 n 电子没有反键轨道，只能向 σ^* 和 π^* 反键轨道跃迁，即 $n \rightarrow \sigma^*$、$n \rightarrow \pi^*$；这几种电子跃迁的能级高低次序如图 4-5 所示。

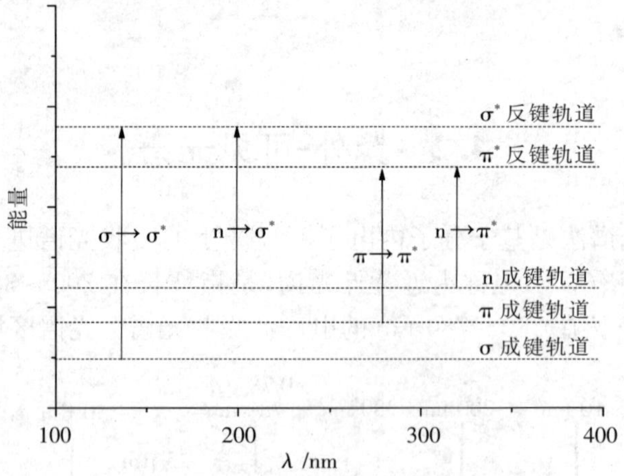

图 4-5 有机分子电子跃迁

由图 4-5 可见：

(1) $\sigma\rightarrow\sigma^*$ 跃迁所需能量最大。其最大吸收波长(λ_{max})一般小于 170 nm,位于远紫外区或真空紫外区,不能用一般的紫外-可见分光光度计来检测。对于饱和有机化合物只存在 σ 成键电子,发生的 $\sigma\rightarrow\sigma^*$ 电子跃迁在远紫外区,如甲烷,λ_{max} =125 nm。

(2) 含有未共享电子对的取代基都可能发生 $n\rightarrow\sigma^*$ 跃迁。因此,含有 S,N,O,Cl,Br,I 等杂原子的饱和烃衍生物都出现一个 $n\rightarrow\sigma^*$ 跃迁产生的吸收谱带。$n\rightarrow\sigma^*$ 跃迁也是高能量跃迁,一般 λ_{max} <200 nm,落在远紫外区。但跃迁所需能量与 n 电子所属原子的性质关系很大。杂原子的电负性越小,电子越易被激发,激发波长越长。有时也落在近紫外区。如甲胺,λ_{max} =213 nm。

(3) $n\rightarrow\pi^*$ 跃迁所需能量最低,一般在近紫外区,有时在可见光区。由于非键电子轨道与 π 键电子轨道是垂直的,因此,$n\rightarrow\pi^*$ 跃迁是禁阻跃迁,跃迁几率小,并呈现弱吸收带,最大摩尔吸光系数(ε_{max}) <500。许多有机化合物既有 π 电子又有 n 电子,在外来辐射作用下,会同时发生 $\pi\rightarrow\pi^*$ 和 $n\rightarrow\pi^*$ 跃迁。如—COOR 基团的 $\pi\rightarrow\pi^*$ 跃迁 λ_{max} =165 nm, ε_{max} = 4 000;而 $n\rightarrow\pi^*$ 跃迁 λ_{max} =205 nm,ε_{max} =50。

(4) $\pi\rightarrow\pi^*$ 跃迁所需能量比 $n\rightarrow\pi^*$ 跃迁大,$\sigma\rightarrow\sigma^*$ 跃迁小,通常 $\pi\rightarrow\pi^*$ 跃迁几率大,并呈现强吸收带。随双键共轭程度增加,$\pi\rightarrow\pi^*$ 跃迁所需能量降低。若两个以上的双键被单键隔开,则所呈现的吸收是所有双键吸收的叠加;若双键共轭,则吸收大大增强,波长红移,λ_{max} 和 ε_{max} 均增加。如含单个双键的乙烯 λ_{max} =185 nm,含共轭双键的丁二烯的 λ_{max} =217 nm,己三烯的 λ_{max} =258 nm。通常,将能发生 $\pi\rightarrow\pi^*$ 跃迁的不饱和基团称之为发色基团或生色基团(Chromophore),如 C═C、C═O、N═N、N═O 。

有些基团本身在 200 nm 以上不产生吸收,但这些基团的存在能增强生色团的生色能力(改变分子的吸收位置和增加吸收强度),这类基团称为助色基团(Auxochrome)。一般助色基团为具有孤对电子的基团,如—OH、—OR、—NH_2、—SH 和卤素等。某些生色基团及相应化合物的吸收特性如表 4-2 所示。

表 4-2　某些生色团及相应化合物的吸收特性

生色团	化合物	λ_{max} / nm	ε_{max} / $(L \cdot mol^{-1} \cdot cm^{-1})$	跃迁类型	溶剂
$CH_2{=}CH_2$	乙烯	165	15 000	$\pi\rightarrow\pi^*$	气体
R—C≡C—R′（炔）	辛炔-2	195	21 000	$\pi\rightarrow\pi^*$	庚烷
R—CO—R′(酮）	丙酮	189	900	$n\rightarrow\sigma^*$	正己烷
		279	15	$n\rightarrow\pi^*$	正己烷
R—CHO(醛）	乙醛	180	10 000	$n\rightarrow\sigma^*$	气体
		290	17	$n\rightarrow\pi^*$	正己烷
R—COOH(羧酸）	乙酸	208	32	$n\rightarrow\pi^*$	95%乙醇
R—$CONH_2$(酰胺）	乙酰胺	220	63	$n\rightarrow\pi^*$	水
R—CN(腈）	乙腈	338	126	$n\rightarrow\pi^*$	四氯乙烷
R—ONO_2(硝酸酯）	硝酸乙烷	270	12	$n\rightarrow\pi^*$	二氧六环
R—ONO(亚硝酸酯）	亚硝酸戊烷	218.5	1 120	$\pi\rightarrow\pi^*$	石油醚

含有生色团或生色团与助色团的分子在紫外光区有吸收并伴随分子本身电子能级的跃迁，不同官能团吸收不同波长的光。通过波长扫描，记录吸光度对波长的变化曲线，就得到该化合物的紫外－可见吸收光谱。

有机化合物除了 $\pi\rightarrow\pi^*$ 和 $n\rightarrow\pi^*$ 跃迁吸收带以外，当外来辐射照射某些有机或无机化合物时，可能发生一个电子从体系具有电子给予体特性部分（称为给体，donor）转移到该体系的另一具有电子接受体特性的部分（称为受体，acceptor），这种电子转移产生的吸收谱带，称为电荷转移吸收带。电荷转移吸收带涉及的是给体的一个电子向受体的一个电子轨道上的跃迁，激发态是这一分子内氧化还原过程的产物。电荷转移过程可表示如下：

$$D\cdots\cdots A \xrightarrow{h\upsilon} D^{+}-A^{-}$$

式中 D 与 A 分别代表电子给体与受体。

电荷转移吸收带的一个特点是吸收强度大，$\varepsilon_{max} > 10^4\ L/(mol \cdot cm^3)$，因此，含有这类结构的分子测定灵敏度高，该原理已被广泛应用于分子识别的主体分子的设计中。

某些无机金属离子也会产生紫外-可见吸收。如含 d 电子的过渡金属离子会产生配位体场吸收带。

紫外吸收光谱在有机化学中主要应用于检测化合物的结构特征，鉴定化合物纯度，定量测定一些化合物。

（王晓娟，刘煜，龚行 供稿）

4.3 核磁共振谱

核磁共振(Nuclear Magnetic Resonance, NMR)是20世纪50年代发展起来的一项新的测试技术。核磁共振信号包含着被测原子核的周围化学环境等重要信息,它是解析分子结构尤其是有机分子结构的重要手段。

4.3.1 基本原理

1. 核的自旋及其核磁共振

原子核都带有正电荷,当原子核自旋时,核电荷也会围绕核轴旋转,旋转的核电荷的角动量用自旋量子数I来描述。自旋量子数与核的质量数和核电荷数的关系如表4-3所示。

表4-3 自旋量子数与核的质量数和核电荷数的关系

质量数	核电荷数	自旋量子数(I)	例子
奇数	奇数或偶数	半整数,如1/2,3/2,5/2,…	^{1}H, ^{19}F, ^{13}C, ^{31}P, ^{35}Cl,
偶数	偶数	0	^{12}C, ^{16}O
偶数	奇数	整数,如1, 2, 3,…	^{2}H, ^{14}N, ^{10}B

在磁场中,核磁矩的方向是量子化的,有$2I+1$种不同的取向,可用磁量子数m描述,核磁矩在磁场方向的分量μ_z由等式4-3计算。

$$\mu_z = \frac{h}{2\pi}\gamma m \qquad m = I,(I-1),\cdots,-I \tag{4-3}$$

其中,h为Planck常数,γ为磁旋比或磁回比。

核磁矩在磁场中取向不同,和磁场的相互作用不同,能量也就不同。原子核磁矩与外磁场的相互作用能E可由等式4-4计算。

$$E = -\mu_z H_0 = -\frac{h}{2\pi}\gamma m\ H_0 \tag{4-4}$$

其中,H_0为外磁场强度。

(1) 当自旋量子数$I=0$时,表示无磁性,不能产生核磁共振,如^{12}C, ^{16}O属于此种情况。

(2) 当自旋量子数$I>0$时,原子核在自旋中会产生磁场。其中,$I=1/2$的原子核的电荷分布为均匀的球状,旋转时会产生磁偶极,因而可以将这类原子核看成微小的磁铁,如^{1}H、^{13}C、^{19}F、^{31}P和^{35}Cl就属于此种情况。

(3) 当自旋量子数$I\geqslant 1$时,其原子核的电荷分布不是球状,这种不对称性使吸收信号成为宽阔的谱带。

当原子核的$I=1/2$,如氢,碳,其核自旋只有两种状态:$m=+1/2$和$m=-1/2$,即与外磁场方向相同的状态(称为低能态)和与外磁场方向相反的状态(称为高能态),其Δm为-1,两种自旋状态的能量差ΔE可由等式4-5计算。

$$\Delta E = \frac{h}{2\pi}\gamma H_0 \tag{4-5}$$

当在与外磁场垂直的方向加入频率为 ν_R 的射频，且射频的能量与核的两种自旋状态的能量差 ΔE 相等时，低能级自旋状态的核吸收射频，跃迁到高能级自旋状态。此时发生核磁共振。

检测核磁共振过程的仪器称之为核磁共振仪。即当射频频率（ν_R）和外磁场强度（H_0）满足等式 4-6 时，就会发生核磁共振。在设计核磁共振仪时，可以固定磁场强度，通过变化射频频率来观察核磁共振（称为扫频），也可以可以固定射频频率，通过变化磁场强度来观察核磁共振（称为扫场），这就是连续核磁共振波谱的原理。

$$\nu_R = \frac{h\gamma}{2\pi}H_0 \tag{4-6}$$

2. 化学位移

同一种核由于在分子中的化学环境不同，核磁共振吸收峰的位置有所变化，这就叫化学位移。它起源于原子核周围的电子对外加磁场的屏蔽作用。作用于核的有效磁场与外加磁场的关系满足等式(4-7)。

$$H_{有效} = H_0 - \sigma H_0 = (1-\sigma)H_0 \tag{4-7}$$

其中，$H_{有效}$ 是作用于核的有效磁场，H_0 是外加磁场，σ 称为屏蔽系数。同一种核在不同环境下有不同的 σ，感受到的 $H_{有效}$ 不同，因而产生核磁共振吸收峰位置不同，即化学位移，由此可以了解分子的结构。

有机化合物各种氢的化学位移值取决于它们的电子环境。如果外磁场对质子的作用受到周围电子云的屏蔽，质子的共振信号就出现在高场；如果与质子相邻的是一个吸电子的基团，这时质子受到去屏蔽作用，它的信号就出现在低场。

化学位移一般只能相对比较，为了表示出化学环境对核屏蔽的影响，通常定义一个无量纲的量 δ 来表示。δ 可由等式 4-8 来计算。

$$\delta = \frac{\Delta\nu}{\nu_{标准}} \times 10^6 = \frac{\nu_{样品} - \nu_{标准}}{\nu_{标准}} \times 10^6 \tag{4-8}$$

在实际操作中，最常用的参照物（标准样品）是四甲基硅烷（tetramethylsilane），简称 TMS。四甲基硅烷只有一个单峰，把它的单峰的 δ 值定义为零，在它左边的峰的 δ 值定为正值，在它右边的峰的 δ 值定为负值。由于它的屏蔽比一般的有机分子大，故大多数有机化合物中的质子的共振信号出现在它的左侧。

化学位移和仪器产生的频率成正比，因此频率越高，化学位移也就分开得越大。例如，当使用 100 MHz 仪器时，观察到的质子共振频率是 100 Hz，相对应的化学位移（以 TMS 为标准）为 1.0。如果用 500 MHz 仪器测定时，质子共振出现在 500 Hz，而不是 100 Hz，化学位移仍然是 1.0。这样可分开原来不易分开的质子。

在同一分子中的氢核，由于化学环境不同，化学位移受到影响。影响化学位移的主要因素有相邻基团的电负性、各相异性效应、范德华效应、溶剂效应及氢键作用。表 4-4 列出了连接在不同功能基上的氢原子的化学位移。

表 4-4 与不同功能基相连的氢原子的化学位移 δ/ppm

氢原子的类型	化学位移（δ）	氢原子的类型	化学位移（δ）
TMS $(CH_3)_4Si$	0	I—C—**H**	2～4
环丙烷	0～1.0	HO—C—**H**	3.4～4
$RC\mathbf{H}_3$	0.9	R—O—C—**H**	3.3～4
$R_2C\mathbf{H}_2$	1.3	$-(O)_2-$C—**H**	5.3
$R_3C\mathbf{H}$	1.5	R—COO—C—**H**	3.7～4.1
—C═C—**H**	4.6～5.9	RO—CO—C—**H**	2～2.6
—C═C—$C\mathbf{H}_3$	1.7	HO—CO—C—**H**	2～2.6
—C≡C—**H**	2～3	R—COO—**H**	10.5～12
—C≡C—$C\mathbf{H}_3$	1.8	R—CO—C—**H**	2～2.7
Ar—**H**	6～8.5	RCO—**H**	9～10
Ar—C—**H**	2.2～3	R—CO—N—**H**	5～8
F—C—**H**	4～4.45	RO—**H**	4.5～9
Cl—C—**H**	3～4	Ar—O—**H**	4～12
$(Cl)_2$—C—**H**	5.8	R—$N\mathbf{H}_2$	1～5
Br—C—**H**	2.5～4	O_2N—C—**H**	4.2～4.6

3. 自旋偶合与自旋分裂

在有机化合物的^{1}H NMR 谱图中，同一类质子吸收峰个数增多的现象叫做裂分。产生这种裂分现象的原因是由于质子本身就是一个小磁体，每个原子不仅受到外磁场的作用，也受到邻近的质子产生的小磁场的影响。

通常，具有核自旋量子数 I 的 A 原子与另一个 B 原子偶合分裂形成 B 峰的数目可通过 $N=2nI+1$ 等式计算出来，该等式中 N 为观察到 B 原子的峰数目；n 为相邻磁等性 A 原子的数目；I 为 A 原子的核自旋量子数。当 A 原子为^{1}H、^{13}C、^{19}F 和^{31}P 时，由于 $I=1/2$，这种表达可简化为 $n+1$ 规律。

当偶合常数 $J \ll \delta\nu$ 时，自旋分裂图谱有如下简单规律：① 一组等同的核内部相互作用，不引起峰的分裂；② 核受相邻一组 n 个核的作用时，该核的吸收峰分裂为$(n+1)$个间隔相等的一组峰，间隔就是偶合常数 J，单位为 Hz；③ 分裂峰的面积之比，满足二项式$(x+1)^n$ 展开式中各项系数之比；④ 一种核同时受相邻的 n 个和 n' 个两组核的作用时，此核的峰分裂成$(n+1)(n'+1)$个峰，但有些峰可重叠而分辨不出来。一般用 s 表示单峰，d 表示二重峰，t 表示三重峰，q 表示四重峰，m 表示四重峰以上的多重峰。

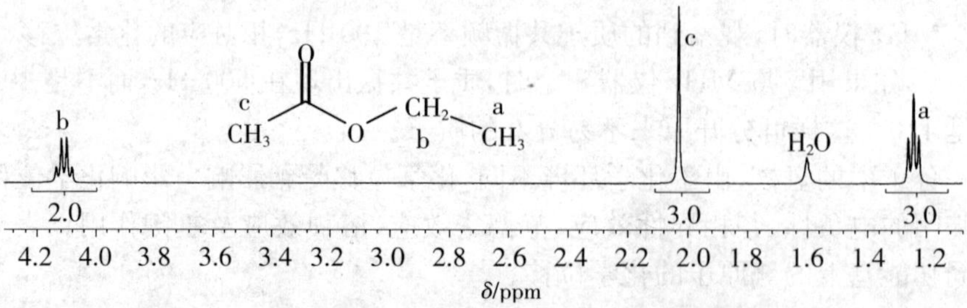

图 4-6 乙酸乙酯的^{1}H NMR 谱图（400 MHz，$CDCl_3$）

例如：乙酸乙酯的[1]H NMR 谱图，如图 4-6 所示，它的甲基峰 a($\delta=1.25$)和亚甲基峰 b($\delta=4.10$) 分别为三重峰和四重峰，而不是单峰。这是由于 CH_3 和 CH_2 上的氢原子核之间相互干扰(自旋偶合与自旋分裂)引起的。

4. 峰面积

比较各组信号的峰面积，可以确定各种不同类型质子的相对数目。近代核磁共振仪都具有积分功能，可以在谱图上记录下积分曲线。峰面积一般用阶梯式积分曲线来表示，积分曲线由低场向高场扫描。在有机化合物的[1]H NMR 谱图中，从积分曲线的起点到终点的高度变化与分子中质子的总数成正比，而每一阶梯的高度则与相应质子的数目成正比。现代核磁共振仪也可将分子中各种质子的比值数标于其相应的峰下。在图 4-6 乙酸乙酯的氢谱中，a、b 和 c 三种氢的面积比为 3∶2∶3，每组峰的面积比正好是产生这组信号的三种氢原子的个数比。

5. 脉冲核磁共振原理

早期的核磁共振仪都是连续波谱，在连续波谱中使用的是弱强度射频。但这种连续波谱存在许多缺陷，如需要的样品量多，信噪比低，实验时间长，且得到的信息非常少。采用脉冲核磁共振技术可以克服这些缺点。脉冲核磁共振技术是使用一个硬脉冲(强度很大的脉冲)，激发所有被观察到的核，然后让激发的核回到平衡状态，记录回到平衡状态的过程中所产生自由感应衰减函数，然后通过傅立叶变换得到核磁共振图。

1) 总磁化矢量

以 $I=1/2$ 的核为例，来阐述总磁化矢量的概念。这类核与外磁场作用，产生低能态和高能态两种状态，其中低能态的核和高能态的核数目是不相等的，其粒子数之比符合等式(4-9)的 Boltzmann 分布：

$$N_\beta/N_\alpha = \exp(-\Delta E/kT) \tag{4-9}$$

式中：N_α 为低能态的粒子数，N_β 为高能态的粒子数。

粒子数的差值取决于场强和被观测的核的种类。这个差值与总磁化矢量有关，总磁化矢量即各磁化矢量(磁矩，核自旋引起)之和。总磁化矢量可用图 4-7 来描述。

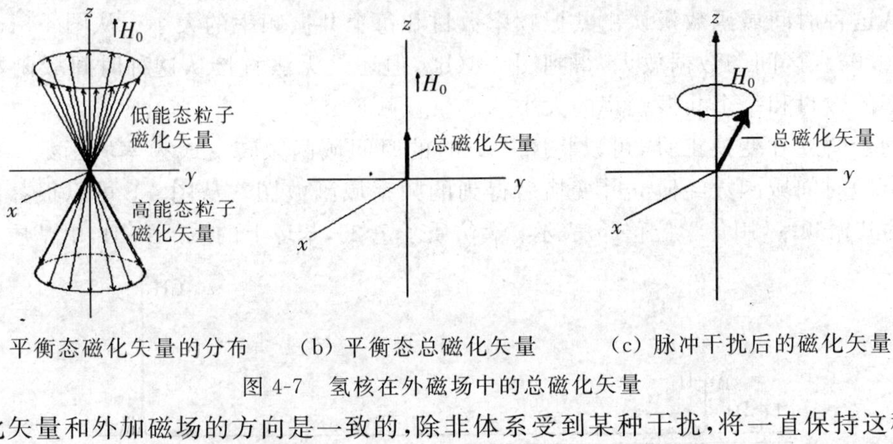

(a) 平衡态磁化矢量的分布　(b) 平衡态总磁化矢量　(c) 脉冲干扰后的磁化矢量

图 4-7　氢核在外磁场中的总磁化矢量

磁化矢量和外加磁场的方向是一致的，除非体系受到某种干扰，将一直保持这种状态。设外加磁场的方向为 z 轴，如果能使磁化矢量偏离外加磁场，就会产生一个由 H_0 施加于核上的力，这时核就会绕 H_0 进动。进动的磁化矢量在 xy 平面上有一个分量，如果围绕垂直于 H_0 的轴缠一个线圈，进动的磁化矢量会在线圈中感应产生振荡电流，振荡电流经过适当的放大处理,这个电流就成为 NMR 信号。

2)自由感应衰减

磁化矢量回复到平衡态时,振荡电流信号发生衰减,这种信号称为自由感应衰减(f ree induction decay,FID)。其中,free 的意思是不再受射频场的作用,induction 意味着在线圈中被感应,decay 的含义是衰减回到平衡态。图 4-8 是均三甲苯在氘代氯仿溶液中的质子的 FID 信号图。

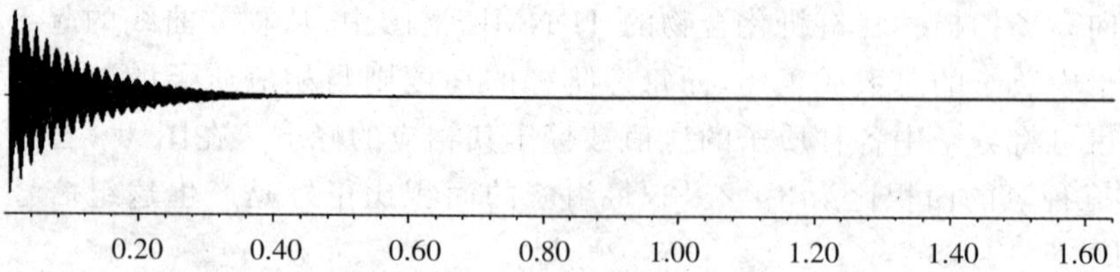

(a)

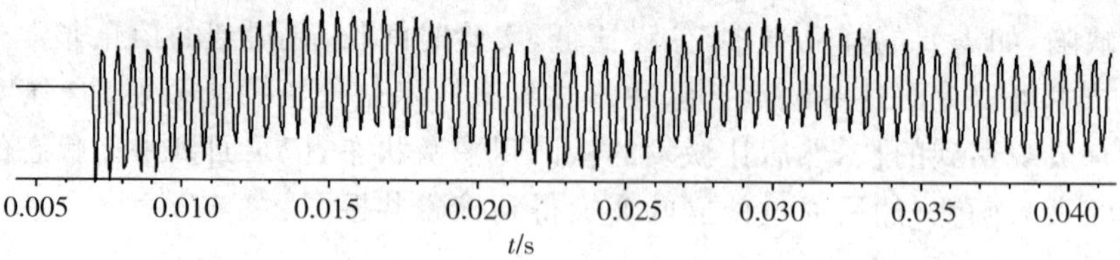

(b)

图 4-8 均三甲苯在氘代氯仿溶液中的质子的 FID 信号图

3)傅立叶变换

FID 是一个时间域函数,如果体系只有一个共振频率,从 FID 信号图可以算出该体系共振频率与参比频率之差,进而求出体系的共振频率。若在体系中有两个或更多的共振频率,矢量以不同的频率在旋转坐标系中运动,产生信号,它是所有分量的总和。

均三甲苯的氘代氯仿溶液中有三种质子:甲基质子,苯环上的质子和残余的氯仿质子。图 4-8(a)是均三甲苯在氘代氯仿溶液中的质子的 FID 信号图。由于整个图数据点太多,无法直接从这种时间域函数辨认出共振频率数目和每个共振频率的大小。从图 4-8(a)中截取 0.005～0.04 s 区间的数据放大,得到图 4-8(b),但还是无法直接从这种时间域函数辨认出共振频率的数目和每个共振频率的大小。

借助于傅立叶变换工具,可以将图 4-8(a)的时间域函数转变成频率域函数。图 4-9 是将图 4-8(a)时间域函数经傅立叶变换后得到的频率域函数图。从图 4-9 可以很容易地找出各种氢的共振频率,用化学位移(δ)表示:氯仿质子 7.26,苯环上的质子 6.81,甲基质子 2.28。

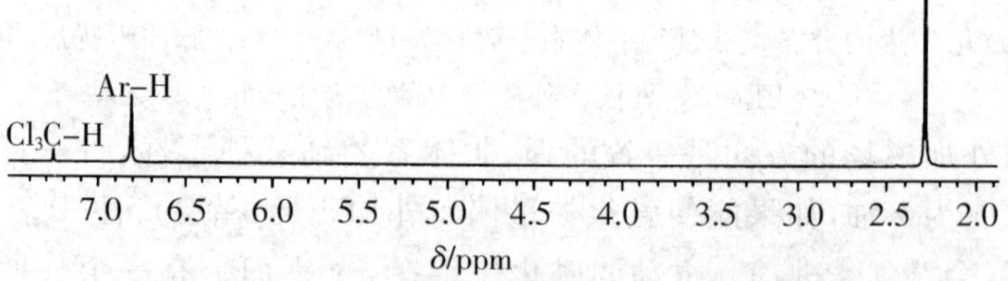

图 4-9 均三甲苯在氘代氯仿溶液的质子的频率域函数的信号图

图 4-10 是由 CH_2Cl_2,H_2O,$CHCl_3$,$CDCl_3$,$(CH_3)_4Si$ 和 $(CH_3)_3CCOCH=CH_2$ 组成的混合物的质子的 FID 信号图。含有 8 种氢的 FID 信号更复杂,更无法得到所需要的信息。但是,将图 4-10 时间域函数图经傅立叶变换后,可以得到图 4-11 所示的频率域函数,并得到各种质子的化学位移信息。

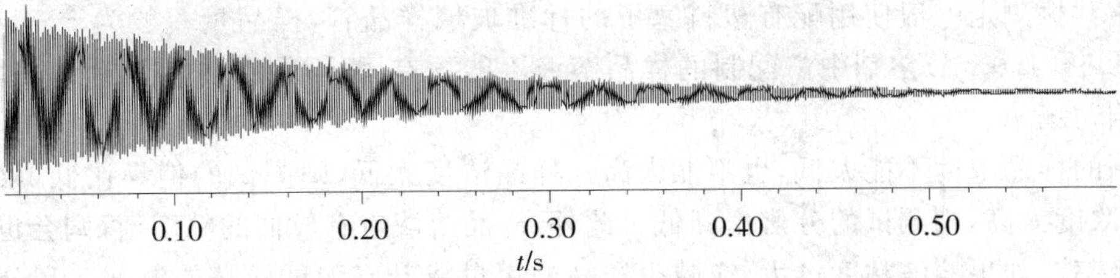

图 4-10　CH_2Cl_2,H_2O,$CHCl_3$,$CDCl_3$,$(CH_3)_4Si$ 和 $(CH_3)_3CCOCH=CH_2$ 组成的混合物的 FID 信号图

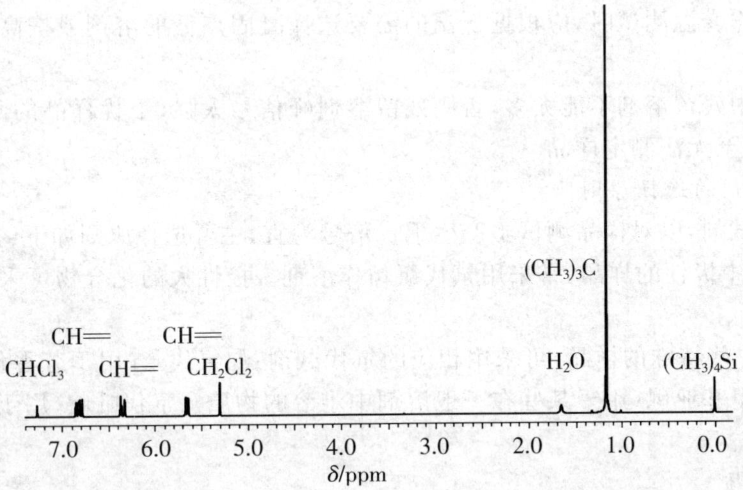

图 4-11　CH_2Cl_2,H_2O,$CHCl_3$,$CDCl_3$,$(CH_3)_4Si$ 和 $(CH_3)_3CCOCH=CH_2$ 组成的混合物的 FID 信号图

4.3.2　实验方法与技术

1. 关于信噪比

当样品量很少的时候,信号会很弱,有时信号会淹没在仪器所产生的噪音里。现代计算机技术的发展,可以将多次测得的信号进行累加。

设第 i 次测试的信号强度为 S_i,噪音强度为 N_i,n 次测试的信号强度值之和为 $S_总$,n 次测试的噪音强度值之和为 $N_总$,那么信噪比 r 可由等式 4-10 表示。

$$S_{总} = \sum S_i \; N_{总} = \sum N_i \tag{4-10}$$

通常,信号是一个定值且为正值,而噪音不是一个定值,是随机的,且有正有负,它们会相互抵消一些,依据数理统计,$N_总$、$S_总$、N_i、S_i 和累加次数 n 的关系可由等式 4-11 表示。

$$r = \frac{S_{总}}{N_{总}} = \sqrt{n}\,\frac{S_i}{N_i} \tag{4-11}$$

因此,累加 n 次后,信噪比提高了 $\sqrt{n}$ 倍。

但是,累加次数 n 不是越多越好,累加次数 n 过多,将出现以下问题:

(1) 占用仪器的时间增加,降低仪器使用效率;

(2) 时间过长,仪器的磁场会发生变化,有时会导致错误的信息;

(3) 累加次数过多,数据量急剧增加,消耗大量的内存,导致内存溢出,而使数据失真。

2. 样品的制备

1) 选择合适的溶剂配制样品溶液

核磁共振测定一般使用配有塑料塞子的标准玻璃样品管,样品量一般为 5~10 mg 溶质溶于 0.5~1.0 mL 溶剂中。配制的样品溶液不能含有固体微粒,更不能有顺磁性物质,否则影响匀场。

配制的样品浓度不能太低,也不能太高。样品浓度太低,则测试的信噪比低,累加时间长;样品浓度太高,则测试的分辨率降低。此外,样品溶液应有较低的粘度,否则会也降低谱峰的分辨率。如果溶液粘度过大,应减少样品的用量或升高测试样品的温度。高分子化合物常常粘度大,分辨率低。

当样品需作变温测试时,应根据低温的需要选择凝固点低的溶剂或按高温的需要选择沸点高的溶剂。

样品溶液中残留溶剂不能太多,否则残留溶剂峰信号太强,干扰样品的测试,降低样品峰的分辨率,甚至无法测定样品。

2) 氘代试剂的选择原则

选择氘代试剂,以对样品测试不产生干扰信号为宜,主要选择原则如下:

(1) 对低、中极性的样品,常采用氘代氯仿作溶剂。极性大的化合物可采用氘代丙酮和重水等。

(2) 针对一些特殊的样品,可采用相应的氘代试剂:如氘代苯(用于芳香化合物、芳香高聚物)、氘代二甲基亚砜(用于某些在一般溶剂中难溶的物质)、氘代吡啶(用于难溶的酸性或芳香化合物)等。

3) 内标物质

为了测定化学位移值,需加入一定的内标物质(基准物质)。内标物质加入到样品溶液中的测定方法称为内标法。若出于溶解度或化学反应性等的考虑,内标物质不能加在样品溶液中时,可将液态内标物质(或固态内标物质的溶液)封入毛细管再插到样品管中,这种测试方法称为外标法。对碳谱和氢谱,常用四甲基硅烷作为内标物质。

内标物质不宜加得太多,能观察得到就行。内标物质太多,信号太强,干扰样品的测试,降低样品峰的分辨率。

(阳年发 供稿)

4.4　质谱

4.4.1　基本原理

1. 质谱分析的基本原理

质谱分析法(Mass Spectrometry, MS)是在高真空系统中测定样品的分子离子及碎片离子质量/电荷比,以确定样品相对分子质量及分子结构的方法。被分析的样品首先在离子源中受一定能量冲击失去一个电子,生成带正电的分子离子,分子离子还可能断裂成各种碎片离子或重排离子。按照这些不同质量与电荷之比(m/z)的离子在稳定磁场中的运动行为的不同,把离子按质荷比(m/z)分离,通过检测器记录而得到质谱图。质谱图中每个峰代表一个质量数,通过质谱提供的分子离子峰和碎片峰的质荷比确定分子量并推测结构,得到样品的定性定量结果。

从 20 世纪 60 年代开始,质谱就广泛应用于有机化合物分子结构的测定。随着科学技术的发展,质谱仪已实现了与不同的分离仪器的联用。例如,气相色谱与质谱联用、液相色谱与质谱联用、质谱和质谱的联用已成为一种用途很广的有机化合物分离、结构测定及定性定量分析的方法。另外,质谱仪和电子计算机的结合使用,不仅简化了质谱仪的操作,又提高了质谱仪的效能。特别是近年来从各种类型有机分子结构的研究中,找出了一些分子结构与质谱的规律,使质谱成为剖析有机物结构的强有力的工具之一。在鉴定有机物的四大重要手段(NMR、MS、IR、UV)中,也是唯一可以确定分子式的鉴定方法(分子量测定精度可达 10^{-4})。

2. 质谱仪

常用的质谱仪依据其质量分析器可以分成两大类:四极杆质谱仪和磁质谱仪。图 4-12 是单聚焦质谱仪的示意图。

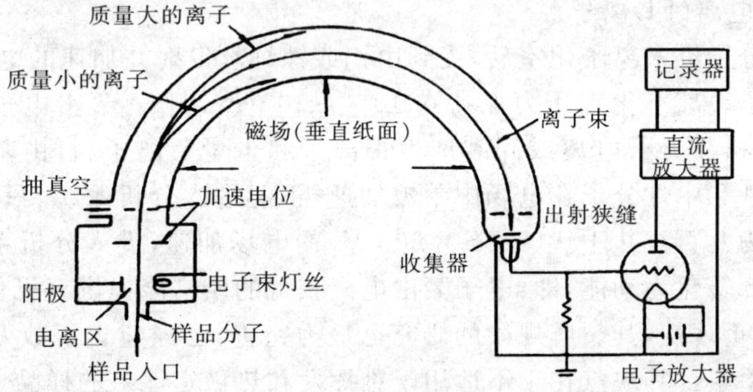

图 4-12　单聚焦质谱仪的示意图

质谱仪一般由四部分组成。

1) 真空系统

质谱仪的离子源、质谱分析器及检测器必须处于高真空状态(离子源的真空度应达 10^{-3}～10^{-5} Pa,质量分析器的真空度应达 10^{-6} Pa)。如果系统真空度低,则会产生如下影响:① 系统中的氧会烧坏离子源的灯丝;② 增高本底,干扰质谱图;③ 引起额外的离子-分子反应,改变裂解模型,使质谱解释复杂化;④ 干扰离子源中电子束的正常调节;⑤ 用作加速离子的几千伏高压会引起放电。

2) 进样系统

(1) 进样系统

将样品导入质谱仪有直接进样和接口进样两种方式。直接进样:这种方法可与电子轰击电离、化学电离以及场电离结合,适用于热稳定性差或者难挥发物的分析。接口进样:目前,质谱进样系统发展较快的是多种液相色谱/质谱联用的接口进样技术,即将色谱流出物直接导入质谱仪,经离子化后,供质谱仪进行分析。

(2) 离子源

图 4-13 是质谱仪的离子源示意图,离子源的作用是使待测物分子在离子源中气化,在电离室内,气态样品分子受到高速电子的轰击后,该分子就失去电子成为正离子(分子离子),分子离子继续受到电子的轰击,使一些化学键断裂,或引起重排以瞬间速度裂解成多种碎片离子(正离子)。在排斥极上施加正电压,带正电荷的阳离子被排挤出离子化室,而形成离子束,离子束经过加速电极的加速,进入质量分析器。使气态分子转化为离子的方法很多,最常用的有如下 7 种方法。

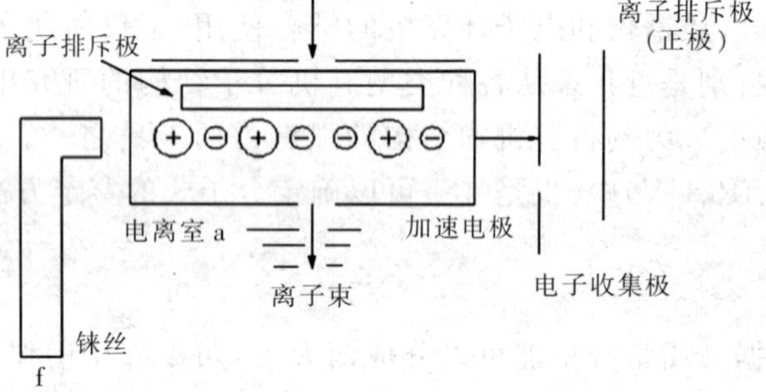

图 4-13 质谱仪的离子源示意图

① 电子轰击电离(EI)离子源

气化的样品分子进入离子化室后,受到由钨或铼灯丝发射并加速的电子流(8～100 eV)的轰击产生正离子。离子化室压力保持在 10^{-4}～10^{-6} mmHg。轰击电子的能量大于样品分子的电离能,使样品分子电离或碎裂产生正离子和少量负离子、自由基和中性分子。其中,负离子、自由基和中性分子在电场中不被加速,不能进入分析系统,只有通过真空抽走。正离子经电位差为几百至几千伏(800～8 000 V)的电场加速,进入分析系统。离子在电场中,经加速后,全部转化为动能,即:电子轰击电离获得的质谱能提供有机化合物最丰富的结构信息,有较好的重现性,其裂解规律的研究也最为完善,已经建立了数万种有机化合物的标准谱图库可供检索。其缺点在于不适用于难挥发和热稳定性差的样品。

② 化学电离(CI)离子源

引入一定压力的反应气进入离子化室,反应气在具有一定能量的电子流的作用下电离或者裂解,生成的离子和反应气分子进一步反应或与样品分子发生离子分子反应,通过质子交换使样品分子电离。常用的反应气有甲烷,异丁烷和氨气。化学电离通常得到准分子离子,如果样品分子的质子亲和势大于反应气的质子亲和势,则生成$[M+H]^+$,反之则生成

$[M-H]^+$。根据反应气压力不同，分为大气压、中气压（0.1～10 mmHg）和低气压（10～6 mmHg）三种化学电离源。大气压化学电离源适合于色谱和质谱联用，检测灵敏度较一般的化学电离源要高 2～3 个数量级，低气压化学电离源可以在较低的温度下分析难挥发的样品，并能使用难挥发的反应试剂，但是只能用于傅立叶变换质谱仪。

③ 快原子轰击（FAB）离子源

将样品分散于基质（常用甘油等高沸点溶剂）制成溶液，涂布于金属靶上，送入 FAB 离子源中。强电场加速后的惰性气体中性原子束（如氙）对准靶上样品轰击，基质中存在的缔合离子及经快原子轰击产生的样品离子一起被溅射进入气相，并在电场作用下，进入质量分析器。如用惰性气体离子束（如铯或氩）来取代中性原子束进行轰击，所得质谱称为液相二次离子质谱（LSIMS）。此法的优点在于离子化能力强，可用于极性强、挥发性低、热稳定性差和相对分子质量大的样品，以及 EI 和 CI 难于分析的样品。FAB 比 EI 能得到更强的分子离子或准分子离子；比 CI 能得到更多的碎片离子峰信息，有助于结构解析。FAB 的缺点是对非极性样品检测的灵敏度下降，而且基质在低质量数区域（400 以下）产生较多干扰峰。FAB 是一种表面分析技术，需注意优化样品的表面处理过程。样品分子与碱金属离子加合，如[M+Na]和[M+K]，有助于形成离子，这种现象有助于生物分子的离子化。因此，使用氯化钠溶液对样品表面进行处理，有助于提高加合离子的产率。在分析过程中加热样品，也有助于提高加合离子的产率。

在 FAB 离子化过程中，可同时生成正负离子，这两种离子都可以用质谱进行分析。样品分子如带有强电子捕获结构，特别是带有卤原子，可以产生大量的负离子。负离子质谱已成功用于农药残留物的分析。

④ 场致电离（Field Ionization，FI）离子源和场解吸（Field Desorption，FD）离子源

场致电离离子源是利用强电场诱发样品分子电离，由距离很近的阳极和阴极组成，在相距很近（$d<1$ mm）的阳极和阴极之间，施加 7 000～10 000 V 的稳定直流电压，在阳极的尖端附近产生 10^7～10^8 V/cm 的强电场，依靠这个强电场把尖端附近的纳米分子中的电子拉出来，使之形成正离子，然后通过一系列静电透镜聚焦成束，并加速到质量分析器中。在场致电离的质谱图上，分子离子峰很清楚，碎片峰则较弱，这对相对分子质量测定是很有利的，但缺乏分子结构信息。为了弥补这个缺点，可以使用复合离子源，例如电子轰击-场致电离复合离子源，电子轰击-化学电离复合离子源等。

对于液体样品（固体样品先溶于溶剂）可用场解吸离子源实现离子化。将金属丝浸入样品液，待溶剂挥发后把金属丝作为发射体送入离子源，通过弱电流提供样品解吸附所需能量，样品分子即向高场强的发射区扩散并实现离子化。FD 适用于难以气化、热稳定性差的化合物。FI 和 FD 均易得到分子离子峰。

⑤ 大气压电离（API）离子源

API 是液相色谱/质谱联用仪最常用的离子化方式。大气压电离离子源主要包括大气压电喷雾（APESI），大气压化学电离（APCI）和大气压光电离（APPI）三种离子源。电喷雾离子化是去除溶剂后的带电液滴形成离子的过程，适用于容易在溶液中形成离子的样品或极性化合物。因具有多电荷能力，所以其分析的分子量范围很大，既可用于小分子分析，又可用于多肽、蛋白质和寡聚核苷酸分析。APCI 是在大气压下利用电晕放电使气相样品和流动相电离的一种离子化技术，要求样品有一定的挥发性，适用于非极性或低、中等极性的

化合物。由于极少形成多电荷离子，分析的分子量范围受到质量分析器检测质量范围的限制。APPI 是用紫外灯取代 APCI 的电晕放电，利用光化作用将气相中的样品电离的离子化技术，适用于非极性化合物。由于大气压电离源是独立于高真空状态的质量分析器之外，故不同大气压电离源之间的切换非常方便。

⑥ 基质辅助激光解吸离子化源(MALDI)

将溶于适当基质中的样品涂布于金属靶上，用高强度的紫外或红外脉冲激光照射实现样品的离子化。此方式主要用于高达 100 kDa 质量的大分子分析，仅限于作为飞行时间分析器的离子源使用。

⑦ 电感耦合等离子体离子化源(ICP)

等离子体是由自由电子、离子和中性原子或分子组成，总体上成电中性的气体，其内部温度高达几千至上万度。样品由载气携带从等离子体焰炬中央穿过，迅速被蒸发、电离并通过离子引出接口，导入到质量分析器。样品在极高温度下完全蒸发和解离，电离的效率高，因此几乎对所有元素均有较高的检测灵敏度。由于该条件下化合物分子结构已经被破坏，所以 ICP 仅适用于元素分析。

3）质量分析器

质量分析器是根据其质荷比，将带电离子加以分离，用于纪录各种离子的质量/电荷比数和丰度。质量分析器的两个主要技术参数是所能测定的质荷比的范围(质量范围)和分辨率。质量分析器是由非磁性材料制成，单聚焦质量分析器所使用的磁场是扇形磁场，扇形开度角可以是 180 度，也可以是 90 度，当被加速的离子流进入质量分析器后，在磁场作用下，各种阳离子被偏转。质量小的偏转大，质量大的偏转小，因此互相分开。当连续改变磁场强度或加速电压，各种阳离子将按 m/z 大小顺序，依次到达离子检测器(收集极)，产生的电流经放大后，由记录装置记录并绘制成质谱图。

① 扇形磁分析器

离子源中生成的离子通过扇形磁场和狭缝聚焦形成离子束。离子通过离子源，进入垂直于其前进方向的磁场。不同质荷比的离子在磁场的作用下，前进方向产生不同的偏转，从而使离子束发散。由于不同质荷比的离子在扇形磁场中有其特有的运动曲率半径，通过改变磁场强度，检测依次通过狭缝出口的离子，从而实现离子的空间分离，形成质谱。

② 四极杆分析器

四极杆分析器含有 4 根平行的棒状电极。离子束在与棒状电极平行的轴上聚焦，一个直流(DC)固定电压和一个射频(RF)电压作用在棒状电极上，两对电极之间的电位相反。对于给定的直流和射频电压，特定质荷比的离子在轴向稳定运动，其他质荷比的离子则与电极碰撞湮灭。将 DC 和 RF 电压以固定的斜率变化，可以实现质谱扫描功能。四极杆分析器对选择离子分析具有较高的灵敏度。

③ 离子阱分析器

离子阱分析器由两个端盖电极和位于它们之间的类似四极杆的环电极构成。端盖电极施加直流电压或接地，环电极施加射频电压，通过施加适当电压，形成一个势能阱(离子阱)。调节射频电压的大小，离子阱就可捕获某一质量范围的离子。离子阱可以储存离子，待离子累积到一定数量后，再升高环电极上的射频电压，离子按质量从高到低的次序依次离开离子阱，被电子倍增监测器检测。目前，离子阱分析器已发展到可以分析质荷比高达数千的离子。离子阱在全扫描模式下仍然具有较高灵敏度，而且单个离子阱通过时间序列的设定，可以实现多级质谱(MSn)的功能。

④ 飞行时间分析器

具有相同动能，不同质量的离子，因其飞行速度不同而分离。如果固定离子飞行距离，则不同质量离子的飞行时间不同，质量小的离子飞行时间短，先期到达检测器。各种离子的飞行时间与质荷比的平方根成正比。离子以离散包的形式引入质谱仪，这样可以统一飞行的起点，依次测量飞行时间。离子包通过一个脉冲或者一个栅系统连续产生，但只在一特定的时间引入飞行管。新发展的飞行时间分析器具有大的质量分析范围和较高的质量分辨率，尤其适合蛋白质等生物大分子的分析。

⑤ 傅立叶变换分析器

在一定强度的磁场中，离子做圆周运动，离子运行轨道受共振变换电场限制。当变换电场频率和回旋频率相同时，离子稳定加速，运动轨道半径越来越大，动能也越来越大。当电场消失时，沿轨道飞行的离子在电极上产生交变电流。对信号频率进行分析可得出离子质量。将时间与相应的频率利用计算机经过傅立叶变换形成质谱。其优点为分辨率很高，质荷比可以精确到千分之一道尔顿。

4）数据处理

检测器通常为光电倍增器或电子倍增器，所采集的信号经放大并转化为数字信号，计算机进行处理后得到质谱图。质谱离子的多少用丰度表示(abundance)，即具有某质荷比离子的数量。由于某个具体离子的“数量”无法测定，故一般用相对丰度表示其强度，即最强的峰叫做基峰(base peak)，其他离子的丰度用相对于基峰的百分数表示。在质谱仪测定的质量范围内，由离子的质荷比和其相对丰度构成质谱图。在 LC/MS 和 GC/MS 中，常用各分析物质的色谱保留时间和由质谱得到其离子的相对强度组成色谱总离子流图。也可确定某固定的质荷比，对整个色谱流出物进行选择离子检测(selected ion monitoring，SIM)，得到选择离子流图。质谱仪分离离子的能力称为分辨率，通常定义为高度相同的相邻两峰，当两峰的峰谷高度为峰高的10%时，两峰质量的平均值与它们的质量差的比值。对于低、中、高分辨率的质谱，分别是指其分辨率在 100～2 000、2 000～10 000 和 10 000 以上。

3. 串联质谱及联用技术

1）串联质谱

两个或更多的质谱连接在一起，称为串联质谱。最简单的串联质谱(MS/MS)由两个质谱串联而成，其中第一个质量分析器(MS1)将离子预分离或加能量修饰，由第二级质量分析器(MS2)分析结果。最常见的串联质谱为三级四极杆串联质谱。第一级和第三级四极杆分析器分别为 MS1 和 MS2，第二级四极杆分析器所起作用是将从 MS1 得到的各个峰进行轰击，实现母离子碎裂后，进入 MS2 再行分析。现在出现了多种质量分析器组成的串联质谱，如四极杆-飞行时间串联质谱(Q-TOF)和飞行时间-飞行时间(TOF-TOF)串联质谱等，大大扩展了应用范围。离子阱和傅立叶变换分析器可在不同时间顺序实现时间序列多级质谱扫描功能。

MS/MS 最基本的功能是能说明 MS1 中的母离子和 MS2 中的子离子间的联系。根据 MS1 和 MS2 的扫描模式，例如子离子扫描、母离子扫描和中性碎片丢失扫描，可以查明不同质量数离子间的关系。母离子的碎裂可以通过以下方式实现：碰撞诱导解离，表面诱导解离和激光诱导解离。不需要激发即可解离的方式则称为亚稳态分解。

2）联用技术

色谱可作为质谱的样品导入装置，并对样品进行初步分离纯化。色谱可得到化合物的保留时间，质谱可给出化合物的分子量和结构信息，因此，色谱/质谱联用技术可鉴别和测定复杂体系或混合物。在这些联用技术中，气相色谱/质谱联用和液相色谱/质谱联用等已经广泛用于药物分析。

（1）气相色谱/质谱联用（GC/MS）：气相色谱的流出物已经是气相状态，可直接导入质谱。由于气相色谱与质谱的工作压力相差几个数量级，开始联用时在它们之间使用了各种气体分离器以解决工作压力的差异。随着毛细管气相色谱的应用和高速真空泵的使用，现在气相色谱流出物已可直接导入质谱。

（2）液相色谱/质谱联用（LC/MS）：主要用于分析 GC/MS 不能分析的，或者热稳定性差，强极性和高分子量的物质。例如，生物样品（药物与其代谢产物）和生物大分子（肽、蛋白、核酸和多糖）。

（3）毛细管电泳/质谱联用（CE/MS）：毛细管电泳（CE）适用于分离分析极微量样品（nl 体积）和特定样品的分离（如手性对映体分离等）。CE 流出物可直接导入质谱，或加入辅助流动相似达到和质谱仪相匹配。

（4）芯片/质谱联用（Chip/MS）：近年来，微流控芯片技术发展迅速，可实现分离、过滤、衍生等多种实验室技术于一块芯片上的微型化技术，具有高通量、微型化等优点，目前也已实现芯片和质谱联用，但尚未商品化。

（5）超临界流体色谱/质谱联用（SFC/MS）：常用超临界流体二氧化碳作流动相的 SFC 适用于小极性和中等极性物质的分离分析，通过色谱柱和离子源之间的分离器可实现 SFC 和 MS 联用。

等离子体发射光谱/质谱联用（ICP/MS）：由 ICP 作为离子源和 MS 实现联用，主要用于元素分析和元素形态分析。

4.4.2 质谱定性分析

1. 分子量确定

根据分子离子峰质荷比可确定分子量，通常分子离子峰位于质谱图最右边，但由于分子离子的稳定性及重排等，质谱图上质荷比最大的峰并不一定是分子离子峰。通常，利用如下经验规律来辨认分子离子峰：

（1）识别分子离子峰

原则上除同位素峰外，分子离子峰是最高质量/电荷比的峰。但要注意，醚、胺、脂、酰、胺腈和胺醇的 $(M+H)^+$ 峰，以及芳醛、醇或含氮化合物等的 $(M-H)^+$ 峰。

（2）分子离子峰应符合“氮律”

在 C、H、O 组成的化合物中，分子离子峰的质量数一定是偶数；在含 C、H、O、N 化合物中，含偶数个 N 的分子量为偶数，含奇数个 N 的分子量为奇数。不符合上述规律者必定不是分子离子峰。

（3）分子离子峰与邻近峰的质量差是否合理

有机分子失去碎片大小是有规律的，例如分子失去 H、CH_3、H_2O 和 C_2H_5 等，在质谱图中可以看到 M－1、M－15、M－18、M－28 等峰，而不可能出现 M－3、M－14、M－24 等峰。如出现这样的峰，则该峰一定不是分子离子峰。

（4）根据断裂方式判断分子离子峰

例如，醇的分子离子峰通常看不到，但经常看到最高质量的两峰相差 3 个质量单位的峰（M－CH_3 峰和 M－H_2O 峰）。

（5）通过改变仪器的实验条件来检验分子离子峰

① 降低电子流电压，增加分子离子峰强度（当电子轰击电压降低，强度不增加的峰不是分子离子峰）。

② 采用化学电离源、场离子或场解吸源等电离方法。

③ 制备易挥发的衍生物，如通过甲基化、乙酰基化、甲酯化、三甲基硅醚化、水解氧化或还原等方法将样品制备成适当的衍生物，然后再测定。

2. 化学式的确定

质谱可用于推导分子式，计算不饱和度。由高分辨质谱仪测得的精确分子量或由同位素峰簇的相对强度计算分子式。若二者均难以实现时，则由分子离子峰丢失的碎片及主要碎片离子推导，或与其他方法配合。

3. 结构鉴定

（1）根据质谱图，找出分子离子峰、碎片离子峰、亚稳离子峰、质荷比（m/z）、相对峰高等质谱信息，根据各类化合物的分裂规律，重组整个分子结构。

（2）采用与标准谱库对照的方法。

（党丽敏，桂陆军 供稿）

第五章　基础操作实验

实验 1　简单玻璃工操作、塞子的打孔与装配

（一）实验目的

(1) 通过对玻璃管(棒)的切割、拉伸和弯曲等实验，掌握玻璃工的基本操作；

(2) 掌握塞子钻孔的基本操作。

（二）实验仪器与材料

酒精喷灯，石棉网，三角锉刀，打孔器等。

玻璃管型号：ø10 mm×2 m，ø12 mm×1 m；玻璃棒型号：ø5 mm×1 m，ø8 mm×1 m；三号橡皮塞。

（三）实验步骤

用酒精喷灯加热[1]制作熔点管、滴管、弯管、玻璃钉与玻璃棒，其具体操作按照第二章中简单玻璃工操作要求进行。

1. 制作熔点管[2]

用直径 10 mm 的薄壁玻璃管拉制成规格为长 15 cm、直径 1 mm、两端封口的毛细管 10 根。

2. 制作沸点管

用直径 12 mm 的薄壁玻璃管拉制成约长 7 cm 、直径 4 mm 的毛细管 5 支，将一端封口，作为沸点管外管。用直径 10 mm 的薄壁玻璃管拉制成长约 10 cm、直径 1 mm 两端封口的毛细管 5 根，在 1/3 部位封闭，作沸点管内管。

3. 制作滴管

用拉制毛细管两端余下的玻璃管做成长滴管。制作规格：粗端的长 10 cm，总长为 12～13 cm（见图 2-9）。

4. 制作弯管

采用直径为 10 mm 的玻璃管制作如下规格的弯管：

① 角度为 100°,一边长为 15 cm、另一边长为 3 cm 的弯管 2 支；

② 角度为 70°,两边长均为 10 cm 的弯管 2 支；

③ 角度为 30°,两边长均为 4 cm 的弯管 2 支。

5. 制作玻璃钉和玻璃棒

采用不同型号的玻璃棒,按照如下要求制作玻璃钉和玻璃棒。

① 制作直径为 2～3 mm,长 4～5 cm 的小玻璃钉 1 支；

② 制作直径为 5 mm,长 5～6 cm 的大玻璃钉 1 支；

③ 制作直径为 5 mm,长各为 18 cm、12 cm 玻璃棒各 1 根。

6. 塞子打孔

取 3 号橡皮塞 1 个,从中央打孔,孔大小以能插入上面制作的弯管为宜。

（四）思考题

(1) 弯曲和拉制玻璃管时,使用的温度有什么不同？为什么要采用不同温度？

(2) 刚弯制好了的玻璃管,如果立即与和冷的物件接触会发生什么不良的后果？

(3) 玻璃管加工过程中,可能发生的烫伤事故是怎么引起的？

注意事项

[1] 酒精喷灯使用不当容易造成酒精喷射,引起烧伤和失火事故,因此,必须按照使用说明进行操作。

[2] 玻璃加工操作中,容易发生割伤和烫伤事故,实验时要集中注意力。

（杨涛,廖德仲 供稿）

实验2　熔点的测定及温度计校正

（一）实验目的

（1）学习毛细管法测定固体有机物熔点的操作方法；
（2）了解显微熔点仪的测定原理和操作技术。

（二）实验原理

固体化合物的固液两相蒸气压一致，固液两相平衡共存时的温度为该化合物的熔点。每一个纯净的有机化合物都具有一定的熔点。即在一定压力下，固液两态之间的变化是非常敏锐的，从开始熔化（初熔）至完全熔化（全熔）的温度范围，一般不超过0.5 ℃。当含有杂质时会使其熔点下降，且熔程增长。因此，测定熔点对于鉴定纯的固体有机化合物和定性判断固体化合物纯度具有较大应用价值。

（三）实验仪器与试剂

【主要仪器】

b型管，酒精灯，毛细熔点管，温度计，显微熔点测定仪。

【主要试剂】

高沸点浴液（植物油），α-萘胺（AR），萘（AR），苯甲酸（AR），尿素（AR），肉桂酸（AR），水杨酸（AR）。

（四）实验步骤

1. 毛细管法测定熔点

（1）样品的装入

将待测熔点的干燥样品少许（约0.1 g）置于干净的表面皿上，用玻璃棒或不锈钢刮刀将它研成粉末并集成一堆。取内径约1 mm、长约60～70 mm，且一端封闭的毛细管为熔点测定管。将熔点测定管开口端向下插入粉末样品中，然后把熔点管开口端朝上，且垂直于桌面，轻轻上下振动使样品落至管底，再用力在桌面上下振动，尽量使样品填紧。或将管口向上的熔点管，放入长约30～40 cm且垂直于一表面皿凹面上的玻璃管，使熔点管从玻璃管上端自由落下，如此几次后可把样品装得紧实。样品高度约2～3 mm。沾于管外的粉末须拭去，以免玷污加热浴液。若要测定的熔点准确，样品一定要研得极细，装得结实，使热量的传导迅速均匀。对于蜡状的样品，为了解决研细及装样的困难，可选用较大口径的熔点管(2 mm 左右)。对于易升华的物质的熔点测定，要在装样后将毛细管另一端开口也封闭。通常一个样品装 2～3 支熔点管备用。

本实验分别取尿素、肉桂酸、尿素和肉桂酸的等量混合物，测试其熔点。

(2) 熔点测定装置的安装

按图 2-12 (a)(c)(d)所示，安装 b 形管热浴法的熔点测定装置[1,2]。

(3) 熔点的测定

按照图 2-12(a)所示的部位加热，开始时升温速度可以较快，到距离熔点 10～15 ℃时，调整火焰控制升温速度为 1～2 ℃/min。愈接近熔点，升温速度应愈慢[3]。记下初熔(样品开始塌落并有液相产生时)和全熔(固体完全消失时)的温度计读数[4]，即为该化合物的熔程。待浴温冷至待测样品熔点以下 30 ℃左右，再取另一根装样的熔点管进行测定[5]。每种样品重复测定 2～3 次。熔点测定完后，温度计的读数须对照温度计校正图进行校正。

(4) 温度计的校正

用同一支温度计按上述方法测定标准样品 α-萘胺、萘、苯甲酸、水杨酸的熔点。以测得的熔点数据为纵坐标，以测得的熔点与标准熔点之差数为横坐标，绘制曲线即为该温度计的校正图。在任一温度时的校正值可直接从曲线中读出。

2. 用熔点测定仪测定熔点

将显微熔点测定仪的显微镜部分、加热台、温度传感器与调压测温仪按照图 2-13 安装连接，取样品约 0.1 mg 放在两片洁净的载片玻璃之间碾转、压实、布匀，置于热台中心，盖上隔热玻璃，调节显微镜高度和调焦手轮，直至能清晰观察被测物质的晶形。先拧开加热旋扭，使温度快升，到温度低于熔点 10～15 ℃时，调节微调旋扭，减慢升温速度至 1～2 ℃/min。观察被测样品的熔化过程，记录初熔和全熔时的温度值。重复测定或继续测定另一样品时，只需将金属冷却圆板(散热器)置于热台上，电压调为零或切断电源，使温度降至低于待测样品熔点 30 ℃，即可重新测定。

本实验约需 4 h。

(五) 思考题

(1) 三个瓶子中分别装有 A,B,C 三种白色结晶的有机固体，每一种都在 149～150 ℃熔化。已知 A 与 B 的体积比 1∶1 的混合物在 130～139 ℃熔化；A 与 C 的体积比为 1∶1 的混合物在 149～150 ℃熔化。请问 B 与 C 的体积比为 1∶1 的混合物熔化温度范围？你能说明 A,B,C 是同一种物质吗？

(2) 测定熔点时，若遇下列情况，将产生什么结果？

① 熔点管壁太厚。

② 熔点管底部未完全封闭，尚有一针孔。

③ 熔点管不洁净。

④ 样品未完全干燥或含有杂质。

⑤ 样品研磨得不细或装得不紧密。

⑥ 加热太快。

(3) 某学生用同一根毛细管重复测定A物质的熔点3次,数据的重现性反而不如用3根毛细管分别测定A物质熔点3次数据的重现性好,为什么?

注意事项

[1] 热浴容器(b形管或烧瓶、试管、烧杯)在加入高温浴液前都必须干净、干燥,以防止加热浴液时发生暴沸。完成熔点测试后的浴液一定要待冷却后,方可倒回回收瓶中。

[2] 用浓硫酸作热浴时应特别小心,不仅要防止灼伤皮肤,还要注意勿使样品或其他有机物触及硫酸,所以装填样品时沾在管外的样品必须拭净。否则,硫酸的颜色会变深变黑,妨碍观察。

[3] 掌握升温速度是准确测定熔点的关键,愈接近熔点,升温速度应愈慢,测得的熔点就越准确。如果要测定未知物的熔点,应先对样品粗测一次,加热速度可以稍快。知道大致的熔点范围后,再在接近熔点时缓慢升温,精确测定。测定易升华物质的熔点时,应将熔点管的开口端烧熔封闭,以免升华。

[4] 需选择量度范围与待测物熔点及浴液沸点合适的温度计。若要分析比较一组物质的熔点,则需使用同一支温度计。进行了温度校正的温度计须贴上与校正曲线图对应的标志。完成熔点测试后,从浴液中取出温度计,冷却,用废纸擦去浴液(尤其当浴液是硫酸时)。切勿用水冲洗刚从高温浴液中取出的温度计,否则温度计极易炸裂。

[5] 每一次测定都必须用新的熔点管另外装入样品。不能将已测过熔点的熔点管冷却,使其中的样品固化后再作第二次测定。因为有时某些物质会部分分解,有些会转变成具有不同熔点的其他结晶形式。

(陈贞干,刘煜 供稿)

实验 3　沸点和折光率的测定

（一）实验目的

（1）了解测定沸点和折光率的意义和原理，学习沸点和折光率测定的方法；

（2）掌握微量法测定液体有机化合物沸点的操作技术；

（3）掌握阿贝折光仪的使用、维护方法与折光率测定技术。

（二）实验原理

液体有机化合物受热时其蒸气压升高，当蒸气压达到与外界大气压相等时，液体开始沸腾，这时液体的温度就是该化合物的沸点。每种纯液态有机化合物在一定压力下具有固定的沸点。根据这个原理，采用毛细管微量法就能很好地实现液体有机化合物沸点测定。

一个介质的折光率，就是光线从真空进入这个介质时的入射角和折射角的正弦之比。这种折光率被称为该介质的绝对折光率。根据这种原理设计的阿贝折光仪能精确、方便地测定出物质的折光率。物质的折光率不但与它的结构有关，而且还和光线波长、温度等因素有关。所以，折光率的表示须注明所用的光线和测定时的温度，常用 n_D^t 表示。D 是以钠灯的 D 线（5 893 Å）作光源，t 是测试所对应的温度。通常，测定的折光率都是以空气作为比较的标准。

（三）实验仪器与试剂

【主要仪器】

b 型管，酒精灯，毛细沸点管，滴管，毛细滴管，温度计，阿贝折光仪。

【主要试剂】

植物油，无水乙醇（AR），无水乙醚（AR），丙酮（AR）。

（四）实验步骤

1. 微量法测定沸点

取一根沸点管外管（内径 3～4 mm，长 70～80 mm 的毛细管，用小火封闭其一端），用毛细滴管加入 1～2 滴无水乙醇样品于沸点管外管中，液柱高约 1 cm。再将一根沸点管内管（内径约 1 mm，长 80～90 mm 的毛细管，用小火将其 1/8 处烧结封闭）离烧结处短的开口端向下插入沸点管外管样液中，然后将沸点管外管用小橡皮圈附于温度计旁[1,2]，如图 2-15 所示。参照熔点测定实验，将沸点管和温度计放入 b 型管中热浴。在到达该液体的沸点时，沸点管内管将有一连串的小气泡快速地逸出。此时停止加热，使浴温自行降下，气泡逸出的速度即渐渐减慢。在气泡不再冒出而液体刚要进入内管的瞬间(即最后一个气泡刚欲缩回至内管中时)，表示毛细管内的蒸气压与外界压力相等，此时的温度即为该液体的沸点。为校正起见，待温度下降几度后再缓慢地加热，记下刚出现大量气泡时的温度。两次温度计读数相差应该不超过 1 ℃。

2. 折光率的测定

(1) 阿贝(Abbe)折光仪的安装与校正

从仪器箱中取出折光仪置于清洁稳固的台面上，在棱镜的外套上装好温度计，将折光仪与超级恒温水浴相连(恒温 20 ℃)。恒温后，分开直角棱镜，用丝绢或擦镜纸沾少量无水乙醚或丙酮轻轻擦洗上下镜面，待溶剂挥发后，将下面毛玻璃棱镜调节至水平状态。加 1～2 滴二次蒸馏水于下面镜面上，关合棱镜，调节反光镜，使目镜内视场明亮。转动左面刻度盘，直到镜内观察到有界线或出现彩色光带[3]，使读数镜筒内标尺读数等于二次蒸馏水的折光率($n_D^{20}=1.333$)。若出现彩色光带，调节消色散手轮，使明暗界线清晰，再用一特制的小启子旋动右面镜筒下方的方形螺旋，使明暗界线恰好通过"×"字的交点，如图 2-22 所示，即完成了阿贝折光仪的安装与校正。

图 5-1 Abbe 折光仪临界角时目镜视场图

(2) 折光率的测定

分开直角棱镜，用擦镜纸沾少量无水乙醚或丙酮轻轻擦洗上下镜面，待溶剂挥发后，加 2～3 滴无水乙醇(待测样品)于下面镜面上，关合棱镜。调节反光镜使镜内视场明亮，轻轻转动左面的刻度盘(棱镜手轮)，并在右镜筒内找到明暗分界或彩色光带，然后转动消色散手轮直至看到一个明晰分界线，再转动棱镜手轮使分界线对准"×"字的交点，记录折光率和温度。重复 2～3 次，取最接近的两次数据的平均值。

用同样方法重复 2～3 次，再测定二次蒸馏水的折光率，并与纯水的标准值比较，求算出折光仪的校正值。

(3) 折光仪的维护

阿贝折光仪在使用前后，均需用丙酮或乙醚洗净棱镜并干燥，擦洗镜面只能用丝巾或擦镜纸，不能用力擦，不得用滴管或其他硬物接触镜面，以防止毛玻璃面磨损。实验完毕后，关闭、断开超级恒温水浴，放尽折光仪金属套中的恒温水，拆下温度计装入保护套筒。擦干净折光仪，装入干燥木箱内。

本实验约需 4 h。

（五）思考题

（1）微量法测定沸点与毛细管法测定熔点有何异同？
（2）测定折光率时，阿贝折光仪为什么要避免振动？
（3）测定折光率时，为什么每次滴加样品前必须用无水乙醚洗擦镜面？

注意事项

[1] 微量法测定沸点的沸点管（包括内、外管）一套只能测定一种样品，只要管内还有适度液柱（也可补充样品），可重复测定样品的沸点。常量法测定沸点，可结合在无水乙醇的制备（简单蒸馏实验）进行学习。

[2] 沸点外管不能太短，因为装样部分紧贴温度计水银球，需伸入 b 型管两侧口的中部，须防止热浴液面漫过。沸点外管底端应烧结严密。

[3] 测定折光率时如果在目镜中看不到半明半暗的现象，可能是棱镜间未充满液体。若出现弧形光环，则可能是有光线未经过棱镜面而直接照射在聚光透镜上。若样品折光率不在 1.300～1.700 范围内，也调不到明暗界限，则不能用阿贝折光仪测定。对棱镜玻璃、保温套金属及其间的胶合剂有腐蚀或溶解作用的液体，也不得使用阿贝折光仪测定。

（陈贞干，刘煜 供稿）

实验4　糖的性质、糖脎晶形及旋光度的测定

（一）实验目的

（1）验证糖类物质的主要化学性质，熟悉糖类物质的鉴定方法；
（2）学习旋光度测定的原理，了解旋光仪的构造；
（3）掌握旋光度测定的方法与技术，学会比旋光度和光学纯度的计算。

（二）实验原理

糖类物质是多羟基醛酮或它们的缩合物，通常分为单糖、双糖和多糖三类。常见的单糖有葡萄糖和果糖，双糖有麦芽糖和蔗糖，多糖有淀粉和纤维素。

糖类物质与 Molish 试剂—— α-萘酚试剂反应都能显色。单糖、双糖、多糖都具有这个性质。因此，它是鉴定糖类物质的一个常用方法。酮糖能与间苯二酚反应，而醛糖不能与间苯二酚反应。因此，这个反应又可用来区别酮糖和醛糖。淀粉的碘化试验是鉴定淀粉的一个很灵敏的方法。

糖类物质又分为还原糖和非还原糖。前者含有的半缩醛（酮）结构能使 Benedict 试剂或 Tollen 试剂还原，并且能与过量的苯肼生成脎，糖脎有良好的结晶和一定的熔点，根据成脎速度、糖脎的晶形和熔点可以鉴别不同的糖。不含有半缩醛（酮）结构的糖不具有还原性，叫非还原糖，它不与 Benedict 试剂和 Tollen 试剂作用，也不能成脎。

糖类物质分子中存在许多手性中心，是一类手性分子。手性分子若没有与对映体完全混合，就会具有旋光性。能使偏振面右旋（顺时针）的手性化合物称为右旋体，用（＋）表示；而其对映体必使偏振面左旋（逆时针）相等角度，称为左旋体，用（－）表示。用旋光仪可测得物质的旋光度。手性化合物旋光度与溶液浓度、溶剂、测定温度、光源波长和测定管长度有关。为了比较不同物质的旋光性能，通常用比旋光度描述物质的旋光性。比旋光度是物质特有的物理常数。

（三）实验仪器与试剂

【主要仪器】

显微镜，圆盘旋光仪，试管架，试管，三角烧瓶（50 mL），表面皿，圆底烧瓶（50 mL），容量瓶，滴瓶，滴管等。

【主要试剂】

葡萄糖，果糖，麦芽糖，乳糖，蔗糖，淀粉，脱脂棉，Fehling 试剂，Benedict 试剂，Tollen 试

剂，Molish 试剂，浓盐酸，10%氢氧化钠，碘试剂，苯肼试剂，间苯二酚溶液，浓硝酸，浓硫酸等。

（四）实验步骤

1. 还原糖的检验

（1）Fehling 试剂[1]试验

取 Fehling 试剂 A 和 B 各 3 mL，均匀混合后，等分为 6 份，分别置于 6 支试管中，标明号码。加热煮沸后，分别滴入所需检验样品 5 滴，观察实验现象，并比较实验结果。

样品：5%的葡萄糖、果糖、麦芽糖、乳糖、蔗糖和淀粉溶液。

（2）Benedict 试剂[1]试验

取 6 支试管，标明号码。在每支试管中加入 Benedict 试剂 1 mL，用小火微微加热至沸，分别加入 5%的上述所需检验样品各 5 滴。在沸水中加热 2～3 min，冷却后观察是否有红色或黄绿色沉淀产生，并解释所观察到的现象。

（3）Tollen 试剂试验

取 6 支试管，标明号码。另取一支大试管加入 5%硝酸银溶液 10 mL，10%氢氧化钠溶液 2～3 滴，在振荡下滴加稀氨水（1 mL 浓氨水加 9 mL 水稀释）直到析出的氧化银沉淀刚好溶解，即为 Tollen 试剂。将 Tollen 试剂分为 6 份，分别加入上述 6 支试管中，再分别注入 5%的上述样品 5 滴。将 6 支试管浸入 60～80 ℃热水浴中加热几分钟，观察并比较实验结果，解释所观察到的实验现象。

2. 糖与酮糖的检验

（1）Molish 试验[2]

取 1 支试管加入 0.5 mL 5%糖溶液，加入 2 滴 10% α-萘酚的 95%乙醇溶液（Molish 试剂）振荡，由于析出 α-萘酚，故溶液浑浊。将试管倾斜成 45°角，沿管壁缓慢加入 1 mL 浓硫酸（勿摇动），硫酸和糖明显分为两层，观察两层之间有无紫色环出现。若数分钟内无颜色，可在水浴中温热，再观察实验现象。

样品：5%的葡萄糖、果糖、麦芽糖、蔗糖溶液。

（2）间苯二酚试验[3]

取 4 支试管，标上记号，分别加入 5%的葡萄糖、果糖、麦芽糖和蔗糖溶液 1 mL，同时各加入 2 mL 间苯二酚溶液，混匀，于沸水浴中加热 1～2 min，观察颜色变化；继续加热 20 min，再观察颜色变化，解释所观察到的现象？

3. 淀粉的检验

在装有 1 mL 1%淀粉溶液中加入 9 mL 水，充分混合。此时，溶液中大约含有千分之一的淀粉，往此稀溶液中加入两滴碘试剂[4]，由于淀粉与碘反应形成分子复合物而呈蓝色。将此蓝色溶液每次稀释 10 倍（即每次用 1 mL 溶液加 9 mL 水），直到蓝色变得很浅，粗略地推测此时淀粉的浓度，大约是百万分之几，也就是说，当淀粉在百万分之几的浓度时，仍能给出碘试验的正性结果。

4. 糖类物质的水解

（1）蔗糖的水解

取1支试管，加入5%蔗糖溶液8 mL和两滴浓盐酸，煮沸3～5 min，冷却后，用10%氢氧化钠溶液中和。等分为两份，其中一份加入2 mL Benedict试剂，加热，观察实验现象。另一份留作糖脎生成的实验。

（2）淀粉的水解

两个装有20 mL 1%淀粉溶液的50 mL烧瓶，其中一个加4～5滴浓盐酸，在60～70 ℃水浴上加热；另一个加入1～2 mL唾液，在38～40 ℃水浴上加热。每隔5 min从烧瓶中取出少量液体作碘试验，直到不再发生碘反应为止（分别记录水解时间）。水解液用Tollen或Benedict试剂检出还原糖（淀粉的酸水解液需先用稀碱中和），观察实验现象，并解释之。

5. 糖脎的生成速度和晶形观察

为了比较生成糖脎所需要的时间，药品用量要准确，并同时进行试验。

取5支试管，标明号码。其中4支试管分别盛5%的*D*-葡萄糖、*D*-果糖、麦芽糖、乳糖2 mL，另一支试管加上述2 mL蔗糖水解液。同时分别加入2 mL苯肼试剂[5]，（小心！苯肼有毒，取用苯肼时应该谨慎，勿触及皮肤。如触及皮肤，先用稀醋酸洗，再用水冲净。）充分振荡此溶液，将试管放在沸水浴中加热，振荡。观察并记录试管中形成糖脎所需要的时间[6]。若20 min后仍无结晶析出，取出试管，放冷后再观察（双糖的脎易溶于热水中，直到溶液冷却才析出沉淀）。

为了观察糖脎的结晶，让溶液慢慢冷却到室温（迅速冷却可能引起脎的结晶变形）。用一宽口的滴管取一滴含有脎的悬浮液，滴加到显微镜载片上，用低倍显微镜（80～100倍）观察结晶，与已知的糖脎晶形作比较（图5-2）。

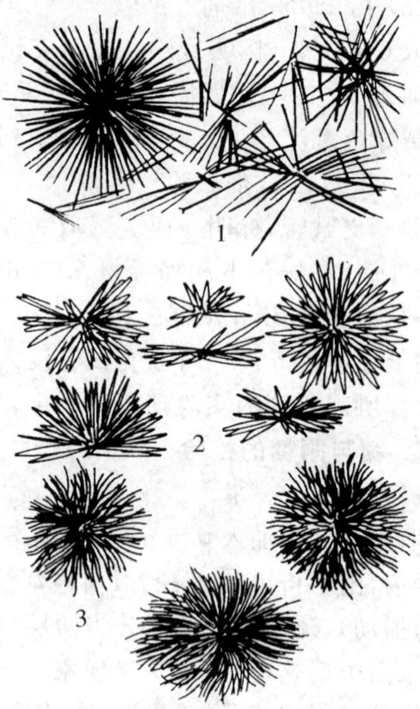

图5-2 糖脎的晶形
1-葡萄糖；2-麦芽糖；3-乳糖脎

6. 旋光度的测定

将圆盘旋光仪安放于干净、稳固的台面上，接通电源，钠光灯[6]发黄光显示正常后，即可开始测定。

（1）校正仪器零点

将样品管旋开帽盖洗净，装满蒸馏水使液面凸出管口，再将玻璃盖沿管口边缘轻轻平推、盖好，不能带入气泡。然后旋上螺丝帽盖、密封（但不可过紧，过紧会使玻盖产生扭力，造成管内空隙、影响测定结果），将样品管外擦干，放入旋光仪筒内，关闭玻璃盖，将旋光仪标尺盘置于零点左右，旋转粗动、微动手轮使视场内明暗相等，如图2-20所示，记下读数。重复操作3次，取平均值作为零点校正值。

（2）测定未知浓度葡萄糖溶液的旋光度

取长度为 1 dm、2 dm 的两只样品管，依上法分别装入未知浓度葡萄糖溶液样，测定其旋光度。这时所读数据与零点之间的差值即为葡萄糖在此浓度、此测定条件下的旋光度（注意判断左旋或右旋）。记下样品管的长度、样品浓度等数据，通过校正零点，根据葡萄糖的标准比旋光度，代入公式求算葡萄糖溶液浓度。

本实验约需 5 h。

（五）思考题

（1）在糖类的还原性试验中，蔗糖与 Benedict 或 Tollen 试剂长时间加热时，有时也能得到正性结果。怎样解释此现象？

（2）糖类物质有哪些特性？糖分子中的羟基、羰基与醇分子中的羟基与醛酮分子中的羰基有何联系与区别？

（3）如何确定测出的旋光度是左旋或右旋？

注意事项

[1] Fohling 试剂的配制方法。费林试剂 A：3.5 g 硫酸铜晶体（$CuSO_4 \cdot 5H_2O$）溶解于 100 mL 水中，混浊时过滤。费林试剂 B：17 g 酒石酸钾钠溶解于 20 mL 热水中，加入 20％NaOH 20 mL，稀释至 100 mL。此两种溶液分别贮藏，使用时取试剂 A 和试剂 B 等体积混合。

Benedict 试剂是改进的 Fehling 试剂，配制方法如下：在 400 mL 烧杯中，加入 20 g 柠檬酸钠、11.5 g 碳酸钠和 100 mL 热水，搅拌溶解。再加入 10％$CuSO_4$ 水溶液 20 mL，搅拌均匀。得到的混合液应呈清亮深蓝色，否则需过滤。Benedict 试剂在放置时不易变质，比 Fehling 试剂使用更方便。

[2] Molish 试验的反应式。

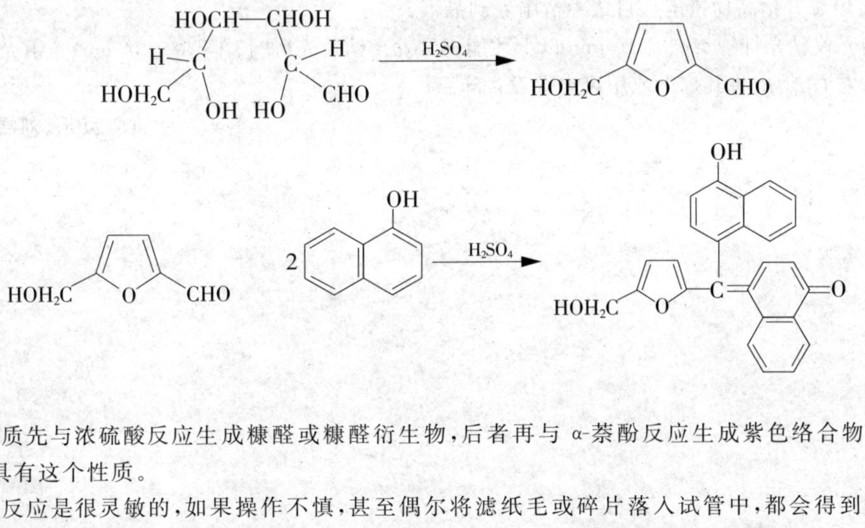

糖类物质先与浓硫酸反应生成糠醛或糠醛衍生物，后者再与 α-萘酚反应生成紫色络合物。单糖、二糖、多糖都具有这个性质。

此颜色反应是很灵敏的，如果操作不慎，甚至偶尔将滤纸毛或碎片落入试管中，都会得到正性结果。还有甲酸、丙酮、乳酸、草酸、葡萄糖醛酸、没食子鞣酸等也能与 α-萘酚试剂生成有色的环。因此正性结果不一定是糖，但负性结果肯定不是糖。

[3] 间苯二酚溶液的配制。取 0.01 g 间苯二酚溶于 10 mL 浓盐酸，再用水稀释至 20 mL。

酮糖与间苯二酚溶液反应生成鲜红色沉淀。它溶于酒精呈鲜红色。但加热时间过久，葡萄糖、麦芽糖、蔗糖也呈正性反应。这是因为麦芽糖或蔗糖在酸性介质下水解分别生成葡萄糖或葡萄糖和果糖。葡萄糖浓度高时，在酸存在下，能部分转化成果糖。

本试验应该注意的是：盐酸和葡萄糖的浓度不要超过12%。观察颜色反应时加热不得超过 20 min。

[4] 碘试剂即 I_2-KI 溶液的配制方法：2 g 碘和 5 g 碘化钾溶解于 100 mL 水中，即成。

[5] 苯肼试剂的配制。4 mL 苯肼溶解于 40 mL 10%冰醋酸水溶液中。加入活性炭 0.5 g 过滤，装入有色瓶中贮存备用。或溶 5 g 苯肼盐酸盐于 160 mL 水中(必要时可微热助溶)，加活性炭脱色。然后加入 9 g 醋酸钠结晶，搅拌便溶，贮存于棕色瓶中备用。在此试剂配制过程中，苯肼盐酸盐与醋酸钠经复分解反应生成苯肼醋酸盐，后者是弱酸-强碱盐，在水溶液中易水解，与苯肼达成平衡。

$$C_6H_5NHNH_2 \cdot HCl + CH_3COONa \longrightarrow C_6H_5NHNH_2 \cdot CH_3COOH + NaCl$$

$$C_6H_5NHNH_2 \cdot CH_3COOH \rightleftharpoons C_6H_5NHNH_2 + CH_3COOH$$

由于苯肼试剂久置后变质，所以也可以改为将 2 份苯肼盐酸盐与 3 份醋酸钠混合研匀，贮存备用，临用时取适量混合物溶于水，直接使用。

[6] 各种糖的比旋光度和糖脎析出时间、糖脎颜色、熔点如表 5-1 所示。

表 5-1　糖的物理性质和糖脎析出时间

糖的名称	比旋光度	糖脎析出时间/min	糖脎颜色	糖脎的熔点 /℃
果 糖	−90.0	2	深黄色结晶	204
葡萄糖	+47.7	4～5	深黄色结晶	204
半乳糖	+80.2	15～19	橙黄色结晶	196
木 糖	+18.7	7	橙黄色结晶	160
蔗 糖	+66.5	30(转化生成)	黄色结晶	
麦芽糖	+129.0	冷后析出		

观察糖脎晶形时，注意保护显微镜物镜。应先将物镜调到接近盖玻片(不能接触，平视盖玻片进行目测)，然后慢慢旋升抬高物镜至从目镜中清晰看到晶形。

[7] 旋光仪钠光灯管点亮需 10 min 以上才能正常发出钠黄光(波长 λ=589.44 nm)。钠光灯管每次连续工作 4 h 左右，就应将其熄灭或用风扇等设备降温。

(陈贞干，刘煜 供稿)

实验 5　简单蒸馏法制备无水乙醇

乙醇，别名：酒精，英文名称：ethanol。CAS 号：64-17-5，分子式：C_2H_6O，相对分子质量：46.07。无色、易燃易挥发的透明液体。它的水溶液具有特殊的、令人愉快的香味，并略带刺激性。相对密度(d_4^{20})：0.789 3；折光率(n_D^{20})：1.361 4；熔点：−114.1 ℃(159.05 K)；沸点：78.4 ℃(351.65 K)；临界温度：243.1 ℃；闪点：13 ℃(286.15 K)。与水混溶，可混溶于醚、氯仿、甘油等多数有机溶剂。

健康危害：本品为中枢神经系统抑制剂。首先引起兴奋，随后抑制。

燃爆危险：本品易燃，具刺激性。其蒸气与空气可形成爆炸性混合物，遇明火、高热会引起燃烧爆炸。与氧化剂接触发生化学反应或引起燃烧。在火场中，受热的容器也有爆炸危险。其蒸气比空气大，能在较低处扩散到相当远的地方，遇火源会着火回燃。爆炸极限 3.3%～19.0%(体积分数)。

主要用途：乙醇的用途很广，除了作为溶剂和清洗剂外，可用来制造醋酸、饮料、香精、染料和燃料等。医疗上也常用体积分数为 70%～75%的乙醇作消毒剂等。

(一) 实验目的

(1) 学习实验室制备无水乙醇的原理和方法；

(2) 学习蒸馏的基本原理，熟练掌握回流装置、蒸馏装置的基本操作技能。

(二) 实验原理

乙醇和水能形成恒沸混合物(含 95.5%的乙醇)，恒沸点为 78.1 ℃，其中 4.5%的水不能用蒸馏或分馏的方法除去，而只能通过化学方法或物理吸附方法除去。

本实验采用化学方法(氧化钙法)脱水：利用生石灰和乙醇中的水发生化学反应，生成氢氧化钙来除水，其反应式如下：

$$H_2O + CaO = Ca(OH)_2$$

由此得到的无水乙醇的纯度最高可达 99.5%。纯度更高的无水乙醇可用金属镁或金属钠进行处理，反应式如下：

$$2C_2H_5OH + Mg \longrightarrow (C_2H_5O)_2Mg + H_2\uparrow$$

$$(C_2H_5O)_2Mg + H_2O \longrightarrow 2C_2H_5OH + Mg(OH)_2$$

或

$$C_2H_5OH + Na \longrightarrow C_2H_5ONa + 1/2H_2\uparrow$$

$$C_2H_5ONa+H_2O \rightleftharpoons C_2H_5OH+NaOH$$

（三）实验仪器与试剂

【主要仪器】

圆底烧瓶（100 mL），圆底烧瓶（250 mL），球形冷凝管，恒压滴液漏斗，干燥管，锥形瓶。

【主要试剂】

工业酒精 50 mL，氧化钙 10 g，无水氯化钙，无水硫酸铜，镁屑或金属钠，二苯甲酮。

（四）实验步骤

1. 无水乙醇(含量 99.5%)的制备

在 100 mL 圆底烧瓶中，加入 50 mL 95%乙醇和 10 g 生石灰，按照无水乙醇制备装置图 5-3，依次装上恒压漏斗、回流冷凝管和无水氯化钙干燥管[1]，打开恒压滴液漏斗旋塞。在水浴上加热回流 60 min 左右。然后关闭恒压滴液漏斗旋塞，收集馏分于恒压滴液漏斗中，直至几乎无液滴流出为止[2]。停止加热，冷却。称量无水乙醇的质量或测出其体积，计算回收率。

纯度的检验：取 2 mL 左右自制的无水乙醇于干燥的试管中，加少许无水硫酸铜粉末，温热，观察现象。

2. 绝对乙醇(含量 99.95%)的制备

(1) 用金属镁制取

在 250 mL 的圆底烧瓶中，放置 0.6 g 干燥纯净的镁屑，10 mL 99.5%乙醇，按无水乙醇制备装置图 5-3，依次装上恒压滴液漏斗，回流冷凝管和氯化钙干燥管，打开恒压滴液漏斗旋塞。在沸水浴上或电热套上加热使之微沸，移去热源，立刻加入几粒碘片（此时注意不要振荡），顷刻即在碘粒附近发生反应，最后可以达到相当剧烈的程度。有时反应太慢则需加热，如果在加碘之后，反应仍不明显，可再加数粒碘（一般来讲，乙醇与镁的作用是缓慢的，如所用乙醇含水量超过 0.5%，则反应尤其困难）。待全部镁反应完毕后，加入 100 mL 99.5%乙醇和几粒沸石。加热回流 1 h，关闭恒压漏斗旋塞，收集回流冷凝液于恒压滴液漏斗中，直至三颈烧瓶中只剩下少量溶液为止，停止加热，冷却。将收集的无水乙醇转入磨口锥形瓶中保存。

(2) 用金属钠制取

装置和操作同(1)，在 250 mL 圆底烧瓶中，加入 2 g 金属钠、100 mL 纯度至少为 99%的乙醇、少量二苯甲酮和 1～2 粒沸石。加热回流，直至出现深蓝色溶液，关闭恒压漏斗旋塞。收集无水乙醇操作同(1)，无水乙醇储存在磨口锥形瓶中。

（五）思考题

(1) 蒸馏时加入沸石的作用是什么？如果蒸馏前忘记加沸石，能否立即将沸石加至将近沸腾的液体中？当重新蒸馏时，用过的沸石能否继续使用？

（2）蒸馏时，为什么最好控制馏出液的流出速度为 1～2 滴/秒？
（3）实验中经常使用的冷凝管有哪些类型？各在什么情况下使用？

注意事项

[1] 制备无水乙醇的实验装置如图 5-3 所示。

图 5-3　无水乙醇制备装置

本实验中所用的仪器均需彻底干燥。由于无水乙醇具有很强的吸水性，故在实验操作中要特别注意防潮；实验装置中使用无水氯化钙干燥管的目的是为了防止吸收空气中的水分，且通过它使实验装置与大气相通。

[2] 一般情况下，使用干燥剂干燥有机溶剂时，在蒸馏前应先过滤掉。本实验中生石灰与水反应生成的熟石灰比较稳定，加热时不会分解，故可留在瓶中一起蒸馏，不必过滤除去。

（党丽敏，桂陆军 供稿）

实验 6　从黄连中提取黄连素

黄连为我国名贵药材之一，为毛茛科多年生草本植物。三角叶黄连或黄连的根茎及根须，具有清热燥湿、泻火解毒的功效，其抗菌力很强，对急性结膜炎、口疮、急性细菌性痢疾、急性肠胃炎均有很好的疗效。黄连中含有多种生物碱，主要有效成分为黄连素（通用名为小檗碱，Berberine），另外还含有巴马汀、药根碱、小檗胺、木兰碱、棕榈碱和非洲防己碱等。随野生和栽培及产地不同，黄连中黄连素的含量可达 4％～10％。黄柏、白屈菜、伏牛花、三颗针、南天竹等中草药中也含有黄连素，其中以黄连和黄柏中黄连素的含量最高。

黄连素是黄色针状结晶，含有 5.5 个分子结晶水，在 100 ℃干燥后失去结晶水而变为棕红色。微溶于水和乙醇，较易溶于热水和热乙醇中，几乎不溶于乙醚。黄连素具有 2-羟胺的结构，能表现季铵式、醇式和醛式三种互变结构式，其中季铵式状态最稳定。其结构式为：

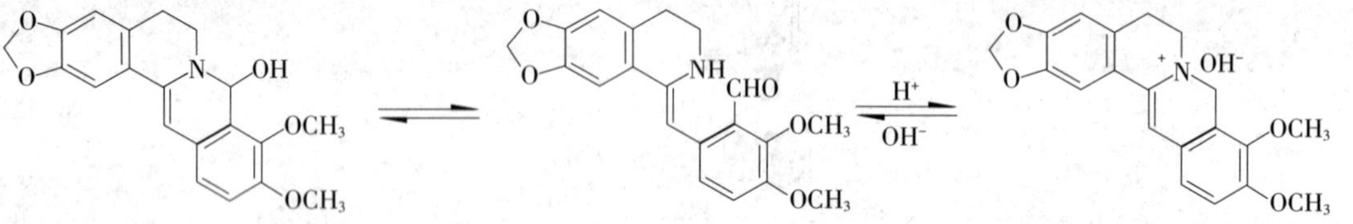

（醇式）　　　　（醛式）　　　　（季铵式）

在自然界中，黄连素多以季铵盐的形式存在，其中盐酸盐、氢碘酸盐、硫酸盐、硝酸盐均难溶于冷水，易溶于热水，故可用水对其进行重结晶，从而达到纯化目的。

（一）实验目的

（1）掌握溶剂法提取生物碱的原理和方法；

（2）掌握黄连素的纯化和鉴定方法。

（二）实验原理

从黄连中提取黄连素，通常采用乙醇为溶剂，在脂肪提取器中连续抽提，然后浓缩，再用酸进行酸化，得到相应的盐。粗产品可以采取重结晶等方法进一步提纯。本实验以黄连为原料通过索氏提取器制备黄连素。其制备过程包括：萃取、浓缩、分离、黄连素盐酸盐的制备、精制。

（三）实验仪器与试剂

【主要仪器】

烧杯（150 mL），圆底烧瓶（250 mL），索氏提取器，蒸馏头，直形冷凝管，真空接引管，锥形瓶。

【主要试剂】

黄连 10 g，95%乙醇 100 mL，醋酸，浓盐酸，石灰乳。

（四）实验步骤

1. 萃取

称取 10 g 黄连，切碎研磨成粉末状，装入索氏提取器的滤纸套筒内，再在圆底烧瓶内加入 100 mL 95%乙醇。按图 2-23 安装好液固萃取装置，加热回流，萃取 2～3 h，至回流液体颜色很淡为止[1]。

2. 浓缩

萃取液通过水泵减压蒸馏，回收大部分乙醇，至瓶内残留液体呈棕红色糖浆状，停止蒸馏。

3. 酸化成盐

在浓缩液中，加入 1%的醋酸 25 mL，加热溶解后趁热抽滤，去除固体杂质[2]，在滤液中滴加浓盐酸，至溶液出现沉淀为止（约需浓盐酸 10 mL）[3]。

4. 结晶

用冰水浴将上述溶液充分冷却，有黄色针状的黄连素盐酸盐析出。减压抽滤，所得结晶用冰水洗涤 2 次，可得黄连素盐酸盐的粗产品。

5. 精制

将粗产品（未干燥）放入 50 mL 烧杯中，加入 20 mL 水，加热至沸，搅拌使之溶解。趁热过滤，滤液用盐酸调节 pH 值为 2～3，自然冷却至室温后，再用冰水浴冷却，有较多橙黄色结晶析出。抽滤，产品用少量冰水洗涤 2 次，烘干即得黄连素盐酸盐。

6. 小檗碱的生成

在黄连素盐酸盐中加入热水至刚好溶解，煮沸，用石灰乳调节 pH＝8.5～9.8，抽滤，除去杂质。滤液冷却至室温以下，有针状的黄连素析出，抽滤，晶体在 50～60 ℃下干燥，熔点 145 ℃。

（五）思考题

（1）黄连素属于何种类型的生物碱？

（2）为何要用石灰乳来调节 pH 值，是否可以改用氢氧化钾（钠）强碱调 pH 值？为什么？

注意事项

[1] 可利用简单回流装置加热回流，滤渣重复回流 2～3 次，每次约半小时，回流液体合并使用即可。

[2] 加醋酸时，要使糖浆状物质完全溶解，否则产率可能降低。

[3] 滴加浓盐酸时，要一边滴加一边振摇。如果盐酸太少，晶体析出慢，有的甚至不能形成盐酸盐，这样会造成产品损失；如果盐酸太多，晶体析出太快，晶型不好，而且杂质也同时析出，会导致产品纯度降低。

（桂陆军，党丽敏 供稿）

实验 7 从橙皮中提取柠檬油

柠檬、橙子、柑橘等水果的新鲜果皮中含有约 0.35%挥发油，称为柠檬油或香精油。柠檬油为淡黄色液体，有浓郁的柠檬香味，其主要成分为柠檬烯，在精油中含量高达 90%，不溶于水，溶于乙醇和冰醋酸。柠檬烯又称苎烯、双戊烯，别名：柠檬油精，结构式如下：

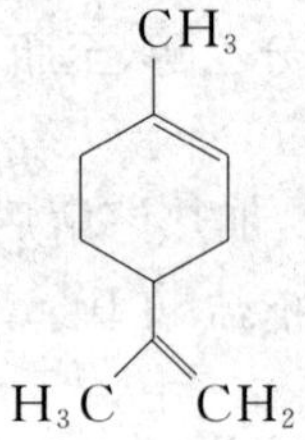

英文名称：dipentene。CAS 号：138-86-3，分子式：$C_{10}H_{16}$，相对分子质量：136.23。无色或浅黄色液体，有柠檬味。相对密度(d_4^{20})：0.840 2；熔点：−95.3 ℃，沸点：175.5～176.5 ℃/101.725 kPa；折射率(n_D^{20})：1.472 7。

燃爆危险： 柠檬烯易燃，远离火种，密封保存。

健康危害： 柠檬烯对皮肤有刺激性，接触皮肤能引起过敏。对水生物极毒，可能对水环境引起不利的结果。使用时应戴手套，避免与皮肤接触。

主要用途： 柠檬烯可用作磁漆和各种含油树脂、树脂蜡、金属催干剂的溶剂和分散剂；可用于调和橙花香精、柑橘油香精等；也可制成柠檬系精油的代用品。

（一）实验目的

(1) 学习从橙皮中提取柠檬烯的原理及方法；

(2) 学习水蒸气蒸馏、蒸馏和减压蒸馏等操作技术。

（二）实验原理

采用水蒸气蒸馏，从橙皮中提取柠檬油，然后用溶剂（如二氯甲烷）进行萃取，最后蒸去溶剂，获得柠檬油。

（三）实验仪器与试剂

【主要仪器】

三颈烧瓶（500 mL），三通管，圆底烧瓶（50 mL），蒸馏头，分液漏斗（100 mL），直形冷凝管，接引管，锥形瓶。

【主要试剂】

新鲜橙子皮 50 g，二氯甲烷，无水硫酸钠，溴的四氯化碳溶液。

（四）实验步骤

1. 提取

将 50～60 g 新鲜的橙皮用食品绞碎机绞碎[1]，称 50 g 置于 500 mL 三颈瓶中，加入约 200 mL 热水[2]。安装好水蒸气蒸馏装置，加热，控制流出液速度为 1～2 滴/秒，收集约 100～150 mL 馏出液后，停止水蒸气蒸馏。

2. 萃取

将馏出液转入分液漏斗中，用 30 mL 二氯甲烷分三次萃取馏出液中的柠檬油，合并萃取液，置于干燥的 50 mL 锥形瓶中，加入适量无水硫酸钠干燥，溶液变清亮。

3. 蒸馏

将干燥好的溶液滤入 50 mL 圆底烧瓶，用水浴加热蒸馏。当二氯甲烷基本蒸完后改用水泵减压蒸馏，以除去残留的二氯甲烷，圆底烧瓶中留下的少量橙黄色液体即为柠檬油。

（五）思考题

(1) 能进行水蒸气蒸馏的物质必须具备哪几个条件？

(2) 还可以用什么方法提取柠檬油？

(3) 能否用干燥的橙皮提取柠檬油？

(4) 在水蒸气蒸馏完毕时，先熄灭火焰，再打开 T 形管下端弹簧夹，这样做行吗？为什么？

注意事项

[1] 橙皮要尽量捣碎，否则提取率偏低；

[2] 也可用 500 mL 单口烧瓶加入 250 mL 水，直接进行水蒸气蒸馏。

（易兵，桂陆军 供稿）

实验 8 减压蒸馏法纯化呋喃甲醛

呋喃甲醛，别名：糠醛，英文名称：furfural。CAS 号：98-01-1，分子式：$C_5H_4O_2$，相对分子质量：96.08。无色或浅黄色油状液体，有特殊气味。露置在空气中或见光变棕色。相对密度(d_4^{20})：1.159 6，熔点：−36.5 ℃，沸点 161.8 ℃(101.325 kPa)，折光率(n_4^{20})：1.526 1，闪点：60 ℃(闭环)。微溶于冷水，易溶于热水、醇、醚、丙酮、苯、氯仿等。能随水蒸气挥发。

燃爆危险：爆炸极限：2.1%～19.3%，引燃温度：315 ℃。

健康危害：该品有毒，对眼睛及呼吸系统有刺激性，对机体有不可逆损伤的可能性。应密封避光保存。

主要用途：用作溶剂和作为合成香料、糠醇、四氢呋喃的中间体。

（一）实验目的

(1) 学习减压蒸馏的原理；

(2) 学习减压蒸馏装置的安装和操作技能；

(3) 通过减压蒸馏提纯呋喃甲醛。

（二）实验原理

在常压下蒸馏易发生分解、氧化或聚合的高沸点有机化合物，可采用减压蒸馏进行分离，提纯。呋喃甲醛为无色液体，久置会被缓慢氧化而变为棕褐色甚至黑色，同时往往含有水分，所以在使用前常需蒸馏纯化。由于它易被氧化，通常采用减压蒸馏纯化。呋喃甲醛在不同压力下的沸点为：161.8 ℃/101.33 kPa，103 ℃/13.33 kPa，67.8 ℃/2.67 kPa，18.5 ℃/0.133 kPa。适宜的蒸馏温度一般选择在 55 ℃左右。

（三）实验仪器与试剂

【主要仪器】

圆底烧瓶，克氏蒸馏头，毛细管，螺旋夹，温度计，温度计套管，直形冷凝管，多头真空接引管，吸滤瓶，真空泵，压力表。

【主要试剂】

呋喃甲醛 40 mL。

（四）实验步骤

1. 实验装置的安装

选用 100 mL 蒸馏瓶、150 ℃温度计、多头真空接引管和圆底烧瓶，按照图 2-26 减压蒸馏装置图安装好减压蒸馏装置。

2. 加料

小心地将克氏蒸馏头侧口上的温度计套管取出，通过玻璃漏斗加入 40 mL 待蒸馏的呋喃甲醛，取下玻璃漏斗，重新装好温度计套管。

3. 水泵减压蒸馏除去低沸物

打开毛细管上螺旋夹，打开安全瓶上活塞，开启水泵，再缓缓关闭安全瓶上活塞。此时毛细管下端应有成串的小气泡逸出。如气泡太大，可通过螺旋夹作适当调整。当系统压强稳定后根据压力计的读数，用直尺在液体沸点-压力的经验关系图（图 2-25）中求出该压力下的近似沸点。开启冷却水，缓缓升温蒸馏，控制加热速度，确保温度计读数勿超过所求得的近似沸点。如果该装置中未安装压力计，则一般应在温度计读数达到约 50 ℃时停止蒸馏[1]。移去热源、热浴，冷却，打开毛细管上螺旋夹和安全瓶上的活塞，关闭水泵。

4. 油泵减压蒸馏得呋喃甲醛

拔去接引管支管上的水泵抽气管，改接油泵抽气管，再检漏密封，然后将系统压力稳定在 17 mmHg 柱上[2]，减压蒸馏并接收 53～56 ℃的馏分[3]。蒸馏完毕，移去热源，冷却，打开毛细管螺旋夹和安全瓶上的活塞，关闭油泵。

（五）思考题

（1）减压蒸馏的原理是什么？

（2）安装和拆卸减压蒸馏装置的时候需要注意哪些问题？

注意事项

[1] 如水泵减压蒸馏的温度超过 50 ℃，必须冷却后再接入油泵系统，否则接入油泵后可能因内部压强大幅度降低而急剧沸腾，使未经分离的物料冲入冷凝管和接收瓶中。

[2] 如真空度不能稳定在 17 mmHg 上，则可使其稳定在一个尽可能接近的数值上，并据此求出应该接收的正馏分的沸点。

[3] 如温度计未经校正，读数会有误差，则应根据具体情况接收一个沸点稳定的相近馏分。

附：醛的性质

醛类化合物含有羰基，能与许多亲核试剂发生加成反应。

1. 2,4-二硝基苯肼[1]试验

醛在酸性条件下能与2,4-二硝基苯肼作用，生成黄色、橙色或橙红色的2,4-二硝基苯腙沉淀。

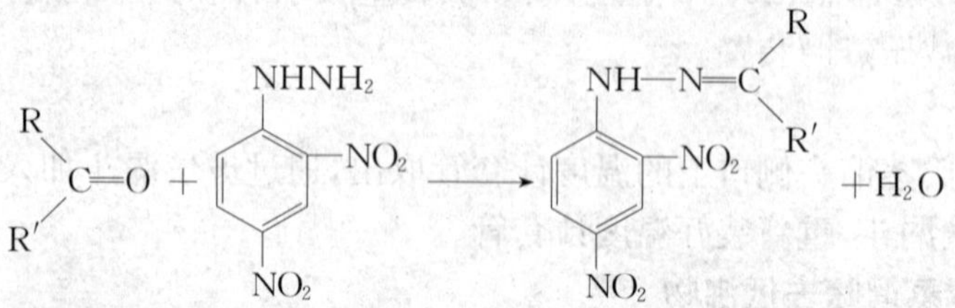

2,4-二硝基苯腙是有固定熔点的结晶，易从溶液中析出。既可作为检验醛的定性试验，又可作为制备醛衍生物的一种方法。沉淀的颜色取决于醛的共轭程度，为了得到真实颜色，必须将沉淀从溶液中分离出来，并加以洗涤。酮也能与2,4-二硝基苯肼发生反应。可通过铬酸[2]试验可以区别醛和酮。由于铬酸在室温下很容易将醛氧化为相应的羧酸，溶液由橘黄色变为绿色，酮在类似条件下不发生反应。

$$RCHO+H_2Cr_2O_7+H_2SO_4 \longrightarrow 3RCO_2H+Cr_2(SO_4)_3+4H_2O$$

1）鉴定方法一

在试管中加入2 mL 2,4-二硝基苯肼试剂和3～4滴试样，振荡，静置片刻，若无沉淀生成，可微热0.5 min再振荡，冷后有橙黄色或橙红色沉淀生成，表明样品是羰基化合物。

2）鉴定方法二

在试管中，将1滴液体试样(或10 mg固体试样)溶于1 mL丙酮中，加入数滴铬酸试剂，边加边摇，每次1滴，产生绿色沉淀且溶液的橘黄色消失，表明为正性试验。通常，脂肪醛在5 s内显示混浊，30 s内出现沉淀；芳香醛需要0.5～2 min才能出现沉淀，有些可能需要更长的时间。

2. Tollens[3]试验(银镜反应)

1）Tollens试剂

它是银氨络合离子的碱性水溶液。能把醛氧化成酸，银离子被还原成银附着在试管壁上，故Tollens试验又称银镜反应。

$$RCHO+Ag(NH_3)_2+OH^- \longrightarrow 2Ag\downarrow+3RCO_2NH_4+H_2O+3NH_3$$

2）实验方法

在洁净的试管中，加入2 mL 5%的硝酸银[4]溶液，振荡下逐渐滴加浓氨水，开始时溶液中产生棕色沉淀，继续滴加氨水，直到沉淀恰好溶解，得到澄清透明溶液。然后，向试管中加入2滴试样(不溶或难溶于水的试样，可加几滴丙酮使之溶解)，摇荡，如无变化，可在手心或在水浴中温热，若有银镜生成，表明试样是醛类化合物。

3. 斐林(Fehling)试剂

斐林(Fehling)试剂[5]，是以含铜离子的酒石酸络合盐作为氧化剂。一般水溶性的脂肪醛可将Cu^{2+}还原为Cu^+，有砖红色的氧化亚铜(Cu_2O)沉淀生成，视为正性试验。芳香醛不发生此反应。

4. 品红醛试剂试验

取1 mL品红醛试剂[6]，加1～2滴样品，振荡后静置数分钟，观察颜色的变化[7]。用5%甲醛、5%乙醛、5%丙酮的水溶液、苯甲醛和苯乙酮做对比试验。

5. 与亚硫酸氢钠的加成

在两个试管中，各加入2 mL饱和亚硫酸氢钠溶液[8]，再分别加入1 mL纯丙酮和5%丙酮溶液，振荡。用冷水冷却试管，比较两个试管的结果有什么不同，并说明原因。

注意事项

[1] 2,4-二硝基苯肼试剂的配制：取 2,4-二硝基苯肼 1 g，加入 7.5 mL 浓硫酸，溶解后将此溶液倒入 75 mL 95%乙醇中，用水稀释至 250 mL，必要时过滤备用。

[2] 铬酸溶液的配制：取 25 g 铬酸酐(CrO_3)加入到 25 mL 浓硫酸中，搅拌直至形成均匀的浆状液，然后小心倒入 15 mL 蒸馏水中，搅拌，直至形成清亮的橙色溶液即可。

[3] Tollens 试剂久置后将形成雷银(AgN_3)沉淀，容易爆炸，故必须临时配用。进行实验时，切忌用明火直接加热，以免发生危险。实验完毕后，应加入少许硝酸，立即煮沸洗去银镜。

[4] 硝酸银溶液与皮肤接触，容易形成难以洗去的黑色金属银，故滴加溶液和摇荡时应小心操作。

[5] 斐林试剂的配制。斐林溶液 I：将 34.6 g 硫酸铜晶体($CuSO_4.5H_2O$)溶于 500 mL 蒸馏水中，加 0.5 mL 浓硫酸，混合均匀。斐林溶液 II：将 173 g 酒石酸钠晶体($Na_2C_2H_4O_6.4H_2O$)和 70 g 氢氧化钠溶于 500 mL 蒸馏水中。两种溶液分别保存，使用时取等体积混合。

[6] 品红醛试剂的配制：将 0.2 g 品红盐酸盐研细，溶于含 2 mL 浓盐酸的 200 mL 蒸馏水中，再加入 2 g 亚硫酸氢钠，搅拌后静置，直至红色褪色。如果溶液最后仍呈黄色，则加入 0.5 g 活性炭，搅拌后过滤。滤液保存在棕色试剂瓶中备用。

[7] 本试验不能加热，并且必须在弱酸性溶液中进行，否则试剂分解，变成桃红色。某些能与亚硫酸起反应的酮(例如甲基酮)也能使试剂分解变成桃红色。另一方面，大量的无机酸能使醛与品红醛试剂的加成物褪色(甲醛除外)。

[8] 饱和亚硫酸氢钠溶液的配制：在 100 mL 40%亚硫酸氢钠溶液中，加 25 mL 不含醛的乙醇，滤掉析出的晶体。本实验所用的亚硫酸氢钠溶液必须是新配制的。

(桂陆军，党丽敏 供稿)

实验 9 乙酰苯胺的重结晶

乙酰苯胺，学名 N-苯（基）乙酰胺，英文名称：*n*-phenylacetamide; acetylaniline。CAS 号：103-84-4，分子式：C_8H_9NO，分子量：153.2。白色有光泽片状结晶或白色结晶粉末，在水中再结晶析出呈正交晶片状。无臭或略有苯胺及乙酸气味。相对密度（d_4^{15}）：1.219，熔点：114.3 ℃，沸点：304 ℃，闪点：173.9 ℃，自燃点：546 ℃。在空气中稳定，但遇酸或碱性水溶液易分解成苯胺及乙酸。微溶于冷水，溶于热水、甲醇、乙醇、乙醚、氯仿、丙酮、甘油和苯等，不溶于石油醚。溶解度（g/100 mL）：在水中 0.56(25 ℃)、3.5(80 ℃)、18(100 ℃)，在乙醇中 36.9(20 ℃)，在甲醇中 69.5(20 ℃)，在氯仿中 3.6(20 ℃)。

健康危害：吸入对上呼吸道有刺激性；高剂量摄入可引起高铁血红蛋白血症和骨髓增生；反复接触可发生紫绀；能抑制中枢神经系统和心血管系统；大量接触会引起头昏和面色苍白等症；对皮肤有刺激性，可致皮炎。

主要用途：(1) 用作磺胺类药的原料，也用作止痛剂，退热剂；(2) 用作防腐剂和染料中间体。(3) 用作橡胶硫化促进剂、纤维脂涂料的稳定剂、过氧化氢的稳定剂，也用于合成樟脑等。

（一）实验目的

(1) 学习重结晶提纯有机化合物的原理和实验方法。

(2) 掌握减压过滤、热过滤操作和折叠滤纸的折叠方法。

（二）实验仪器与试剂

【主要仪器】

台秤，量筒(100 mL)，烧杯(100 mL)，锥形瓶(250 mL)，玻璃棒，热水漏斗(铜)，普通漏斗(短颈)，布氏漏斗，吸滤瓶(250 mL)，安全瓶，循环水真空泵，表面皿，空心玻璃塞，电热套。

【主要试剂】

乙酰苯胺，活性炭。

（三）实验步骤

在 250 mL 锥形瓶中，加入 2 g 乙酰苯胺粗品和 60 mL 水，盖上表面皿，用电热套加热煮沸，使其完全溶解。若不溶或出现油珠应搅动，如仍有油状物，可添加数毫升热水[1]，再加热直至油状物全部消失。然后移去热源，稍冷却，加入适量活性炭[2]，搅动使混合均匀，再煮沸脱色 5 min。在加热溶解乙酰苯胺的同时，准备好热水漏斗与折叠滤纸，将上述脱色后的热溶液尽快地倾入热水漏斗，滤液用 100 mL 烧杯接收。注意，每次倒入的溶液液面不要太满，不要超过热水漏斗夹套中的水面和滤纸高度，也不要等溶液全部滤完后再加[3]。为了保持溶液的温度，应将未过滤的部分混合液继续用小火加热。

滤毕，将盛有滤液的烧杯盖上表面皿，自然冷却，析出晶体后再放入冷水中冷却，促进晶体快速生长。抽滤，用约 5 mL 水分 2 次洗涤漏斗中的晶体，抽干并用空心玻璃塞挤压晶体直至无水滴下。取出晶体置于表面皿上，自然晾干或放在红外灯下干燥，称量，计算回收率。

（四）思考题

（1）简述重结晶过程及各实验步骤的目的。

（2）采用活性炭脱色应注意哪些问题？

（3）如何选择重结晶溶剂？

（4）使用有毒或易燃的溶剂进行重结晶时应注意哪些问题？

（5）用水重结晶纯化乙酰苯胺时，在溶解过程中有无油状物出现？油状物是什么？如有油珠出现，应如何处理？

注意事项

[1] 若所用溶剂为有机溶剂，溶解样品时在补加溶剂过程中以及热过滤时，必须先熄灭火焰。

[2] 采用活性炭脱色时，不能把活性炭加入正在沸腾的溶液中。

[3] 热过滤时，操作要迅速，使溶液尽快通过漏斗，以防止温度下降的晶体析出在滤纸和漏斗上。

（张复兴，沈平 供稿）

实验10　从茶叶中提取咖啡因

咖啡因，学名：1,3,7-三甲基-2,6-二氧嘌呤，英文名称：caffeine。CSA号：58-08-2。分子式：$C_8H_{10}N_4O_2$，分子量：194.2，具有绢丝光泽的无色针状结晶，含一个结晶水，在100 ℃时失去结晶水，开始升华，在178 ℃可升华为针状晶体，无水物的熔点为235 ℃，是弱碱性物质，味苦。易溶于热水（约80 ℃）、乙醇、丙酮、二氯甲烷、氯仿，难溶于石油醚。

主要用途：咖啡因是一种弱碱化合物，它能兴奋大脑皮质，具有利尿作用，是一种中枢神经的兴奋药，用于治疗神经衰弱和精神抑欲症，也是制造复方阿司匹林（APC）等药的原料之一。

（一）实验目的

（1）掌握生物碱提取的原理和方法。

（2）掌握升华法提纯物质的操作技术。

（二）实验原理

茶叶中含有多种生物碱、丹宁、色素、维生素和蛋白质等物质。咖啡因（Caffeine）是其中一种生物碱，在茶叶中含量约为1%～5%，此外还有少量的茶碱和可可豆碱，属于杂环化合物嘌呤的衍生物，它们的结构式如下：

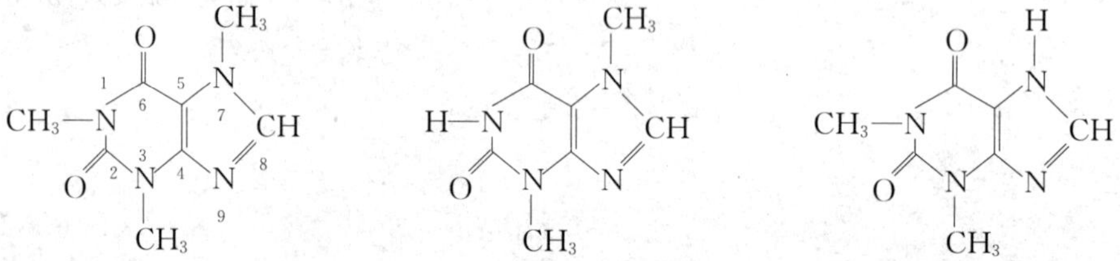

咖啡因　　可可豆碱　　茶碱

可可豆碱，学名为3,7-二甲基-2,6-二氧嘌呤，在茶叶中约含0.05%，无色针状晶体，味苦，290 ℃升华，熔点342～343 ℃。能溶于热水，难溶于冷水、乙醇，不溶于醚。

茶碱，学名为1,3-二甲基-2,6-二氧嘌呤，是可可豆碱的同分异构体，白色微小粉末结晶，味苦。熔点273 ℃，易溶于沸水，微溶于冷水，乙醇。

茶叶中的生物碱对人体具有一定程度的生理功能。咖啡因有强心作用，可兴奋神经中枢。咖啡碱、茶碱和可可豆碱可用提取法或合成法获得。本实验是用提取法从茶叶中提取咖啡因。

（三）实验仪器与试剂

【主要仪器】

Soxhlet 提取器(150 mL)，圆底烧瓶(150 mL)，回流冷凝管，直形冷凝管，电热套，蒸发皿，烧杯(250 mL)，布氏漏斗，抽滤瓶，真空泵，分液漏斗。

【主要试剂】

红茶 10 g，95 %乙醇 100 mL，生石灰 4 g，碳酸钙 10 g，氯仿 15 mL，碘-碘化钾试剂，盐酸，$KClO_3$。

（四）实验步骤

1. 抽提方法

【方法 1】 称取 10 g 茶叶末放入 150 mL Soxhlet 提取器的滤纸筒中[1]，在圆底烧瓶中加入 80 mL 95%乙醇，按图 2-23 安装好抽提装置。水浴加热，回流提取，调节加热速度，使冷凝管内的蒸气不超过 2 个球。直到提取液颜色变浅为止(约 2～3 h)，待冷凝液刚刚虹吸下去时，即可停止加热。稍冷却，将回流装置改成蒸馏装置，蒸馏出提取液中的大部分乙醇，稍冷却后将剩余液倒入蒸发皿中，留作升华法提取咖啡因时使用。

【方法 2】 在 250 mL 烧杯中加入 100 mL 水和粉末状碳酸钙[2]。称取 10 g 茶叶，用纱布包好后放入烧杯中煮沸 30 min，取出茶叶，压干，趁热抽滤，滤液冷却后用 15 mL 氯仿分 2 次萃取[3]，萃取液合并(萃取液若浑浊，颜色较浅，则加入少量蒸馏水洗涤至澄清)，留作升华实验时使用。

2. 升华法提取咖啡因

将方法 1 提取液放入蒸发皿中，加入 4 g 生石灰粉[4]，搅成浆状，在电热套(或蒸汽浴)上用低电压(80～100 V)将乙醇蒸干(注意：电热套加热时，一定要保持缓慢加热，并不断搅拌，以防导热不匀使混合物暴溅出来)，然后提高加热温度，焙炒片刻(注意：焙炒温度不要超过 100 ℃，以免产物升华)，除去水分[5]，使成粉状(不断搅拌，压碎块状物)，炒干后冷却，用滤纸擦去蒸发皿边上粉末，以免升华时污染产物。然后，在蒸发皿上盖一张刺有许多小孔且孔刺向上的滤纸，再在滤纸上罩一个大小合适的漏斗，漏斗颈部塞一小团疏松的棉花。用电热套小心加热，适当控制温度[6]，尽可能使升华速度放慢，当发现有棕色烟雾时，即升华完毕，停止加热。冷却后，取下漏斗，轻轻揭开滤纸，用刮刀将附在滤纸上下两面的咖啡因刮下，残渣经搅拌后，用较大的火再加热片刻，使升华完全，合并几次升华的咖啡因，产量约 0.1 g。

用方法 2 得到的提取液进行升华实验，其步骤同上，但要在通风橱内进行。

3. 生物碱的定性检验

(1) 取 2 滴样品乙醇溶液(0.05 g 样品液溶于 10 mL 乙醇)于干燥的白色瓷板(或白色点滴板)上，喷上酸性碘-碘化钾试剂，有棕色、红紫色和蓝紫色化合物生成。

棕色表示有咖啡因存在，红紫色表示有茶碱存在，蓝紫色表示有可可豆碱存在。

(2) 咖啡因的定性检验

取上述任一样品溶液 2～4 mL 置于瓷皿中，加热蒸去溶剂。先加入 1 mL 盐酸使之溶解，再加入 0.1 g $KClO_3$，在通风橱内加热蒸发，待干，冷却后滴加氨水数滴，残渣即变为紫色。

（五）思考题

（1）提取咖啡因时，加入碳酸钙和氧化钙的目的是什么？

（2）用升华法提纯固体有什么优点和局限性？除了用升华法提纯咖啡因外，还可用何方法？试写出实验方案。

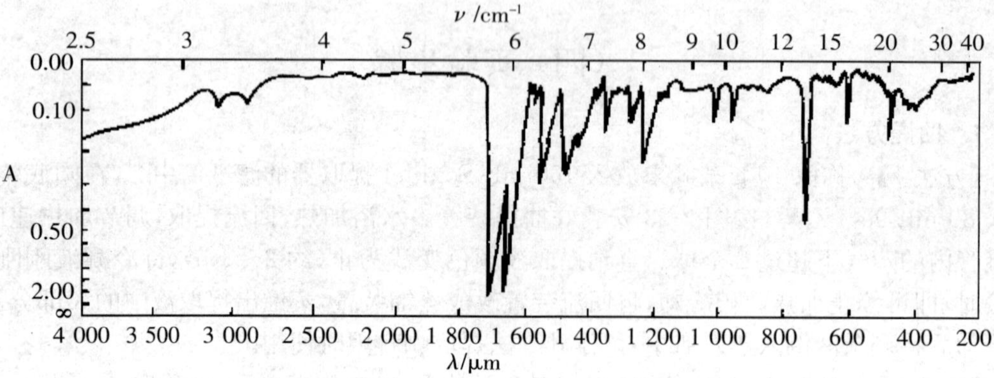

图 5-4　咖啡因的红外光谱图

注意事项

[1] 滤纸筒的大小要紧贴器壁，既能取放方便，其高度又不得超过虹吸管；滤纸包茶叶时要严密，纸套上面要折成凹形。

[2] 茶叶中丹宁分为两类，一类是没食子酸与葡萄糖分子中的羟基所形成的酯的混合物，能在热水中水解出没食子酸，另一类是葡萄糖与儿茶素组成的聚合物，不能水解。丹宁或水解生成的没食子酸易与咖啡碱生成难溶盐。碳酸钙的作用就是与茶叶中的丹宁生成不溶性的钙盐，使咖啡因作为可溶性的生物碱留在水溶液中。

[3] 滤液冷却后可能会出现浑浊，此时可用水稀释后再萃取。

[4] 生石灰起中和作用，以除去丹宁等酸性的物质。

[5] 如水分未能除净，将会在下一步加热升华开始时在漏斗内出现水珠。若遇此情况，则用滤纸迅速擦干漏斗内的水珠并继续升华。

[6] 升华操作是实验成败的关键。在升华过程中始终都须严格控制温度，温度太高会使被烘物冒烟炭化，导致产品不纯和损失。

（张复兴，沈平 供稿）

实验 11　偶氮苯和邻硝基苯胺的分离

偶氮苯，又名二苯基二氮烯，英文名称：azobenzene。CAS 号：103-33-3，分子式：$C_{12}H_{10}N_2$，分子量：182.22。橙红色片状结晶。熔点：68.5 ℃，沸点：293 ℃，相对密度(d_4^{20})：1.203，折光率(n_D^4)：1.626 6。能溶于醇、醚、苯和冰醋酸，不溶于水。

邻硝基苯胺，又名 2-硝基苯胺，英文名称：*o*-Nitroaniline，2-Nitroaniline。CAS 号：88-74-4，分子式：$C_6H_6N_2O_2$，分子量：138.13。橙黄色针状结晶，蒸气压：0.13 kPa/104 ℃，闪点：168 ℃，熔点：69.7 ℃，沸点：284.5 ℃，相对密度(d_4^{20})：1.440。微溶于水，溶于热水、乙醇，易溶于乙醚、丙酮和苯。

健康危害：邻硝基苯胺的毒性比苯胺大，可通过皮肤和呼吸道吸收，是一种强烈的高铁血红蛋白形成剂，形成的高血红蛋白易造成组织缺氧，出现紫绀，引起中枢神经系统、心血管系统及其它脏器的损害，并有溶血作用，可引发溶血性贫血。长期大量接触可引起肝损害。

主要用途：偶氮苯可用于联苯染料的制造，也可用作橡胶促进剂。邻硝基苯胺可用作染料中间体，也用于微量碘化物的测定、农药多菌灵的生产等。

(一) 实验目的

(1) 了解柱色谱分离有机物的原理、吸附剂的选择和溶剂的选择。

(2) 掌握柱色谱分离有机物的操作步骤。

(二) 实验原理

以中性氧化铝为吸附剂，以石油醚和二氯甲烷(5∶1)为洗脱剂，分离偶氮苯和邻硝基苯胺。由于吸附剂对偶氮苯吸附比较弱，对邻硝基苯胺吸附较强，因此偶氮苯先被淋洗下来，邻硝基苯胺要用极性较大的乙醇(或二氯甲烷)淋洗下来。

(三) 实验仪器与试剂

【主要仪器】

酸式滴定管(25 mL，ø2 cm×30 cm)，锥形瓶(25 mL)，滴液漏斗(125 mL)。

【主要试剂】

色谱用中性氧化铝(活度Ⅳ级)，苯，石油醚，石英砂，偶氮苯，邻硝基苯胺。

（四）实验步骤

用 25 mL 酸式滴定管作色谱柱[1]，垂直安装置在铁架台上。

用镊子取少许脱脂棉（或玻璃毛）放入干净的滴定管底部，轻轻塞紧，再在脱脂棉上盖一层厚 0.5 cm 的石英砂（或用一张比柱内径略小的滤纸代替），关闭活塞。向滴定管中倒入无水苯，至滴定管高约 3/5 处，打开活塞，控制 1 滴/秒的流出速度，以锥形瓶作洗脱液的接收瓶。通过一干燥的玻璃漏斗慢慢加入色谱用中性氧化铝，用木棒或带橡皮塞的玻棒轻轻敲打滴定管下部，使填装紧密[2]；当装柱至 3/5 时，再在上面加一层厚 0.5 cm 的石英砂[3]。注意，操作时一直保持上述流速，液面不能低于石英砂的上层[4]。

当溶剂液面刚好至石英砂面时，立即沿滴定管壁加入 2 mL 含有 50 mg 邻硝基苯胺及 50 mg 偶氮苯的二氯甲烷溶液[5]。当此液面接近至石英砂面时，立即用 0.5 mL 二氯甲烷洗涤管壁的有色物质。如此连续 2～3 次，直至洗净为止。然后，在滴定管上安装滴液漏斗，采用石油醚-二氯甲烷（5∶1）混合溶剂洗脱[6]，控制流出速度 1 滴秒。橙红色的偶氮苯因极性小，向柱下移动，极性较大的邻硝基苯胺则留在柱的上端。当橙红色的色带快洗出时，更换另一个接收瓶，继续淋洗，至滴出液接近无色为止。再换一接收瓶，改用乙醇[7]作为洗脱剂，洗至黄色开始滴出；采用另一接收瓶收集，至黄色物洗下为止。

将上述含有偶氮苯和邻硝基苯胺的溶液，分别蒸馏除去洗脱剂，快蒸干时，转移至蒸发皿中，在水浴上蒸干（或用红外灯烘干）得固体结晶产物，干燥，测定熔点。

偶氮苯熔点 67～68 ℃，邻硝基苯胺熔点 71～71.5 ℃。

（五）思考题

（1）为什么极性大的组分要用极性较大的溶剂洗脱？

（2）柱子中若留有空气或填装不均匀，会怎样影响分离效果？如何避免？

（3）在氧化铝柱子上，若分离下列两组混合物，组分中哪一个在柱的上端？

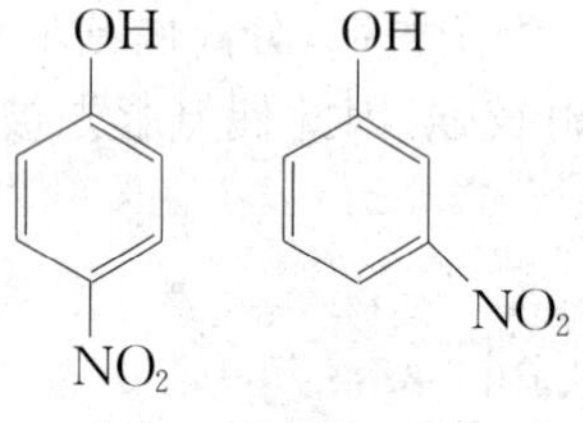

(a)

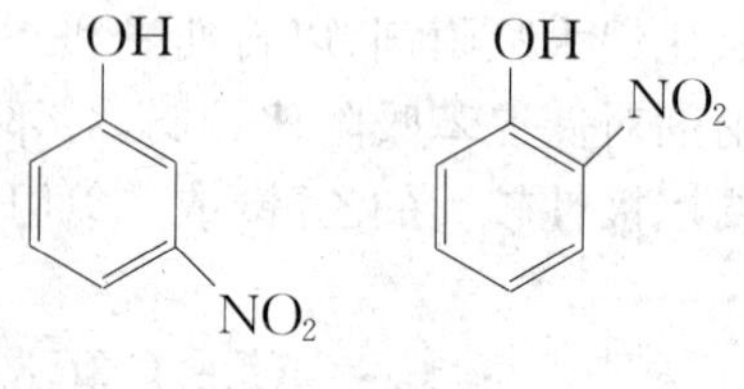

(b)

（4）为什么邻硝基苯胺要用乙醇洗脱，在用乙醇洗脱以前邻硝基苯胺的色带较宽，用乙醇洗脱时，色带变窄，然后又变宽，为什么？

注意事项

[1] 色谱柱的大小，取决于被分离物的量和吸附性。一般规格是：柱的直径为其长度的 1/10 至 1/4。

实验室中常用的色谱柱，其直径在 0.5～10 cm 之间。当吸附物的色带占吸附剂高度的 1/10～1/4 时，此色谱柱可进行色谱分离。

[2] 色谱柱填装紧密与否，对分离效果影响很大。若柱中留有气泡或各部分松紧不匀或有断层时，会影响渗滤速度和显色的均匀。

[3] 加入砂子的目的，是确保加料时不至于把吸附剂冲起，影响分离效果。若无砂子，也可用玻璃毛或剪成比柱子内径略小的滤纸压在吸附剂上面。

[4] 为了保持柱子的均一性，使整个吸附剂浸泡在溶剂或溶液中是必要的，否则当柱中溶剂或溶液流干时，就会使柱身干裂，影响渗滤和显色的均一性。

[5] 此溶液由 0.55 g 对硝基苯胺，0.7 g 邻硝基苯胺溶于 100 mL 二氯甲烷中配成。

[6] 如不安装滴液漏斗，也可采用每次倒入 10 mL 洗脱剂的方法进行洗脱。

[7] 若改用极性稍强的甲醇，则洗脱速度可快些。有时为了洗脱分离极性相近的化合物，需按不同比例配制极性不同的混合溶剂作洗脱剂。

(罗虹，梁俊 供稿)

实验 12 番茄红素的提取与分离

番茄红素，又称番茄烯，英文名称：Lycopene。CAS 号：502-65-8，分子式：$C_{40}H_{56}$，分子量：536.88，系类胡萝卜素化合物之一，但无维生素 A 的活性，深红色针状结晶。熔点 172～175 ℃。溶于苯、三氯甲烷、二硫化碳、乙醚、石油醚、己烷，几乎不溶于甲醇、环己烷、乙醇。番茄红素在溶液中易发生异构化，结晶后不易发生异构，但易自氧化，特别是在空气中，应真空避光保存于－20 ℃，或保存在干燥的氮气或二氧化碳气体中。

主要用途：可用作食品添加剂的人造色素。

（一）实验目的

（1）学会利用有机溶剂提取法提取天然物中的有效成分；

（2）掌握薄层色谱的实验原理和分离操作技术。

（二）实验原理

番茄红素广泛存在于自然界中，尤以番茄、粉红色葡萄柚、棕榈油中含量丰富。可从成熟番茄中提取。番茄中含有 5%～15%的番茄红素和少量的 β-胡萝卜素。番茄红素和 β-胡萝卜素都属于类胡萝卜素。它们的结构式分别为：

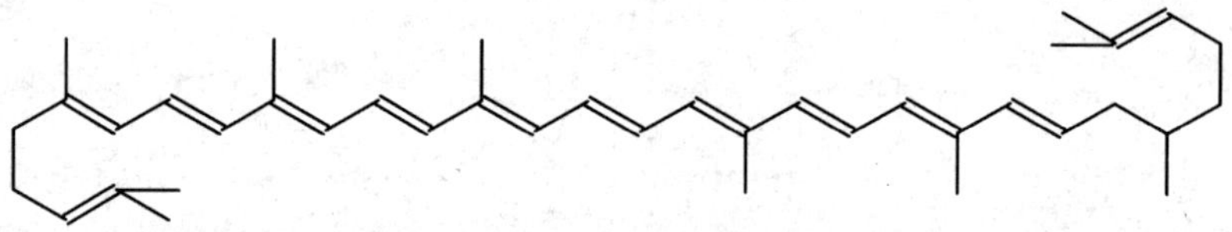

番茄红素（熔点 173 ℃）

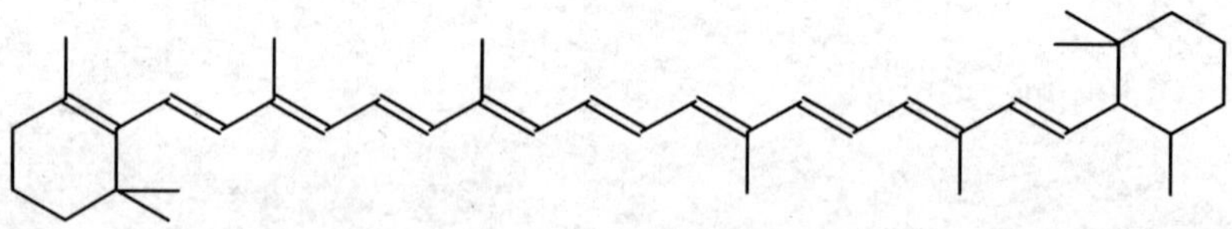

β-胡萝卜素（熔点 183 ℃）

它们是同分异构体，用一般方法很难将它们分离，而色谱法是一种较好的分离同分异构体的手段。本实验采用有机溶剂浸提法先提取番茄红素粗品，再利用薄层色谱方法将粗产物进行分离。

（三）实验仪器与试剂

【主要仪器】

圆底烧瓶(25 mL)，球形冷凝管，锥形瓶(50 mL)，玻璃漏斗，分液漏斗(25 mL)，烧杯，电热套。

【主要试剂】

4 g 番茄酱，95%乙醇，石油醚，丙酮，二氯甲烷，饱和食盐水，无水硫酸钠，2 g 硅胶 G，羧甲基纤维素钠。

（四）实验步骤

在 25 mL 圆底烧瓶中加入 4 g 番茄酱和 15 mL 95%的乙醇，回流 5 min，冷却后过滤，滤液存于 50 mL 锥形瓶中。将滤纸和滤渣再放入圆底烧瓶中，加入 10 mL 石油醚[1]，回流 5 min，冷却后过滤。将两次滤液并入同一锥形瓶中，加入 5 mL 饱和食盐水，摇匀，倒入分液漏斗，静置、分层。有机相倒入干燥的锥形瓶中，用适量的无水硫酸钠干燥 30 min。干燥后常压蒸馏除去溶剂，得到粘稠油状粗提取物。用 2 mL 二氯甲烷将粗提取物溶解，待薄层色谱法分离。

在烧杯中放入 2 g 硅胶 G，用 6 mL 0.5%的羧甲基纤维素钠水溶液调成浆料。将配制好的浆料倾注到清洁干燥的载玻片上，拿在手中轻轻的左右摇晃，使其表面均匀平滑，在室温下晾干后进行活化[2]。也可买市售的硅胶板备用。

用铅笔在距薄层板一端 1 cm 处轻轻画一横线作为起始线，然后用毛细管吸取样品，在起始线上小心点样，点样要轻，不可刺破薄层[3]。

在层析缸中加入配好的展开溶剂($V_{石油醚}:V_{丙酮}=9:1$)，使其高度不超过 1 cm[4]。将点好的薄层板小心放入层析缸中，点样一端朝下，浸入展开剂中。盖好层析缸盖，观察展开剂的展开情况，当展开剂前沿上升到一定高度时取出，尽快在板上标记展开剂前沿位置。晾干，观察斑点位置。分别计算番茄红素和 β-胡萝卜素的 R_f 值。

实验流程如下：

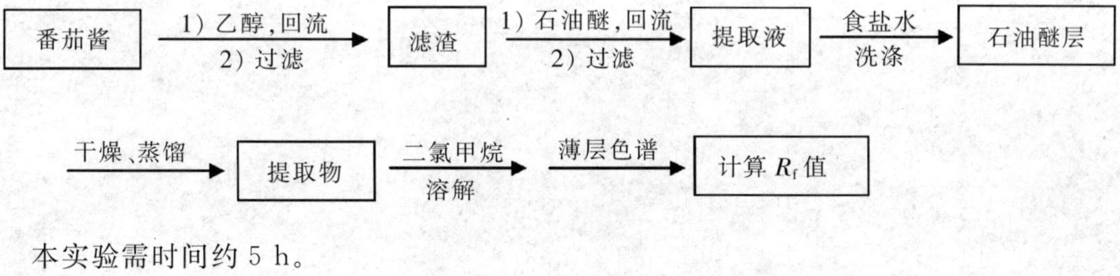

本实验需时间约 5 h。

（五）思考题

(1) 提取液用饱和食盐水洗涤，有何好处？

（2）番茄红素和 β-胡萝卜素相比，哪一个 R_f 值大？

注意事项

［1］先用乙醇对番茄酱脱水，便于石油醚更有效地提取番茄红素和 β-胡萝卜素。

［2］薄层板制备的好坏直接影响色谱的结果。薄层应尽量均匀且厚度要固定，否则，在展开时展开剂前沿不齐，色谱结果不易重复。

［3］斑点直径一般不超过 2 mm。若因样品溶液太稀，可重复点样，但应待前次点样的溶剂挥发后方可重新点样，以防止样点过大，造成拖尾、扩散等现象，影响分离效果。

［4］薄层色谱的展开需要在密闭容器中进行。为使溶剂蒸气迅速达到平衡，可在展开槽内衬一滤纸。

（梁俊，刘煜 供稿）

实验 13　菠菜色素的提取和分离

（一）实验目的

（1）了解天然物质的分离提纯方法；

（2）掌握柱色谱的实验原理和操作方法。

（二）实验原理

绿色植物如菠菜叶中含有叶绿素（绿色）、胡萝卜素（橙色）和叶黄素（黄色）等多种天然色素。其中，叶绿素存在两种结构相似的形式，即叶绿素 a（$C_{55}H_{72}O_5N_4Mg$）和叶绿素 b（$C_{55}H_{70}O_6N_4Mg$），其差别仅是叶绿素 a 中一个甲基被甲酰基所取代，从而形成了叶绿素 b。它们都是吡咯衍生物与金属镁的络合物，是植物进行光合作用所必需的催化剂。植物中叶绿素 a 的含量通常是叶绿素 b 的 3 倍。尽管叶绿素分子中含有一些极性基团，但大的烃基结构使它易溶于醚、石油醚等一些低极性或非极性的溶剂。

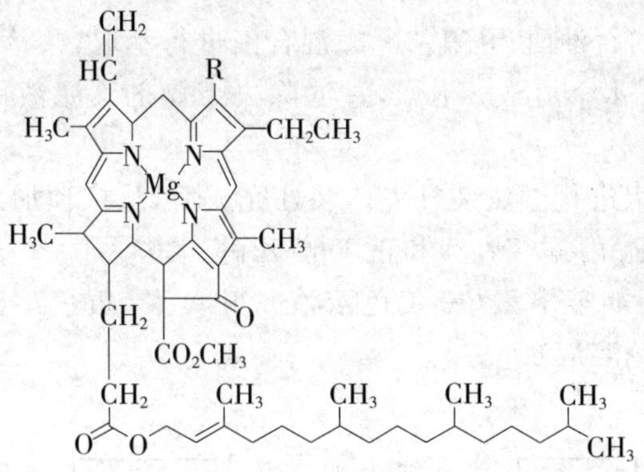

叶绿素 a（R＝CH_3）；　叶绿素 b（R＝CHO）

胡萝卜素（$C_{40}H_{56}$）是具有长链结构的共轭多烯。它有三种异构体：α-胡萝卜素，β-胡萝卜素和 γ-胡萝卜素，其中 β-胡萝卜素含量最多，也最重要。在生物体内，β-胡萝卜素受酶催化氧化形成维生素 A。目前，β-胡萝卜素可以进行工业化生产，作为维生素 A 使用，也可作为食品工业中的色素。

叶黄素（$C_{40}H_{56}O_2$）是胡萝卜素的羟基衍生物，它在绿叶中的含量通常是胡萝卜素的两倍。与胡萝卜素相比，叶黄素较易溶于醇，而在石油醚中溶解度较小。

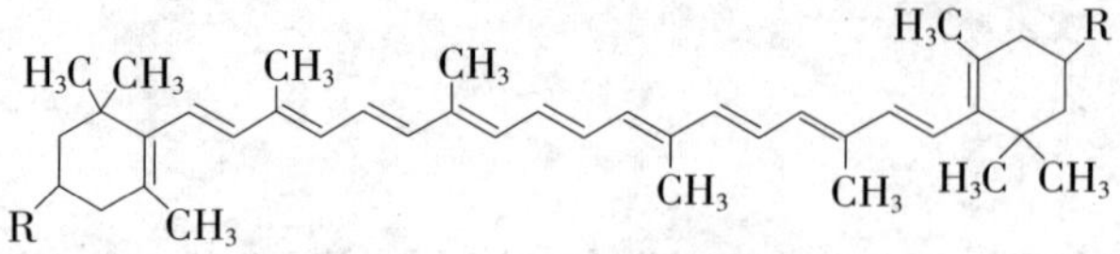

β-胡萝卜素(R=H)； 叶黄素(R=OH)

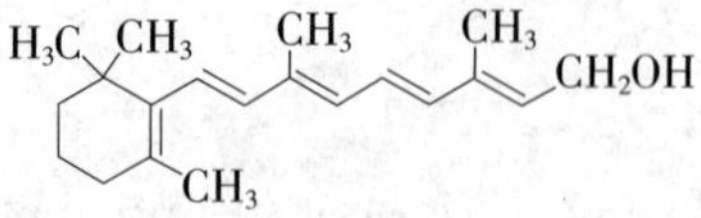

维生素 A

(三) 实验仪器与试剂

【主要仪器】

研钵，分液漏斗(50 mL)，层析柱(1 cm×15 cm)，圆底烧瓶(50 mL)，蒸馏头，直形冷凝管，接引管，锥形瓶，温度计，电热套。

【主要试剂】

2 g 新鲜菠菜，10 mL 甲醇，正丁醇，石油醚，丙酮，3 g 中性氧化铝，无水硫酸钠。

(四) 实验步骤

称取 2 g 新鲜菠菜叶，放在研钵中与 10 mL 甲醇一起捣碎，研磨 5 min。将菜汁过滤到锥形瓶中，并用 10 mL 的石油醚-甲醇(3∶2)混合液进行萃取，共萃取 2 次。合并萃取液，用蒸馏水洗涤 2 次后，用无水 Na_2SO_4 干燥，过滤除去干燥剂。滤液用常压蒸馏法进行蒸馏，以除去溶剂，得浓缩液。

称取 3 g 中性氧化铝进行湿法装柱[1]。装柱完成后，从柱顶加入上述浓缩液，分别用石油醚-丙酮(9∶1)、石油醚-丙酮(7∶3)和正丁醇-乙醇-水(3∶1∶1)进行洗脱[2]，根据颜色依次接收各个色素带，获得胡萝卜素(橙黄色溶液)、叶黄素(黄色溶液)、叶绿素 a(蓝绿色溶液)以及叶绿素 b(黄绿色溶液)。

实验流程如下：

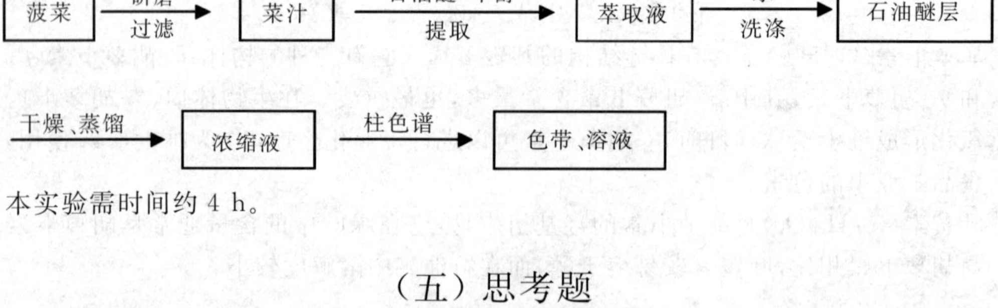

本实验需时间约 4 h。

(五) 思考题

(1) 柱子中若有气泡或装填不均匀，将给分离造成什么样的结果？如何避免？

(2) 比较叶绿素、叶黄素和胡萝卜素三种色素的极性,为什么胡萝卜素在层析柱中移动最快?

注意事项

[1] 湿法装柱要求装填均匀,无气泡。

[2] 洗脱过程中洗脱液的液面要始终高于氧化铝表面,否则会出现断层现象。

(梁俊,沈平 供稿)

实验 14 头发蛋白中氨基酸的分离与鉴定

（一）实验目的

（1）了解头发蛋白中氨基酸的分离和鉴定方法；

（2）掌握纸色谱的操作技术。

（二）实验原理

氨基酸是组成蛋白质的基本单元，蛋白质在酸、碱或酶的作用下水解，可得到各种氨基酸的混合物。其中酶水解工艺条件复杂，而碱水解常引起氨基酸构型变化，故目前一般采用酸水解方式。人发中角蛋白的含量约为 81.5%，属于不溶性蛋白质，角蛋白经水解可得到胱氨酸、酪氨酸、亮氨酸等大约 18 种氨基酸。

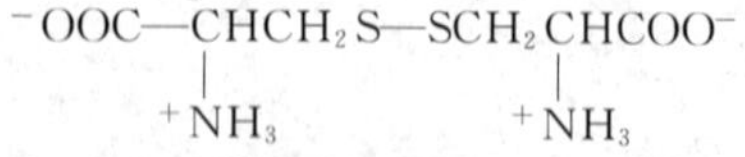

胱氨酸

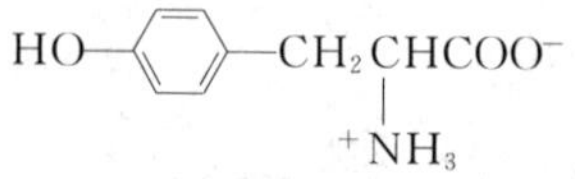

酪氨酸

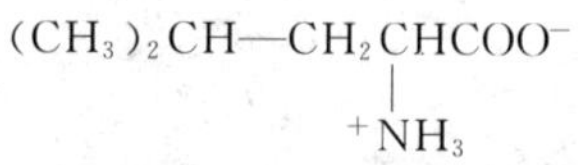

亮氨酸

通过色谱分离、离子交换和电泳等方法可以获得纯的氨基酸，其中纸色谱是以滤纸为惰性载体，滤纸中纤维素吸附的水为固定相，展开剂为流动相。当流动相靠滤纸的毛细作用沿滤纸移动时，流动相与固定相发生接触，由于待分离的混合物中各组分在两相之间的分配系数不同，因此被流动相带着移动的速度不同，易溶于流动相的组分移动得较快，而在固定相中溶解度较大的组分就移动得较慢，这样各组分在两相间不断进行分配、迁移，各组分迁移的距离逐渐拉开而获得分离。这种方法适用于多官能团化合物的分离，如氨基酸、天然色素等。

本实验采用 30%工业盐酸水解人发，得到角蛋白水解液，再利用纸色谱法分离水解液中混合氨基酸，计算各自的比移值，并与标准物的比移值比较，以鉴定不同的氨基酸。

（三）实验仪器与试剂

【主要仪器】

三颈烧瓶（100 mL），球形冷凝管，接引管，锥形瓶（50 mL），铅笔，直尺，温度计，电热套，循环水真空泵，毛细管，喷雾器，色谱缸，色谱用滤纸（新华 1 号滤纸）。

【主要试剂】

人发（5 g），工业盐酸（30 mL，30%），酪氨酸溶液，亮氨酸溶液，正丁醇，冰醋酸，水，0.5%茚三酮溶液。

（四）实验步骤

称取人发 5 g 于 100 mL 的三颈烧瓶中，加入 30%工业盐酸 30 mL，装上球形冷凝管及温度计，用电热套加热升温至 112 ℃左右，水解 3 h。所得水解液经过滤除去不溶性残渣，将过滤后的水解液经水泵减压蒸馏除去酸，至呈稠浆液，加 10 mL 水使之溶解，备用。

1. 点样

取 16 cm×6 cm 的中速色谱滤纸，在距离底边 1 cm 处用铅笔标记起始线（见图 3-2），在起始线上分别点上酪氨酸、亮氨酸标准品及混合氨基酸溶液（样点间距 1 cm）[1]，点样直径控制在 2 mm 左右[2]，然后将其晾干。

2. 展开

向色谱缸中加适量的展开剂，盖上盖子约 5 min，使缸内被展开剂蒸气所饱和，将点样后的滤纸悬挂在缸内（见图 3-2），滤纸底边浸入展开剂约 0.5 cm。当溶剂的前沿升到接近滤纸顶端时，取出滤纸，立即用铅笔画出溶剂前沿所在位置，吹干。

3. 显色

用喷雾器向滤纸均匀喷洒显色剂茚三酮溶液，以滤纸基本打湿为宜，然后用电吹风的热风缓缓吹干，直到显示出紫色斑点为止。

4. 测量 R_f 值与鉴定

用铅笔将斑点的轮廓描出来，并确定出各斑点的中心位置，该点即为斑点位置。分别量出起始线至溶剂前沿的距离以及至各斑点位置的距离，按照 R_f 值定义计算各斑点的 R_f 值。比较各斑点的 R_f 值大小，确定混合样点上的两个斑点各是什么物质。

注：亮氨酸的 R_f 值：0.8～0.9，酪氨酸的 R_f 值：0.5～0.6。

本实验需时间约 5 h。

（五）思考题

（1）纸色谱法所依据的原理是什么？

（2）纸色谱中，为什么样品点样处不能浸泡在展开剂中？

（3）测定 R_f 值的意义是什么？

注意事项

[1] 样品的浓度对物质的分离效果有很大影响，所需样品的量与显色剂的灵敏度、吸附剂的种类、滤纸的厚度均有关系。样品太少，斑点不清楚，难以观察，但样品的浓度太高时往往出现斑点太大或拖尾现象，以至不易分开，此时可考虑将样品浓度降低后再做鉴定。

[2] 点样时，切勿用手接触滤纸点样端及中部。

[3] 同一毛细管只能用于一种物质的点样，样点直径为 2 mm 左右，最好将混合样点在中间的位置。

（梁俊，龚行 供稿）

实验 15 紫外光谱法测定阿司匹林肠溶片中水杨酸的含量

阿司匹林,化学名称:乙酰水杨酸,英文名称 aspirin 或 acetylsalicylic acid。CAS 号:50-78-2,分子式:$C_9H_8O_4$,分子量:180.15。白色针状或板状结晶或粉末,无气味,微带酸味。熔点:135 ℃。在干燥空气中稳定,在潮湿空气中缓缓水解成水杨酸和乙酸。能溶于乙醇,乙醚和氯仿,微溶于水,在氢氧化钾溶液或碳酸钾溶液中能溶解,但同时分解。

主要用途:阿司匹林是一种历史悠久的解热镇痛药。具有解热、镇痛、抗炎、抗风温和抗血小板聚集等多方面的药理作用,且很少发生过敏反应。常用于治疗感冒发热,头痛、神经痛关节痛、肌肉痛、风湿热、急性内湿性关节炎、类风湿性关节炎及牙痛等疾病。

(一)实验目的

(1)了解紫外光谱的测定方法;

(2)掌握标准曲线的绘制方法;

(3)学习分光光度计的使用方法。

(二)实验原理

通过测定阿司匹林、水杨酸对照样品的紫外吸收光谱,确定游离水杨酸的特征吸收波长。在此波长下,测试不同水杨酸浓度下的吸光度,求出水杨酸浓度和吸光度的回归方程。在此基础上,通过测试出阿司匹林肠溶片特定浓度的吸光度,根据回归曲线,求解出阿司匹林肠溶片游离水杨酸的含量。

(三)实验仪器与试剂

【主要仪器】

容量瓶(1 mL、50 mL 和 100 mL),紫外分光光度计。

【主要试剂】

阿司匹林肠溶片,阿司匹林,水杨酸,冰醋酸-甲醇(1∶10)溶液。

(四)实验步骤

1. 测定波长的选择

分别称取水杨酸与阿司匹林适量,加冰醋酸-甲醇(1∶10)溶液,分别配制成每 1 mL 约含 10 μg 的水杨酸溶液和每 1 mL 约含 100 μg 的阿司匹林溶液。分别在 200～350 nm 的波长范围内，立即测试紫外吸收图谱，结果表明：水杨酸对照品溶液在(304±2) nm，(235±2) nm的波长处有最大吸收；阿司匹林对照品溶液在(277±2) nm，(228±2) nm的波长处有最大吸收。

将上述两种对照品溶液放置24 h后，再分别测试紫外吸收图谱，结果表明：发现阿司匹林对照品溶液在304 nm的波长处有明显吸收，说明此溶液放置过程中发生了水解反应，产生了水杨酸，然而在277 nm的波长处的吸收变化不大，故选定304 nm的波长为测定游离水杨酸的波长。

2. 标准曲线的绘制

在100 mL的容量瓶中，准确称量15.2 mg水杨酸对照品，加入冰醋酸-甲醇(1∶10)溶液，摇匀，使水杨酸对照品溶解，并稀释至刻度。然后准确吸取0.50、1.00、2.00、3.00、5.00、8.00和10.00 mL的上述溶液，分别置于50 mL容量瓶中，用冰醋酸-甲醇(1∶10)溶液稀释至刻度，摇匀，在304 nm的波长处测定吸光度；以浓度和吸光度作线性回归，求得回归方程。

3. 测定游离水杨酸

取阿司匹林肠溶片适量(约相当于阿司匹林0.1 g)，置于100 mL容量瓶中，用冰醋酸-甲醇(1∶10)溶液稀释至刻度，摇匀，过滤。在304 nm的波长处测定吸收度，用标准曲线求得其含量。

(五) 思考题

(1) 阿司匹林对照品溶液放置24 h后，紫外吸收光谱为什么会有明显变化？

(2) 若容量瓶中液体在稀释时超过刻度，会对测试结果产生什么影响？

(王晓娟，刘煜 供稿)

实验16 苯甲酸的红外光谱分析

苯甲酸，又称安息香酸，英文名称：benzoic acid。CAS号 65-85-0，分子式：$C_7H_6O_2$，相对分子量：122.13。白色单斜晶系片状或针状结晶体，具有苯或甲醛的臭味，易燃。相对密度(d_4^{20})：1.270，熔点：121.7 ℃，沸点：249.2 ℃。易溶于醇、氯仿、醚、丙酮，溶于苯、二硫化碳、松节油，微溶于水、石油醚，水溶液呈酸性，能随水蒸气同时挥发。

健康危害：对皮肤有轻度刺激性，其蒸气对上呼吸道、眼和皮肤产生刺激。本品在一般情况下接触无明显的危害性。

主要用途：用作制药和染料的中间体，也用于制取增塑剂、香料和钢铁设备的防锈剂等。

（一）实验目的

（1）了解红外光谱对有机物进行定性鉴定的原理；

（2）熟悉红外光谱仪的工作原理及其使用方法；

（3）掌握压片法制作固体试样晶片的方法。

（二）实验原理

当一定波长的红外光辐射物质时，如果光的频率正好与此物质分子中某个基团的振动能级跃迁的频率相同，且分子振动时伴随有瞬时偶极矩的变化，则该物质分子就能吸收此频率的红外光，引起辐射光的强度改变，从而产生相应的红外光吸收。采用红外光谱仪测定物质分子对不同波长的红外光的吸收强度，以透过率 T 为纵坐标，波数 ν 为横坐标，可以得到此物质的红外光谱图。

由于分子中基团的振动频率主要取决于原子相对质量，键的力常数和原子几何形状。通过特征吸收峰的波数位置，可以判断官能团的种类。若分子结构有差异，所得到的红外光谱还是有差别的。根据这些特性，可以利用红外光谱对有机物进行定性鉴定和定量分析。该法具有用量少、不破坏样品、分析速度快和灵敏度高等优点，且应用范围广，无论是气态、液态、固态都可以分析。

本实验采用溴化钾压片法，在红外光谱仪上测绘苯甲酸的红外光谱。

（三）实验仪器与试剂

【主要仪器】

红外光谱仪，压片机及模具，玛瑙研钵，红外线干燥灯。

【主要试剂】

苯甲酸样品(AR),溴化钾粉末(光谱纯)。

(四)实验步骤

(1) 打开空调机、除湿机等,控制室温 18～20 ℃,室内相对湿度<65%。

(2) 分别开启红外光谱仪主机电源、计算机和打印机的电源。启动红外光谱工作站,初始化后等待仪器自检。自检完毕,设置红外光谱仪的测定参数。仪器的具体操作步骤见红外光谱仪的使用操作说明书。

(3) 空白片的制作:取一定量的干燥溴化钾粉末于洁净的研钵中,在红外线干燥灯下[1]研磨至粉末,然后取适量的粉末放到压片模具上,进行压片[2,3]。

(4) 苯甲酸试样片的制作:取干燥的 1～2 mg 苯甲酸试样于研磨中,在红外线干燥灯下磨细后,再加入约 200 mg 的溴化钾粉末,一同研磨至颗粒直径 $\phi<2\ \mu m$,混合均匀[1],然后取适量的混合样进行压片。制得的晶片应透明无裂痕,局部无发白现象,否则需重新压片。

(5) 根据仪器操作使用说明的要求,将空白压片和苯甲酸压片放入样品室,进行扫描。

(6) 保存或打印对苯甲酸谱图,并与苯甲酸的标准红外光谱图进行比较[4],解析谱图[5]。

(五)思考题

(1) 利用红外光谱对化合物分析的基本原理是什么?

(2) 在压片制样时对固体样品有何要求?

注意事项

[1] 测试用的样品和溴化钾必须充分干燥,否则谱图中可能出现水的吸收峰,干扰红外光谱的分析。因此在研磨时,应将研钵置于红外线灯下,对样品起到干燥作用。压好的片应立即上机测定,若暂时不用,须放在干燥器中以防吸潮。

[2] 制作片样时,应将 KBr 和固体样品的混合物均匀置于压片座的孔内,量不要太多,把洒落到压片座表面的样品除去,然后按顺序放好各部件。施压时,温和地将压片机的手柄压下,慢慢升压至 20 MPa 后,停止升压,维持 5 min,再卸压,从模具里小心取出晶片。

[3] 由于金属模具的压片座、顶部和底部冲垫组件都容易生锈,而且 KBr 的强吸湿性会加速生锈,因此每次实验结束后,应把残留在模具上的粉末除净,用去离子水洗涤顶部和底部冲垫组件和压片座,最后用酒精洗涤除水,再将其保存在干燥器中。

[4] 苯甲酸的标准红外光谱如图 5-5,有关基团的特征吸收峰波数见表 5-1 所示。

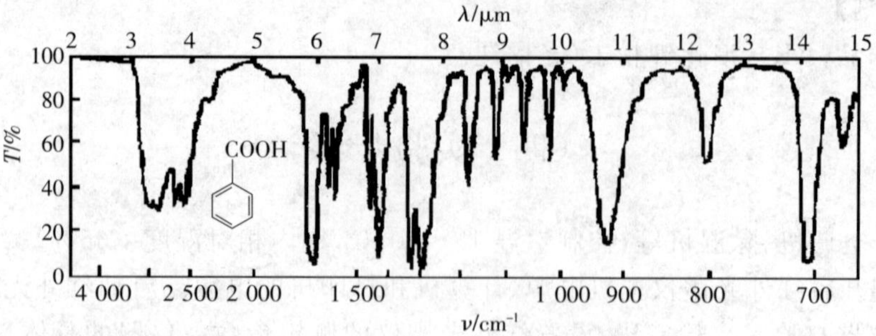

图 5-5 苯甲酸的红外光谱

表 5-1 苯甲酸的有关基团的吸收峰波数

原子基团的基本振动形式	基频峰的波数/cm^{-1}
$\nu_{=C-H}$（Ar 上）	3 077,3 012
$\nu_{C=C}$（Ar 上）	1 600,1 582,1 495,1 450
$\delta_{=C-H}$（Ar 上连接五氢）	715,690
ν_{O-H}（形成氢键二聚体）	3 000～2 500（多重峰）
$\nu_{C=O}$	1 720
δ_{O-H}	935
δ_{C-O-H}（面内弯曲振动）	1 250

[5] 在解析红外吸收光谱时，一般从高波数到低波数，即先解析官能团区再解析指纹区，在 3 000 cm^{-1} 附近的 C—H 的吸收峰不必急于分析，几乎所有的有机物在此区域都有吸收。也不必对光谱图的每一个吸收峰都进行解释，只需指出各基团的特征吸收峰即可。对于不同的化合物分子中同一基团在红外光谱中的细微差异也不必太在意。未知化合物的谱图先经初步结构辨析后，再与已知物 Sadlter 标准图谱对照比较，若完全一致，就可以确定此未知物与已知的为同一化合物。

（梁俊，刘煜 供稿）

第六章　合成实验

6.1　亲核取代反应

实验 17　1-溴丁烷的合成

1-溴丁烷又名正丁基溴，英文名：1-bromobutane。CAS 号：109-65-9，分子式：C_4H_9Br，相对分子质量：137.03。无色透明液体。相对密度（d_4^{20}）：1.276，熔点：－112 ℃，沸点：101.6 ℃，折射率（n_D^{20}）：1.439 8，易溶于醇和醚。

健康危害： 吸入本品蒸气可引起咳嗽、胸痛和呼吸困难。高浓度时有麻醉作用，引起神志障碍。眼和皮肤接触可致灼伤。

燃爆危险： 易燃，自燃温度：265 ℃。爆燃界限：2.6％～6.6％，遇明火、高温易引起燃烧，受高温分解产生有毒的溴化物气体。其蒸气密度比空气密度大，能在较低处扩散到相当远的地方，遇火源会着火。

主要用途： 可用作溶剂、烷基化剂及医药中间体。

（一）实验目的

(1) 学习以溴化钠、浓硫酸和正丁醇制备正溴丁烷的原理和方法；
(2) 学习有害气体吸收装置的使用和操作；
(3) 学习滴液漏斗的使用方法；
(4) 学习机械搅拌器的使用方法。

（二）实验原理

在实验室中，制备一卤代烷的最简单的方法是通过氢卤酸与醇发生亲核取代反应来制备。

$$R-OH+HX \xrightleftharpoons{H^+} R-X+H_2O$$

溴代烷是常用的有机合成中间体，通常是由醇和 47.5％的浓氢溴酸来合成。为了提高反应速率和产率，常常加入浓硫酸作催化剂，或采用浓硫酸与溴化钠或溴化钾的混合物作为溴代试剂。但硫酸的存在，容易导致醇脱水生成烯或醚等副产物。

本实验利用正丁醇与氢溴酸作用生成正溴丁烷。

【主反应】

$$NaBr + H_2SO_4 \rightleftharpoons HBr + NaHSO_4$$

$$C_4H_9OH + HBr \longrightarrow C_4H_9Br + H_2O$$

【副反应】

$$C_4H_9OH \xrightarrow{H_2SO_4} C_4H_8 + H_2O$$

$$2C_4H_9OH \xrightarrow{H_2SO_4} C_4H_9OC_4H_9 + H_2O$$

（三）实验仪器与试剂

【主要仪器】

三颈烧瓶，圆底烧瓶，搅拌套管，恒压滴液漏斗，机械搅拌器，锥形瓶，分液漏斗，直形冷凝管，球形冷凝管，蒸馏头，接引管，短颈漏斗，烧杯。

【主要试剂】

5.0 g (6.2 mL, 0.068 mol)正丁醇，8.0 g (0.077 mol)溴化钠，10 mL (0.18 mol)浓硫酸，碳酸钠溶液(10%)，无水氯化钙。

（四）实验步骤

往装有机械搅拌、恒压滴液漏斗和回流冷凝管的 100 mL 三颈烧瓶中加入 8.0 g 研细的溴化钠，6.2 mL 正丁醇和 1～2 粒沸石。回流冷凝管的上端通过一橡皮管与漏斗连接，使漏斗口的大部分与烧杯中的 NaOH 溶液接触，并留出通大气的地方。在另一锥形瓶中加入 10 mL 水，在摇振下将 10 mL 浓硫酸滴加到锥形瓶中，然后将稀释的硫酸用冷水浴冷却，倒入恒压滴液漏斗中，塞好塞子。开动搅拌[1]，慢慢滴加硫酸。滴加完毕后，小火加热至沸腾，保持回流 30 min。

反应完成后，稍冷，卸下回流装置，改装成蒸馏装置，再放入 1～2 粒沸石，蒸馏，直到无油滴蒸出为止。将馏出液倒入分液漏斗，静置后分液，分出的油层倒入干燥的锥形瓶中，将 3～4 mL 浓硫酸[2]慢慢加入锥形瓶中，并不时振荡，如混合物发热，可用冷水冷却。

将混合物倒入分液漏斗，静置分层，分出下层的硫酸。油层依次用 10 mL 水，5 mL 10%碳酸钠溶液和 10 mL 水洗涤[3]。洗涤后的粗 1-溴丁烷转入干燥的锥形瓶中，加无水氯化钙干燥 1～2 h，并不时摇振。

将干燥好的粗产品 1-溴丁烷滤入干燥的圆底烧瓶中，进行常压蒸馏[4]，收集 99～102 ℃馏分。

本实验约需时间 4～6 h。

（五）卤代烃的性质实验

1. 相同烃基上的不同卤素活性的比较

样品：1-氯丁烷，1-溴丁烷，1-碘丁烷。

试剂：$AgNO_3$ 乙醇溶液。

操作步骤：取 3 支用蒸馏水洗过的干燥试管，各加入 0.5 mL $AgNO_3$ 乙醇溶液，然后分别加入 2～3 滴 1-氯丁烷、1-溴丁烷、1-碘丁烷，振摇后观察结果。将不反应的试管放在水浴中缓缓加热数分钟，观察结果。

2. 不同烃基上的氯原子活性比较

样品：氯苄，1-氯丁烷，氯苯。

试剂：$AgNO_3$ 乙醇溶液。

操作步骤：取 3 支用蒸馏水洗过的干燥试管，各加入 1 mL 硝酸银乙醇溶液，再分别加入 5 滴氯苄、1-氯丁烷、氯苯，振摇后静置 5 min，将不反应的试管放在水浴上缓缓加热，冷却，观察有无沉淀析出，然后往沉淀物中加 1 滴稀硝酸，观察沉淀是否溶解？

分子结构不同，卤代烃与硝酸银乙醇溶液反应的反应速度上有很大的差别。在室温下能立刻产生卤化银沉淀的卤代化合物有 RCOX，$RCH{=}CHCH_2X$，$ArCH_2X$，R_3CCl，RI。在室温下无明显反应，但加热后能产生沉淀的卤代烃有 RCH_2Cl，R_2CHCl，2，4-二硝基氯苯，在加热下也无卤化银沉淀生成的卤代烃有 ArX，$RCH{=}CHX$，$CHCl_3$。

（六）思考题

(1) 本实验浓硫酸起何作用？其用量及浓度对实验有何影响？

(2) 反应后的粗产物中含有哪些杂质？如何除去这些杂质？

(3) 为什么用饱和碳酸氢钠水溶液洗酸以前，要先用水洗涤？

(4) 说明下列卤代烃反应活泼性次序的原因：

① RI＞ RBr＞ RCl

② $PhCH_2Cl$＞ $CH_3(CH_2)_2Cl$＞ PhCl

(5) 如何鉴别下列化合物？

CH_3CH_2Br　　　$CH_2{=}CHBr$

注意事项

[1] 在加料过程中，反应回流时不搅拌，将会导致产率下降。

[2] 正丁醇和溴丁烷可形成共沸物（沸点 98.6 ℃，含正丁醇 13%）而难以除去，实验中采用浓硫酸可洗去粗产品中少量的未反应的正丁醇和副产物丁醚等杂质。

[3] 用水洗涤后馏出液如有红色，说明还含有溴，可以加入 10～15 mL 饱和亚硫酸氢钠溶液洗涤除去。

[4] 正丁烷基溴是否蒸完，可从下面两个方面判断：

① 馏出液是否由浑浊变为澄清；

② 蒸馏烧瓶中上层油层是否已蒸完。

（杨涛，廖德仲 供稿）

实验 18　叔丁基氯的合成

叔丁基氯，又名 2-氯-2-甲基丙烷，英文名称：tert-butyl chloride。CAS 号：507-20-0，分子式：C_4H_9Cl，相对分子质量：92.57。无色透明液体。相对密度（d_4^{20}）：0.890，熔点：－26 ℃，沸点：51 ℃，折射率（n_D^{20}）：1.387 7。微溶于水，溶于乙醇、乙醚等有机溶剂。

健康危害：吸入、摄入或经皮肤吸收后对身体有害，对眼睛、皮肤有刺激作用。

燃爆危险：本品极度易燃，具有刺激性。其蒸气与空气可形成爆燃性混合物，遇明火、高温极易燃烧、爆炸。

主要用途：主要用作有机合成的中间体和溶剂。

（一）实验目的

（1）学习由醇制备卤代烃的方法；

（2）学习分液漏斗的使用方法；

（3）掌握萃取、蒸馏等基本操作。

（二）实验原理

【主反应】

$$(CH_3)_3COH \xrightarrow{HCl} (CH_3)_3CCl + H_2O$$

【副反应】

$$(CH_3)_3COH \xrightarrow{H^+} (CH_3)_2C{=}CH_2 + H_2O$$

（三）实验仪器与试剂

【主要仪器】

分液漏斗，圆底烧瓶，直形冷凝管，温度计，蒸馏头，接引管，锥形瓶，温度计套管。

【主要试剂】

11.1 g (14.2 mL，0.15 mol)叔丁醇，37.5 mL 浓盐酸，饱和氯化钠溶液，5%碳酸氢钠溶液，无水氯化钙

（四）实验步骤

在 100 mL 分液漏斗中，加入 14.2 mL 叔丁醇[1]和 37.5 mL 浓盐酸。先勿塞住漏斗上

口，轻轻旋摇 1 min，然后塞上分液漏斗塞子，倒置后小心打开活塞放气；再轻轻摇动，放气，反复几次，直至分液漏斗中不再产生压力；然后剧烈摇振 3～5 min，使反应完全[注意：及时打开活塞放气，以免漏斗内压力过大，使反应物喷出]。接着，将分液漏斗置于铁环中静置、分层，分出有机相，依次用等体积的饱和氯化钠溶液、5%碳酸氢钠溶液以及饱和氯化钠溶液洗涤。用碳酸氢钠溶液洗涤时，会有二氧化碳气体产生，要小心操作、及时放气。将洗涤过的粗产物从分液漏斗的上口倒入干燥的锥形瓶中，加入无水氯化钙[3]，干燥 1～2 h 后，用折叠滤纸将粗产物滤入圆底烧瓶中，水浴加热，常压蒸馏，接收瓶用冰水浴冷却，收集 48～52 ℃馏分，产量约 5.5 g，收率约 40%。

本实验约需时间 4～6 h。

（五）思考题

（1）本实验用饱和碳酸氢钠洗涤的目的是什么？能否用氢氧化钠溶液来代替碳酸氢钠溶液，为什么？

（2）本实验通过什么方法除去未反应的叔丁醇？

注意事项

[1] 叔丁醇的熔点为 25 ℃，如果呈固体，需在温水中温热融化后取用。

[2] 用无水氯化钙干燥，若时间太短，干燥不充分，影响产品收率和纯度。

（杨涛，廖德仲 供稿）

实验 19 正丁醚的合成

正丁醚，又名二正丁基醚，英文名称：butyl ether。CAS 号：142-96-1，分子式：$C_8H_{18}O$，相对分子质量：130.23。无色透明液体，具有类似水果的气味，稍有刺激性。相对密度（d_4^{20}）：0.769，熔点：−98 ℃，沸点：142 ℃，折射率（n_D^{20}）：1.399 2。易与乙醇和乙醚混溶，易溶于丙酮，几乎不溶于水。

健康危害：吸入本品可致咳嗽、呼吸困难、头痛、头晕、恶心、疲乏和四肢无力。眼和皮肤接触可致灼伤。

燃爆危险：易燃，其蒸气与空气可形成爆燃性混合物。遇高温、明火极易燃烧爆炸。与氧化剂能发生强烈反应。在光照条件下可生成具有潜在爆炸危险的过氧化物。其蒸气密度比空气大，能在较低处扩散到相当远的地方，遇明火会引起燃烧。

主要用途：用作溶剂、电子清洗剂和有机合成试剂。

（一）实验目的

（1）掌握醇分子间脱水制备醚的反应原理和实验方法；

（2）学习水分分离器的使用方法。

（二）实验原理

在工业上，常采用在脱水催化剂（氧化铝、硫酸铝）存在下，进行气相醚化反应来制取醚。

本实验以正丁醇为原料，以浓硫酸为脱水剂，通过加热发生分子间脱水反应，制备正丁醚。实验采取控制加热温度，并将反应生成的水，通过水的共沸物不断从反应体系蒸出，促使反应向生成正丁醚的方向移动。反应利用水分分离器使水分离出来。由于丁醇在较高温度下（170 ℃）还能与浓硫酸作用，发生分子内脱水反应生成烯烃，因此，反应过程要控制好加热温度。此外，由于浓硫酸有氧化作用，在反应前，正丁醇与浓硫酸一定要混合均匀，以免局部氧化。

【主反应】

$$2CH_3CH_2CH_2CH_2OH \xrightarrow[135\ ℃]{H_2SO_4} (CH_3CH_2CH_2CH_2)_2O + H_2O$$

【副反应】

$$CH_3CH_2CH_2CH_2OH \xrightarrow[\triangle]{H_2SO_4} CH_3CH_2CH{=}CH_2 + H_2O$$

$$CH_3CH_2CH_2CH_2OH \xrightarrow{H_2SO_4} CH_3CH_2CH_2COOH + SO_2\uparrow + H_2O$$

（三）实验仪器与试剂

【主要仪器】

三颈烧瓶，回流冷凝管，水分分离器，温度计，分液漏斗，圆底烧瓶，蒸馏头，接引管。

【主要试剂】

20 g（24.5 mL，0.27 mol）正丁醇，浓硫酸，5%氢氧化钠溶液，饱和氯化钙溶液，无水氯化钙。

（四）实验步骤

在100 mL三颈烧瓶中，加入20 mL正丁醇，再缓慢滴加3.6 mL浓硫酸，振动烧瓶，使浓硫酸和正丁醇混合均匀，加入1～2粒沸石。然后将水分分离器放满水，再从水分分离器中放出2.8 mL水[1]，接着在烧瓶上装配水分分离器和回流冷凝管。用电热套加热，使反应物微沸并回流1 h[2]。随着反应的进行，水分分离器中的水层逐渐增加，反应液的温度也逐渐上升。继续加热，当烧瓶内反应物的温度上升至135 ℃左右、水分离器全部被水充满时，表示反应已基本完成[3]，若水分分离器中的水层超过了支管而流回烧瓶时，可打开旋塞，从水分分离器下端放出一点水，再观察水面是否上升。当水面不再上升，瓶中反应温度达到150 ℃时，停止加热，并从冷凝管的上端补加水，将水分分离器中的有机层赶到三颈烧瓶中。如继续加热，则溶液会变黑并有较多副产物丁烯生成。

反应液冷至室温后，将三颈烧瓶中的反应物转入盛有50 mL水的分液漏斗中，充分振荡，静置分层后弃去下层液体。上层粗产物依次用20 mL水、10 mL 5%氢氧化钠溶液[4]、10 mL水和15 mL饱和氯化钙溶液洗涤，然后转入一干燥的小锥形瓶中，用无水氯化钙干燥[5]。

将干燥后的溶液滤入50 mL圆底烧瓶中，加入1～2粒沸石，加热，常压蒸馏，收集140～144 ℃馏分，产量5～6 g。

称重，计算产率，并测定产物的折光率。

本实验约需时间6 h[6]。

（五）思考题

（1）试根据本实验正丁醇的用量20 g，计算理论上反应生成水的体积。

（2）本实验用氢氧化钠和氯化钙溶液洗涤的目的是什么？

（3）如果粗产品中含有正丁醇，能否用分馏的方法将它除去？

注意事项

[1] 根据理论量计算，生成的水量约2.4 mL，实际分出的水的体积应略大于计算量，否则产率很低。

[2] 本实验利用恒沸混合物蒸馏法(共沸蒸馏)将反应中生成的水不断从反应物中除去。正丁醇,正丁醚和水能生成以下几种恒沸物:

正丁醇-水	沸点 93 ℃,含水 45.5%
正丁醚-水	沸点 94.1 ℃,含水 33.4%
正丁醇-正丁醚	沸点 117.6 ℃,含正丁醚 17.5%
正丁醇-正丁醚-水	沸点 90.6 ℃,含水 29.9%,含正丁醚 35.5%

[3] 制备正丁醚的适宜温度是 130～140 ℃,但由于恒沸物的形成,这一温度在开始回流时极难达到,实际条件是 100～115 ℃。

[4] 用碱洗涤时,不要太剧烈地振荡分液漏斗,以免形成乳浊液而影响分离。

[5] 也可用下述方法来洗涤正丁醚:粗产物先用 2 份 15 mL 冷的 50%硫酸洗涤 2 次,再用水洗涤 2 次,使有机相呈中性,最后用无水氯化钙干燥。用 50%硫酸洗涤,可洗去粗产物中的正丁醇,但正丁醚也能微溶,所以产率会降低。

[6] 本实验成功的关键:① 控制好反应温度;② 用碱洗涤时,不要剧烈地振摇分液漏斗,以免形成乳浊液而难以分层;③ 洗涤时,一定要除净粗产物中未反应的正丁醇;④ 粗产物要干燥完全。

(杨涛,廖德仲 供稿)

实验 20　乙醚的制备

乙醚,英文名称:diethyl ether,或 ethyl ether。CAS 号:60-29-7,分子式:$C_4H_{10}O$,相对分子质量:74.12。无色透明液体。相对密度(d_4^{20}):0.713 8,熔点:−116.2 ℃,沸点:34.6 ℃,折射率(n_D^{20}):1.349 7。不溶于水,能溶于乙醇、苯、氯仿、石油醚等有机溶剂。

健康危害: 对人体的麻醉浓度为 109.08～196.95 g/m^3(或 3.6%～6.5%)。当浓度为 212.1～303 g/m^3(或 7%～10%)时可致呼吸停止;当浓度超过 10%时可以致命。

乙醚是低毒物质,可引起全身麻醉,对皮肤及呼吸道粘膜有轻微的刺激作用;长期接触低浓度乙醚蒸气的人员可出现头痛、头晕、易激动或淡漠、嗜睡、忧郁、体重减轻、食欲减退、恶心、呕吐和便秘等症状;吸入较高浓度乙醚蒸气时可出现头晕、癔病发作、精神错乱、嗜睡、面色苍白、恶心、呕吐、脉缓、体温下降和呼吸不规则等症状。

大量接触后短时间发生的中毒症状,只要脱离现场,稍待休息,经对症处理后便可恢复。

燃爆危险: 乙醚蒸气能与空气形成爆炸性混合物,遇到火花、高温、氧化剂、高氯酸、氯气、氧气、臭氧等,有发生燃烧爆炸的危险。

主要用途: 是重要的溶剂,可溶解多种有机物,常用作萃取剂或反应介质。无机物硫和磷在乙醚中也有一定的溶解度,溴、碘、氯化铁和氯化金在乙醚中有较大的溶解度。

(一) 实验目的

(1) 掌握实验室制备乙醚的原理和方法;

(2) 初步掌握低沸点易燃液体的蒸馏操作要点。

(二) 实验原理

【主反应】

$$2CH_3CH_2OH \xrightarrow[135\ ℃]{H_2SO_4} CH_3CH_2OCH_2CH_3 + H_2O$$

【副反应】

$$CH_3CH_2OH \xrightarrow{H_2SO_4} CH_2{=}CH_2 + H_2O$$

$$CH_3CH_2OH \xrightarrow{H_2SO_4} CH_3CHO + SO_2\uparrow + H_2O$$

$$CH_3CHO \xrightarrow{H_2SO_4} CH_3COOH + SO_2\uparrow + H_2O$$

（三）实验仪器与试剂

【主要仪器】

三颈烧瓶(50 mL)，滴液漏斗，分液漏斗，直形冷凝管，接引管，蒸馏头。

【主要试剂】

浓硫酸，95%乙醇，5%氢氧化钠溶液，饱和氯化钠溶液，饱和氯化钙溶液，无水氯化钙。

（四）实验步骤

1. 乙醚的制备

在干燥的三颈烧瓶中，加入 10 mL (7.9 g，0.17 mol)95%乙醇和 2～3 粒沸石，然后，滴加 10 mL 浓硫酸，边加边摇匀，必要时，将三颈烧瓶置入冷水浴中冷却，按图 6-1 安装好连续反应蒸馏装置。滴液漏斗颈末端和温度计的水银球必须浸入液面以下。将 20 mL (15.8 g，0.34 mol)的 95%的乙醇加入滴液漏斗中，用作接收瓶的锥形瓶浸入冰水浴中冷却，接引管的支管接下水道或排风口[1]。

将三颈烧瓶置于电热套中加热，当反应温度上升到 135 ℃时，开始由滴液漏斗慢慢滴加乙醇，控制滴入速度和溜出液速度大致相等(1～2 滴/秒)，并维持反应温度在 135～145 ℃[2]。乙醇滴加完后，再继续加热 10 min 以使反应趋向完全，直至无馏液滴出为止，停止加热，撤去热源。

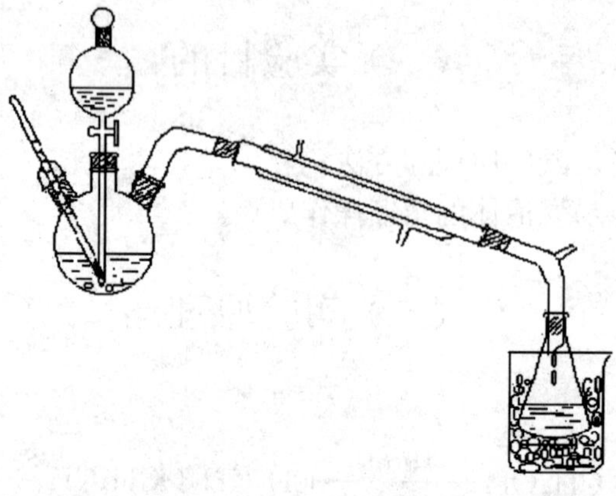

图 6-1 连续反应蒸馏装置

2. 乙醚的精制

将馏出液转至分液漏斗中，依次用 7 mL5%的氢氧化钠溶液和 7 mL 饱和氯化钠溶液洗涤 1 次，7 mL 饱和氯化钙溶液洗涤 2 次[3]。分出水层，乙醚层倒入干燥的锥形瓶中，用无水氯化钙干燥(注意容器外仍需用冰水冷却)。当瓶内乙醚澄清时，过滤，将滤液转入圆底烧瓶中，加入 1～2 粒沸石，在热水浴上(60 ℃)蒸馏。收集 33～38 ℃馏分，称量并计算产率(产率约 35%)。

本实验约需 4～6 h。

（五）思考题

（1）反应温度过高或过低对反应有什么影响？

（2）比较乙醚和正丁醚制备实验的操作方法有何不同？

（3）在本实验中，采取了哪些措施把混合在粗乙醚中的杂质除去？

（4）为什么温度计的水银球与滴液漏斗的颈均应浸入反应液中，而且两者要相隔一定距离？

注意事项

[1] 蒸馏或使用乙醚时，实验台附近严禁火种。当反应完成后，转移乙醚和精制乙醚时，必须熄灭附近的火源。

[2] 滴入乙醇的速度应与乙醚馏出的速度相等，若滴加过快，乙醇还未反应就被蒸出，而且使反应液的温度下降，减少乙醚的生成。

[3] 氢氧化钠洗涤后，常会使醚层碱性太强；直接用氯化钙溶液洗涤时，将会有氢氧化钙沉淀析出。为减少乙醚在水中的溶解度，以及洗去残留的碱，故在用氯化钙洗涤以前先用饱和氯化钠洗涤。另外氯化钙和乙醇能形成复合物 $CaCl_2 \cdot 4CH_3CH_2OH$，未作用的乙醇也可以被除去。

附：乙醚中过氧化物的检查实验

样品：乙醚

试剂：稀 H_2SO_4 溶液，10% KI 溶液，淀粉指示剂

操作步骤：于盛有 1 mL 水的试管中，依次加入 5 滴 10% KI 溶液、1 滴稀 H_2SO_4 和 5 滴乙醚，振摇片刻，加入 1 滴淀粉指示剂，如溶液变成蓝色，表明醚中有过氧化物存在。

（杨涛，廖德仲 供稿）

实验 21　乙基叔丁基醚的合成

乙基叔丁基醚，英文名称：ethyl tert-butyl ether。CAS 号：637-92-3，分子式：$C_6H_{14}O$，相对分子质量：102.18。无色透明液体。相对密度（d_4^{20}）：0.742，熔点：－97 ℃，沸点：72～73 ℃，折光率（n_D^{20}）：1.375。

主要用途： 作为汽油添加剂，具有良好的调合辛烷值和较低的雷德蒸气压，既能保证良好的燃烧效率，降低油耗，又可以有效减少各种废气的排出，降低污染程度，是较甲基叔丁基醚（MTBE）性能更为优良的汽油添加剂。

（一）实验目的

（1）掌握乙基叔丁基醚合成方法；

（2）熟练掌握分馏的原理及其基本操作。

（二）实验原理

利用叔丁醇和乙醇在硫酸作用下，发生分子间脱水反应，直接制备乙基叔丁基醚。

【主反应】

$$CH_3CH_2OH + (CH_3)_3COH \xrightarrow{\text{稀 } H_2SO_4} CH_3CH_2OC(CH_3)_3 + H_2O$$

【副反应】

$$CH_3CH_2OH \xrightarrow[135\ ℃]{H_2SO_4} CH_3CH_2OCH_2CH_3 + H_2O$$

$$(CH_3)_3COH \xrightarrow{H_2SO_4} (CH_3)_2C{=}CH_2 + H_2O$$

（三）实验仪器与试剂

【主要仪器】

三颈烧瓶（250 mL），分馏柱，温度计，干燥管，直形冷凝管，接引管，蒸馏头，分液漏斗，圆底烧瓶，锥形瓶。

【主要试剂】

15 mL (0.25 mol)(95％)乙醇，12.5 mL (0.125 mol，90％)叔丁醇，45 mL (0.9 mol，15％)硫酸，无水碳酸钠。

（四）实验步骤

在 250 mL 三颈烧瓶中，加入 15 mL 95%乙醇、12.5 mL 90%叔丁醇和 45 mL 15%硫酸，混合均匀。加入 1～2 粒沸石，装配分馏柱和分馏装置，用电热套加热。当反应液温度达到 75～80 ℃时，馏出物慢慢地被分馏出来。调整加热速度，使分馏柱顶的蒸气温度保持在 51 ℃左右[1]，每分钟收集 0.5～0.7 mL 馏出液。当分馏柱顶的温度明显地上下波动时[2]，停止分馏。分馏时间约 1.5 h，共收集馏出液约 14 mL。

将馏出液倒入分液漏斗中，每次用 5 mL 水洗涤馏出液 4～5 次，以除去其中所含的醇。分出醚层，用无水碳酸钠干燥。过滤，将醚转移到干燥的回流装置中，加入 0.5～1 g 金属钠，加热回流 0.5～1 h。冷却，将回流装置改装为蒸馏装置，接收瓶用冰水浴冷却，常压蒸馏，收集 71～73 ℃的馏分，得到乙基叔丁基醚约 10 g，计算产率。

测定产物的折射率和红外光谱。

（五）思考题

（1）醚化反应时为何用 15%硫酸？用浓硫酸是否可行？

（2）分馏时柱顶的温度太高对反应会有什么影响？

（3）用金属钠回流处理的目的是什么？如果不进行这一步处理，而将干燥后的醚层直接蒸馏，对结果会有什么影响？

注意事项

[1] 叔丁醇与水的恒沸混合物（含醇 88.3%）的沸点为 79.9 ℃，乙基叔丁基醚与水的恒沸混合物的沸点为 51 ℃，所以分馏时温度尽量控制在 51 ℃左右，最高温度不宜超过 53 ℃。

[2] 分馏后期，馏出速度大大减慢，此时应降低加热温度，如果柱顶温度大幅度地波动，说明反应瓶中的乙基叔丁基醚已基本蒸出，此时反应瓶中的温度大约升至 95 ℃左右。

（张复兴，朱卫国 供稿）

实验 22　β-萘乙醚的合成

β-萘乙醚，又名 2-萘乙醚，英文名称：2-ethoxynaphthalene。CAS 号：93-18-5，分子式：$C_{12}H_{12}O$，相对分子质量：172.23。白色片状晶体，具有橙花型香气，略有水果香味。相对密度(d_4^{20})：1.06，熔点：37 ℃，沸点：282 ℃，折射率(n_D^{20})：1.597 5。不溶于水，溶于醇、醚、氯仿、石油醚、二硫化碳和甲苯等有机溶剂。

健康危害： 低毒，半数致死量(大鼠，口服)：3 110 mg/kg。

主要用途： 可用于调配洗涤剂、皂用香精和花露水，起增甜和增香的作用。在医药上用作乙氧萘青霉素钠合成的原料。

(一) 实验目的

(1) 学习 Willimson 合成醚的原理和方法；

(2) 进一步掌握抽滤、重结晶等实验操作技术。

(二) 实验原理

由卤代烃或硫酸酯(如硫酸二甲酯、硫酸二乙酯)与醇钠或酚钠反应制备醚的方法称为 Willimson 合成法。实验室烷基芳基醚通常是由相应的酚钠盐与相应脂肪卤代烃发生亲核取代反应来合成。反应机理是酚氧负离子对脂肪卤代烃的亲核取代反应(S_N2)。此方法既可以合成单醚也可以合成混合醚。

【主反应】

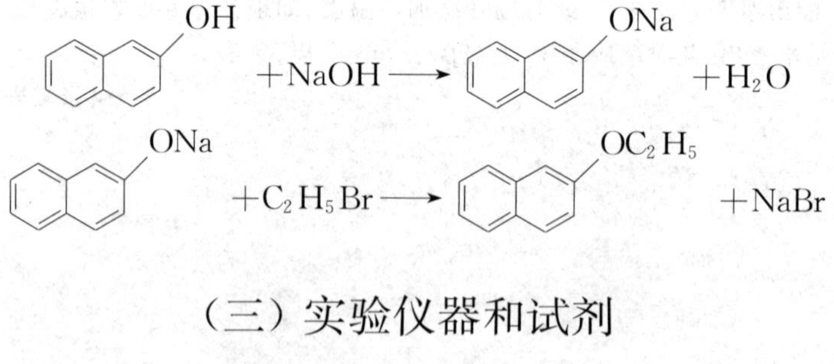

(三) 实验仪器和试剂

【主要仪器】

圆底烧瓶(50 mL)，球形冷凝管，布氏漏斗，抽滤瓶。

【主要试剂】

3.6 g (25 mmol) β-萘酚，2.9 g (27 mmol，2.0 mL)溴乙烷，1.1 g (28 mmol) 氢氧化钠，20 mL 无水乙醇。

（四）实验步骤

在 50 mL 圆底烧瓶中，将 1.1 g 氢氧化钠溶于 20 mL 无水乙醇中，再加入 3.6 g β-萘酚，摇动使其溶解，然后加入 2.0 mL 溴乙烷和 1～2 粒沸石[1]。将瓶内混合物摇匀，装上球形冷凝管，水浴（水浴温度 80～90 ℃）加热、回流 1.5～2 h[2]。在回流过程中，间歇摇动反应瓶[3]。

反应结束后，将回流装置改为蒸馏装置，回收大部分乙醇。冷却，将反应混合物倒入盛有 50 mL 冰水的 100 mL 烧杯中，同时，不断搅拌，析出沉淀。抽滤，用冷水洗涤沉淀，得粗产物。粗产物用 95％乙醇重结晶[4]，得到白色晶体，晾干，称重，计算产率。

本实验约需 6 h。

（五）思考题

（1）制备β-萘乙醚能否采用乙醇与β-溴萘反应？为什么？

（2）本实验中β-萘酚钠的生成是用氢氧化钠的乙醇溶液，为什么不用氢氧化钠的水溶液？

（3）Willimson 合成反应为什么要用干燥的玻璃仪器，否则会增加何种副产物？

注意事项

[1] 溴乙烷和β-萘酚都是有毒物品，应该避免吸入其蒸气或直接与皮肤接触。

[2] 溴乙烷的沸点为 38.4 ℃，易挥发，实验时回流冷却水的流量要适当大些，或者用加冰块的循环水冷却，以免溴乙烷逸出。

[3] 回流时烧瓶内可能有固体析出，间歇摇动以免结块。如有条件，最好采用电磁加热搅拌器。

[4] 如粗产品带灰黄色，重结晶时用少许活性炭脱色，可得到白色片状结晶。

附：用无水乙醇合成β-萘乙醚

β-萘乙醚还有另一种合成方法，反应式如下：

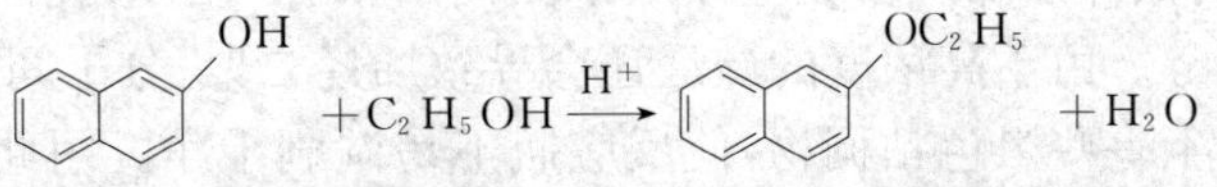

在 50 mL 圆底烧瓶中，加入 4.3 g β-萘酚及 6 mL 无水乙醇，在振摇下慢慢加入 1.2 mL 浓硫酸，将混合物混合均匀。加入几粒沸石，装上回流冷凝管，在 120 ℃下加热、回流 5 h。将反应混合物冷却，然后倒入盛有 48 mL 水的 150 mL 烧杯中，将烧杯置于冰水浴中冷却，即析出粗产品。抽滤，滤饼依次用 5％氢氧化钠、2％盐酸和清水洗涤，挤压、抽干，所得粗产品用乙醇重结晶，得 3 g 左右的纯品。该方法用乙醇为原料比溴乙烷价格低廉。

（杨涛，廖德仲 供稿）

6.2 消除反应

实验 23 环己烯的合成

环己烯，英文名称：cyclohexene，tetrahydrobenzene。CAS 号：110-83-8，化学式：C_6H_{10}，相对分子质量：82.15。无色透明液体，有特殊刺激性气味。相对密度(d_4^{20})：0.810，熔点：−103.7 ℃ (169.45 K)，沸点：83 ℃ (356.15 K)，折射率(n_D^{20})：1.446 5。不溶于水，溶于乙醇、醚。

健康危害：环己烯有麻醉作用，吸入后引起恶心、呕吐、头痛和神志丧失。对眼睛和皮肤有刺激性。

燃爆危险：环己烯易燃，其蒸气与空气可形成爆燃性混合物，遇明火、高温极易燃烧爆炸，其蒸气密度比空气大，能在较低处扩散到相当远的地方，遇明火会引起燃烧。与氧化剂能发生强烈反应，引起燃烧或爆炸；长期储存，可生成具有潜在爆炸危险性的过氧化物。

主要用途：用于有机合成溶剂及萃取剂。

（一）实验目的

(1) 学习醇在酸的催化作用下制备烯烃的原理和方法；

(2) 掌握分馏、液态有机化合物干燥等基本操作及折光率的测定方法。

（二）实验原理

在实验室中，烯烃主要是用醇发生分子内脱水反应制得。常用的脱水剂有硫酸、磷酸和对甲苯磺酸等，有时也用氧化铝和分子筛等作脱水剂。此反应是可逆反应，为了提高产率，需不断将反应生成的低沸点烯烃从反应体系中蒸馏出来。一般来说，醇的脱水速度的顺序为：叔醇＞仲醇＞伯醇。由于高浓度的硫酸还会导致烯烃二聚、分子间脱水以及碳架重排等反应，反应常常会产生一些黑色粘稠物，使反应瓶不易洗刷干净。因此，实验室常改用磷酸作脱水剂，使环己醇脱水形成环己烯。

【主反应】

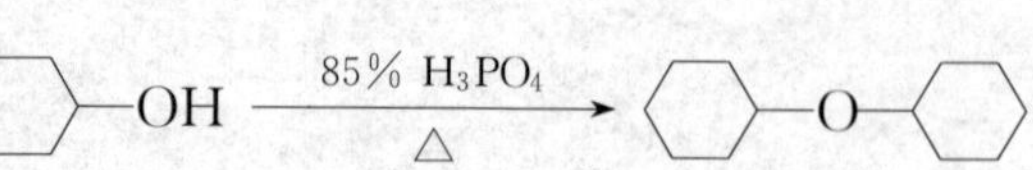

【副反应】

（三）实验仪器与试剂

【主要仪器】

圆底烧瓶(50 mL)，分馏柱，温度计，直形冷凝管，尾接管，锥形瓶，温度计套管，分液漏斗(100 mL)，电热套，量筒。

【主要试剂】

10 g (10.4 mL, 0.1 mol)环己醇，6 mL 磷酸(85%)，氯化钠，无水氯化钙，10%碳酸钠溶液

（四）实验步骤

在 50 mL 干燥的圆底烧瓶中，加入 10 g 环己醇[1]和 6 mL 85%磷酸，振摇均匀，加入两粒沸石。在烧瓶上口安装刺形分馏柱，分馏柱上端连接普通蒸馏装置，接收瓶置于冰水浴中冷却[2]。

将烧瓶用加热套加热，控制分馏柱顶温度不超过 90 ℃[3]，收集 85 ℃以下的馏出液(含水的浑浊液体)，直至无馏出液滴出；或者，至烧瓶中只剩下少量溶液，并出现阵阵白烟时，立即停止加热，反应即完成。

用食盐饱和馏出液，然后用 10%的碳酸钠水溶液中和微量的酸，将混合液转入分液漏斗中，分出有机相。再将有机相转入一干燥的锥形瓶中，用无水氯化钙干燥。待溶液清亮透明后，滤入 50 mL 圆底烧瓶中[4]，加入 1～2 粒沸石，用水浴加热，常压蒸馏。收集 82～84 ℃馏分。产品约 5 g，产率约 60%。

本实验约需时间 6～8 h。

（五）环己烯烃的性质与鉴定

1. 与卤素反应

在盛有 0.5 mL 1%溴的四氯化碳溶液的试管中，滴加 0.5 mL 环己烯，振荡试管，使其充分混合，观察现象。写出环己烯和溴作用的反应式。

2. 氧化反应

在盛有 0.5 mL 0.1 %高锰酸钾溶液及 0.5 mL 10%硫酸的试管中，滴加 0.5 mL 环己烯，摇动，观察溶液的颜色变化。

（六）思考题

(1) 本实验采取什么措施提高环己烯产率？哪一步骤操作不当会降低收率？实验的操作关键是什么？

(2) 本实验用氯化钠饱和馏出液的目的是什么？

(3) 本实验用无水氯化钙作干燥剂有何优点？

(4) 本实验反应时控制柱顶温度在何值最佳?

注意事项

[1] 在室温下环己醇是粘稠液体,用量筒量取体积时误差较大,故用天平秤称量。

[2] 在收集和转移环己烯时,应保持其充分冷却,以避免因挥发而造成损失。

[3] 反应中,环己烯-水形成共沸物,沸点为 70.8 ℃,含水 10%。环己醇-环己烯形成共沸物,沸点 64.9 ℃。含环己醇 30.5%,环己醇与水形成共沸物,沸点为 97.8 ℃,含水 80%。因此,加热时温度不可过高,蒸馏速度不宜过快,以 2~3 s 馏出 1 滴为宜,以尽量避免未反应的环己醇被蒸出。

[4] 在蒸馏已干燥的产物时,所用仪器均需干燥。

(张复兴,刘煜 供稿)

6.3　酯化反应

实验 24　乙酸乙酯的制备

乙酸乙酯，英文名称：ethyl acetate，CAS 号：141-78-6。化学式：$C_4H_8O_2$，相对分子质量：88.11。无色、具有水果香味的易燃液体。相对密度（d_4^{20}）：0.900 3，熔点：−83.6 ℃，沸点：77.1 ℃，折射率（n_D^{20}）：1.372 3，闪点：（开口）7.2 ℃。能与醚、醇、卤代烃、芳烃等多种有机溶剂混溶，微溶于水。

健康危害：对眼、鼻、咽喉有刺激作用。高浓度吸入可引起进行性麻醉，急性肺水肿，损害肝、肾。持续大量吸入，可致呼吸麻痹。误服者可导致恶心、呕吐、腹胀、腹痛、腹泻等。有致敏作用，因血管神经障碍而致牙龈出血；可致湿疹样皮炎。长期接触本品有时可致角膜混浊、继发性贫血、白细胞增多等。

燃爆危险：易挥发，易燃烧，蒸气与空气形成爆炸性混合物，爆燃极限 2.2%～11.4%（体积分数）。

主要用途：用于溶解硝化纤维素、油墨、油脂等，亦可用作生产油漆、人造革、塑料制品、染料、药物和香料等的原料。

（一）实验目的

（1）掌握酯化反应的原理和乙酸乙酯的制备方法；

（2）掌握蒸馏和分馏等操作技术。

（二）实验原理

乙酸和乙醇在酸催化下发生酯化反应生成乙酸乙酯。由于反应可逆，为了促使平衡朝生成酯的方向移动，通常采用下列三种方法：（1）加入过量的醇；（2）不断把反应生成的酯和水分离出来；（3）增大浓硫酸用量。

本实验的反应温度控制在 120～125 ℃之间，反应生成的水和乙酸乙酯通过共沸蒸馏从反应体系分离出来。当温度高于 130 ℃时，乙醇会发生分子间和分子内的脱水副反应。

【主反应】

$$CH_3COOH + CH_3CH_2OH \underset{120\sim125\ ^\circ C}{\overset{浓\ H_2SO_4}{\rightleftharpoons}} CH_3COOC_2H_5 + H_2O$$

【副反应】

$$2C_2H_5OH \xrightarrow[140\ ^\circ C]{浓\ H_2SO_4} C_2H_5OC_2H_5$$

$$C_2H_5OH \xrightarrow[170\ ℃]{浓\ H_2SO_4} CH_2{=}CH_2$$

（三）实验仪器与试剂

【主要仪器】

三颈烧瓶(50 mL)，圆底烧瓶(25 mL)，滴液漏斗，分液漏斗。

【主要试剂】

7 mL (0.12 mol)冰醋酸，16 mL (0.21 mol) 95％乙醇，浓硫酸，饱和碳酸钠溶液，饱和氯化钙溶液，饱和氯化钠溶液，无水硫酸镁。

（四）实验步骤

【方法 1】

在 50 mL 三颈烧瓶中，加入 6 mL 95％乙醇，然后慢慢滴加 6 mL 浓硫酸，摇动均匀，加入 1～2 粒沸石。在三颈烧瓶的一侧口插入温度计，温度计水银球插入至液面下，另一侧口装上滴液漏斗，滴液漏斗的末端伸入液面下方离瓶底约 0.5 cm。往滴液漏斗中加入 10 mL 95％乙醇和 7 mL 冰醋酸的混合液。三颈烧瓶的中口连接蒸馏装置，接收瓶浸入冰水浴中。

自滴液漏斗向三颈烧瓶内滴入 3 mL 混合液，将三颈烧瓶内的混合液加热至 110 ℃。当有液体馏出时，自滴液漏斗慢慢滴加剩余混合液。控制滴加速度与馏出速度相当，并维持反应液温度在 110～125 ℃之间[1]。滴加时间约为 70 min，滴加完毕，继续加热 10 min，至无馏出液流出。

反应完毕后，向馏出液中滴加饱和碳酸钠溶液并振摇，使二氧化碳气体逸出，直至混合液使石蕊试纸不再显酸性色。将混合液倒入分液漏斗中，静置，分出下面水层。酯层用等体积的饱和食盐水洗涤，再用等体积的饱和氯化钙溶液洗涤 2 次。放出下层液，将酯层自漏斗上口倒入干燥的锥形瓶中，用无水硫酸镁干燥，并不时振摇锥形瓶[2]。

把干燥好的粗乙酸乙酯滤入干燥的圆底烧瓶中，加入 1～2 粒沸石，水浴加热，常压蒸馏，收集 74～80 ℃馏分。产量约 6 g，产率约 52％。

本实验时间约需 6 h。

【方法 2】

在 50 mL 圆底烧瓶中，加入 10 mL 95％乙醇和 6 mL 冰醋酸，再缓慢加入 2 mL 浓硫酸，混合均匀后，加入 1～2 粒沸石，小火加热回流 30 min。稍冷，改装成蒸馏装置，接收瓶浸入冷水浴中，加热蒸馏，至馏出液体积为反应物总体积的一半，停止加热。

向馏出液中滴加饱和碳酸钠溶液，振摇，使二氧化碳气体逸出，直至混合液不再呈酸性。将混合液倒入分液漏斗中，静置，分出水层。酯层依次用等体积的饱和食盐水、饱和氯化钙溶液和水各洗涤 1 次。放出下层液，将酯自漏斗上口倒入干燥的锥形中，加入适量无水硫酸镁干燥。

把干燥好的乙酸乙酯粗产品滤入干燥的圆底烧瓶中，加入 1～2 粒沸石，水浴加热，常压蒸馏，收集 74～80 ℃馏分，产量约 4 g。

本实验时间约需 4 h。

（五）思考题

1. 酯化反应有何特点？可采用什么方法促使酯化反应向酯生成方向进行？
2. 可否采用醋酸过量的方法提高酯化反应的产率？
3. 在本实验中硫酸起什么作用？为什么用量这么大？
4. 饱和氯化钙溶液洗涤的目的是什么？能否用水代替？
5. 蒸出的粗乙酸乙酯中主要含有哪些杂质？如何除去？

注意事项

[1] 滴加速度不宜过快，以免使醋酸和乙醇来不及反应而被蒸出。反应温度也不宜过高，以免增加副产物乙醚的含量。

[2] 乙酸乙酯、水和乙醇可形成二元共沸混合物及三元共沸混合物，共沸混合物组成和沸点如表 6-1。所以，粗乙酸乙酯一定要除去乙醇和水。

表 6-1　乙酸乙酯、乙醇和水组成的共沸物的沸点和组成

共沸混合物	共沸点/℃	共沸混合物组成(ω/%)		
		乙酸乙酯	乙醇	水
乙酸乙酯-水	70.4	91.9	—	8.1
乙酸乙酯-乙醇	71.8	69.0	31.0	—
乙酸乙酯-乙醇-水	70.2	82.6	8.4	9

（周昕，龚行 供稿）

实验25 乙酸正丁酯的合成

乙酸正丁酯，别名：醋酸正丁酯，英文名称：butyl acetate。CAS号 123-86-4，分子式：$C_6H_{12}O_2$，分子量：116.16。无色透明液体，有果子香味。相对密度（d_4^{20}）：0.882 6，蒸汽压：2.00 kPa/25 ℃，闪点：22 ℃，熔点：−73.5 ℃，沸点：126.1 ℃，折光率（n_D^{20}）：1.395 1。微溶于水，溶于醇、醚等多数有机溶剂。

健康危害：对眼及上呼吸道均有强烈的刺激作用，有麻醉作用。吸入高浓度本品会出现流泪、咽痛、咳嗽、胸闷、气短等症状，严重者会出现心血管和神经系统的疾病，可引起结膜炎、角膜炎，角膜上皮有空泡形成。皮肤接触可引起皮肤干燥。

燃爆危险：易燃，其蒸气与空气可形成爆燃性混合物。遇明火、高温能引起燃烧爆炸。与氧化剂能发生强烈反应。其蒸气密度比空气大，能在较低处扩散到相当远的地方，遇明火会引起燃烧。

主要用途：用作喷漆、人造革、胶片、硝化棉、树胶等溶剂及用于调制香料和药物。

（一）实验目的

（1）掌握乙酸正丁酯的制备方法；

（2）掌握带水分分离器的回流装置的安装与操作技术。

（二）实验原理

乙酸和正丁醇在浓硫酸催化下发生酯化反应，生成乙酸正丁酯。这是一个可逆反应，为了促进平衡反应朝生成酯的方向移动，本实验除了加入过量乙酸外，还采用了水分分离器，以分离反应生成的水。

【主反应】

$$CH_3COOH + n\text{-}C_4H_9OH \xrightleftharpoons{\text{浓 } H_2SO_4} CH_3COOC_4H_9 + H_2O$$

【副反应】

$$2n\text{-}C_4H_9OH \xrightarrow{\text{浓 } H_2SO_4} C_4H_9OC_4H_9$$

$$n\text{-}C_4H_9OH \xrightarrow{\text{浓 } H_2SO_4} CH_3CH_2CH{=}CH_2$$

（三）实验仪器与试剂

【主要仪器】

圆底烧瓶（50 mL），球形冷凝管，水分分离器，直形冷凝管，接引管，蒸馏头，锥形瓶（25 mL）。

【主要试剂】

7 mL (0.12 mol)冰醋酸，10 mL (0.11 mol)正丁醇，浓硫酸，10%碳酸钠溶液，饱和氯化钠溶液，无水硫酸镁。

（四）实验步骤

在干燥的 50 mL 圆底烧瓶中，加入 7 mL 冰醋酸、10 mL 正丁醇和 3～4 滴浓硫酸，混合均匀，加入 1～2 粒沸石。安装水分分离器和回流冷凝管。水分分离器中预先加入与支管口齐平的水，然后打开水分分离器下端的旋塞放出预计反应生成水的量。用电热套加热回流，反应生成的水与正丁醇、乙酸正丁酯形成三元共沸物，从回流冷凝管的下端滴入水分分离器[1]。反应 20～40 min，当反应不再有水生成（水分分离器的水相界面不再上升）时，停止加热，并记录分出的水量[2]。

反应结束后，冷却，将圆底烧瓶中的反应液与水分分离器中的酯层一起倒入分液漏斗中，加入 10 mL 水洗涤，分出水层。酯层用 10 mL 10%的碳酸钠[3]洗涤至中性后，再用 10 mL 饱和食盐水洗涤，放出下层液体。将酯自分液漏斗上口倒入干燥的锥形瓶中，加入无水硫酸镁干燥[4]。

将干燥的乙酸正丁酯粗产品滤入干燥的圆底烧瓶中，加入 1～2 粒沸石，常压蒸馏，收集 124～126 ℃馏分，产量约 8 g，产率约 58%。

本实验时间约需 6 h。

（五）思考题

（1）本实验是根据什么原理来提高乙酸正丁酯产率的？

（2）制备乙酸乙酯可不可以用水分分离器的办法来提高产率？为什么？

（3）为什么合成乙酸正丁酯的浓硫酸用量远远小于合成乙酸乙酯的浓硫酸用量？

注意事项

[1] 利用共沸蒸馏除去反应生成的水。正丁醇、乙酸正丁酯的水共沸混合物的组成见表 6-2。

表 6-2　正丁醇、乙酸正丁酯的水共沸混合物的组成

共沸混合物	共沸点/℃	共沸混合物的组成(w/%)		
		乙酸正丁酯	正丁醇	水
乙酸正丁酯-水	90.7	72.9		27.1
正丁醇-水	93.0		55.5	44.5
乙酸正丁醇-正丁醇	117.6	32.8	67.2	
乙酸正丁醇-正丁醇-水	90.7	63.0	8.0	29.0

[2] 根据分出水的量可粗略估算酯化反应完成的程度，理论生成的水量约为 2.0 mL。

[3] 用 10%的碳酸钠洗涤后，应用 pH 试纸检查酯层是否显酸性，若显酸性，则还需用 10%的碳酸钠再洗涤 1 次。

[4] 由于乙酸正丁酯能与 $CaCl_2$ 生成络合物，本实验不选用无水 $CaCl_2$ 作干燥剂。

（周昕，龚行 供稿）

实验 26 乙酸异戊酯的合成

乙酸异戊酯，别名：醋酸异戊酯，英文名称：isoamyl acetate。CAS 号：123-92-2，分子式：$C_7H_{14}O_2$，分子量：130.19。无色透明液体，有熟香蕉、生梨和苹果的气味。相对密度（d_4^{20}）：0.680～0.878，熔点：－78 ℃，沸点：143 ℃。不溶于水和甘油，可混溶于乙醇、乙醚、苯、乙酸乙酯、二硫化碳等多数有机溶剂。在弱酸性介质中尚稳定，在碱性介质中不稳定。

健康危害：蒸气对眼睛及上呼吸道粘膜有刺激性。有麻醉作用，接触后出现咳嗽、胸闷、疲乏、有烧灼感。高浓度时，则有头晕、发烧、脉速加快、心悸、头痛、耳鸣、震颤、恶心、食欲丧失等症状。可引起皮肤干燥、皮炎、湿疹。

爆炸危险：易燃液体，遇明火、高温能引起燃烧和爆炸。

主要用途：在调味、制革、人造丝、胶片和纺织品等加工工业中用作溶剂。也可用于香皂、合成洗涤剂配方中，但主要用于食用香精，可调配香蕉、苹果、草莓等多种果香型香精。

（一）实验目的

（1）掌握乙酸异戊酯的制备方法；

（2）掌握带水分分离器的回流装置的安装与操作。

（二）实验原理

在浓硫酸催化下乙酸和异戊醇发生酯化反应，生成乙酸异戊酯。酯化反应是一个可逆反应。本实验采用加入过量冰乙酸，并通过水分分离器除去反应生成的水等方法，使反应不断向生成乙酸异戊酯的方向进行，提高酯的产率。

【主反应】

$$CH_3COOH+(CH_3)_2CHCH_2CH_2OH \xrightleftharpoons[\triangle]{\text{浓 } H_2SO_4} CH_3COOCH_2CH_2CH(CH_3)_2+H_2O$$

【副反应】

$$(CH_3)_2CHCH_2CH_2OH \xrightarrow[\triangle]{\text{浓 } H_2SO_4} (CH_3)_2CHCH{=}CH_2 + H_2O$$

$$(CH_3)_2CHCH_2CH_2OH \xrightarrow[\triangle]{\text{浓 } H_2SO_4} (CH_3)_2CHCH_2CH_2OCH_2CH_2CH(CH_3)_2+H_2O$$

（三）实验仪器与试剂

【主要仪器】

圆底烧瓶(50 mL)，球形冷凝管，水分分离器，直形冷凝管，蒸馏头，接引管。

【主要试剂】

4.0 mL (0.07 mol)冰醋酸，6.0 mL (0.055 mol)异戊醇，浓硫酸，5%碳酸钠溶液，饱和氯化钠溶液，无水硫酸镁。

（四）实验步骤

在 50 mL 干燥的圆底烧瓶中，加入 4.0 mL 冰醋酸与 6.0 mL 异戊醇，摇动下慢慢加入 0.6 mL 浓硫酸。将混合物混合均匀，加入 1～2 粒沸石。在圆底烧瓶上安装带有水分分离器的回流装置。水分分离器中预先加入与支管口齐平的水，打开水分分离器下端的旋塞，放出预先计算好的理论上应生成水的量(1 mL)。用电热套加热，将混合物温度升至 108 ℃，反应液开始沸腾。继续升温，控制回流速度，使蒸汽不超过球形冷凝管下端的第一个球。不断将生成的水分离出来，并保持水分分离器中水层的液面略低于支管平面。当反应温度达到 130 ℃，不再有水生成时，停止加热，冷却，记录分出的水量。

将反应液和水分分离器中的酯层一起转入分液漏斗中。圆底烧瓶用 15 mL 冷水洗涤，洗涤液一并倒入分液漏斗中。振摇分液漏斗，静置，分出水层。有机层用 15 mL5%碳酸钠溶液洗涤[1] 2 次，分出水层[2]。有机层再用等体积的饱和氯化钠溶液洗涤 1 次，分出水层。有机层自分液漏斗上端口转入干燥的锥形瓶中，并用适量的无水硫酸镁干燥。

将干燥后的乙酸异戊酯粗品滤入干燥圆底烧瓶中，加入 1～2 粒沸石，蒸馏，收集 138～143 ℃馏分，产量约 4.0 g，产率 56%。

本实验约需时间 6 h。

（五）思考题

(1) 为什么要用饱和氯化钠溶液洗涤酯层？

(2) 本实验中乙酸为什么过量？异戊醇能否过量？为什么？

(3) 本实验乙酸异戊酯粗品中，主要含有哪几种杂质，如何除去？

注意事项

[1] 刚开始用碳酸钠溶液洗涤时，会有大量 CO_2 产生，分液漏斗先不要塞住，旋摇分液漏斗至大部分 CO_2 逸出，再塞好上口塞，振荡，放气。或将反应液与洗涤液一并倒入烧杯中，加入碳酸钠溶液，直至无气体逸出，再转入分液漏斗中。在分液漏斗中洗涤时应注意及时放气。

[2] 洗涤后采用 pH 试纸检查水层酸度，若呈酸性，则需再用碳酸钠溶液洗涤。

（罗虹，沈平 供稿）

实验 27　乙酸苄酯的制备

乙酸苄酯，别名为醋酸苄酯，英文名称：benzyl acetate。CAS 号：140-11-4，分子式：$C_9H_{10}O_2$，相对分子质量：150.17。无色至微淡黄色透明液体，有浓郁的茉莉花香气，并带有果香味。相对密度（d_4^{20}）：1.04，沸点：213 ℃，折光率（n_D^{20}）：1.523 2。能与醇及醚混合，不溶于水。

健康危害：吸入、摄入或经皮肤吸收后可能有害，对皮肤有刺激作用，对眼睛、粘膜和上呼吸道有刺激作用。

燃爆危险：本品可燃，具有刺激性。

主要用途：纯品用于配制茉莉型香精和皂用香精；普通品用作树脂、喷漆和油墨等的溶剂。

（一）实验目的

(1) 学习羧酸盐与卤代烃反应制备酯的原理和方法；

(2) 了解相转移催化原理，掌握分液漏斗的使用方法。

（二）实验原理

本实验是在相转移催化剂四丁基溴化铵（Bu_4NBr）存在下，利用氯苄和醋酸钠发生反应制备乙酸苄酯。反应加入相转移催化剂，可促使反应物从一相转移到另一相，随即与该相中的另一物质发生反应，提高反应产率。

【主反应】

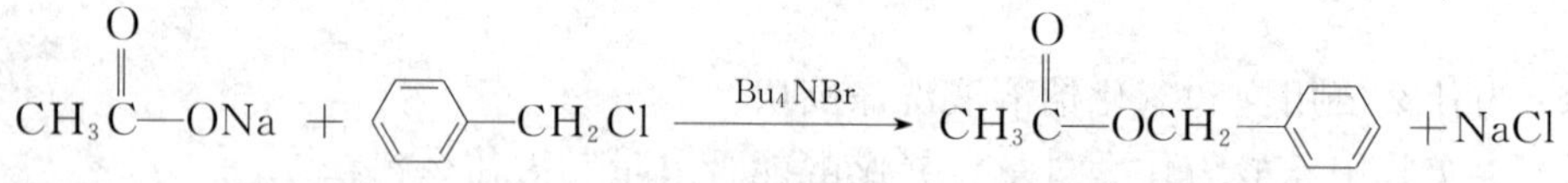

（三）实验仪器和试剂

【主要仪器】

三颈烧瓶（100 mL），圆底烧瓶，烧杯，球形冷凝管，分液漏斗，锥形瓶，机械搅拌器。

【主要试剂】

2.8 mL (3.2 g，0.025 mol）氯化苄，5.1 g (0.038 mol）醋酸钠三水合物，5%碳酸钠溶液，0.125 g (3.9×10^{-4} mol) 四丁基溴化铵。

（四）实验步骤

在装有温度计、机械搅拌器和回流冷凝管的 100 mL 三颈烧瓶中，加入 3.2 g 氯化苄、5.1 g 醋酸钠三水合物和 0.125 g 四丁基溴化铵。开动搅拌器，并慢慢升温至 115 ℃，在该温度下搅拌反应 1 h，然后加入 10～15 mL 水，继续加热搅拌数分钟，待固体完全溶解后[1]冷却。将反应混合物转入分液漏斗中，静置，分出有机层。有机层依次用 2.5 mL 5%碳酸钠溶液洗涤 1～2 次、5 mL 水洗涤 2 次，然后再用少量无水硫酸镁干燥。静置 30 min，将干燥好的乙酸苄酯粗产品滤入 10 mL 圆底烧瓶中，进行减压蒸馏。收集 89～90 ℃/1.2 kPa (9 mmHg)馏分。测定乙酸苄酯的折光率和红外光谱，其红外光谱见图 6-2。

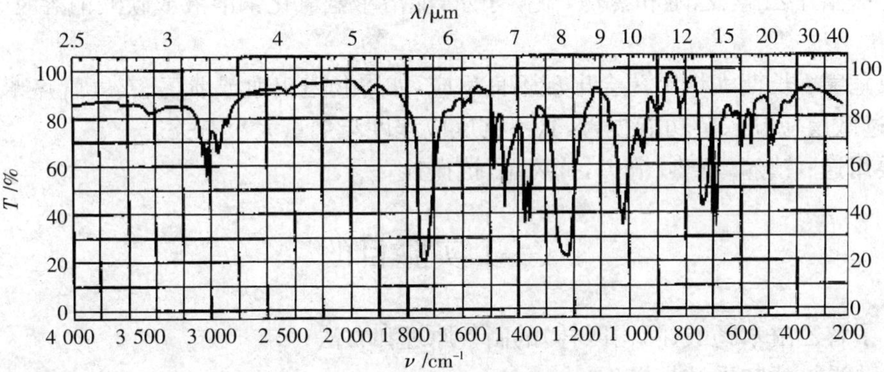

图 6-2　乙酸苄酯的红外光谱

（五）思考题

（1）为什么使用相转移催化剂可以提高乙酸苄酯的产量？

（2）用碳酸钠溶液与水可以洗去什么杂质？

注意事项

[1] 该固体是吸附有目标产物酯的盐块，加水后溶解，将所吸附的酯层分出，漂浮在上层有机层中。加水时，采用滴液漏斗缓缓滴入，避免产生的大量泡沫逸出。

（魏传晚，沈平 供稿）

实验 28　乙酰水杨酸的制备

乙酰水杨酸，别名：阿司匹林，英文名称：acetylsalicylic acid，aspirin。CAS 号：50-78-2，分子式：$C_9H_8O_4$，相对分子质量：180.15。白色针状或板状结晶或粉末，无气味，微带酸味。相对密度（d_4^{20}）：1.350，熔点：135 ℃。在干燥空气中稳定，在潮湿空气中缓慢水解成水杨酸和乙酸。能溶于乙醇、乙醚和氯仿，微溶于水，能溶于氢氧化钠溶液或碳酸钠溶液中，但同时分解。

健康危害： 长期大量用药会出现不良反应，如胃肠道出血或溃疡、支气管痉挛性过敏反应、皮肤过敏反应、肝、肾功能损害，其不良反应程度与剂量大小有关。

主要用途： 镇痛，解热，消炎，抗风湿，抗血栓。

（一）实验目的

（1）了解乙酰水杨酸（阿司匹林）的制备原理和方法；

（2）熟悉抽滤与重结晶操作；

（3）熟悉红外光谱的测试方法。

（二）实验原理

水杨酸，化学名称叫邻羟基苯甲酸，pKa＝2.98，其酸性比苯甲酸（pKa＝4.21）和对羟基苯甲酸（pKa＝4.56）都强。水杨酸是一个具有双官能团化合物，一个是酚羟基，另一个是羧基，羟基和羧基都可以发生酯化反应。本实验通过水杨酸与过量醋酐在浓硫酸或 85% H_3PO_4 催化下发生乙酰化反应，制备乙酰水杨酸（阿司匹林）。粗产品用重结晶方法纯化。合成的乙酰水杨酸的有效成分测定可采用外标法，也可采用高效液相色谱法，通过合成样品与对照样品色谱图的峰面积比来计算合成样品中乙酰水杨酸的有效含量。

【主反应】

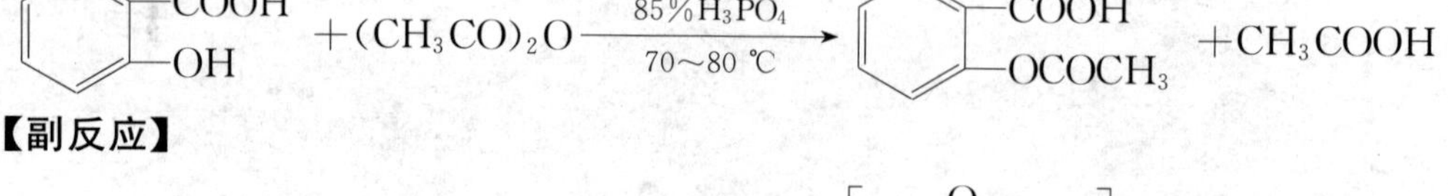

【副反应】

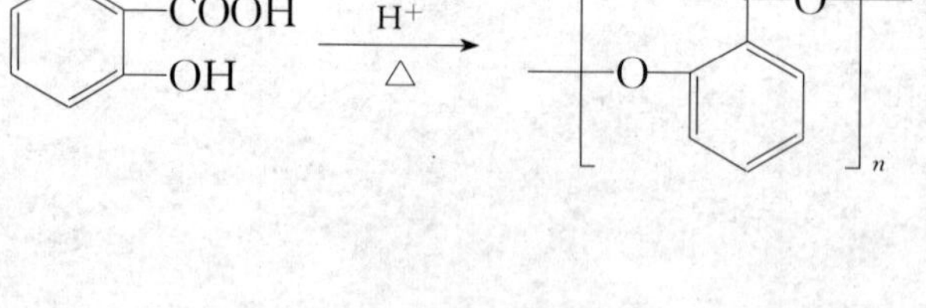

（三）实验仪器与试剂

【主要仪器】

锥形瓶（50 mL），抽滤瓶，布氏漏斗。

【主要试剂】

1.2 g (0.007 mmol)水杨酸，4 mL (0.042 mmol)醋酐，85%磷酸，95%乙醇，10 g · L^{-1}三氯化铁溶液，1 g · L^{-1}二乙胺水溶液，冰醋酸。

（四）实验步骤

1. 常量法制备乙酰水杨酸

在 50 mL 干燥的锥形瓶中分别加入 1.2 g 水杨酸、4 mL 的醋酐和 4 滴磷酸[1]。将反应混合物混合均匀，置于 75～80 ℃水浴中，加热反应 10 min[2]。反应完毕，移出锥形瓶，冷却反应液至室温。然后往锥形瓶中缓缓加入 5 mL 水[3]，用冰水浴冷却混合物至晶体析出[4]。晶体析出后，再加 20 mL 冰水至锥形瓶中，继续用冰水浴将混合物冷却至晶体完全析出。抽滤，用少量冰水洗涤晶体，得乙酰水杨酸粗产品。用三氯化铁检查粗产品纯度[5]。

将乙酰水杨酸粗产品用乙酸乙酯重结晶[6]，得白色针状晶体，用三氯化铁检查其纯度。将纯乙酰水杨酸置于表面皿上在红外灯下干燥，称重，测熔点及红外光谱，并与标准红外谱图对照，解析主要吸收峰。

2. 微量法制备乙酰水杨酸

在 15 mL 干燥锥形瓶中，分别加入 400 mg 水杨酸、1 mL 醋酐和 1～2 滴磷酸。将反应混合物混合均匀，完全溶解后，在 75～80 ℃水浴中加热反应 5 min。停止加热，移出锥形瓶，冷却至室温，缓缓加入 7 mL 冰水，用冰水浴冷却至晶体完全析出。抽滤，用少量冰水洗涤晶体，得乙酰水杨酸粗产品。用三氯化铁检查其纯度。

将粗产品乙酰水杨酸置于小烧杯中，加入适量的乙酸乙酯，水浴加热使其溶解。再加入 2 mL 蒸馏水并用冰水浴冷却，使晶体完全析出。抽滤，用少许冰水洗涤晶体。产品干燥后称重，测定熔点，并用三氯化铁检测其纯度。

（五）思考题

(1) 乙酰水杨酸合成原理是什么？

(2) 反应中产生的主要副产物有哪些？如何减少副产物的生成？如何将副产物除去？

(3) 通过什么简便方法可以鉴定阿司匹林是否变质？能否通过闻味来鉴别？

(4) 在进行水杨酸乙酰化反应时，加入磷酸的目的是什么？

(5) 本实验的乙酰化试剂是什么？为什么它的用量要多于水杨酸？

注意事项

[1] 用磷酸作催化剂，由于其氧化作用弱，因此不会氧化酚羟基。

[2] 水浴温度应控制在 75～80 ℃，温度太高有较多副产物生成，温度太低反应不充分。

[3] 加水目的是水解过量乙酸酐。

[4] 若无晶体析出，则可用玻璃棒摩擦锥形瓶内壁直至晶体析出。

[5] 取少量样品溶于少许乙醇中，加入 10％三氯化铁溶液 1～2 滴，观察颜色变化。若溶液显紫红色或浅紫色则说明样品含有酚羟基，水杨酸中的酚羟基反应不完全；若无颜色变化说明纯度较高。

[6] 还可以用乙醇、丙酮作为重结晶溶剂。重结晶时，溶液不宜加热过久。不要在热水中重结晶，因为在热水中，会使阿司匹林水解成乙酸和水杨酸。

（周昕，沈平 供稿）

实验 29　邻苯二甲酸二丁酯的制备

邻苯二甲酸二丁酯，又称为邻酞酸二丁酯，英文名称：di-*n*-butyl phthalate。CAS 号：84-74-2，分子式：$C_{16}H_{22}O_4$，相对分子质量：278.34。无色粘稠液体。相对密度（d_4^{20}）：1.406，熔点：−35 ℃，沸点：240 ℃，折光率（n_D^{20}）：1.490 0，闪点 171 ℃，自燃温度：400 ℃，着火点：202 ℃，黏度：0.023 Pa·s(25 ℃)。能与大多数有机溶剂、树脂、油类和烃类相混溶。在水中的溶解度为 0.03%(25 ℃)，水在其中的溶解度为 0.4%(25 ℃)，空气中最高允许浓度为 5 mg/m^3。

健康危害：对皮肤粘膜有刺激作用，有轻度致敏作用。接触者可引起多发性神经炎，脊髓神经炎及颅神经炎，过敏性鼻炎，皮炎及胃肠炎。误服后会引起恶心、头晕及中毒性肾炎。

燃爆危险：本品遇高热、明火或与氧化剂接触，有引起燃烧的危险。

主要用途：邻苯二甲酸二丁酯是聚氯乙烯最常用的增塑剂，可使制品具有良好的柔软性，但挥发性较大，耐久性差。也是硝基纤维素的优良增塑剂，凝胶化能力强，用于硝基纤维素涂料，有良好的软化作用。其稳定性、耐挠曲性、黏结性和防水性均优于其他增塑剂。还可用作聚醋酸乙烯、醇酸树脂、硝基纤维素、乙基纤维素及氯丁橡胶、丁腈橡胶的增塑剂。

（一）实验目的

(1) 学习邻苯二甲酸二丁酯的制备原理和方法；

(2) 学习水分分离器的使用方法，掌握减压蒸馏等操作。

（二）实验原理

在硫酸的催化作用下，邻苯二甲酸酐与正丁醇的酯化反应实际上分两步进行：第一步是酸酐和醇的酯化反应生成单酯，这一步反应迅速而完全；第二步是单酯中的羧基和醇的酯化反应，这一步为可逆反应，需要较高反应温度和较长反应时间。为使酯化趋于完全，可采用过量的正丁醇，并把反应生成的水不断从体系中移走的方法。

正丁醇与水能形成二元共沸物（沸点为 92.4 ℃；组成为正丁醇 62%、水 38%），利用这一性质可以将共沸物蒸出，该共沸物冷凝后在水分分离器中分为两层，上层为正丁醇（被水饱和），下层为水（被正丁醇饱和）。利用水分分离器可将水放出，从而把水从体系中移走，得到产率较高的邻苯二甲酸二丁酯。

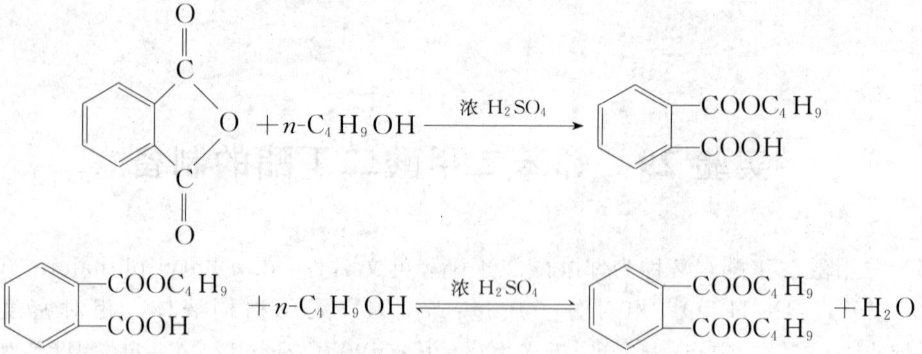

（三）实验仪器与试剂

【主要仪器】

三颈烧瓶(100 mL)，圆底烧瓶，分液漏斗，锥形瓶，水分分离器。

【主要试剂】

5.9 g (0.04 mol)邻苯二甲酸酐，12.5 mL(0.12 mol) 正丁醇，浓硫酸，5%碳酸钠溶液，饱和食盐水，无水硫酸镁。

（四）实验步骤

在干燥的 100 mL 三颈烧瓶中，加入 5.9 g 邻苯二甲酸酐、12.5 mL 正丁醇和 1～2 粒沸石，在振摇下缓慢滴加 0.2 mL 浓硫酸。在水分分离器中加入水至与支管口平齐，然后放出理论上生成的水的量，装配水分分离器和回流冷凝管；另一口插入一支 200 ℃的温度计(水银球应位于离烧瓶底 0.5～0.8 cm 处)。缓慢升温，使反应混合物微沸。约 15 min 后，烧瓶内固体完全消失。这标志着形成邻苯二甲酸单酯的阶段完成。继续升温到回流，此时逐渐有正丁醇和水的共沸物蒸出[1]，有小水珠逐渐流到水分分离器中，水面升高，如果水面升高到支管口，可再放出一点水。当反应温度升到 150 ℃时，便可停止加热[2]，记下分出的水的体积(注意：含有少量正丁醇)[3]。记下反应的时间(一般在 1.5～2 h)。

当反应液冷却至 70 ℃以下时[4]，拆除反应装置。将反应混合液倒入分液漏斗中，用 10 mL 5%碳酸钠溶液洗涤，分出水层；有机层用 20 mL 温热的饱和食盐水洗涤 2～3 次，至有机层呈中性，分离出来的有机层用无水硫酸镁干燥至澄清。将干燥好的有机层滤入 50 mL 干燥圆底烧瓶中，先用水泵减压蒸馏出过量的正丁醇，最后用油泵减压蒸馏，收集 180～190 ℃/1.33 kPa(10 mmHg)的馏分[5]，称重，计算产率。

测定产物的折射率和红外光谱。邻苯二甲酸二丁酯的红外光谱图见图 6-3。

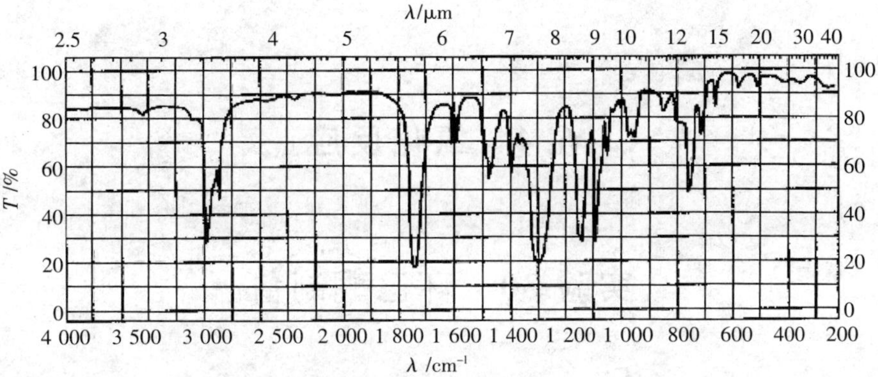

图 6-3　邻苯二甲酸二丁酯的红外光谱

（五）思考题

（1）根据水分分离器中生成水的量可大致判断反应进行的程度，能否以此作为衡量反应进行程度的标准？

（2）为什么粗产品要用碳酸钠溶液和饱和食盐水洗涤？

（3）粗产品邻苯二甲酸二丁酯中可能含有哪些杂质？

（4）为什么用饱和食盐水洗涤后，可以不必进行干燥，即可进行蒸馏除去正丁醇的操作？

（5）正丁醇在浓硫酸存在下加热到反应时的温度，可能有哪些副反应？硫酸量过多有什么不良影响？

（6）本实验为什么采用正丁醇过量而不是邻苯二甲酸酐过量？

注意事项

[1] 正丁醇-水共沸点为 93 ℃（含水 44.5%），共沸物冷却后，在水分分离器中分层，上层主要是正丁醇（含水 20.1%），继续回流到反应瓶中，下层为水（含正丁醇 7.7%）。

[2] 反应温度过高（180 ℃），产物在酸性条件下会发生分解反应。

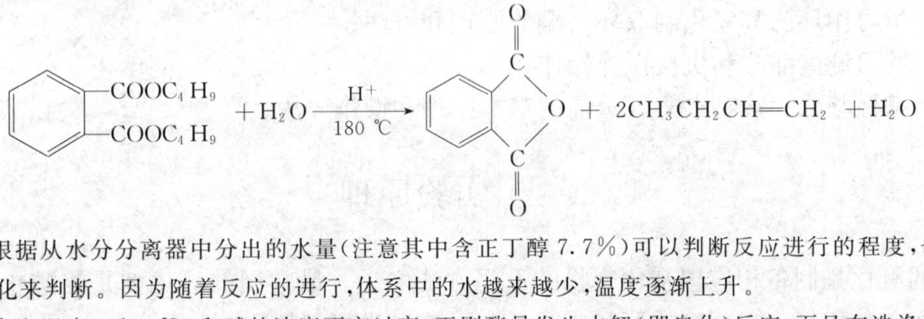

[3] 根据从水分分离器中分出的水量（注意其中含正丁醇 7.7%）可以判断反应进行的程度，也可以根据温度变化来判断。因为随着反应的进行，体系中的水越来越少，温度逐渐上升。

[4] 中和温度（≤70 ℃）和碱的浓度不宜过高，否则酯易发生水解（即皂化）反应，而且在洗涤过程中发生乳化现象。

[5] 根据真空度的不同，可改为收集：200 ～210 ℃/2. 67 kPa，175 ～180 ℃/0. 67 kPa 以及 165～170 ℃/0. 27 kPa 的馏分。

（魏传晚，沈平 供稿）

6.4　氧化反应

实验 30　环己酮制备

环己酮，英文名称：cyclohexanone。CAS 号：108-94-1，分子式：$C_6H_{10}O$，相对分子质量：98.14。无色透明油状液体，有薄荷及丙酮气味。相对密度（d_4^{20}）：0.947 8，熔点：−45 ℃，沸点：155.6 ℃（101.32 kPa）；折光率（n_D^{20}）：1.450 7，在水中的溶解度为：10.5 g/100 mL（10 ℃），2.3 g/100 mL（20 ℃）。能与乙醇、乙醚和其他有机溶剂混溶。

健康危害：本品具有麻醉和刺激作用。接触眼睛有可能造成眼角膜损害，长期反复接触可致皮炎。在空气中的浓度超过 50 ppm 时能刺激粘膜，损害呼吸道。高浓度的环己酮发生中毒时会引起血管损害、心肌、肺、肝、脾、肾及脑的病变，并发生大块凝固性坏死。通过皮肤吸收引起震颤、麻醉、甚至死亡。

燃爆危险：该品易燃，其蒸气与空气能形成爆炸性的混合物，应远离火种密封保存。爆炸极限 3.2%～9.0%（体积分数）。

主要用途：环己酮是重要化工原料，是制造尼龙、己内酰胺和己二酸的主要中间体。也是重要的工业溶剂。如用于油漆，特别是用于那些含有硝化纤维或者氯乙烯聚合物及其共聚物，或甲基丙烯酸酯聚合物油漆等；作为农药的优良溶剂，用于有机磷杀虫剂等；用作染料、脂、蜡及橡胶的溶剂；也可用于活塞型航空润滑油的粘滞溶剂、染色和褪光丝的均化剂和擦亮金属的脱脂剂。另外木材着色涂漆上涂后，可用环己酮脱膜、脱污和脱斑。

（一）实验目的

（1）学习用环己醇氧化制取环己酮的原理和方法；

（2）练习滴液漏斗和机械搅拌操作；

（3）掌握萃取、蒸馏、水蒸气蒸馏的基本原理和操作方法。

（二）实验原理

醇的氧化是制备相应羰基化合物的重要方法之一。最常用的氧化剂是铬酸化合物，它可将伯醇和仲醇氧化成相应的醛和酮。反应可在酸性、碱性或中性环境中进行。在酸性条件下进行氧化，可用水、丙酮、醋酸、二甲亚砜（DMSO）、N，N-二甲基甲酰胺（DMF）等作溶剂，或由它们组成的混合溶剂。在氧化过程中，仲醇和铬酸首先形成铬酸酯，随后发生断裂反应，形成酮和一个被还原的无机物。在此反应中，+6 价铬被还原成+3 价铬。该氧化反应为放热反应，控制反应温度对于提高酮的产率非常重要。若反应剧烈，酮可能进一步氧化成酸。

铬酸及其盐的价格较贵，且会污染环境，用次氯酸钠或漂白精氧化醇可避免这些缺点，且产率也较高。

【方法 1】：

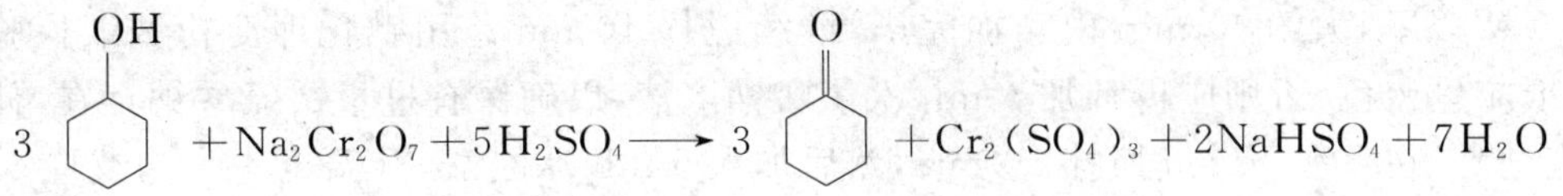

【方法 2】：

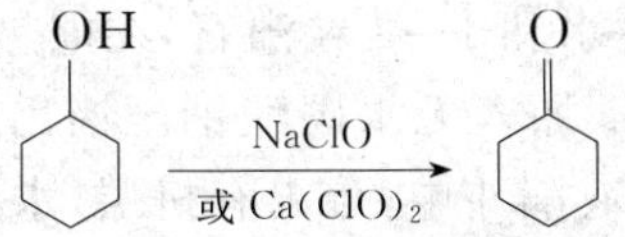

（三）实验仪器与试剂

【主要仪器】

三颈烧瓶（100 mL），滴液漏斗，分液漏斗，烧杯，蒸馏装置，电动搅拌器。

【主要试剂】

5 g (5.3 mL，0.05 mol）环己醇，5.3 g (0.018 mol）重铬酸钠二水合物（$Na_2Cr_2O_7 \cdot 2H_2O$），浓硫酸，草酸，无水硫酸镁。38 mL（约 0.068 mol ClO^-）次氯酸钠水溶液，30 mL 冰醋酸，饱和亚硫酸氢钠溶液，碘化钾淀粉试纸，氯化钠，乙醚。

（四）实验步骤

【方法 1】

在装有机械搅拌器、温度计和滴液漏斗的 100 mL 三颈烧瓶中，加入 30 mL 冰水，边摇边慢慢滴加 5 mL 浓硫酸，充分混合后，小心地加入 5 g (5.2 mL）环己醇，并将溶液冷却至 20 ℃以下备用。

在 100 mL 烧杯中，将 5.3 g 重铬酸钠[1]溶于 3 mL 水中，将此溶液冷却至 15 ℃。开动搅拌器，并分批将重铬酸钠溶液加入到环己醇的硫酸溶液中，使反应物充分混合。第一批重铬酸钠溶液加入后，氧化反应开始，反应温度自行上升，反应物由橙红色变成墨绿色。如反应温度上升到 60 ℃，可用冷水浴冷却，控制反应温度在 55～60 ℃。待反应物的橙红色完全消失后，方可加入下一批重铬酸钠溶液。重复以上操作，将所有重铬酸钠溶液全部加完后，继续搅拌，直至反应温度出现下降趋势。再继续搅拌 5～10 min。然后加入少量草酸（0.25 g）[2]，使反应液完全变成墨绿色，以破坏过量的重铬酸钠。

向反应瓶中加入 25 mL 水和 1～2 粒沸石，安装好蒸馏装置[3]，将环己酮和水一起蒸馏出来，共沸蒸馏温度为 95 ℃，直至馏出液不再混浊，收集的馏出液约 20 mL[4]。往馏出液中加入约 4 g 氯化钠，使溶液饱和[5]。将此溶液移入分液漏斗中，静置，分出有机层（环己酮），有机层用无水硫酸镁干燥，过滤，将滤液转入圆底烧瓶进行常压蒸馏，收集 151～156 ℃馏分。产量约 2.9 g，产率约 60％。

【方法 2】

在装有搅拌器、滴液漏斗和温度计的 100 mL 三颈烧瓶中，依次加入 5 g (5.2 mL，0.05 mol) 环己醇和 25 mL 冰醋酸。开动搅拌器，在冰水浴冷却下，将 38 mL (约 0.068 mol ClO^-) 次氯酸钠水溶液通过滴液漏斗逐滴加入反应瓶中，控制滴加速度，维持反应瓶内温度在 20 ℃以下，大约 40 min 内滴加完毕，继续搅拌 10 min。用碘化钾淀粉试纸检验反应液，试纸应呈蓝色(否则应再补加 5 mL 次氯酸钠溶液，以确保有过量次氯酸钠存在，使氧化反应完全)。在室温下继续搅拌 30 min，然后加入 5 mL 冰醋酸，升温至 40 ℃，反应 5 min，使过量次氯酸钠分解。

向反应混合物中加入 30 mL 水和 1～2 粒沸石，在电热套上加热蒸馏，收集馏出液大约 20 mL[6]。搅拌下向馏出液中分批加入无水碳酸钠至馏出液呈中性为止，然后加入氯化钠使溶液饱和[5]。将混合液倒入分液漏斗中，分出有机层，水层用 20 mL 乙醚分 2 次萃取，合并有机层和乙醚萃取液。混合的有机层用无水硫酸镁干燥，过滤，在温水浴上蒸馏回收乙醚(注意安全)。稍冷后将直形冷凝管改用空气冷凝管，继续加热蒸馏，收集 150～155 ℃馏分。产量约 3.5 g，产率 71%。

（五）思考题

【方法 1】

(1) 在加重铬酸钠溶液过程中，为什么要待反应物的橙红色完全消失后，方能加入下一批重铬酸钠溶液？在整个氧化过程中，为什么要控制温度在一定范围？

(2) 氧化反应结束后，为什么要往反应物中加入甲酸或草酸？

(3) 本实验中加料顺序为将重铬酸钠溶液分数批加到环己醇的硫酸溶液中，能否改变加料顺序，将环己醇溶液加到重铬酸钠溶液中？为什么？

(4) 从反应混合物中分离环己酮，除了采用水蒸气蒸馏外，还可采用何种方法？

【方法 2】

(1) 环己醇用次氯酸钠或铬酸氧化生成环己酮，用高锰酸钾氧化则得己二酸，为什么？

(2) 反应中加入醋酸的作用是什么？反应温度过高会有什么影响？

注意事项

[1] 重铬酸钠是强氧化剂且有毒，应避免与皮肤接触，反应残余物不得随意乱倒，应放入指定处，以防止污染环境。采用重铬酸钠-醋酸氧化体系时，可避免使用浓硫酸，产率可达 76%。为了避免使用重铬酸盐，20 世纪 80 年代发展了使用价格低廉的次氯酸钠-冰乙酸氧化体系(见方法 2)，减轻了环境污染，可将产率提高到 77%～82%，反应温度 30～35 ℃。

[2] 也可加入 1～2 mL 甲酸，目的是破坏过量的重铬酸盐。

[3] 这里实际进行的是一种简化的水蒸气蒸馏。环己酮可与水形成恒沸混合物(含环己酮 38.4%)，共沸点 95 ℃，馏出液中还含有少量乙酸，沸程 94～100 ℃。

[4] 水的馏出量不宜过多，否则会造成环己酮的过多损失。31 ℃时环己酮在水中的溶解度为 2.4%。

[5] 加入氯化钠(或精盐)是为了降低环己酮在水中的溶解度并有利于有机物与水相的分层。

附：酮的性质与鉴定

酮类化合物含有羰基，能与许多亲核试剂发生加成反应。亲核试剂包括：① 有机金属化合物、氢氰酸和炔化物；② 含氮化合物：胺、氨及氨衍生物（如苯肼、2,4-二硝基苯肼、羟胺、缩氨脲等）；③ 水和醇；④ 亚硫酸氢钠、硫醇。

(1) 2,4-二硝基苯肼[1]试验

酮在酸性条件下能与2,4-二硝基苯肼作用，生成黄色、橙色或橙红色的2,4-二硝基苯腙沉淀。

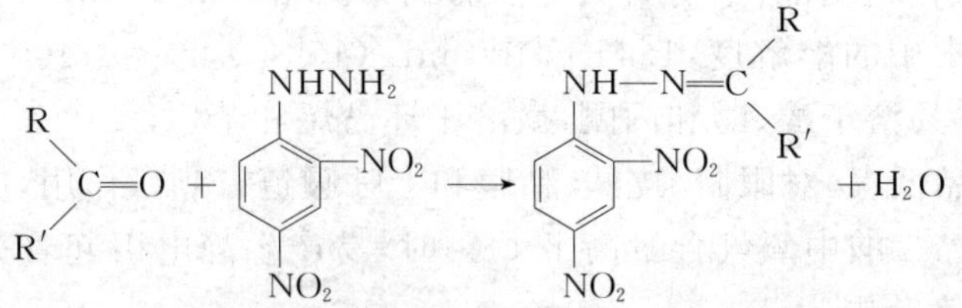

2,4-二硝基苯腙是有固定熔点的晶体，易从溶液中析出，既可作为检验酮的定性试验，又可作为制备酮衍生物的一种方法。沉淀的颜色取决于酮的共轭程度，为了得到真实颜色，必须将沉淀从溶液中分离出来，并加以洗涤。同时醛也能发生反应。

实验步骤：取2,4-二硝基苯肼试剂2 mL放入试管中，加入3～4滴试样，振荡，静置片刻，若无沉淀生成，可微热0.5 min再振荡，冷却后有橙黄色或橙红色沉淀生成，表明样品是羰基化合物。

(2) 甲基酮类化合物的鉴定

碘仿试验，凡具有CH_3CO—基团或其他易被次碘酸钠氧化成这种基团的化合物，如$CH_3CH(OH)-$，均能被次碘酸钠作用生成黄色的碘仿沉淀。

$$RCOCH_3 + 3NaIO \longrightarrow RCOCI_3 + 3NaOH$$

$$RCOCI_3 \xrightarrow{NaOH} RCOONa + CHI_3$$

操作步骤：在试管中加入1 mL水和3～4滴试样（不溶或难溶于水的试样，可加入几滴二氧六环使之溶解），再加入1 mL 10%的氢氧化钠溶液，然后滴加碘-碘化钾溶液呈浅黄色，振荡后析出黄色沉淀为正性试验。若不析出沉淀，可在温水浴上微热，若溶液变成无色，继续滴加2～4滴碘-碘化钾溶液，观察现象。

(3) 试剂的配制方法

① 2,4-二硝基苯肼试剂的配制：取2,4-二硝基苯肼1 g，加入7.5 mL浓硫酸，溶解后将此溶液倒入75 mL 95%乙醇中，用水稀释至250 mL，必要时过滤备用。

② 铬酸溶液的配制：取25 g铬酸酐（CrO_3）加入到25 mL浓硫酸中，搅拌直至形成均匀的浆状液，然后小心滴加至15 mL蒸馏水中，稀释浆状液，搅拌，直至形成清亮的橙色溶液即可。

（桂陆军，党丽敏 供稿）

实验 31　己二酸的制备

己二酸，别名：肥酸，英文名称：adipic acid。CAS 号：124-04-9，分子式：$C_6H_{10}O_4$，相对分子质量：146.14。白色结晶体，有骨头烧焦的气味。相对密度（d_4^{20}）：1.366，熔点：152 ℃，沸点：337.5 ℃，在水中的溶解度：1.44 g/100 mL（15 ℃），2.3 g/100 mL（25 ℃），160 g/100 mL（100 ℃）。易溶于醇、醚和丙酮，微溶于环己烷和苯。

健康危害： 本品低毒，对眼睛、皮肤、粘膜和上呼吸道有刺激作用，应密封保存。

燃爆危险： 当己二酸中氧气含量高于 14%时，易产生静电引起着火。己二酸粉尘在空气中爆炸的质量浓度范围为 3.9%～7.9%.

主要用途： 可用于碱类和高锰酸钾标定的基准品。己二酸是一种重要的有机二元酸，主要用于制造尼龙 66 纤维和尼龙 66 树脂，聚氨酯泡沫塑料。在有机合成工业中，为己二腈、己二胺的基础原料，同时还可用于生产润滑剂、增塑剂己二酸二辛酯，也可用于医药等方面。

（一）实验目的

（1）学习用环己醇氧化制备己二酸的原理和方法；

（2）掌握抽滤、洗涤、浓缩、重结晶和机械搅拌等基本操作。

（二）实验原理

醇的氧化反应根据醇自身的性质、氧化剂种类和反应条件，可以得到醛、酮和羧酸。环己醇用碱性高锰酸钾溶液氧化可得到羧酸。需要严格控制反应温度，避免副反应的发生。

【主反应】

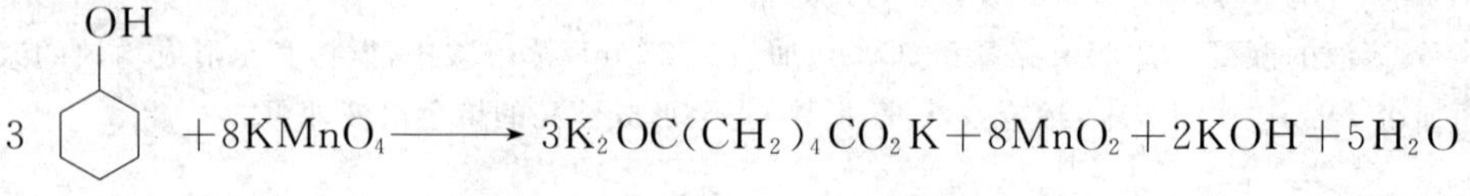

$$K_2OC(CH_2)_4CO_2K \xrightarrow{2HCl} H_2OC(CH_2)_4CO_2H + 2KCl$$

（三）实验仪器与试剂

【主要仪器】

三颈烧瓶，滴液漏斗，温度计，烧杯，恒温磁力搅拌机，减压过滤装置。

【主要试剂】

2.1 mL (2 g,0.02 mol)环己醇，8.5 g (0.053 mol)高锰酸钾，10%氢氧化钠溶液，亚硫酸氢钠，浓盐酸。

（四）实验步骤

在 250 mL 三颈烧瓶中，加入 5 mL 10%氢氧化钠溶液和 50 mL 水，插入 150 ℃温度计[1]，开动搅拌器，在搅拌下加入 8.5 g 研细的高锰酸钾，使之溶解。然后用滴液漏斗慢慢滴加 2.1 mL 环己醇[2]，控制滴加速度，维持瓶内反应物温度在 45 ℃左右[3]。醇滴加完毕后，当反应物温度开始下降时，用沸水浴将混合物加热 5 min，使氧化反应完全并使二氧化锰沉淀陈化。用玻璃棒蘸一滴反应混合物点到滤纸上做点滴试验，如有高锰酸盐存在，则在二氧化锰点的周围出现紫色的环，可加少量固体亚硫酸氢钠直至点滴试验呈负性为止。

趁热抽滤混合物，滤渣二氧化锰用少量热水洗涤 3 次。将滤液和洗涤液合并，用 4 mL 浓盐酸将滤液酸化，使溶液呈强酸性。将滤液小心加热、蒸发浓缩至约 10 mL 左右[4]。加少量活性炭脱色，保温过滤，将滤液冷却、结晶，抽滤，得白色已二酸晶体。产量约 1.5～2 g。

本实验约需时间 4～6 h。

（五）思考题

（1）在制备已二酸的实验中，除去未反应的高锰酸钾时为什么要用亚硫酸氢钠？

（2）量过环己醇的量筒为何要加少量水洗涤？且要将此洗液倒入加料用的滴液漏斗中？

注意事项

[1] 温度计的水银球要浸在反应液中。

[2] 环己醇的熔点 24 ℃，常温下为粘稠状液体，容易粘附在量筒内壁。为减少损失，加完后可用少量水冲洗量筒，加入三颈烧瓶中。

[3] 此反应是放热反应，要控制好滴加速度和搅拌速度。若反应温度过高，可用冰水浴冷却，以免反应剧烈将反应物冲出三颈烧瓶。

[4] 15 ℃时已二酸在水中的溶解度为 1.44 g，浓缩母液可增加产量。

（易兵，党丽敏 供稿）

实验 32　对硝基苯甲酸的合成

对硝基苯甲酸，别名：4-硝基苯甲酸，英文名称：4-nitrobenzoic acid。CAS 号：62-23-7，分子式：$C_7H_5NO_4$；相对分子质量：167.12。白色或浅黄色结晶。相对密度（d_4^{20}）：1.61，熔点：242.4 ℃，能升华。溶于醇、醚和丙酮，微溶于水、苯和二硫化碳，不溶于石油醚。

健康危害： 对硝基苯甲酸有毒，对眼睛、呼吸系统及皮肤有刺激性。对肌体有不可逆损伤的可能性。

主要用途： 本品可用作医药、染料、兽药、感光材料等的中间体；可用于生产盐酸普鲁卡因、普鲁卡因胺盐酸盐、对氨基苯甲酸、叶酸、苯佐卡因、头孢菌素 V、对氨基苯甲酰谷氨酸、贝尼尔，以及生产活性艳红 M-8B、活性红紫 X-2R 以及滤光剂、彩色胶片成色剂、金属表面防锈剂和防晒剂等；可用作测定生物碱、碱液的标准物。

（一）实验目的

（1）学习并掌握由芳香烃氧化制备羧酸的原理和方法。

（2）熟练回流、抽滤和重结晶等操作，掌握机械搅拌装置的安装与操作。

（二）实验原理

氧化法是制备羧酸的常用方法之一，脂肪族羧酸可以由烯烃、醇、醛等的氧化来制备。芳香烃的苯环比较稳定，较难氧化，但苯环上的烷基则不论长短，在强烈氧化时都会变成羧酸，这是制备芳香族羧酸的常用方法。常用的氧化剂有硝酸、重铬酸钠（钾）、浓硫酸、高锰酸钾、过氧化氢等。本实验以对硝基甲苯作原料，在强氧化体系重铬酸钠-硫酸的作用下，制备对硝基苯甲酸。

【主反应】

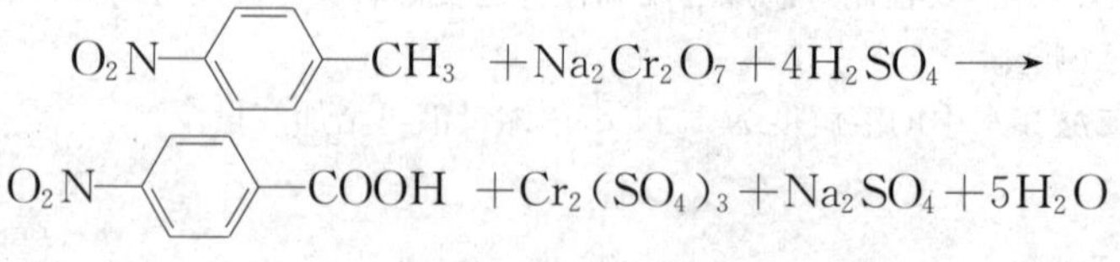

（三）实验仪器与试剂

【主要仪器】

三颈烧瓶（100 mL），烧杯，锥形瓶（125 mL），滴液漏斗（125 mL），圆底烧瓶（100 mL、50 mL），蒸馏头，温度计，温度计套管，回流冷凝管。

【主要试剂】

3 g (0.024 mol)对硝基甲苯，9 g (0.03 mol)重铬酸钠二水合物($Na_2Cr_2O_7 \cdot 2H_2O$)，浓硫酸，1 mol·L^{-1}硫酸溶液，1 mol·L^{-1}氢氧化钠溶液。

(四) 实验步骤

在 100 mL 三颈瓶中，加入 3 g 对硝基甲苯，9 g 重铬酸钠及 15 mL 水，安装好机械搅拌器、回流冷凝管及滴液漏斗。在搅拌下自滴液漏斗慢慢滴入 12 mL 浓硫酸[1]。随着浓硫酸的加入，反应物的温度迅速上升，对硝基甲苯溶解，反应随之开始，反应混合物的颜色逐渐变深。通过严格控制滴加浓硫酸的速度，保持反应物的温度低于沸腾温度[2]。若反应剧烈，必要时可用冷水浴冷却，以免温度过高使对硝基甲苯挥发而凝结在冷凝管内壁上。加完硫酸后，加热微沸 0.5 h，必要时可以间歇关闭冷凝水，使凝结在冷凝管内壁上的对硝基甲苯熔融滴下。反应完成后，将反应液(黑色)冷却，在搅拌下，加入 25 mL 冷水，立即有沉淀析出。抽滤，用 20 mL 冷水分 2 次洗涤固体。粗制的对硝基苯甲酸为深黄色或黄黑色固体。

为了除去夹杂的铬盐，将所得的固体转入温热的 35 mL 5%氢氧化钠溶液中，使之溶解(不超过 60 ℃)，所得溶液在 50 ℃左右过滤[3]。在充分搅拌下将滤液慢慢地倒入 60 mL15%的硫酸中[4]，溶液应始终呈酸性(用什么试纸检验?)，这时浅黄色的沉淀立即析出。抽滤，沉淀用少量水洗涤几次，晾干或置于干燥器中干燥，熔点 237～238 ℃。产品可用乙醇-水重结晶，纯化后的产品为浅黄色针状结晶[5]，熔点 241～242 ℃，产量约 2 g，产率约 55%。

本实验时间约需 8 h。

(五) 思考题

(1) 在对硝基甲苯氧化反应中加入硫酸的速度为什么不宜太快?

(2) 写出下列化合物的氧化产物：

对硝基异丙苯；邻氯甲苯；萘；对叔丁基甲苯。

(3) 粗制的对硝基苯甲酸可能含有哪些杂质? 如何除去?

(4) 除了重结晶法，还可以用什么方法纯化产品?

注意事项

[1] 反应速度随着硫酸的浓度和用量的增加而增加，加酸时间约 30 min。

[2] 反应温度过高，一部分对硝基甲苯会挥发逸出。

[3] 这一步的目的是除去未反应的对硝基甲苯(熔点 61.3 ℃)和铬块。铬块与氢氧化钠作用生成氢氧化铬或亚铬酸钠，它们为溶液中的不溶物。如果过滤温度太低，则对硝基苯甲酸钠也会析出而被滤去。

[4] 硫酸不能加到滤液中，否则生成的沉淀会包裹滤液，影响产物纯度。

[5] 也可用升华法进一步纯化产品。

(党丽敏，桂陆军 供稿)

6.5 还原反应

实验 33 苯胺的合成

苯胺,别名:氨基苯,英文名称:aniline。CAS 号:62-53-3,分子式:C_6H_7N,相对分子质量:93.13。无色或浅黄色透明油状液体,有特殊气味,露置空气中或见光逐渐变为棕色。相对密度(d_4^{20}):1.021,熔点:-6.2 ℃,沸点:184.4 ℃,加热至 370 ℃分解。临界点:425.6 ℃,折光率(n_D^{20}):1.586。微溶于水,易溶于乙醇、乙醚等有机溶剂。可用水蒸气蒸馏提纯,蒸馏时加入少量锌粉可防止氧化。提纯后的苯胺可加入 $NaBH_4$(质量浓度 $10\times10^{-9}\sim15\times10^{-9}$),防止氧化变质。

健康危害:吸入、口服或皮肤接触,对肌体有不可逆损伤的可能性,长期接触对健康有严重危害。接触皮肤后应立即用大量肥皂泡沫冲洗,使用时应穿防护服和戴手套。

燃爆危险:本品可燃。爆炸极限:1.3 %~11.0%(体积分数)。

主要用途:苯胺是重要的化工原料,用于染料、医药、橡胶、树脂、香料等的合成。主要用于医药和橡胶硫化促进剂,也是制造树脂和涂料的原料。

(一)实验目的

(1) 掌握由芳香硝基化合物还原制备芳胺的原理,以及在酸性溶液中用金属进行化学还原硝基苯制备苯胺的方法;

(2) 进一步掌握水蒸气蒸馏的操作技术。

(二)实验原理

硝基化合物在合适的还原剂及反应条件下可还原得到胺。由于还原剂的种类和反应介质、反应条件的不同,硝基化合物的还原能得到不同的还原产物。本实验利用还原铁粉在醋酸水溶液中,将硝基苯还原为苯胺。反应中主要是水作为供质子剂提供质子,铁提供电子完成还原反应。由于苯胺的沸点较高,本实验采用水蒸气蒸馏分离出苯胺。反应后的残渣铁泥会造成环境污染,工业上通常采用催化氢化来还原。

【主反应】

$$4C_6H_5NO_2+9Fe+4H_2O\xrightarrow{H^+}4C_6H_5NH_2+3Fe_3O_4$$

（三）实验仪器与试剂

【主要仪器】

三颈烧瓶（250 mL），圆底烧瓶（25 mL），回流冷凝管，克氏蒸馏头，水蒸气发生器，T 形管，弹夹，空气冷凝管，分液漏斗，机械搅拌器。

【主要试剂】

6.2 g（5.2 mL，0.05 mol）硝基苯，7.8 g（0.14 mol）还原铁粉（40～100 目），冰醋酸，乙醚，氯化钠，氢氧化钠。

（四）实验步骤

在 250 mL 三颈烧瓶中，加入 9 g 还原铁粉、20 mL 水及 1 mL 冰醋酸[1]，安装好机械搅拌、滴液漏斗和回流冷凝管，搅拌，加热套加热煮沸约 10 min。稍冷后，将 5.2 mL 硝基苯通过滴液漏斗滴加到三颈烧瓶中，控制滴加速度，使反应不至于过分剧烈。滴加完后，将反应物加热回流 0.5 h，使还原反应完全[2]，此时，冷凝管回流液应不再呈现硝基苯的黄色。

稍微冷却后，将反应装置改为水蒸气蒸馏装置，进行水蒸气蒸馏，至馏出液变清，再多收集 20 mL 馏出液，共收集馏出液约 40 mL[3]。将馏出液转入分液漏斗，分出有机层，水层用氯化钠饱和（约需 15 g 氯化钠）后[4]，每次用 15 mL 乙醚萃取 3 次。合并有机层和乙醚萃取液，用粒状氢氧化钠干燥。

将干燥好的苯胺和乙醚混合溶液滤入滴液漏斗中，然后滴加到 25 mL 干燥的圆底烧瓶中，一边滴加一边在水浴上蒸馏除去乙醚（注意乙醚的回收和操作安全）。稍冷却后，将直形冷凝管改用空气冷凝管继续蒸馏剩余物，收集 180～185 ℃馏分[5]，得产物约 2.7 g。

本实验需时间约 6 h。

（五）思考题

（1）如果用盐酸代替醋酸，则反应后要加入饱和碳酸钠至溶液呈碱性后，才进行水蒸气蒸馏，这是为什么？本实验为何不进行中和？

（2）有机物质必须具备什么性质，才能采用水蒸气蒸馏提纯，本实验为何选择水蒸气蒸馏法把苯胺从反应混合物中分离出来？

（3）如果最后制得的苯胺中含有硝基苯，应如何分离提纯？

注意事项

[1] 加入醋酸的目的是使铁粉活化，缩短反应时间。铁-醋酸作为还原剂时，铁首先与醋酸作用，产生醋酸亚铁，实际上它是主要的还原剂，在反应中进一步被氧化生成碱式醋酸铁。

$$Fe + 2HOAc \longrightarrow Fe(OAc)_2 + H_2$$

$$Fe(OAc)_2+[O]+H_2O \longrightarrow 2Fe(OH)(OAc)_2$$

碱式醋酸铁与铁及水作用后，生成醋酸亚铁和醋酸，醋酸亚铁可以再发生上述反应。

$$2Fe(OH)(OAc)_2+Fe+2H_2O \longrightarrow 2Fe_3O_4+Fe(OAc)_2+10HOAc$$

总的来看，反应中主要是水作为供质子剂提供质子，铁提供电子完成还原反应。

[2] 硝基苯为黄色油状物，如果回流液中黄色油状物消失，并出现乳白色油珠(由于游离苯胺引起)时，表示反应已完成。还原反应必须完全，否则残留在反应物中的硝基苯，在苯胺提纯过程中很难分离，影响产品纯度。

[3] 水蒸气蒸馏的馏出液在理想状态下含苯胺的量可达 23%，实际上由于苯胺在水中有一定的溶解度，因此馏出液苯胺的实际含量有所降低。

[4] 在 20 ℃时，100 mL 水可溶解 3.4 g 苯胺，为了减少苯胺损失，根据盐析原理，可加入氯化钠使馏出液饱和，原来溶于水中的绝大部分苯胺就成油状物析出。

[5] 纯苯胺为无色溶液，但在空气中由于氧化而呈淡黄色，加入少量锌粉重新蒸馏，可去掉颜色。

附 1：硝基化合物的性质

硝基化合物具有氧化性，易被还原，能将氢氧化亚铁氧化成氢氧化铁：

$$RNO_2+6Fe(OH)_2+4H_2O \longrightarrow RNH_2+6Fe(OH)_3$$

芳香族硝基化合物可在中性介质中还原成芳基羟胺，后者能与托伦试剂发生银镜反应。通过这些试验可以鉴定硝基化合物。

$$ArNO_2+4[H] \xrightarrow{Zn+NH_4Cl} ArNH_2OH+H_2O$$

(1) 氢氧化亚铁试验

取 1 mL 硫酸亚铁铵溶液[1]于试管中，加 1 mL 氢氧化钾乙醇溶液[2]，再加 1～2 滴液体样品或 10 mg 固体样品，用塞子塞住试管，摇动，放置 1 min，观察是否有红棕色或棕色氢氧化铁沉淀出现(一般硝基化合物约在半分钟内即可产生棕色沉淀，若只析出绿色的氢氧化亚铁沉淀，则认为是负性结果)。

(2) 锌-氯化铵试验

取 1 mL 50%乙醇于试管中，依次加入 0.5 mL 硝基苯、0.2 g 氯化铵和 0.2 g 锌粉，振荡后煮沸，放置 5 min，过滤。用滤液进行银镜反应。

(3) 预备工作

① 硫酸亚铁铵溶液的配制：取 25 g 硫酸亚铁铵和 2 mL 浓硫酸加到 500 mL 煮沸过的蒸馏水中，在溶液中放一小根铁丝。

② 氢氧化钾乙醇溶液的配制：将 30 g 氢氧化钾溶于 30 mL 水中，再将此溶液加到 200 mL 乙醇中。

附 2：胺的鉴定

胺类化合物具有碱性，是判断这类化合物的最重要的依据，它可以与酸作用形成铵盐。

Hinsberg 试验是根据伯胺和仲胺与苯磺酰氯形成不同反应结果而区别鉴定的。伯胺与苯磺酰氯反应生成的 N-取代苯磺酰胺有酸性氢，能溶于氢氧化钠溶液中；而仲胺反应所生成的 N，N-二取代苯磺酰胺无酸性氢，因而不溶于氢氧化钠溶液。叔胺不发生这个反应。利用这个性质，可以把伯胺、仲胺和叔胺区别开来。

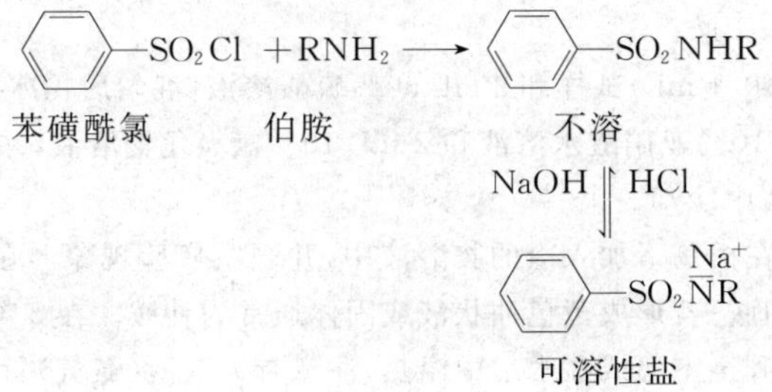

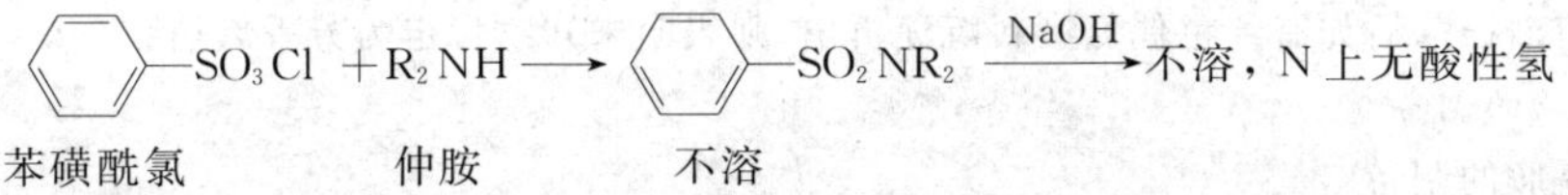

亚硝酸试验也可用来区别伯胺和仲胺，以及鉴别脂肪族伯胺和芳香族伯胺。在试验条件下，脂肪族伯胺与亚硝酸作用生成相应的醇，并在常温下放出氮气；芳香族伯胺与亚硝酸在低温下生成稳定的重氮盐，重氮盐可与β-萘酚发生偶联生成橙红色的染料，这是芳香伯胺所独有的反应。仲胺与亚硝酸作用生成黄色油状或固体的亚硝基化合物。亚硝基化合物通常有致癌作用，操作时应避免与皮肤接触。

$$RNH_2 \xrightarrow{HNO_2} R-\overset{+}{N}\equiv N: \longrightarrow R^+ + N_2\uparrow$$
$$R^+ \xrightarrow{H_2O} ROH + H^+$$

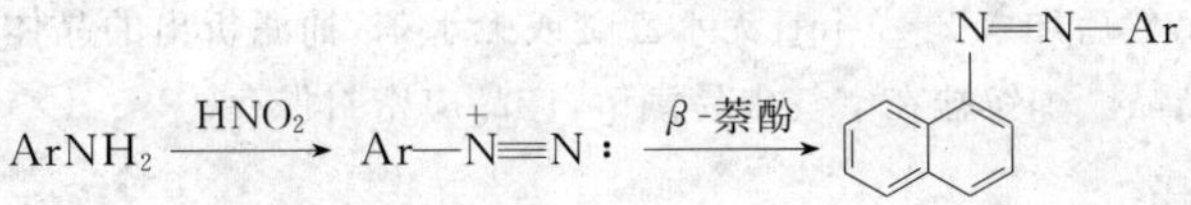

$$R_2NH \xrightarrow{HNO_2} R_2N-N=O$$

鉴定叔胺一般利用它的成盐性质，与碘甲烷和苦味酸作用能形成结晶的盐。

$$R_3N + CH_3I \longrightarrow R_3\overset{+}{N}CH_3I^+$$

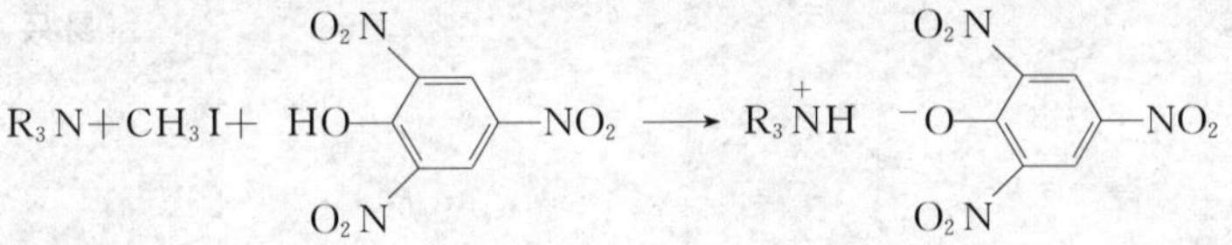

(1) 溶解度与碱性试验

试样：甲胺盐酸盐，苯胺。

取3～4滴试样，逐渐加入1.5 mL水，观察是否溶解。如冷水热水均不溶，可逐渐加入10%硫酸使其溶解，再逐渐滴加10%氢氧化钠溶液，观察现象。

(2) Hinsberg试验

试样：苯胺，N-甲基苯胺，N,N-二甲基苯胺。

取3支试管，配好塞子，在试管中分别加入0.5 mL液体试样、2.5 mL 10%氢氧化钠溶液、0.5 mL苯磺酰氯，塞好塞子，用力摇振3～5 min。用手触摸试管底部，试验哪支试管发热，为什么？取下塞子，摇振下在水浴中温热1 min，冷却后用pH试纸检验3支试管内的溶液是否呈碱性，若不呈碱性，可再加几滴氢氧化钠溶液。观察下述三种情况，并判断试管内的样品是哪一级胺。

① 如有沉淀析出，用水稀释并摇振后沉淀仍不溶解，表明为仲胺。

② 如最初不析出沉淀或经稀释后沉淀溶解，小心加入6 mol/L的盐酸至溶液呈酸性，此时若生成沉淀，表明为伯胺。

③ 试验时无反应发生，溶液仍有油状物，表明为叔胺。

(3) 亚硝酸试验

试样：苯胺，N-甲基苯胺，丁胺。

在1支试管中加入3滴(0.1 mL)试样和2 mL 30%硫酸溶液，混匀后在冰盐浴中冷却至5 ℃以下。另取2支试管，分别加入2 mL 10%亚硝酸水溶液和2 mL 10%氢氧化钠溶液，并在氢氧化钠溶液中加0.1 g β-萘酚，混匀后也置于冰盐浴中冷却。

将冷却后的亚硝酸溶液在摇荡下加入冷的胺溶液中，并观察实验现象。在5 ℃或低于5 ℃时若有大量气泡冒出，表明为脂肪族伯胺；若形成黄色油状液或固体通常为仲胺。在5 ℃时无气泡或仅有极少气泡冒出，取出一半溶液，让温度升至室温或在水浴中温热，注意有无气泡(氮气)冒出；向剩下的一半溶液中滴加β-萘酚碱溶液振荡后如有红色偶氮染料沉淀析出，则表明未知物肯定为芳香族伯胺。

(4) 衍生物的制备

① 苯甲酰胺的制备

试样：苯胺，N-甲基苯胺。

在50 mL锥形瓶中，加入15 mL 5%的氢氧化钠溶液、0.5 mL (0.5 g)胺和1 mL (1.2 g)苯甲酰氯，塞好塞子，充分摇振反应混合物2～3 min，苯甲酰氯气味消失。用玻璃钉漏斗抽滤析出的沉淀，用水洗涤后接着用少量5%的盐酸洗涤，用乙醇或乙醇-水重结晶，干燥后测定熔点。

② 季铵盐的制备

试样：N,N-二甲基苯胺。

在干燥的试管中混合0.5 mL (0.5 g)胺和0.5 mL碘甲烷(bp：43 ℃)，在手掌中温热5 min，塞紧试管，在冰浴中放置10 min，然后加入2～3 mL无水乙醚或无水苯，抽滤析出的晶体，并用少量溶剂洗涤，用无水甲醇或无水乙醇重结晶。季铵盐在空气中易潮解，产品应密封保存。

(5) 注意事项

Hinsberg试验时，若苯磺酰氯水解不完全时，可与叔胺混合在一起，沉于试管底部，酸化时，叔胺虽已溶解，而苯磺酰氯仍以油状物存在，往往会得出错误的结论。为此，在酸化前，应在水浴上加热，使苯甲酰氯水解完全，此时叔胺全部浮在溶液上面，底部无油状物。

(易兵，党丽敏 供稿)

实验 34　乙苯的合成

乙苯，又名乙基苯，英文名称：ethylbenzene。CAS 号：100-41-4，分子式：$C_6H_5CH_2CH_3$，相对分子质量：106.16。无色液体，有芳香气味。相对密度（d_4^{20}）：0.870，熔点：－94.9 ℃，沸点：136.2 ℃。不溶于水，可混溶于乙醇、醚等多数有机溶剂。

健康危害：本品对皮肤、粘膜有较强刺激性。高浓度乙苯有麻醉作用。

主要用途：用于有机合成的溶剂和中间体。

（一）实验目的

（1）了解黄鸣龙还原法的原理；

（2）学习酮的特殊还原技术。

（二）实验原理

黄鸣龙还原法的原理与 Wolf-Kishner 还原法的原理相同，只是在反应条件上进行了改良。其原理是通过将醛（或酮）、氢氧化钠、肼的水溶液和一个高沸点的水溶性溶剂（如二甘醇、三甘醇）一起加热，使醛、酮变成腙，再蒸出过量的水和未反应的肼，加热达到 200 ℃时，生成的腙完全分解，得到还原产物。黄鸣龙还原法的特点是：不需要使用 Wolf-Kishner 法中的无水肼；反应可在常压下进行；反应时间缩短，反应产率提高（可达 90%）。

【反应式】

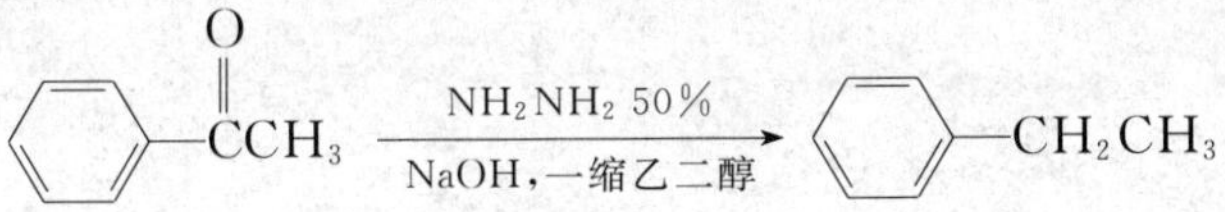

（三）实验仪器与试剂

【主要仪器】

150 mL 圆底烧瓶，回流冷凝管，直形冷凝管。

【主要试剂】

9.0 g (0.075 mol)苯乙酮，15 mL 水合肼，60 mL 一缩乙二醇，10.0 g 氢氧化钠，60 mL 盐酸。

（四）实验步骤

依次将 9.0 g (0.075 mol) 苯乙酮、10 g NaOH、15 mL(5 0%)水合肼和 60 mL 一缩乙

二醇投入 150 mL 圆底烧瓶中，装上回流冷凝管，用电热套加热，回流反应 40 min[1]。冷却，改用蒸馏装置，加热蒸馏[2]，直至温度升至 190～200 ℃，且不再有液体蒸出为止。随着蒸馏的进行，腙会逐渐分解生成乙苯，也同时被蒸出。用分液漏斗分离出接收瓶中的有机层，然后用无水 $CaCl_2$ 干燥，过滤，常压蒸馏，收集 130～137 ℃馏分。

（五）思考题

（1）黄鸣龙酮还原的适用环境条件与 Clemmensen 还原有何不同？

注意事项

[1] 玻璃塞和接头部分一定要均匀地、充分地涂上一层凡士林，以免 NaOH 与接头部分的玻璃作用而粘结。

[2] 加热分解时，升温速度不能太快，否则会引起冲料！

（罗志强、朱卫国 供稿）

实验 35　二苯甲醇的制备

二苯甲醇，别名：α-苯基苯甲醇，英文名：diphenylcarbinol。CAS 号：91-01-0，分子式：$C_{13}H_{12}O$，相对分子质量：184.23。无色针状结晶。熔点：69 ℃，沸点：298 ℃(1.0 MPa)，180 ℃(2.67 kPa)。易溶于乙醇、醚和二硫化碳，在 20 ℃水中的溶解度 0.5 g · L^{-1}，几乎不溶于冷石油醚。

健康危害：该品对眼睛、呼吸系统及皮肤有刺激性，使用时应穿防护服。万一接触到眼睛，应立即用大量水冲洗，并请医生诊治。

主要用途：用作医药中间体，也用于合成苯甲托品，苯海拉明等药品。

【方法 1】　硼氢化钠还原法制备二苯甲醇

(一) 实验目的

(1) 学习并掌握二苯甲酮还原法制备二苯甲醇的原理和方法；

(2) 掌握蒸馏、减压抽滤和重结晶等操作技术。

(二) 实验原理

实验室制备醇的方法有很多：羰基(醛、酮、羧酸、羧酸酯)还原，烯烃的硼氢化反应、格氏(Grignard)反应等。本实验以甲醇为溶剂，用硼氢化钠将二苯甲酮还原为二苯甲醇。硼氢化钠作为进攻试剂能产生氢负离子，进攻羰基碳原子成醇盐，经水解制得醇。1 mol 硼氢化钠理论上能还原 4 mol 醛或酮。

【反应式】

$$4(C_6H_5)_2C{=}O + NaBH_4 \longrightarrow NaB[OCH(C_6H_5)_2]_4 \xrightarrow{H_2O} 4(C_6H_5)_2CHOH$$

(三) 实验仪器与试剂

【主要仪器】

圆底烧瓶(50 mL)，分液漏斗(125 mL)，回流冷凝管，抽滤瓶。

【主要试剂】

1.5 g(0.008 mol)二苯酮，0.4 g(0.01 mol)硼氢化钠，甲醇，乙醚，石油醚(60～90 ℃)。

（四）实验步骤

在 50 mL 圆底烧瓶中，加入 1.5 g 二苯甲酮和 20 mL 甲醇，摇动溶解；小心加入 0.4 g 硼氢化钠[1]，摇匀后，在室温下放置 20 min，并不时摇动。随后在水浴上蒸馏除去大部分甲醇，冷却，将剩余物倒入 40 mL 水中，搅拌使硼酸酯的配合物充分水解。用乙醚萃取水层 3 次（10 mL×3），合并乙醚萃取液，用无水硫酸镁干燥。过滤，水浴加热，常压蒸馏出滤液中的乙醚，再用水泵减压蒸馏出残余的乙醚。剩余物用 15 mL 石油醚重结晶，得到约 1 g 针状二苯甲醇结晶，产率约 68%。

【方法 2】 锌粉还原法制备二苯甲醇

（一）实验目的

（1）学习用锌粉还原法来制备二苯甲醇的原理和方法；

（2）掌握搅拌、回流、减压抽滤和重结晶的基本操作。

（二）实验原理

在碱性介质中，活泼金属锌能够将酮还原为醇。本实验以乙醇为溶剂，利用金属锌-氢氧化钠将二苯甲酮还原为二苯甲醇。

【反应式】

$$C_6H_5COC_6H_5 \xrightarrow{Zn+NaOH} C_6H_5CH(OH)C_6H_5$$

（三）实验仪器与试剂

【主要仪器】

烧杯，圆底烧瓶（50 mL），球形冷凝管。

【主要试剂】

1.5 g(8 mmol)二苯酮，1.5 g(23 mmol)锌粉，1.5 g(38 mmol)氢氧化钠，乙醇，浓盐酸，石油醚（60～90 ℃）。

（四）实验步骤

在 50 mL 圆底烧瓶中，依次加入 1.5 g 氢氧化钠、1.5 g 二苯酮、1.5 g 锌粉、15 mL95% 的乙醇和 1～2 粒沸石。装配回流冷凝管，充分振摇，反应微微放热，约 20 min 后，在水浴上加热，回流反应 5 min，使反应完全。减压抽滤，固体用少量乙醇洗涤。在搅拌下将滤液倒入 80 mL 冰水中，然后用浓盐酸小心酸化，调节 pH 值为 5～6[2]，产生大量白色固体。减压抽滤，固体用少量的水洗涤，于红外灯下干燥后，用 15 mL 石油醚重结晶，得针状二苯甲醇结晶约 1 g，产率约 68%。

（五）思考题

（1）硼氢化钠和氢化锂铝($LiAlH_4$)都是负氢还原试剂，试说明它们在还原性及操作上有何不同？

（2）试提出合成二苯甲醇的其他方法。

注意事项

[1] 硼氢化钠有腐蚀性，称量时要小心操作勿与皮肤接触。

[2] 酸化时溶液酸性不宜太强，否则难于析出固体。

（桂陆军，党丽敏 供稿）

6.6 重氮化反应与应用

实验36 对氯甲苯的合成

对氯甲苯，英文名称：4-chlorotoluene。CAS号 106-43-4，分子式：C_7H_7Cl，相对分子质量：126.59。无色液体，有特殊气味。相对密度(d_4^{20})：1.070，熔点：7.5 ℃，沸点：161.5 ℃，蒸气压：1.33 kPa/45 ℃，闪点：49 ℃。不溶于水，溶于乙醇、氯仿、乙酸，可混溶于乙醚。

健康危害：其蒸气或雾对眼睛、皮肤、粘膜和呼吸道有刺激性。

燃爆危险：本品为易燃液体，危险标记为7。

主要用途：用于有机合成，染料中间体的制备，还可用作溶剂。

（一）实验目的

(1) 掌握重氮盐法制备对氯甲苯的原理和方法；

(2) 掌握萃取、洗涤和液体有机物的干燥等操作方法。

（二）实验原理

在酸性介质中，重氮盐伯胺和亚硝酸钠作用生成重氮盐的反应叫做重氮化反应。

$$ArNH_2 + 2HX + NaNO_2 \xrightarrow{0\sim5\ ℃} ArN_2X + NaX + 2H_2O$$

这是一个芳香族伯胺所特有的反应。生成的化合物 ArN_2X 称为重氮盐，是制取芳香族卤代物、酚、芳腈及偶氮染料的中间体，在工业上或实验室中都具有很重要的应用价值。

重氮盐通常的制备方法：把1 mol胺溶于2.5～3 mol盐酸的水溶液中，冷却至0～5 ℃。在此温度下，慢慢滴加亚硝酸钠溶液，直至反应液使淀粉-碘化钾试纸变蓝为止。

制备重氮盐应注意以下几点：

(1) 避免亚硝酸(钠)过量。过量亚硝酸会促使重氮盐分解，且能和下步偶联反应中的原料(如芳胺)作用。过量的亚硝酸通过加入尿素来除去。

(2) 严格控制低温。重氮反应是一个放热反应，且大多数重氮盐很不稳定，温度高时容易分解。因此，重氮化反应通常控制反应温度在1～5 ℃进行。反应时应搅拌均匀，避免局部过热。重氮盐溶液不宜长期保存，通常都不把它分离出来，而是直接用于下一步合成。

(3) 反应介质要有足够酸度。盐酸用量比理论量多0.5～1 mol，过量的酸是为了维持溶液一定的酸度，防止重氮盐和未起反应的芳胺进行偶联。

重氮盐用途很广，其反应主要分为两类。一类是在卤化亚铜或氰化亚铜等作用下，重氮基可被—H、—OH、—F、—Cl、—Br、—I、—CN、—NO_2、—SH等基团取代，制备出相应的芳香族化合物。重氮基被卤素或氰基取代的反应称为桑德迈尔(Sandmeyer)反应。桑德迈尔(Sandmeyer)反应的关键在于相应的重氮盐与卤化亚铜能否形成良好的复合物。在实验中，由于卤化亚铜易被空气氧化，故以现制现用为宜。另一类是偶联反应。偶联反应一般在弱酸或弱碱介质中进行。

【主反应】

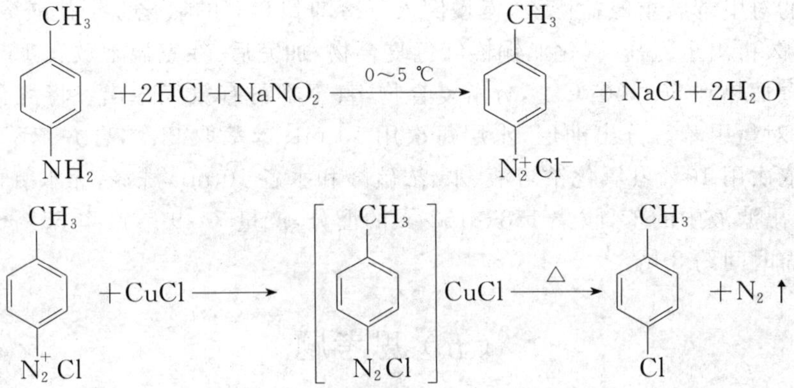

（三）实验仪器与试剂

【主要仪器】

三颈烧瓶(250 mL)，滴液漏斗，分液漏斗，烧杯(400 mL)。

【主要试剂】

10.7 g(10.7 mL，0.1 mol)对甲苯胺，30 g(0.12 mol)结晶硫酸铜，7.7 g(0.11 mol)硝酸钠，7 g(0.067 mol)亚硫酸氢钠，9 g(0.16 mol)氯化钠，4.5 g(0.11 mol)氢氧化钠，盐酸，碘化钾淀粉试纸，刚果红试纸，10%氢氧化钠溶液，浓硫酸，无水氯化钙，尿素。

（四）实验操作步骤

1. 氯化亚铜的制备

在250 mL三颈烧瓶中，加入30 g (0.12 mol)五水硫酸铜，9 g(0.16 mol)氯化钠及水100 mL，加热使固体溶解。趁热(60～70 ℃)[1]在振摇下加入由7 g(0.067 mol)亚硫酸氢钠[2]与4.5 g(0.11 mol)氢氧化钠及50 mL水配成的溶液。溶液由原来的蓝绿色变为浅绿色或无色，并析出白色粉状固体，置于冷水浴中冷却，用倾泻法尽量倒去上层溶液，再用水洗涤2次，得到白色粉末状的氯化亚铜。加入50 mL冷的浓盐酸，使沉淀溶解，塞紧瓶塞，重新置于冰水浴中冷却备用[3]。

2. 重氮盐溶液的制备

在400 mL烧杯中，加入30 mL浓盐酸、30 mL水及10.7 g(10.7 mL，0.1 mol)对甲苯胺，加热使固体溶解。稍冷后，置于冰盐浴中，搅拌使成糊状，控制反应液温度在5 ℃以下，由滴液漏斗滴加7.7 g(0.11 mol)亚硝酸钠溶于20 mL水的溶液，控制滴加速度，使反应液温度始终保持在 5 ℃以下[4]，必要时可在反应液中加冰块以防止温度上升。当大部分(90%左右)亚硝酸钠溶液加入后，取 1～2 滴反应液用淀粉-碘化钾试纸检验，若立即出现深蓝色，表示亚硝酸钠已过量，不必再加[5]。临近终点时，重氮化反应速度很慢。最后每加 1 滴亚硝酸钠溶液，须搅拌 2 min，然后再检验终点。在重氮化操作中，用刚果红试纸检验反应液是否始终保持酸性。

3. 对氯甲苯的制备

把制好的对甲苯胺重氮盐溶液，慢慢倒入[6]冷却到 0 ℃的氯化亚铜盐酸溶液中，边加边振摇烧瓶，不久析出重氮盐-氯化亚铜橙红色复合物，加完后，在室温下放置 15～30 min。然后用水浴慢慢加热到 50～60 ℃[7]，分解复合物，直至不再有氮气逸出。将混合物进行水蒸气蒸馏，蒸出对氯甲苯。分出油层，水层每次用 15 mL 苯萃取 2 次，合并苯萃取液与油层，所得混合液依次用 10%氢氧化钠溶液、水、浓硫酸和水各 10 mL 洗涤，无水氯化钙干燥。过滤，常压蒸馏出滤液中的苯，收集 158～162 ℃的馏分，产量 7～9 g，产率 55%～71%。

本实验需时间约 8 h。

（五）思考题

(1) 为什么不直接将甲苯氯化而用 Sandmeyer 反应来制备邻氯甲苯和对氯甲苯？

(2) 氯化亚铜在盐酸存在下，被亚硝酸氧化，反应瓶可以观察到一种红棕色的气体放出，试解释这种现象，并用反应式表示。

(3) 亚硝酸(钠)过量，对下步反应会有什么影响？

(4) 为什么进行水蒸气蒸馏蒸出对氯甲苯，随对氯甲苯一起蒸出还有什么物质？

(5) 为什么粗对氯甲苯依次用 10%氢氧化钠溶液、水、浓硫酸和水各 10 mL 洗涤？

注意事项

[1] 在此温度下得到的氯化亚铜颗粒较粗，便于处理，且质量较好。温度较低则颗粒较细，难于洗涤。

[2] 亚硫酸氢钠的纯度最好在 90%以上。如果纯度不高，按此比例配方时，则还原不完全。且由于碱性偏高，生成部分氢氧化亚铜，使沉淀呈土黄色。此时，可根据具体情况，增加亚硫酸氢钠用量，或适当减少氢氧化钠用量。在实验中如发现氯化亚铜沉淀中夹有少量黄色沉淀时，应立即加几滴盐酸，稍加振荡后即可除去。

[3] 氯化亚铜在空气中遇热或光易被氧化，重氮盐久置易于分解，为此，二者的制备应同时进行，且在较短的时间内进行混合。氯化亚铜用量较少会降低对氯甲苯产量(因为氯化亚铜与重氮盐的摩尔比是 1∶1)。

[4] 如反应温度超过 5 ℃，则重氮盐会分解使产率降低。

[5] 若亚硝酸(钠)过量，加尿素分解之。

[6] 将重氮盐溶液较快倒入冷到 0 ℃的氯化亚铜盐酸溶液中，有利于副产物偶氮苯生成。

[7] 分解温度过高会产生副反应，生成部分焦油状物质。若时间许可，可将混合后生成的复合物在室温放置过夜，然后再加热分解。在水浴加热分解时，有大量氮气逸出，应不断搅拌，以免反应液外溢。

(罗志强，龚行 供稿)

实验 37　甲基橙的合成

甲基橙，又名：金莲橙 D，4-{[4-(二甲氨基)苯]偶氮}苯磺酸钠盐，英文名称：methyl orange。CAS 号：547-58-0，分子式：$C_{14}H_{14}N_3NaO_3S$，相对分子质量：327.33。相对密度（d_4^{20}）：1.28，熔点：300 ℃。微溶于冷水，较易溶于热水，不溶于乙醇。显酸性。

健康危害： 吞食有毒，皮肤接触后，立即用大量水冲洗。

主要用途： 0.1%的甲基橙水溶液是常用的酸碱指示剂，pH 值变色范围 3.1（红）～4.4（黄），测定多数矿酸、强碱和水的碱度。

（一）实验目的

（1）掌握重氮化反应、偶合反应的基本原理；

（2）熟练掌握重结晶、减压抽滤的基本操作。

（二）实验原理

重氮盐在低温条件下能与酚或叔芳胺发生偶联（合）反应，生成结构稳定的有色偶氮化合物。其中，酚类偶联反应宜在中性或弱碱性中进行，有时也在弱酸性中进行（pH＝5～9）；胺类偶联反应宜在中性或弱酸性中进行（pH＝3.5～7）。

由于对氨基苯磺酸在无机酸中不溶解，因而先将它溶于氢氧化钠和亚硝酸钠的水溶液，然后在冷却下加入盐酸，进行重氮化反应制得重氮盐。该重氮盐可直接与 N，N-二甲基苯胺发生偶合反应，制得甲基橙。

【主反应】

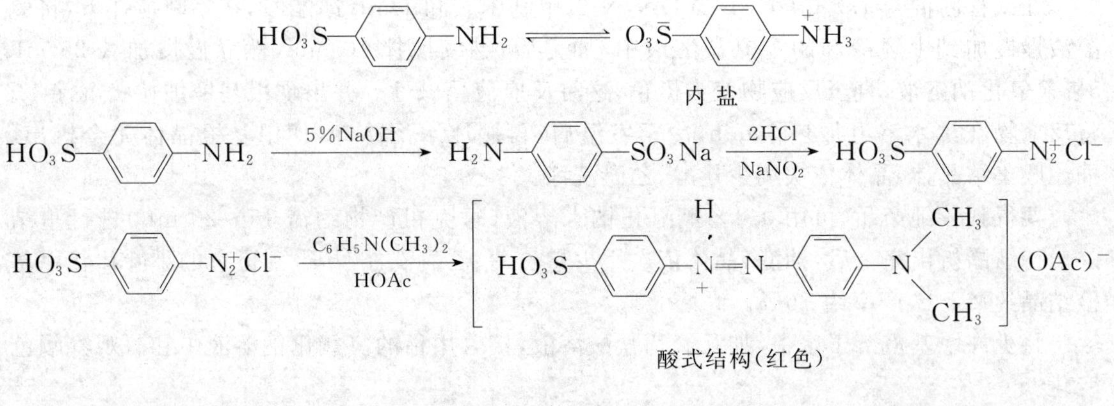

酸式结构（红色）

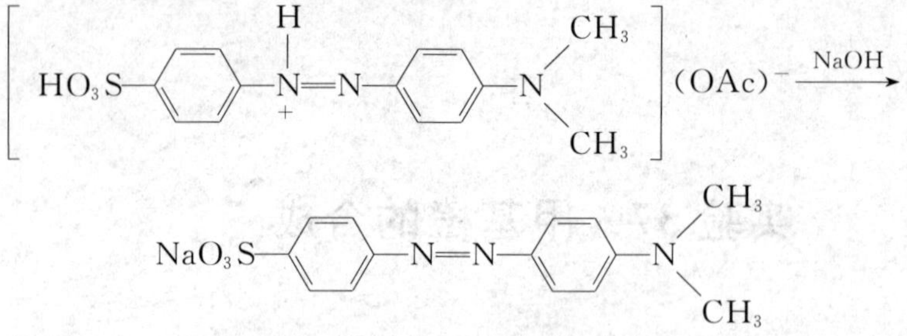

碱式结构（黄色）

甲基橙

（三）实验仪器与试剂

【主要仪器】

三颈烧瓶(100 mL)，试管，恒压滴液漏斗，布氏漏斗，抽滤瓶。

【主要试剂】

对氨基苯磺酸 2.1 g(10 mmol)，N，N-二甲基苯胺 1.2 g(10 mmol)，5%氢氧化钠，浓盐酸，亚硝酸钠 0.8 g(11 mmol)，碘化钾淀粉试纸，冰醋酸，浓盐酸，乙醇，乙醚。

（四）实验步骤

1. 重氮盐的制备

在 100 mL 三颈烧瓶中，加入 10 mL(13 mmol) 5%氢氧化钠溶液及 2.1 g(10 mmol)[1] 对氨基苯磺酸晶体，温热使其溶解。加入由 0.8 g(11 mmol)亚硝酸钠和 6 mL 水配成的混合溶液，用冰盐浴冷至 0～5 ℃。在不断搅拌下，将 3 mL 浓盐酸与 10 mL 水配成的溶液缓缓滴加到上述混合溶液中，并控制温度在 5 ℃以下。反应液由橙黄色变为乳黄色，并有白色沉淀产生。滴加完后用淀粉-碘化钾试纸检验[2]。然后在冰盐浴中放置 15 min，以保证反应完全[3]。

2. 偶合

在试管内混合 1.2 g (0.01 mol)N，N-二甲基苯胺和 1 mL 冰醋酸，在不断搅拌下，将此溶液慢慢加到上述冷却的重氮盐溶液中，加完后，继续搅拌 10 min，然后慢慢加入 25 mL 5%氢氧化钠溶液，直至反应物变为橙色，这时反应液呈碱性。并出现甲基橙细粒状沉淀[4]。将反应物在沸水浴上加热 5 min，冷至室温后，再用冰水浴冷却，使甲基橙晶体完全析出。抽滤收集结晶体，晶体依次用少量醇、乙醚洗涤。

要得到较纯产品，可用 0.4%氢氧化钠水溶液(每克粗产物约需 15～20 mL)进行重结晶。待结晶析出完全后，抽滤，晶体依次用少量乙醇、乙醚洗涤[5]，得到橙色的小叶片状甲基橙结晶约 2.5 g，产率约 76%。

将少许甲基橙溶于水中，加几滴稀盐酸溶液，接着用稀的氢氧化钠溶液中和。观察颜色变化。

本实验需 7～8 h。

（五）思考题

(1) 什么叫偶联反应？试结合本实验讨论一下偶联反应的条件。

(2) 在本实验中，制备重氮盐时为什么要把对氨基苯磺酸变成钠盐？本实验如改成下列操作步骤：将对氨基苯磺酸与盐酸混合，再滴加亚硝酸钠溶液进行重氮化反应，是否可以？为什么？

(3) 试解释甲基橙在酸碱介质中的变色原因，并用反应式表示。

注意事项

[1] 对氨基苯磺酸是两性化合物，酸性比碱性强，以酸性内盐存在，所以它能与碱作用成盐而不能与酸作用成盐。

[2] 若试纸不显蓝色，尚需补充亚硝酸钠溶液。

[3] 在此时往往析出对氨基苯磺酸的重氮盐。这是因为重氮盐在水中可以电离，形成中性内盐，在低温时难溶于水而形成细小晶体析出。

[4] 若反应中含有未作用的 N,N-二甲基苯胺析出，影响产物的纯度。湿的甲基橙在空气中受光的照射后，颜色很快变深，所以一般得到的是紫色粗产物。

[5] 重结晶操作应迅速，否则由于产物呈碱性，在温度高时易使产物变质，颜色变深。用乙醇、乙醚洗涤的目的是使其迅速干燥。

附：甲基橙的另一制法

在 100 mL 烧杯中放置 2.1 g 磨细的对氨基苯磺酸(0.012 mol)和 20 mL 水，用冰盐浴冷却至 0 ℃左右，然后加入 0.8 g 磨细的亚硝酸钠，不断搅拌，直到对氨基苯磺酸全溶为止。

在另一试管中放置 1.2 g 二甲苯胺(0.01 mol，约 1.3 mL)，使其溶于 15 mL 乙醇中，冷却到 0 ℃左右。然后，在不断搅拌下滴加到上述冷却的重氮化溶液中，继续搅拌 2～3 min，在搅拌下加入 2～3 mL 1 mol/L 氢氧化钠溶液。将反应物(产物)在电热套上加热至全部溶解，先静置冷却，待生成相当多小叶片晶体后，再于冰水中冷却，抽滤，产品可用 15～20 mL 水重结晶，并用 5 mL 酒精洗涤，以促其快干。产量约 2 g。用此法制得的甲基橙为橙色，颜色均一，但产量略低。

（罗志强，龚行 供稿）

6.7 加成反应

实验38 2-(3-羰基-1,3-二苯基丙基)-1-环己酮的合成

2-(3-羰基-1,3-二苯基丙基)-1-环己酮，英文名称：2-(3-oxo-1,3-diphenylpropyl)- cyclohexan-1-one。CAS号：2682-98-6，分子式：$C_{21}H_{22}O_2$，相对分子质量：306.4，无色固体。相对密度(d_4^{20})：1.116，熔点：146～148 ℃，沸点：478 ℃(760 mmHg)，闪点：177.4 ℃。溶于CCl_4。

主要用途：该化合物属于查尔酮一类化合物，可以用作各种生物活性剂，比如抗氧剂，抗炎、抗疟药，抗利什曼原虫药和抗癌抗菌素。也是杂环合成和多功能材料的一类重要中间体。

(一) 实验目的

(1) 掌握 Michael 加成反应的基本原理；

(2) 掌握研磨方法促进有机化学反应的基本操作；

(3) 掌握产物结构鉴定的步骤和方法。

(二) 实验原理

2-(3-羰基-1,3-二苯基丙基)-1-环己酮通常采用 Michael 加成反应来合成。Michael 加成反应是一个生成 C—C 键的重要反应，通常，在溶剂中采用搅拌的方式来促进该反应。如王苏惠等人[1]用 DMF 作溶剂，在 KF/Al_2O_3 催化下，查米酮与环己酮于 80 ℃反应 3～5 h，产率 71%～89%；Qian Yunbo 等人[2]在溶剂中用氨基酸离子液体催化查尔酮与环己酮的 Michael 加成反应，收率 91%，对映体过剩比率(e. e.) 60%。也有通过无溶剂法进行 Michael 加成反应。如 Ceylan M[3]等采用无溶剂相转移催化查尔酮与环己酮的 Michael 加成，在 KOH 存在下，苄基三乙基氯化铵为催化剂，室温反应 3～4 h，收率 83%。本实验采用一种简单的研磨方法实现 Michael 加成。该方法是近几年发展起来的，已成功应用在多个有机合成反应中[4,5]，具有反应时间短、反应产率高等优点。

【主反应】

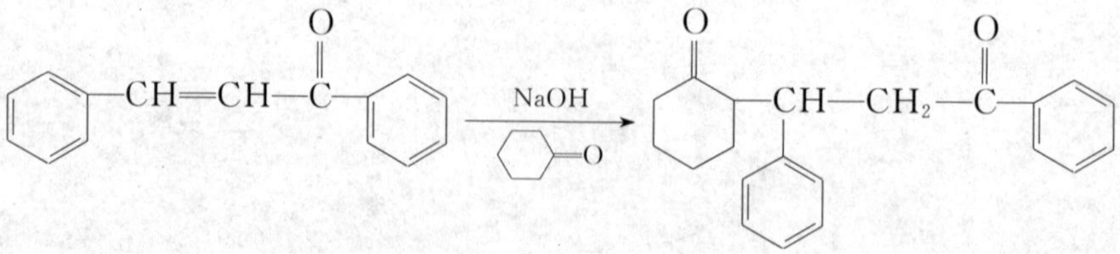

（三）实验仪器与试剂

【主要仪器】

普通玻璃研钵，布氏漏斗，抽滤瓶，傅立叶红外光谱仪（KBr 压片），核磁共振光谱仪（内标：TMS，溶剂：$CDCl_3$），质谱仪，元素分析仪，熔点仪。

【主要试剂】

0.6 g（3 mmol）查尔酮（苯亚甲基苯乙酮），3 g（3 mmol）环己酮，0.12 g（3 mmol）NaOH。

（四）实验步骤

将 0.3 g(3 mmol)环己酮、0.6 g(3 mmol)查尔酮置于研钵中混合均匀，再加入 0.12 g (3 mmol)NaOH 粉末，室温下研磨 3 min，得黄色固体[1]，然后用水充分洗涤，抽滤，干燥，得固体粗产品。粗产品用 95%乙醇重结晶，干燥，得到加成产物[2]。测定产物的熔点，IR，^{1}H NMR，并分析其元素含量[3]。

IR（KBr，ν/cm^{-1}）：3 056，3 026，2 929，2 854，1 709，1 683，1 596，1 448，746，695，568。

^{1}H NMR(δ/ppm)：7.93～7.89（m，2H），7.55～7.41（m，3H），7.37～7.13（m，5H），3.78～3.68（m，1H），3.50(AB 系统的 A 部分，dd，1H，J＝16.2，4.1 Hz)，3.23 (AB 系统的 B 部分，dd，1H，J＝16.2，9.5 Hz)，2.75～2.68（m，1H），2.53～2.32（m，2H），2.01～1.94（m，1H），1.79～1.51(m，4H)，1.49～1.24（m，1H）。

MS，m/z（相对丰度）：306.5（M^+，1），287.5（3），209.3（7），187.2（98），105.0 (100)，77.0（79）。

本实验约需时间 8 h。

（五）思考题

（1）本实验中可能存在哪些副反应？写出其化学反应式。

（2）简述研磨方法促进化学反应的基本原理。

注意事项

[1] 反应完成后产物可能粘在研钵壁上，可先用铁勺将产物刮下，再用温热水洗涤；

[2] 重结晶时如果在 95%乙醇中难以结晶出来，可将产物先用 5 mL 无水乙醇溶解，装上回流冷凝管，再慢慢从冷凝管上端滴加蒸馏水，至刚好变浑浊，再补加 0.5 mL 乙醇，过滤，冷却，再收集晶体。

[3] 根据实验室的测试条件，选择性地进行 ^{1}H NMR、质谱或元素含量分析等测试实验。

（廖德仲，杨涛 供稿）

6.8 缩合反应

实验 39 苯亚甲基苯乙酮的制备

苯亚甲基苯乙酮，别名：查尔酮，苯乙烯基苯基酮，亚苄基苯乙酮；英文名称：benzylideneacetophenone。CAS 号：94-41-7，分子式：$C_{15}H_{12}O$，相对分子质量：208.26。有顺反异构体，E 构型：淡黄色菱状晶体，熔点：58 ℃，沸点：345～348 ℃（微分解）；Z 构型：淡黄色晶体，熔点：45～46 ℃。合成的混合体：淡黄色斜方或菱形结晶，熔点：55～57 ℃，沸点：208 ℃（3.3 kPa）。相对密度（d_4^{20}）：1.071 2，折光率（n_D^{20}）：1.645 8。易溶于醚、氯仿、二硫化碳和苯，微溶于醇，难溶于冷石油醚。吸收紫外光，能发生取代、加成、缩合、氧化和还原反应等。

健康危害： 苯亚甲基苯乙酮有刺激性，能使有些人皮肤过敏，处理时，注意切勿与皮肤接触。

主要用途： 用作有机合成试剂和指示剂。

（一）实验目的

（1）掌握羟醛缩合反应制备 α,β-不饱和醛酮的基本原理和实验方法；

（2）熟练抽滤、洗涤、重结晶和熔点测定等基本操作，学习红外光谱的测定方法。

（二）实验原理

具有 α-H 的醛酮在稀碱催化下，分子间发生羟醛缩合反应，生成 β-羟基醛酮；升高反应温度，β-羟基醛酮进一步脱水，生成 α,β-不饱和醛酮。这是合成 α,β-不饱和醛酮的重要方法，也是有机合成中增长碳链的重要反应。常用的催化剂是稀碱，也可使用醇钠或仲胺。

无 α-H 的芳醛可以与有 α-H 的醛酮发生交叉羟醛缩合，缩合产物自发脱水生成具有稳定共轭体系的 α,β-不饱和醛酮，这种交叉羟醛缩合称为 Claisen-Schmidt 反应。该反应是合成侧链上含两种官能团的芳香族化合物及含有几个苯环的脂肪族体系的一条重要途径。

本实验在超声波作用下，由苯甲醛与苯乙酮进行交叉缩合制备苯亚甲基苯乙酮（查尔酮）。

【主反应】

$$PhCHO + CH_3COPh \xrightarrow[\text{超声波，25～30 ℃}]{10\%\ NaOH, EtOH} PhCH{=}CHCOPh$$

（三）实验仪器与试剂

【主要仪器】

锥形瓶(50 mL),超声波清洗器,布氏漏斗,抽滤瓶,真空泵。

【主要试剂】

1.0 mL (1.03 g,8.56 mmol)苯乙酮,0.8 mL (0.83 g,7.85 mmol)新蒸苯甲醛,10% NaOH,95%乙醇。

（四）实验步骤

在 50 mL 锥形瓶中,依次加入 2.1 mL 10%的 NaOH 水溶液[1],2.5 mL 95%乙醇和 1.0 mL 苯乙酮,冷却至室温,再加入 0.8 mL 新蒸馏的苯甲醛[2]。启动超声波清洗器,将反应瓶置于超声波洗槽中,水温控制在 25～30 ℃[3],超声波辐射 30～50 min,停止反应。然后将反应瓶置于冰水中冷却,析出固体。抽滤,用少量冷水洗涤固体至滤液呈中性,得粗产品。粗产品用 95%乙醇重结晶[4],得淡黄色晶体约 1.4 g,产率约 85%,熔点 55～57 ℃[5]。

本实验约需时间 6 h。

（五）思考题

(1) 通过查阅有关实验教材或文献,得出超声波辐射法合成亚甲基苯乙酮的优点。

(2) 本实验中可能会发生哪些副反应？实验中采取了哪些措施来避免副产物的生成？

(3) 写出苯甲醛与丙醛、苯甲醇与丙酮(过量)在碱催化下发生缩合反应所得产物的结构式。

注意事项

[1] 氢氧化钠的量不宜过多,以免产生大量聚合物,降低产率。

[2] 久置的苯甲醛,由于自动氧化而生成较多的苯甲酸,故苯甲醛需重新蒸馏。

[3] 反应温度高于 30 ℃或低于 15 ℃对反应均不利,用温度计测试清洗槽内的水温,要关闭超声波清洗器,以免温度计会爆裂。

[4] 苯亚甲基苯乙酮熔点低,重结晶回流时呈熔融状,必须加溶剂使之呈均相。

[5] 苯亚甲基苯乙酮存在几种不同的晶形。通常得到的是片状的 α 体,纯粹的 α 体熔点为 58～59 ℃,另外还有菱状或针状的 β 体(熔点 56～57 ℃)及 γ 体(熔点 48 ℃)。

(张复兴,刘煜 供稿)

实验 40 苄叉丙酮的制备

苄叉丙酮，英文名称：trans-4-phenyl-3-buten-2-one。CAS 号：1896-62-4，分子式：$C_{10}H_{10}O$，相对分子质量：146.19。无色或淡黄色结晶体，有香豆素气味。相对密度（d_4^{25}）：1.037 7(15 ℃)，熔点：42 ℃，沸点：260～262 ℃。易溶于乙醇、苯、氯仿、乙醚，微溶于水、石油醚。

主要用途：苄叉丙酮是重要的有机合成中间体，也可用作香料的留香剂或用于制取香料增香剂、染色工业用媒染剂和固着剂。

（一）实验目的

（1）进一步学习并掌握羟醛缩合反应增长碳链的原理和方法；

（2）熟练萃取、蒸馏、减压蒸馏等基本操作。

（二）实验原理

过量丙酮与苯甲醛进行交叉羟醛缩合反应可制得苄叉丙酮。

【主反应】

$$PhCHO + CH_3COCH_3 \xrightarrow{^-OH} PhCH{=}CHCOCH_3 + H_2O$$

（三）实验仪器与试剂

【主要仪器】

三颈烧瓶(50 mL)，电磁搅拌器，温度计，恒压滴液漏斗，冷凝器，分液漏斗，蒸馏装置，减压蒸馏装置。

【主要试剂】

2.5 mL (2.6 g, 25 mmol)苯甲醛，5 mL (4 g, 70 mmol)丙酮，10%氢氧化钠水溶液，甲苯，2%盐酸水溶液。

（四）实验步骤

在装有搅拌器、温度计、恒压滴液漏斗和回流冷凝管的 50 mL 三颈烧瓶中，加入 2.5 mL(2.6 g, 25 mmol)新蒸苯甲醛，5 mL(4 g，70 mmol)丙酮和 2.5 mL 水，开动搅拌器，自恒压滴液漏斗缓慢加入 1 mL 10%氢氧化钠水溶液[1]，控制反应温度在 25～30 ℃，必要时可用冷水浴冷却。滴加完毕,在室温下继续搅拌 1 h。然后滴加 2%的盐酸溶液(约 4 mL),使反应液呈中性。将反应液倒入分液漏斗中,分出有机层。水层用 3 mL 甲苯萃取,萃取液与有机层合并,合并的有机相用 3 mL 水洗涤后,用无水硫酸镁干燥。过滤,常压蒸馏出大部分甲苯,再用水泵减压蒸馏出残余的甲苯[2],然后改用油泵再进行减压蒸馏,收集 140 ℃/2.13 kPa(16 mmHg)馏分。馏分冷却后得淡黄色固体[3],产量约 3.6 g。测定产物的红外光谱,并指出其主要特征峰。

本实验约需时间 6 h。

(五) 思考题

(1) 分别写出羟醛缩合反应在碱和酸催化下的反应机理。

(2) 为什么在减压蒸馏时,即使沸点较高的化合物,最好也不用石棉网或电加热套直接加热,而采用油浴加热?

(3) 说明原料苯甲醛和产物红外光谱中羰基峰的位置(图 6-4)为什么不同?

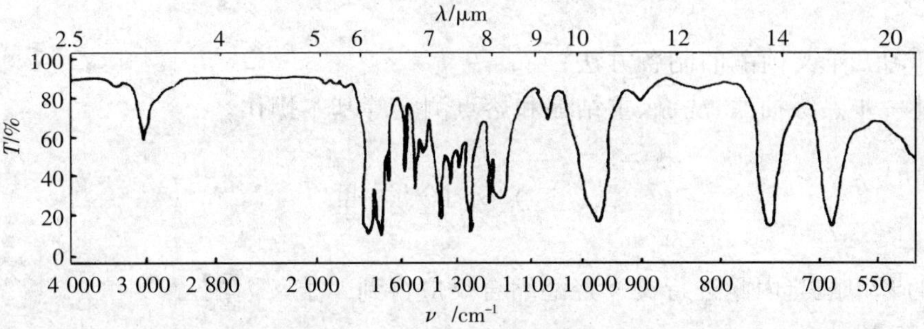

图 6-4　苄叉丙酮的 IR 谱图

注意事项

[1] 如果氢氧化钠滴加太快,反应温度过高,会使产率下降。

[2] 产品中如果含有甲苯,冷却后不易固化。

[3] 苄叉丙酮对皮肤有刺激作用,处理时应小心,防止与皮肤接触。

(张复兴,刘煜 供稿)

实验 41 二苄叉丙酮的制备

二苄叉丙酮，别名：联苯乙烯酮，英文名：dibenzylidene acetone，或 1,5-diphenyl-1,4-pentadien-3-one。CAS 号：538-58-9，相对分子质量：234.30，分子式：$C_{17}H_{14}O$。反-反式二苄叉丙酮为结晶固体，熔点 110～111 ℃；顺-反式二苄叉丙酮为淡黄色针状结晶，熔点 60 ℃；顺-顺式二苄叉丙酮为黄色油状液体，沸点 130 ℃(2.7 Pa)。溶于乙醇、丙酮、氯仿，不溶于水。

主要用途： 二苄叉丙酮是重要的有机合成中间体，也可用于制作医药防晒剂。

（一）实验目的

（1）学习二苄叉丙酮的制备方法；

（2）进一步熟练抽滤、洗涤、重结晶和熔点测定等基本操作。

（二）实验原理

过量的苯甲醛与丙酮进行交叉羟醛缩合反应得到二苄叉丙酮。

【主反应】

$$2PhCHO + CH_3COCH_3 \xrightarrow{OH^-} PhCH{=}CHCOCH{=}CHPh + 2H_2O$$

【副反应】

$$PhCHO + CH_3COCH_3 \xrightarrow{OH^-} PhCH{=}CHCOCH_3$$

（三）实验仪器与试剂

【主要仪器】

锥形瓶(10 mL)，试管，酒精灯。

【主要试剂】

苯甲醛，丙酮，氢氧化钠。

（四）实验步骤

在 10 mL 锥形瓶中加入 5.0 mL 苯甲醛的氢氧化钠溶液(0.5 mol/L 苯甲醛[1]和 0.25 mol/L 氢氧化钠在乙醇和水体积比为 1∶1 的溶液)和 0.1 mL 丙酮[2]。摇动锥形瓶使混合均匀，在室温下保持反应 10 min 并随时摇动反应瓶。过滤，用少量水洗涤固体 2 次。将得到的固体转移到试管中，加入乙醇并加热溶解[3]，滴加水至溶液混浊，再滴入 1～2 滴乙醇，加热使溶液清亮，冷却，将试管静置使结晶生成。如果没有出现晶体，可用冰水冷却试管以促使结晶生成。过滤，干燥结晶[4]，称重，计算产率，测定熔点。二苄叉丙酮的熔点为 110～111 ℃，其红外光谱如图 6-5 所示。

本实验约需时间 4 h。

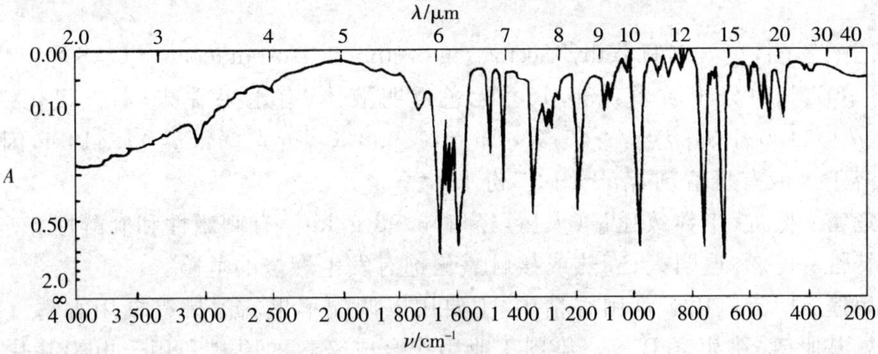

图 6-5　二苄叉丙酮的 IR 谱图

（五）思考题

（1）本实验中可能会产生哪些副反应？若碱的浓度偏高时有什么不好？

（2）为什么本实验条件有利于二苄叉丙酮的生成？

注意事项

[1] 苯甲醛必须新蒸，因为久置的苯甲醛中含有苯甲酸，会显著影响二苄叉丙酮产率。

[2] 丙酮一定不能过量，否则易生成苄叉丙酮。

[3] 若溶液颜色不是淡黄色而呈棕红色，可加入少量活性炭脱色。

[4] 烘干温度应控制在 50～60 ℃，以免产品熔化或分解。

（张复兴，刘煜 供稿）

实验 42　乙酰乙酸乙酯的合成

乙酰乙酸乙酯，英文名称：ethyl acetoacetate，ethyl-3-oxo-butanoate。CAS 号：141-97-9，分子式：$C_6H_{10}O_3$，相对分子质量：130.15。无色透明液体，有水果香味，遇三氯化铁呈紫色。相对密度（d_4^{25}）：1.021 3，熔点：-45 ℃，沸点：180.8 ℃，折光率：（n_D^{20}）1.419 4，闪点：84 ℃（闭环）。溶于一般有机溶剂，溶于约 35 份水。

健康危害：低毒，半数致死量（大鼠，经口）3.98 g/kg。有刺激性和麻醉性。

危险特性：可燃，遇明火、高热或接触氧化剂有发生燃烧的危险。

主要用途：广泛应用于食用香精中，主要用以调配苹果、杏、桃等食用香精。制药工业用于制造氨基吡啉、维生素 B 等。染料工业用作合成染料的原料和用于电影基片染色。涂料工业用于制造清漆。在有机工业中用作溶剂和合成有机化合物的原料。

（一）实验目的

（1）学习 Claisen 酯缩合制备乙酰乙酸乙酯的原理和方法；

（2）掌握无水操作技术、减压蒸馏原理及操作技术。

（二）实验原理

含有 α-H 的酯在碱性催化剂存在下，能和另一分子酯发生缩合反应，生成 β-酮酸酯，这类反应称为 Claisen 酯缩合反应。通常所用的碱是乙醇钠，其反应过程可表示如下。

$$RCH_2CO_2C_2H_5 + C_2H_5O^- \rightleftharpoons C_2H_5OH + R\bar{C}HCO_2C_2H_5$$

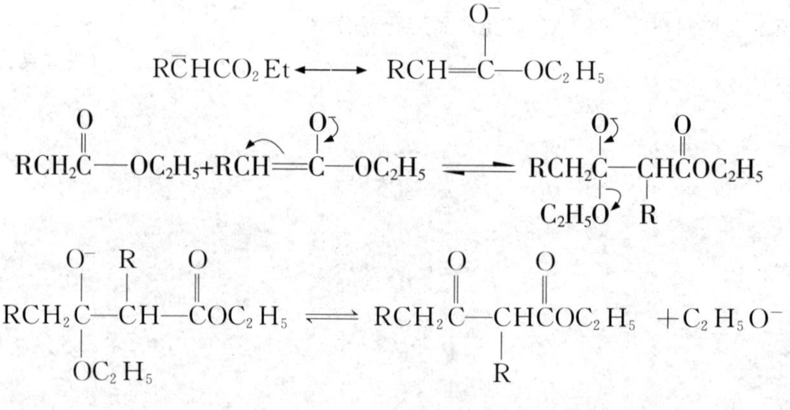

（1）

（2）

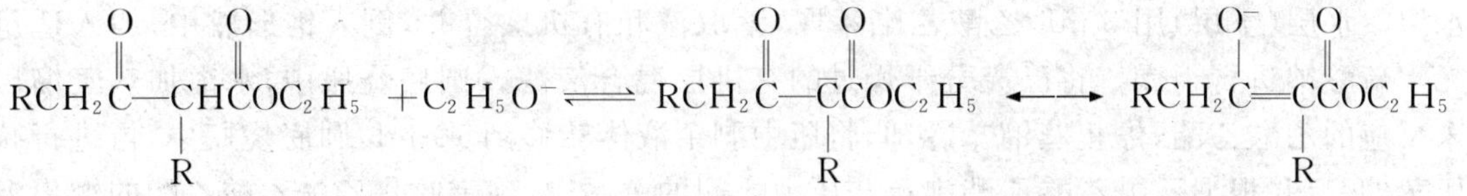

(3)

每一步都是可逆反应，其中(1) 的平衡偏向左方，因酯的 α-氢酸性($pk_a=25$)较乙醇的酸性($pk_a=17$)弱。酯缩合反应之所以能向右边进行是由于(3) 的平衡偏向于右方。生成的 β-酮酸酯的两个羰基中的氢的酸性($pk_a=11$)比乙醇的大。用酸中和 β-酮酸酯的钠盐就可以得到 β-酮酸酯。

本实验用乙酸乙酯及金属钠作原料，用过量的乙酸乙酯作为溶剂来制备乙酰乙酸乙酯。由于乙酸乙酯中含有少量乙醇(少于 3%)，钠与乙醇作用生成乙醇钠可以催化该反应，缩合反应产生的乙醇继续与金属钠反应，从而促使反应不断进行下去，直至金属钠消耗完毕。但若乙酸乙酯中含有较多乙醇和水，会使产量显著降低。

【反应式】

$$CH_3CO_2C_2H_5 \xrightarrow{C_2H_5ONa} [CH_3COCHCO_2C_2H_5]^- Na^+ \xrightarrow{H^+} CH_3COCH_2CO_2C_2H_5$$

(三) 实验仪器与试剂

【主要仪器】

圆底烧瓶(50 mL)，球形冷凝管，干燥管，分液漏斗(50 mL)，电热套，蒸馏装置，减压装置。

【主要试剂】

10 mL (9 g，102.2 mmol)乙酸乙酯，0.9 g(39.1 mmol)金属钠，甲苯，50%乙酸，饱和食盐水，无水氯化钙，无水硫酸钠。

(四) 实验步骤

在干燥的 50 mL 圆底烧瓶中[1]，加入 10 mL 经过干燥的甲苯，0.9 g (39.1 mmol) 已除掉表面氧化膜的金属钠，安装好回流冷凝管和无水氯化钙干燥管，电热套加热回流，使金属钠全部熔融。停止加热，待回流停止后，拆去冷凝管，用橡皮塞塞紧圆底烧瓶的瓶口，按住瓶塞用力震荡，使钠尽可能分散成小而均匀的小钠珠。随着甲苯逐渐冷却，钠珠迅速固化。待甲苯冷却至室温后，小心地将甲苯倒入甲苯的回收瓶中(切记不可将甲苯倒入水池中，以免着火)。然后立即加入 10 mL (9 g，102.2 mmol)乙酸乙酯[2]，迅速安装好回流冷凝管和氯化钙干燥管，反应立即开始，反应液处于微沸状态。如果反应不开始或很慢时，可用电热套直接加热引发反应，待激烈反应后，利用热水浴维持回流直至钠珠全部作用完为止[3]，反应液呈棕红色透明溶液(有时可能呈现黄白色沉淀)。

冷却反应液，在摇动下缓慢加入 50%乙酸(等体积的冰醋酸和水配成)，直至整个体系呈弱酸性(pH=5～6)为止[4]。此时固体应全部溶解(若还有固体，可加水使其溶解)。将该混合液转入分液漏斗中，加入等体积的饱和食盐水，用力振荡后静止分层，分离出有机层和水层。水层(下层)用 8 mL 乙酸乙酯萃取,萃取液和有机层合并,倒入锥形瓶中,加入适量无水硫酸钠进行干燥。将已充分干燥过的有机层混合液滤入圆底烧瓶中,水浴加热蒸馏出未反应的乙酸乙酯,停止蒸馏。冷却,将瓶中剩余液体转移到 10 mL 圆底烧瓶中,再进行减压蒸馏[5],并根据乙酰乙酸乙酯沸点与压力之间的关系[6],确定收集乙酰乙酸乙酯的馏出温度,收集乙酰乙酸乙酯。产量约 0.66 g,产率约 35%。

本合成实验约需时间 6 h。

(五) 思考题

(1) Claisen 酯缩合反应的催化剂是什么?本实验为什么可用金属钠代替?

(2) 如果实验仪器未经干燥处理对反应有何影响?

(3) 加入 50%乙酸及氯化钠饱和溶液的目的是什么?

(4) 什么是互变异构现象?如何用实验证明乙酰乙酸乙酯是两种互变异构的平衡混合物?

注意事项

[1] 所使用的仪器均应是干燥的。

[2] 乙酸乙酯必须绝对干燥,但其中应含有 1%~3%的乙醇。其提纯方法是:将普通乙酸乙酯用饱和氯化钙溶液洗涤数次,以洗去其中所含的部分乙醇,再用无水碳酸钾干燥,在水浴上蒸馏,收集 76~78 ℃的馏分,即能得到符合要求(含醇量 1%~3%)的乙酸乙酯。如果是分析纯的乙酸乙酯则可直接使用。

[3] 一定要等钠反应完后再加入乙酸水溶液,防止着火。

[4] 用乙酸溶液中和时,开始有固体析出,继续加酸并不断振摇,固体将逐渐消失,最后得到澄清的液体。当溶液已呈弱酸性(一般需加入 8 mL 50%醋酸),而尚有少量固体未溶解时,可加少许水使其溶解。但要注意要避免加入过量的乙酸溶液,否则会增加酯在水中的溶解度。另外,酸度过高,会促进副产物"去水乙酸"的生成,从而降低产量。

[5] 乙酰乙酸乙酯在常压蒸馏时易发生分解,其分解产物为"去水乙酸",这将影响产率,故应采取减压蒸馏收集产品,且压力越低越好。

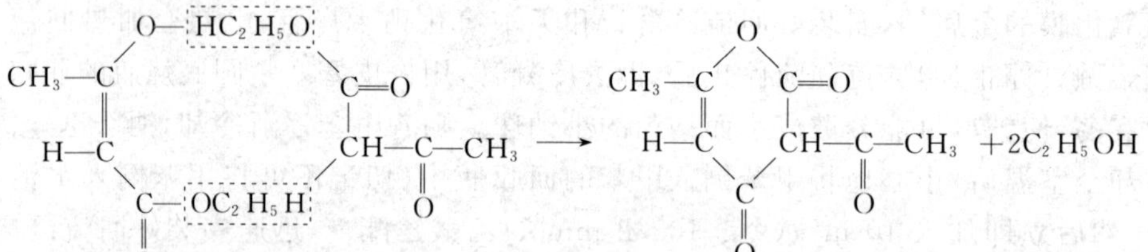

烯醇式 酮式 "去水乙酸"

"去水乙酸"通常溶解于酯层内,随着过量的乙酸乙酯的蒸出,特别是最后减压蒸馏时,随着部分乙酰乙酸乙酯的蒸出,"去水乙酸"就呈棕黄色固体析出。

[6] 乙酰乙酸乙酯沸点与压力之间的关系见表 6-3,在一定的真空度下收集其沸点前后相差 2~3 ℃的馏分。

表 6-3　乙酰乙酸乙酯沸点与压力之间的关系

压　力/Pa	1 600	1 867	2 400	2 666	4 000	5 333	8 000	10 666	101 325
沸　点/℃	71	74	78	82	88	92	97	100	181

附：乙酰乙酸乙酯的性质实验

由于乙酰乙酸乙酯存在着酮式和烯醇式互变异构体(在室温时含有 93%的酮式和 7%的烯醇式)，因此乙酰乙酸乙酯既有酮羰基的性质，又有烯醇的性质。

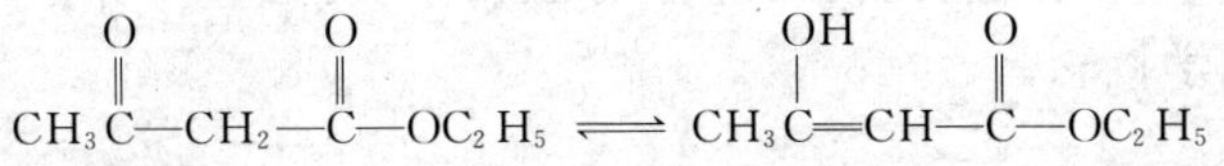

酮式　　　　　　　　烯醇式

在这种结构中存在着两个配位中心，可以与一些金属离子形成螯合物，利用这一性质可以进行定性检测。

(1) 与 2,4-二硝基苯肼的反应：在试管中加入 3 滴新配置的 2,4-二硝基苯肼溶液，然后加入 2 滴乙酰乙酸乙酯，微热后冷却，有黄色沉淀物产生。

(2) 与溴水和三氯化铁的反应：在试管中加入 2 滴乙酰乙酸乙酯和 1 滴 1%三氯化铁溶液，观察溶液的颜色有何变化。然后再加入几滴溴水，振荡，观察溶液的颜色变化，放置片刻再观察溶液颜色变化。记录这些现象并解释。

(张复兴，刘煜 供稿)

实验 43 芳基亚甲基丙二腈的简便快速合成

（一）实验目的

(1) 学习芳基亚甲基丙二腈简便快速合成的原理与方法；

(2) 了解绿色化学概念。

（二）实验原理

芳基亚甲基丙二腈(Arylmethylidenemalononitriles)是合成杂环化合物及药物的重要中间体，常由活泼亚甲基化合物丙二腈和芳香醛在酸或碱催化下，通过 Knoevenagel 反应缩合而得。这类反应常在溶剂中进行，通过共沸蒸馏移去生成的水，达到加速反应的目的。溶剂法的缺点是：使用固相催化剂壳聚糖催化该类反应需要在乙醇中回流；使用三甲基十六烷基溴化铵(CTMAB)在水中催化该类反应，由于 CTMAB 的乳化作用，产品过滤困难，在过滤之前，反应混合物需要放置过夜。

本实验选用无溶剂法合成芳基亚甲基丙二腈，不需要使用有机溶剂，只需在室温下于研钵中研磨数分钟，反应即可完成。反应快速，方法简单，符合绿色化学理念。

【反应式】

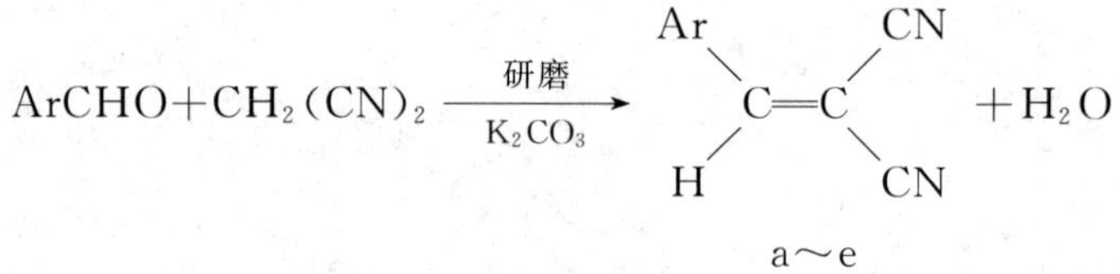

a～e

a：Ar＝C_6H_5； b：Ar＝4-$CH_3OC_6H_4$；

c：Ar＝4-HOC_6H_4； d：Ar＝2-ClC_6H_4； e：Ar＝2-C_4H_5O(2-furyl)

（三）实验仪器与试剂

【主要仪器】

研钵，烧杯，抽滤瓶。

【主要试剂】

10 mmol 芳香醛，10 mmol 丙二腈，1 mmol 碳酸钾。

（四）实验步骤

称取 10 mmol 芳香醛、10 mmol 丙二腈和 1 mmol 碳酸钾于研钵中[1]，快速研磨数分钟后，依次用水和 10 mL 5%乙醇洗涤反应混合物，干燥，得到产品。产品可用红外光谱或核磁共振氢谱表征。

研磨时间、产率及表征结果如表 6-4 所示：

表 6-4　芳基亚甲基丙二腈的合成条件及表征结果

产　物	研磨时间 t/min	产率/%	熔点/℃	IR(KBr) ν/cm^{-1}	^1H NMR (δ/ppm)
a	4	91	83～84	3 014，2 223，1 673，1 164，754	7.55（t，21H），7.64（t，1H），7.78（s，1H），7.91 (d，J=7.6 Hz，2H)
b	3	95	114～115	3 030，2 223，1 650，1 564，1 233，810	3.92 (s，3H)，7.01 (d，J=8.8 Hz，2H)，7.66 (s，1H)，7.90 (d，J=8.8 Hz，2H)
c	4	94	188～189	3 395，3 030，2 223，1 610，1 580，1 296，840	6.00(s，1H)，6.95 (d，J=8.8 Hz，2H)，7.65 (s，1H)，7.87 (d，J=8.4 Hz，2H)
d	4	93	95～96	3 042，2 223，1 634，1 581，1 214，754	7.46 (m，1H)，7.55 (d，J=3.6 Hz，2H)，8.20 (d，J=8.0 Hz，1H)，8.28 (s，1H)
e	1	92	72～73	3 115，3 030，2 222，1 605，1 288，887，764	6.72 (q，1H)，7.36 (d，1H)，7.52 (s，1H)，7.81 (d，J=1.2 Hz，1H)

本实验约需 6 h。

注意事项

[1] 根据教学的实际情况，可从上述化合物 a～e 中选取 1～5 个作为本次的实验内容。

（张复兴，刘煜 供稿）

6.9 狄尔斯-阿尔德反应

实验44 内型降冰片烯-顺-5,6-二羧酸酐的合成

内型降冰片烯-顺-5,6-二羧酸酐,英文名称:endic anhydride。分子式:$C_9H_8O_3$,相对分子质量:164.16。白色晶体。相对密度(d_4^{20}):1.417,熔点:164~165 ℃。微溶于石油醚,溶于苯、甲苯、丙酮、四氯化碳、氯仿、乙醇、乙酸乙酯。

健康危害: 对皮肤粘膜有刺激作用。

主要用途:

(1) 用作聚脂树脂、醇酸树脂的原料,广泛用于清漆、磁漆、醇酸树脂涂料等;

(2) 生产农药原料;

(3) 本品的二烯丙酯可作为不饱和聚脂树脂的耐热交联剂;

(4) 用作脲醛树脂、三聚氰胺树脂、松脂等的改性剂、橡胶硫化调节剂、树脂增塑剂和表面活性剂等。

(一) 实验目的

(1) 学习 Diels-Alder(狄尔斯-阿尔德)反应机理,利用马来酸酐与环戊二烯的环加成反应合成相应的多环化合物;

(2) 进一步掌握重结晶和分馏的原理与方法。

(二) 实验原理

共轭二烯与含有活泼双键或三键的化合物(称为亲双烯体)的1,4-加成反应,称为狄尔斯-阿尔德(Diels-Alder)反应或双烯合成反应,或[4+2]环加成反应。在有机化学实验中常利用这一反应来合成六元环和桥环等环状化合物。例如:

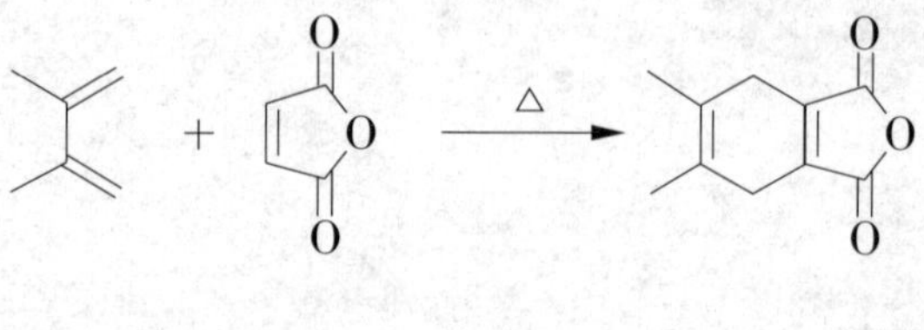

狄尔斯-阿尔德(Diels-Alder)反应一般具有下列特点:

(1) 反应条件简单、温和,通常在室温或适当的溶剂中回流反应即可。

(2) 收率高,特别是使用高纯度试剂和溶剂时,反应几乎是定量进行的。

(3) 副反应少,产物易于分离提纯。

(4) 反应具有高度的立体专一性,这种立体专一性表现在:① 只有当共轭双烯处于 S-顺位时才能发生反应;② 1,4-环加成反应是立体定向的顺式加成,共轭双烯与亲双烯体的构型在反应中保持不变;③ 环状二烯与环状亲二烯体的加成主要生成内型产物。

例如:环芴二烯与顺丁烯二酸酐的加成产物中内型产物占绝对优势。但是,如果外型产物是热力学稳定的,则反应在放置一天后,反应初期生成的内型体也会转变为外型体,得到外型体一种产物,如呋喃与顺丁烯二酸酐的加成反应只得到外型产物。

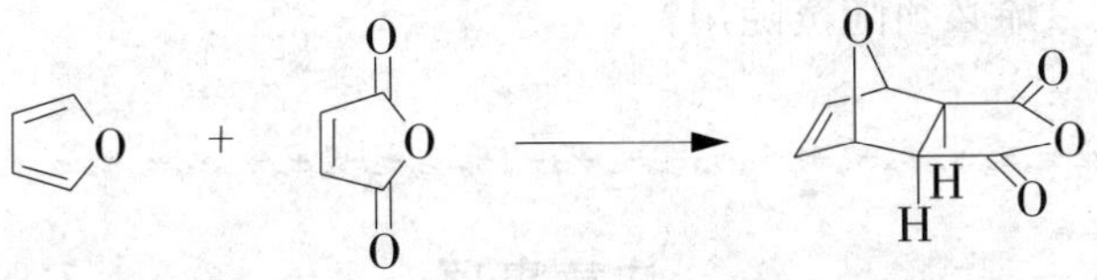

外型(exo)

本实验采用环戊二烯和顺丁烯二酸酐进行 Diels-Alder 反应,制备内型降冰片烯-顺-5,6-二羧酸酐,产物主要是内型体。由于该反应在高温下是可逆的,反应应该在尽可能低的温度下进行。

【反应式】

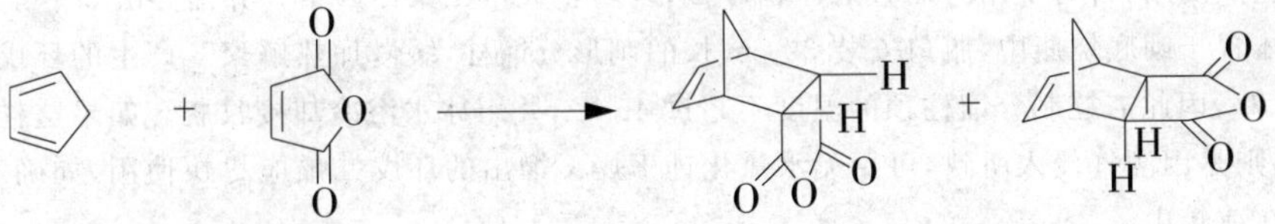

内型(endo)　>98.5%　　外型(exo)　<1.5%

(三) 实验仪器和试剂

【主要仪器】

锥形瓶(100 mL),刺形分馏柱。

【主要试剂】

1.6 g (24 mmol) 环戊二烯,2.0 g (20 mmol) 顺丁烯二酸酐,10 mL 石油醚,10 mL 乙酸乙酯。

(四) 实验步骤

在 100 mL 干燥的锥形瓶中,加入 2 g(20 mmol)顺丁烯二酸酐[1]和 10 mL 乙酸乙酯,在水浴上温热溶解后,加入 10 mL 石油醚 (沸点 60～90 ℃),摇匀后置于冰浴中冷却(此时可能有少许固体析出,但不会影响反应)。加入 2 mL(1.6 g, 24 mmol)新蒸的环戊二烯[2],摇振反应液,必要时用冰浴冷却,以防止环戊二烯挥发损失。当反应不再放热时,瓶中已经有白色晶体析出。水浴加热使晶体溶解,再慢慢冷却,析出白色针状晶体。抽滤,干燥,得到 2.4～2.5 g 晶体,收率 70%～75%,熔点 164～165 ℃。

本实验约需 4 h。

（五）思考题

（1）环戊二烯和顺丁烯二酸酐的加成反应为什么主要生成内型产物？

（2）Diels-Alder 反应的主要副反应是什么？

（3）在环戊二烯和顺丁烯二酸酐的加成反应中，为什么要加入过量的环戊二烯？

（4）为什么环戊二烯必须随蒸随用？

注意事项

[1] 顺丁烯二酸酐及其加成产物都易水解生成相应的二元羧酸，故所使用的全部仪器、试剂及溶剂均需干燥，反应过程中应注意防止水和水汽进入。

[2] 商品化的环戊二烯是以二聚体的形式存在，故在使用前需要对二聚环戊二烯进行解聚。当环戊二烯被加热至 170 ℃时，单体与二聚体之间能建立平衡，故可用分馏的方法得到纯的环戊二烯单体。环戊二烯单体必须随蒸随用，暂时不用时需置入冰箱冷藏，以防止大量二聚体产生。分馏方法如下：

将二聚体置于圆底烧瓶中，瓶口安装 30 cm 长的刺形分馏柱，缓慢加热解聚。产生的环戊二烯单体沸程为 40～42 ℃，因此需控制分馏柱顶的温度不超过 45 ℃，并用冰水浴冷却接收瓶。如果这样分馏所得环戊二烯浑浊，则是因潮气侵入所致，可用无水氯化钙干燥。馏出的环戊二烯应尽快使用，如确需短期存放，可密封放置在冰箱中。

（邓国军 供稿）

实验45　9,10-二氢蒽-9,10-α,β-顺丁烯二酸酐的合成

9,10-二氢蒽-9,10-α,β-顺丁烯二酸酐,英文名称:9,10-dihydroanthracene-9,10-α,β-succinic acid anhydride。分子式:$C_{18}H_{12}O_3$,相对分子质量:276.14。熔点:261～262 ℃,白色晶体。

健康危害: 9,10-二氢蒽-9,10-α,β-顺丁烯二酸酐的蒸气压很低,故经吸入中毒可能性很小,但对皮肤、粘膜有刺激性,易引起光感性皮炎。

(一) 实验目的

(1) 学习Diels-Alder(狄尔斯-阿尔德)反应原理,利用马来酸酐与蒽的环加成反应合成多环化合物;

(2) 进一步掌握固体化合物的分离、提纯技术。

(二) 实验原理

采用蒽和顺丁烯二酸酐发生Diels-Alder反应,合成9,10-二氢蒽-9,10-α,β-顺丁烯二酸酐。

【反应式】

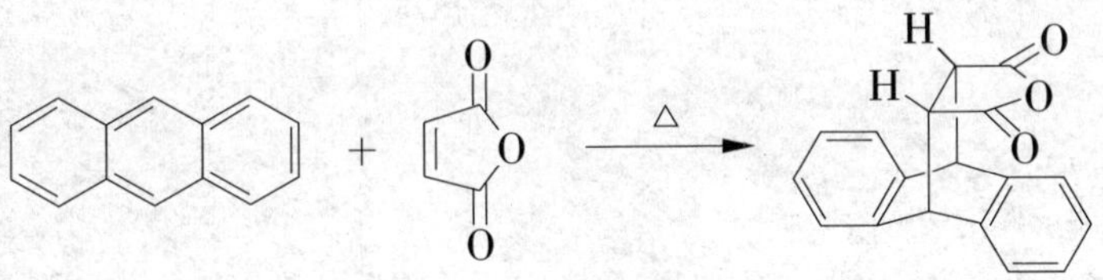

(三) 实验仪器和试剂

【主要仪器】

100 mL圆底烧瓶,回流冷凝管,热过滤漏斗。

【主要试剂】

4.0 g (22 mmol)蒽,2.0 g(20 mmol) 顺丁烯二酸酐,50 mL二甲苯,活性碳。

(四) 实验步骤

在100 mL圆底烧瓶中,依次加入4.0 g (22 mmol)纯蒽,2.0 g (22 mmol)顺丁烯二酸

酐和 50 mL 干燥过的二甲苯。装上回流冷凝管，加热回流 25 min，冷却后加入适量活性碳，重新加热回流 5 min，此时反应液颜色变浅。停止加热，趁热过滤，滤液先冷至室温，再用冰水浴冷却，待晶体完全析出后，抽滤得到白色固体（注意：若产物不纯，可进一步采用乙酸乙酯重结晶纯化），干燥，称重。产量约 4 g，产率约 72 %。

本实验约需 3 h。

（五）思考题

（1）为什么蒽和顺丁烯二酸酐的反应只发生在 9 和 10 号位置？

（2）蒽和顺丁烯二酸酐加成反应的主要杂质是什么？

（3）反应停止后，趁热过滤的目的是什么？

（邓国军 供稿）

6.10 Friedel-Crafts 反应

实验 46 苯乙酮的合成

苯乙酮，别名：乙酰苯或甲基苯基甲酮，英文名称：acetophenone，methyl phenyl ketone。CAS 号：98-86-2，分子式：C_8H_8O，相对分子质量：120.14。无色或淡黄色液体，低挥发性，有水果香味。相对密度（d_4^{20}）：1.03，熔点：20.5 ℃，沸点：202.6 ℃，折光率（n_D^{20}）：1.537 2，蒸汽压：0.133 kPa/15 ℃，闪点：82 ℃。不溶于水，易溶于多数有机溶剂，不溶于甘油。

健康危害：低毒类，可经吸入、皮肤吸收侵入人体，有麻醉、止痛作用。有刺激性，可引起皮肤局部灼伤。除热蒸气外，一般吸入和在工业操作过程中，不会引起中毒危害。

燃爆危险：遇高热、明火或与氧化剂接触，有引起燃烧的危险。

主要用途：用于制造香皂和纸烟，也用作有机化学合成的中间体、纤维树脂等的溶剂以及塑料的增塑剂。

（一）实验目的

（1）了解傅-克酰基化反应合成芳酮的原理，学习苯乙酮的制备方法；

（2）掌握无水操作、有毒尾气吸收及机械搅拌等操作；

（3）进一步熟练萃取、分液和蒸馏等基本操作。

（二）实验原理

Friedel-Crafts 酰基化反应是指在酸（Lewis 酸或质子酸）催化下，芳香化合物与酰卤、酸酐和羧酸等酰基化试剂发生的亲电取代反应，反应得到芳烃的酰基化产物。它是制备芳香酮的重要方法。通常，在无水 $AlCl_3$ 存在下，酰氯或酸酐与活泼芳香化合物反应，可得到高产率的烷基芳基酮或二芳基酮。

$$RCOCl + ArH \xrightarrow{AlCl_3} RCOAr + HCl$$

$$Ar'COCl + ArH \xrightarrow{AlCl_3} Ar'COAr + HCl$$

$$(RCO)_2O + ArH \xrightarrow{AlCl_3} RCOAr + HCl$$

反应历程如下：

$$RCOCl + ArCl_3 \rightleftharpoons [RCO]^+[AlCl_4]^- \rightleftharpoons R\overset{+}{C}O + [AlCl_4]^-$$

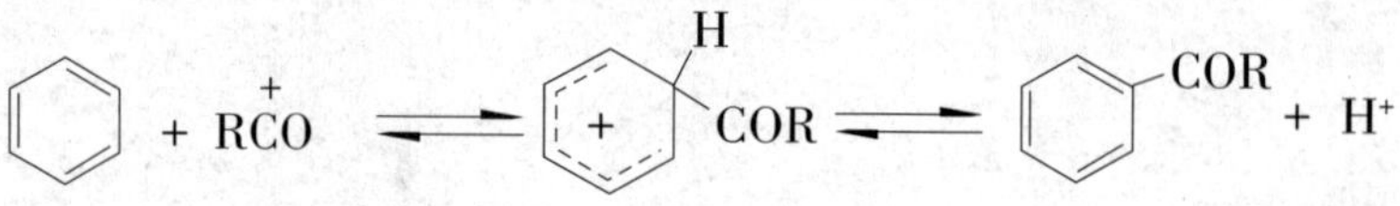

$$H^+ + [AlCl_4]^- \rightleftharpoons HCl + AlCl_3$$

$AlCl_3$ 的作用是产生亲电试剂——酰基正离子（ $R-\overset{+}{C}=\ddot{O}: \longleftrightarrow R-C\equiv\overset{+}{O}:$ ）。酰基化反应与烷基化反应不同，烷基化反应所用 $AlCl_3$ 的量较少（一般烷基化试剂与 $AlCl_3$ 摩尔比为 1∶0.1～0.2）；而在酰基化反应中，当用酰氯作酰基化试剂时，由于 $AlCl_3$ 与反应产生的芳香酮易形成络合物，因此，$AlCl_3$ 用量较大（一般酰氯与 $AlCl_3$ 摩尔比为 1∶1.1～1.2）；当用酸酐作酰基化试剂时，$AlCl_3$ 还与反应产生的有机酸反应，所以 $AlCl_3$ 用量更大（一般酸酐与 $AlCl_3$ 摩尔比为 1∶2.1～2.2）。

$$(RCO)_2O + 2AlCl_3 \longrightarrow [RCO]^+[AlCl_4]^- + RCO_2AlCl_2$$

酰基化引入的酰基，是一类钝化基，阻碍了取代反应的进一步发生，不存在多元取代产物，因此，产品纯度高。利用这一特点，实验室通常通过酰基化反应和还原羰基来制备侧链烷基苯。

酰基化反应通常用过量的芳烃、二硫化碳、二氯甲烷、硝基苯等作为反应的溶剂。Friedel-Crafts 酰基化反应是放热反应，但它有一个诱导期，所以在操作时要注意反应温度的变化。

本实验在无水三氯化铝的存在下，通过乙酸酐与苯发生傅-克酰基化反应来制备苯乙酮。

【反应式】

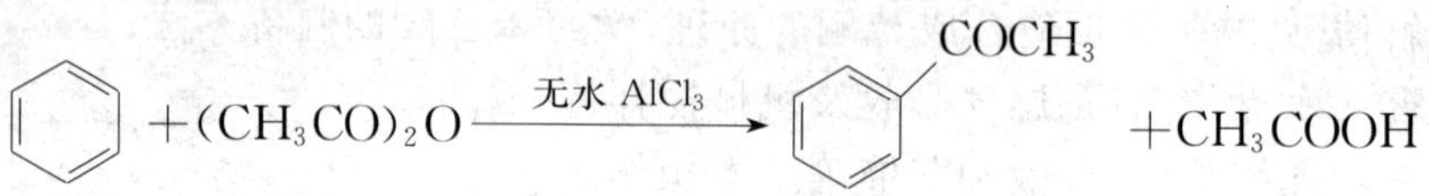

（三）实验仪器与试剂

【主要仪器】

机械搅拌器，三颈烧瓶（100 mL），恒压滴液漏斗（10 mL），蒸馏头，回流冷凝管，直形冷凝管，空气冷凝管，干燥管，温度计及套管，分液漏斗，圆底烧瓶（25 mL）。

【主要试剂】

4.3 g (4 mL，0.04 mol)乙酸酐，16 mL (0.18 mol)无水苯，13 g (0.097 mol)无水三氯化铝，浓盐酸，苯，10%氢氧化钠，无水氯化钙，无水硫酸镁。

（四）实验步骤

在装有 10 mL 恒压滴液漏斗、机械搅拌装置和回流冷凝管（冷凝管上端与氯化钙干燥管与氯化氢气体吸收装置相连[1]）的 100 mL 干燥三颈烧瓶中，迅速加入 13 g 经研细的无水三氯化铝[2]和 16 mL 新蒸的无水苯[3]。开启机械搅拌器，将 4 mL 乙酸酐自恒压滴液漏斗缓慢滴加到三颈烧瓶中，开始先加几滴，待反应发生后再继续滴加。此反应为放热反应，应注意控制乙酸酐的滴加速度，以使三颈烧瓶稍热为宜[4]，切勿使反应过于激烈，必要时可用冷水冷却，此过程约 15～20 min。

乙酸酐滴加完毕，待反应稍缓和后，水浴加热，回流并搅拌反应，直到无氯化氢气体逸出为止，此过程需要 30～40 min。然后，将反应瓶浸入冰水浴中冷却至室温，搅拌下慢慢滴入 18 mL 浓盐酸和 40 g 碎冰的混合液（在通风橱中进行），若仍有固体不溶物，可补加适量浓盐酸使之完全溶解。当瓶内固体完全溶解后，将混合物转入分液漏斗中，分出上层有机层，水层用乙酸乙脂连续萃取 2 次，每次用乙酸乙脂 10 mL。合并有机层，有机层依次用 10 mL 10%氢氧化钠和 10 mL 水洗涤，再用无水硫酸镁干燥。过滤采用常压蒸馏回收有机层溶液中的苯。当温度超过 140 ℃，稍冷后，将直形冷凝管改用空气冷凝管，继续蒸馏，收集 198～202 ℃馏分。产量约 3.1 g，产率约 65%。

本实验约需 6 h。

（五）思考题

(1) 水和潮气对本实验有何影响？在实验装置和操作中应注意哪些事项？为什么要迅速称取三氯化铝？

(2) 在烷基化和酰基化反应中，三氯化铝的用量有何不同？为什么？

(3) 反应完成后为什么要用浓盐酸和冰水混合物来分解产物？

注意事项

[1] 氯化氢气体吸收装置的气体出口与吸收的液面距离 1～2 mm 为宜，千万不要全部插入液面以下，以防止倒吸。

[2] 无水三氯化铝的质量是本实验成败的关键。在红外灯下研碎和称量三氧化铝，投料要迅速，避免三氧化铝较长时间暴露在空气中而吸水。为此，可用带塞的锥形瓶来称量无水三氯化铝，称量结束后，迅速倒入三颈烧瓶中，并将烧瓶和药品瓶的盖子及时盖好。

[3] 最好用不含噻吩的无水苯。用 15%的苯的体积浓硫酸多次洗涤，可以除去苯中少量噻吩（用靛红-浓硫酸检验）。然后依次用水、10%NaOH 溶液和水洗涤，无水氯化钙干燥后蒸馏备用。实验室通常采用钠与苯回流，除去苯中的水，然后蒸馏得到无水苯。

[4] 反应时放热，注意控制反应温度。温度高对反应不利，一般温度应控制在 60 ℃以下为宜。

（郑清云，刘煜 供稿）

6.11 Cannizzaro 反应

实验 47 苯甲酸和苯甲醇的合成

苯甲酸，别名：安息香酸，英文名称：benzoic acid。CAS 号：65-85-0，分子式：$C_7H_6O_2$，相对分子质量：122.12。无色单斜片状或小叶状结晶。相对密度(d_4^{20})：1.321，熔点：122.4 ℃(395.5 K)，沸点：249.2 ℃(522.2 K)，折光率(n_4^{20})：1.539 7。在 100 ℃时迅速升华，能随水蒸气同时挥发。闪点：121.1 ℃(闭环)，燃点：578.8 ℃。微溶于水，易溶解于乙醇、乙醚、苯、氯仿等有机溶剂。

苯甲醇，别名：苄醇，英文名称：benzyl alcohol。CAS 号：100-51-6，分子式：C_7H_8O；相对分子质量：108.104。无色透明液体。相对密度(d_4^{20})：1.041 6，熔点：−15.19 ℃(257.96 K)，沸点：204.7 ℃(477.2 K)，折光率(n_4^{20})：1.539 6，闪点：100.6 ℃(闭环)、104.4 ℃(开环)。1 g 苯甲醇可溶于 25 mL 水中。溶解于乙醇、乙醚、丙酮、氯仿、苯等。

健康危害：常态下苯甲酸基本无毒，加热时其蒸气对皮肤、眼睛及上呼吸道粘膜有刺激作用，能引起皮炎、湿疹、眼痛、流泪、流涕、痉挛性咳嗽，有时伴有恶心、呕吐等状况。

主要用途：苯甲酸是重要有机化工原料，在有机合成工业中用于生产苯甲酸苄酯、苯甲酸甲酯、苯甲酸乙酯、对苯二甲酸等化工产品；在医药工业中用于生产绒毛膜素等药物；在合成树脂工业中用于生产醇酸树脂、聚酰胺树脂等；食品工业中广泛用作防腐剂。

苯甲醇在香料工业中用作挥发性防止剂，也是香料的原料；在医药工业中用作麻醉剂、防腐剂，也是制药的原料；在纺织工业中用作染色助剂，涂料和油墨工业中用作溶剂，也用于制圆珠笔油。

（一）实验目的

(1) 学习 Cannizzaro 反应，了解由苯甲醛制备苯甲醇和苯甲酸的基本原理和方法；

(2) 进一步熟练洗涤、萃取、蒸馏、减压过滤和重结晶等操作。

（二）实验原理

Cannizzaro 反应是指无 α-活泼氢的醛(如芳醛、甲醛、三甲基乙醛等)在浓的强碱溶液作用下，发生的自身氧化还原反应，其中一分子醛被还原为醇，另一分子醛被氧化为酸。此反应也叫歧化反应。

Cannizzaro 反应的实质是对羰基的亲核加成。反应涉及了羟基负离子对一分子芳香醛的亲核加成，加成物的负氢向另一分子苯甲醛的转移和酸碱交换反应，其机理可表示如下：

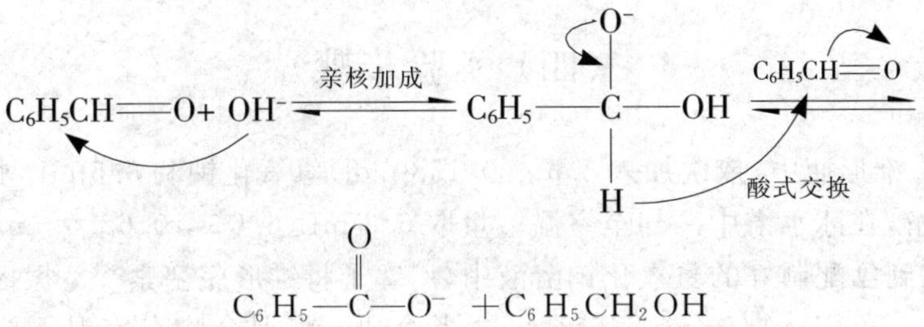

苯甲醛在低温和过量碱存在下，产物中可分离出苯甲酸苄酯，这可能是由于苯甲醇在碱溶液中形成苄氧负离子对苯甲醛发生亲核加成反应的结果。

$$C_6H_5CH_2OH + OH^- \rightleftharpoons C_6H_5CH_2O^- + H_2O$$

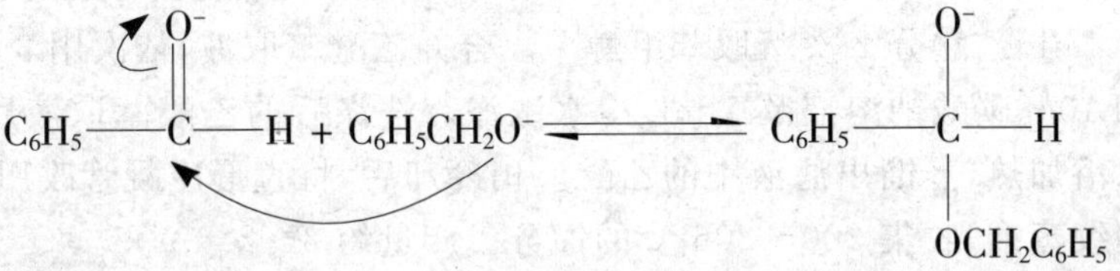

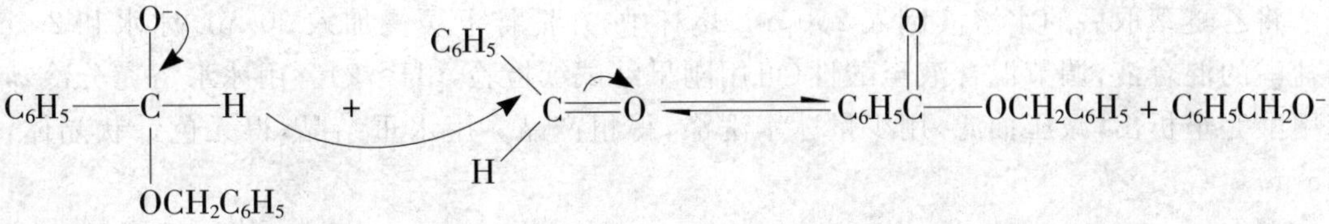

在 Cannizzaro 反应中，通常使用 50％的浓碱，其中碱的量比醛的物质的量多一倍以上。否则反应不完全，未反应的醛与生成的醇混合在一起，一般通过蒸馏很难分离。

本实验利用苯甲醛在过量浓氢氧化钠的作用下，发生歧化反应制备苯甲醇与苯甲酸，采用萃取的方法来分离两种产物。

【主反应】

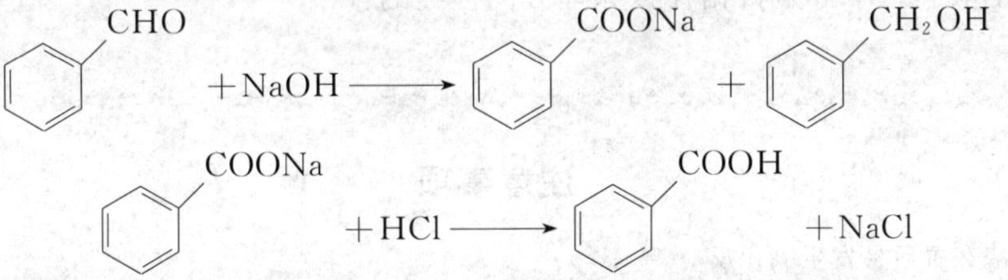

（三）实验仪器与试剂

【主要仪器】

烧杯，锥形瓶（100 mL），分液漏斗（100 mL），圆底烧瓶（50 mL），空气冷凝管。

【主要试剂】

6. 3 mL（6. 6 g，0. 62. 5 mol）苯甲醛，5. 5 g（0. 138 mol）氢氧化钠，浓盐酸，乙醚，饱和亚硫酸氢钠溶液，10％碳酸钠溶液，无水硫酸镁，刚果红试纸。

（四）实验步骤

在 100 mL 锥形瓶中，依次加入 5.5 g(0.138 mol)氢氧化钠和 5.5 mL 水，塞好橡皮塞，振摇以加速溶解，在冰水浴中冷却至室温。量取 6.3 mL(6.6 g，0.62.5 mmol)新蒸的苯甲醛[1]，分批加入到已配制好的氢氧化钠溶液中，用塞子将锥形瓶塞紧[2]。振摇混合物使之充分混合，形成乳白色糊状物(若温度较高可适当冷却)，将混合物在室温下放置 24 h 以上。反应结束时，应不再有苯甲醛气味[3]。

1. 苯甲醇的制备

在摇动下向上述反应混合物中加 20～25 mL 水，使苯甲酸盐全部溶解。将溶液倒入分液漏斗中，用 20 mL 乙醚分 2 次萃取苯甲醇[4]。合并乙醚萃取液，依次用 5 mL 饱和亚硫酸氢钠溶液、5 mL10％碳酸钠溶液及 5 mL 冷水洗涤。洗涤后的乙醚萃取液用无水硫酸镁干燥。过滤，用水浴加热，蒸馏出滤液中的乙醚。稍冷却后，将直形冷凝管改用空气冷凝管，用电热套加热，继续蒸馏，收集 200～206 ℃的馏分。产量约 2～2.5 g。

2. 苯甲酸的制备

将乙醚萃取后的水溶液倒入 250 mL 烧杯中，在搅拌下缓慢加入 30 mL 冰水和 20 mL 浓盐酸的混合液，调节混合液至酸性(可用刚果红试纸检验，pH≈2)。用冰水浴充分冷却使苯甲酸完全析出，减压抽滤，用少量冰水洗涤，得粗产品。用水重结晶，得无色针状晶体，约 3.5 g。

（五）思考题

(1) 为什么要使用新蒸馏过的苯甲醛？久置的苯甲醛有何杂质？对反应有何影响？

(2) 产品洗涤中用饱和亚硫酸氢钠和 10％碳酸钠溶液分别除去何种杂质？为什么？

(3) 苯甲酸和苯甲醇是根据什么原理分离提纯的？

注意事项

[1] 苯甲醛久置后易发生氧化反应。

[2] 摇振必须充分。瓶塞最好用橡皮塞，如果使用玻璃塞，则在放置之前必须用湿润的滤纸仔细揩净瓶口和塞子，以防止粘结。

[3] 反应关键在于摇振充分，如混合充分，放置 24 h 后，苯甲醛气味消失。

[4] 下层水溶液用于制取苯甲酸。

（易兵，桂陆军 供稿）

实验 48　呋喃甲酸和呋喃甲醇的合成

呋喃甲酸，别名：糠酸，英文名：furan-2-carboxylic acid。CAS 号：88-14-2，分子式：$C_5H_4O_3$，相对分子质量：80.082。无色晶体，加热易升华，升华后呈针状结晶。熔点：133～134 ℃，沸点：230～232 ℃（103.3 kPa），141～144 ℃（2.192 kPa）。不溶于冷水，溶于热水、乙醇和乙醚。

呋喃甲醇，别名：糠醇，英文名：2-furanmethanol。CAS 号：98-00-0，分子式：$C_5H_6O_2$，相对分子质量：98.098。无色或浅黄色易流动液体，有苦味，暴露在日光或空气中会变棕色或深红色。相对密度（d_4^{20}）：1.128 5，熔点：−14.6 ℃，沸点：170～171 ℃（100 kPa），折射率（n_4^{20}）：1.486 8，闪点：65 ℃，自燃点：490.5 ℃。能与水混溶，易溶于乙醇、乙醚、丙酮、乙酸乙酯、苯和氯仿，不溶于石油醚。

健康危害：呋喃甲醇有毒，有轻微粘膜刺激及麻醉作用。

燃爆危险：呋喃甲醇易燃，其蒸气与空气形成爆炸性混合物。

主要用途：呋喃甲酸可用于合成甲基呋喃、糠酸盐、糠酸酯、糠酰胺等；在工业生产中可用作增塑剂以及油漆添加剂；在食品工业中用作防腐剂；也可用于香料和医药的中间体。

呋喃甲醇用于有机合成，经水解制得乙酰丙酸（果酸），是营养药物果糖酸钙的中间体。由糠醇可制得各种性能的呋喃型树脂（如糠醇树脂，呋喃Ⅰ、Ⅱ型树脂）、呋喃甲醇-脲醛树脂、酚醛树脂以及防腐漆、防腐胶片等。由呋喃甲醇为原料所制增塑剂的耐寒性能优于邻苯二甲酸二丁酯和二辛酯。它是树脂、清漆、颜料的良好溶剂和火箭燃料，还可用于合成纤维、橡胶、农药和铸造工业。

（一）实验目的

（1）掌握呋喃甲醛制备呋喃甲酸与呋喃甲醇的原理和方法；

（2）熟练洗涤、萃取、蒸馏、搅拌、减压过滤和重结晶操作。

（二）实验原理

本实验是利用呋喃甲醛（又称糠醛）在氢氧化钠作用下，发生康尼扎罗（Cannizzaro）反应来制备呋喃甲醇与呋喃甲酸。

【反应式】

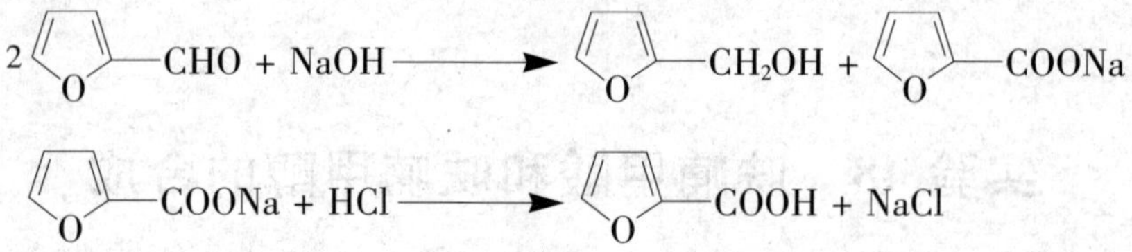

（三）实验仪器与试剂

【主要仪器】

三颈烧瓶（100 mL），滴液漏斗，分液漏斗（125 mL），圆底烧瓶（50 mL），蒸馏头，温度计，温度计套管，直形冷凝管，空气冷凝管，减压过滤装置和搅拌装置所需的其他仪器。

【主要试剂】

9.6 g (8.3 mL，0.1 mol)呋喃甲醛，4.5 g 氢氧化钠，浓盐酸，乙醚，无水碳酸钾。

（四）实验步骤

在 100 mL 三颈烧瓶中，加入 4.5 g 氢氧化钠和 6 mL 水，充分搅拌、溶解，置于冰水浴中冷却，使溶液温度下降到 5 ℃以下。在不断搅拌下[1]，自滴液漏斗慢慢滴入 8.3 mL 新蒸馏过的呋喃甲醛[2]，控制加液速度（约 15～20 min 滴完）和反应温度（8～15 ℃）[3]。滴加完毕，在此温度下继续搅拌约 40 min，得到淡黄色浆状物。

1. 呋喃甲醇的制备

在搅拌下向反应混合物中加入 10 mL 水，使浆状物固体恰好完全溶解，此时溶液呈暗红色。将溶液移入分液漏斗中，用 30 mL 乙醚分 3 次萃取呋喃甲醇，合并乙醚萃取液，用无水硫酸镁干燥。将干燥好的乙醚溶液滤入 50 mL 圆底烧瓶中，水浴加热，常压蒸馏出乙醚。稍冷却后，将直形冷凝管改用空气冷凝管，用电加热套加热，继续蒸馏，收集 169～172 ℃的馏分。产量约 3.5 g，产率约 71%。

2. 呋喃甲酸的制备

在搅拌下，将浓盐酸慢慢加入经乙醚萃取后的水溶液内，调节水溶液至酸性（用刚果红试纸检验，pH≈2）。然后用冰水浴冷却，使呋喃甲酸完全析出。减压抽滤，呋喃甲酸粗制品用少量水洗涤，再用约 20 mL 水重结晶，得到白色针状结晶的呋喃甲酸[4]。产量约 2.6 g，产率约 65%。

本实验约需 8 h。

（五）思考题

(1) 为什么要使用新蒸馏的呋喃甲醛？长期放置的呋喃甲醛含什么杂质？若不先除去，对本实验有何影响？

(2) 为什么酸化这一步是影响产物收率的关键？应如何保证酸化完全？

(3) 根据什么原理来分离和提纯呋喃甲醇和呋喃甲酸这两种产物？

(4) 怎样利用 Cannizzaro 反应将呋喃甲醛全部转化为呋喃甲醇？

注意事项

[1] 反应在两相间进行，必须充分搅拌。

[2] 由反应机理可知，歧化反应速率是由产生氢负离子这一步决定，适当提高碱的浓度可以加速歧化反应，而碱的浓度升高则粘稠性增大，搅拌困难，因此，采用反加法，即将呋喃甲醛滴加到氢氧化钠溶液中，反应较易控制，产率则与顺加法相同。

[3] 控制反应温度以使反应平稳进行。如果温度过高且超过 12 ℃，则反应过快，致使反应温度极易升高，难以控制，并导致反应物迅速变为深红色；温度过低（低于 8 ℃），反应速率过慢，可能积累部分呋喃甲醛。一旦发生反应时，反应就会过于猛烈而使温度难于控制。

[4] 从水中得到的呋喃甲酸呈叶状体，100 ℃时有部分升华，故呋喃甲酸应置于 80～85 ℃的烘箱内慢慢烘干，最好是自然晾干为宜。

（桂陆军，党丽敏 供稿）

6.12 Skraup 反应

实验 49 喹啉的合成

喹啉，别名：苯并吡啶，英文名称：quinoline。CAS 号：91-22-5，分子式 C_9H_7N，相对分子质量：129.16。无色液体，日久变黄，有特殊的气味。相对密度（d_4^{20}）：1.092 9，凝固点：−15.6 ℃，沸点：238 ℃，折光率（n_D^{20}）：1.626 8，闪点：101 ℃。能与醇、醚及二硫化碳混溶，易溶于热水，难溶于冷水。具有吸湿性，能从空气中吸收水分，至含水 22%时，能随水蒸气挥发，具有弱碱性。

健康危害： 蒸气具有刺激性。吸入后引起头痛、头晕、恶心。

燃爆危险： 遇明火、高热可以燃烧。与氧化剂可发生反应。受热分解放出有毒的氧化氮烟气。

主要用途： 喹啉是冶金、染料、聚合物以及农用化学品工业的重要中间体，也可以用作消毒剂、防腐剂以及溶剂。

（一）实验目的

（1）学习 Skraup 反应制备喹啉及其衍生物的反应原理及方法；

（2）掌握水蒸气蒸馏操作。

（二）实验原理

苯胺及其衍生物和无水甘油在浓硫酸及弱氧化剂如硝基苯、五氧化二砷或三氯化铁等存在下，加热发生的反应，称为 Skraup（斯克劳普）反应。它是捷克化学家 Skraup 于 1880 年所创，是合成喹啉及其衍生物最主要方法。为了避免反应过于剧烈，加入少量硫酸亚铁或硼酸来减慢反应速度。浓硫酸的作用是使甘油脱水生成丙烯醛，并使苯胺及其衍生物与丙烯醛的加成产物脱水成环。硝基苯等弱氧化剂的作用是将环化物 1,2-二氢喹啉及其衍生物氧化（脱氢）生成喹啉或其衍生物，硝基苯本身则被还原成苯胺，后者也可参加缩合反应。反应中所用的硝基化合物，最好与芳胺的结构相对应，否则会导致产生混合物。有时可用 I_2 做氧化剂。反应所使用的甘油的水含量不应超过 0.5%，所有的反应仪器均须干燥。如果体系有过多的水，会使 H_2SO_4 稀释，达不到脱水生成丙烯醛的目的，从而影响产率。

【反应式】

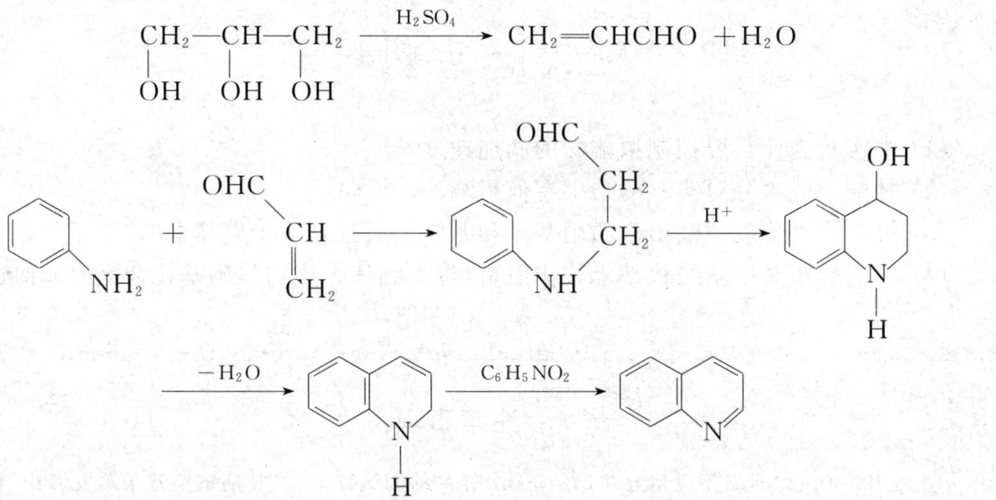

（三）实验仪器和试剂

【主要仪器】

三颈烧瓶(250 mL)，滴液漏斗，烧杯，空气冷凝管，水蒸气发生器和回流冷凝管。

【主要试剂】

4.8 g(4.7 mL，52 mmol)苯胺，20 g(210 mmol)无水甘油，4.1 g(3.4 mL，33 mmol)硝基苯，2 g 硫酸亚铁，浓硫酸，氢氧化钠，亚硝酸钠，乙醚。

（四）实验步骤

在 250 mL 三颈烧瓶中，依次加入 20 g (210 mmol)甘油[1]、2 g 硫酸亚铁[2]、4.8 g (4.7 mL，52 mmol)苯胺、4.1 g (3.4 mL，33 mmol)硝基苯和 2～3 粒沸石，摇动使反应物混合均匀。装上回流冷凝器和滴液漏斗，将 10 mL 浓硫酸加入滴液漏斗中。用电热套微微加热，并缓慢滴加浓硫酸，待反应液微沸时停止加热，同时不断摇动，使反应液充分混合，使瓶中生成的苯胺硫酸盐完全溶解。控制浓硫酸滴加速度，维持反应液微沸，大约 20 min 滴加完浓硫酸，然后继续加热回流，保持微沸 2 h 左右。

稍冷，用 30%氢氧化钠溶液中和反应液至强碱性[3]，然后进行水蒸气蒸馏，蒸出喹啉和未反应的苯胺及硝基苯，直至馏出液变清为止。

用浓硫酸调节馏出液至强酸性，然后用分液漏斗将不溶的黄色油状物分馏出来；剩余的水溶液倒入烧杯，置于冰水浴中冷却到 0～5 ℃，慢慢加入由 3 g 亚硝酸钠和 10 mL 水配成的溶液，直至反应液使淀粉-碘化钾试纸变蓝为止。将反应混合液放在水浴上加热直至无氮气气泡冒出为止。冷却，用 30%NaOH 溶液调节反应混合液至强碱性，再进行水蒸气蒸馏，将收集的馏出液倒入分液漏斗中，分出有机层(喹啉)。水层用 50 mL 乙醚分 2 次萃取，合并有机层与乙醚萃取液，用固体 NaOH 干燥。过滤，水浴加热，常压蒸馏除出乙醚，稍冷却后，将直形冷凝管改为空气冷凝管继续蒸馏，收集 234～238 ℃馏分，产量 5.5～6.5 g。

本实验约需 8 h。

（五）思考题

（1）本实验为什么要控制浓硫酸的滴加速度？

（2）甘油中的水分对实验的结果有何影响？

（3）第一次水蒸气蒸馏出来的硝基苯和苯胺是通过哪些步骤除去的？

（4）本实验用对甲苯胺代替苯胺作原料，将得到什么产物？硝基化合物应如何选择？

注意事项

[1] 所用甘油的含水量不应超过 0.5%。无水甘油的制法如下：将甘油试剂置于蒸发皿中，在搅拌下慢慢加热至温度为 180 ℃，恒温约 10 min，停止加热。当温度降至约 100 ℃时，放入盛有浓硫酸的干燥器中备用。

[2] 试剂必须按所述顺序加入，如果浓硫酸比硫酸亚铁先加入，则反应往往很剧烈，不易控制。

[3] 每次碱化或酸化时，都必须将溶液稍加冷却，并用试纸检验至呈明显的强碱或强酸性。

（张维庆，刘煜 供稿）

实验 50　8-羟基喹啉的合成

8-羟基喹啉，别名：喹啉醇，英文名称 8-hydroxyquinoline。CAS 号：148-24-3，分子式：C_9H_7NO，相对分子质量：145.16。白色或淡黄色晶体或结晶性粉末，能升华。相对密度(d_4^{20})：1.03，熔点：76 ℃，沸点：267 ℃，闪点：100 ℃。不溶于水和乙醚，溶于乙醇、丙酮、氯仿、苯或稀酸。

主要用途：用于制造染料，农药及医药中间体，也用作络合指示剂和色层分析试剂。其硫酸盐和铜盐络合物是优良的杀菌剂和防霉剂。

（一）实验目的

（1）学习合成 8-羟基喹啉的原理和方法；

（2）掌握回流和水蒸气蒸馏等基本操作。

（二）实验原理

利用邻氨基苯酚和无水甘油在浓硫酸及弱氧化剂邻硝基苯酚作用下，加热制备 8-羟基喹啉。

【反应式】

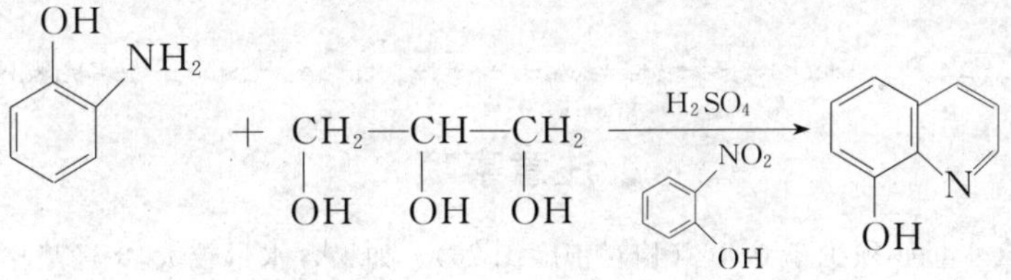

（三）实验仪器和试剂

【主要仪器】

三颈烧瓶(100 mL)，滴液漏斗，回流冷凝管，水蒸气发生器。

【主要试剂】

1.8 g (13 mmol)邻硝基苯酚，2.8 g (25 mmol)邻氨基苯酚，7.5 mL(9.5 g，100 mmol)无水甘油，浓硫酸，氢氧化钠溶液，饱和碳酸钠溶液，乙醇。

（四）实验步骤

在干燥的 100 mL 三颈烧瓶中，依次加入 1.8 g (13 mmol)邻硝基苯酚、2.8 g (25

mmol)邻氨基苯酚和 7.5 mL(9.5 g,100 mmol)无水甘油[1]和 2～3 粒沸石,剧烈振荡,使之混匀。在不断振荡下,慢慢滴入 4.5 mL 浓硫酸[2]。装上回流冷凝管,用电热套加热约 15 min,溶液微沸时立即移开热源[3]。待反应缓和后,继续加热,保持反应物微沸,回流反应 1.5 h 左右。稍冷后,进行水蒸气蒸馏,除去未反应的邻硝基苯酚(约 30 min),直至馏分由浅黄色变为无色为止。

待瓶内混合液冷却后,慢慢滴加已配制好的 6 g 氢氧化钠溶于 6 mL 水的溶液,摇匀后,再小心滴入饱和碳酸钠溶液(约 5 mL),使溶液呈中性[4]。再进行水蒸气蒸馏,蒸出 8-羟基喹啉(收集馏出液 200～250 mL)[5]。

馏出液冷却后析出固体,抽滤,固体用水洗涤、干燥后得粗产物约 3 g。粗产物用体积比为 4∶1 的乙醇-水混合溶剂(约 25 mL)重结晶,得针状晶体 8-羟基喹啉 2～2.5 g(产率 54%～68%)[6]。

本实验约需 8 h。

(五) 思考题

(1) 用本方法合成 8-羟基喹啉时,邻氨基苯酚、甘油、浓硫酸各起什么作用?

(2) 第一次水蒸气蒸馏在酸性条件下进行,而第二次水蒸气蒸馏在碱性条件下进行,为什么?

(3) 在第二次水蒸气蒸馏前,为什么一定要很好地控制 pH 范围? 碱性过强时有什么不利? 如发现碱性过强时,应如何补救?

(4) 如果在 Skraup 合成中用 β-萘胺或邻苯二胺作原料与甘油反应,应得到什么产物?

(5) 在反应中如用对甲基苯胺作原料应得到什么产物? 硝基化合物应如何选择?

注意事项

[1] 所用甘油含水量必须少于 0.5%(相对密度 1.26)。如果含水量较大,8-羟基喹啉的产量不高。甘油在常温下是粘稠状液体,若用量筒量取时应注意转移中的损失。

[2] 试剂必须按所述顺序加入,否则反应剧烈,不易控制反应的进行。

[3] 此缩合反应为放热反应。溶液呈微沸时,表示反应已经开始;如继续加热,则反应过于激烈,会使溶液冲出容器。

[4] 8-羟基喹啉既溶于碱又溶于酸而成盐,且成盐后不被水蒸气蒸馏出来,为此必须小心中和,严格控制 pH 在 7～8 之间。中和恰当时,瓶内析出的 8-羟基喹啉沉淀最多。

[5] 产物蒸出后,检查烧瓶中混合物的 pH 值,必要时可加少量水再蒸一次,确保产物析出。

[6] 反应的产率以邻氨基苯酚计算,不考虑邻硝基苯酚部分转化后参与反应的量。

(张维庆,刘煜 供稿)

6.13　Perkin 反应

实验 51　肉桂酸的制备

肉桂酸，化学名称：β-苯基丙烯酸(β-phenylacrylic acid)，别名：桂皮酸，苯丙烯酸，亚苄基乙酸，桂酸，英文名称：cinnamic acid。CAS 号：140-10-3，分子式：$C_9H_8O_2$，相对分子质量：148.16。白色单斜结晶，微有桂皮气味。熔点：132.5～134.5 ℃，沸点：300 ℃，相对密度(d_4^{20})：1.247 5。微溶于水，易溶于酸、苯、丙酮、冰醋酸，溶于乙醇、甲醇和氯仿。

主要用途：肉桂酸是重要的有机合成工业中间体，广泛用于香料香精、食品添加剂、医药、农药、塑料和感光树脂等化工产品中。

（一）实验目的

(1) 掌握 Perkin 反应制备肉桂酸的原理和方法；

(2) 了解水蒸气蒸馏的原理并掌握水蒸气蒸馏及操作方法。

（二）基本原理

芳香醛和具有 α-氢原子的脂肪酸酐，在碱性催化剂的作用下，可以发生类似羟醛缩合的反应，生成 α,β-不饱和芳香酸，这个反应叫做 Perkin 反应。催化剂通常是相应酸酐的羧酸钾或钠盐，有时也可用碳酸钾或叔胺代替。

一般认为此反应按下述机理进行：醋酐与醋酸钾(钠)反应生成一个酸酐负离子，负离子和醛发生亲核反应，生成中间体 β-羟基酸酐，然后再发生失水和水解作用，得到不饱和酸。

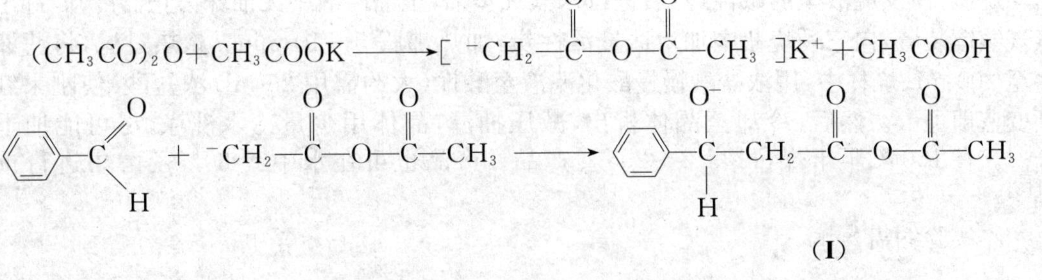

(I)

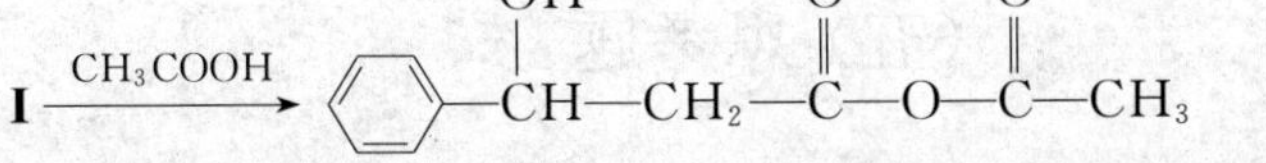

(II)

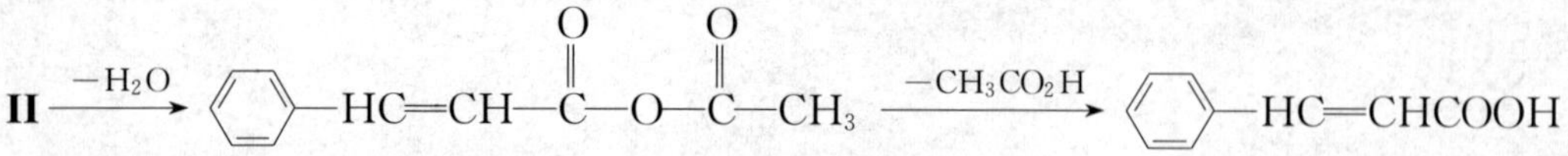

苯甲醛和醋酸酐在无水醋酸钾(钠)的催化作用下共热发生 Perkin 反应,可得到苯基取代的 α,β-不饱和酸——肉桂酸。理论上肉桂酸存在顺反异构体,实际上只得到反式肉桂酸(熔点 133 ℃),顺式肉桂酸(熔点 68 ℃)不稳定,在较高温度下很容易转变为热力学稳定的反式异构体。

【主反应】

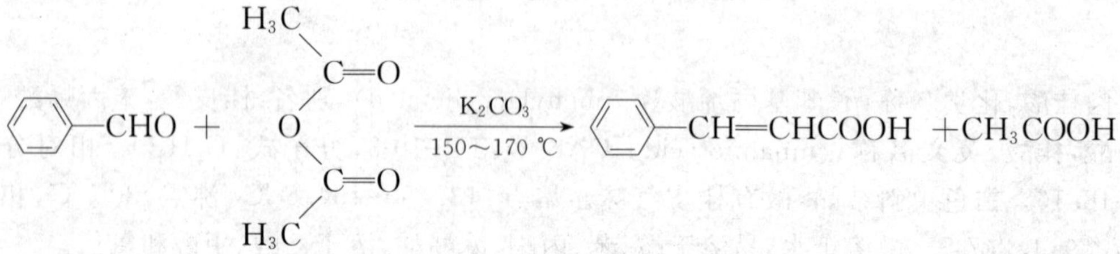

(三) 实验仪器与试剂

【主要仪器】

250 mL 三颈烧瓶,空气冷凝管,直形冷凝管,温度计及套管,布氏漏斗,抽滤瓶,热水漏斗,水蒸气发生器。

【主要试剂】

3.2 g(3.0 mL, 0.03 mol)苯甲醛,6.0 g(5.5 mL,0.06 mol)乙酸酐,4.1 g 无水碳酸钾,饱和碳酸钠溶液,浓盐酸,活性炭。

(四) 实验步骤

在 250 mL 三颈烧瓶[1]中,依次加入 4.1 g 研细的无水碳酸钾、3.0 mL(0.03 mol)新蒸的苯甲醛和 5.5 mL(0.06 mol)乙酸酐[2],振荡使其混合均匀,再加 2～3 粒沸石。三颈烧瓶中间口接空气冷凝管[3],一个侧口安装温度计,另一个侧口用塞子塞上。用电加热套加热,保持反应液在 150～170 ℃下回流反应 1 hr[4]。冷却,慢慢加入饱和碳酸钠溶液[5],边加边摇动烧瓶,使反应液呈弱碱性,然后进行水蒸气蒸馏,至馏出液中无油珠为止。冷却,卸下水蒸气蒸馏装置,向三颈烧瓶中加入适量活性炭,加热沸腾 5～10 min。趁热过滤,将滤液转移至 200 mL 烧杯中,用浓盐酸慢慢酸化滤液至酸性(大约需用 25 mL 浓盐酸)使刚果红试纸变蓝即可[6]。然后,冷却至晶体析出,减压抽滤,晶体用少量冷水洗涤,尽可能抽干水分[7]。在 100 ℃下干燥,可得 2～2.5 g 产品。产品也可在水中或 30%乙醇中进行重结晶[8]。

本实验约需 8 h。

(五) 思考题

(1) 具有何种结构的醛能进行 Perkin 反应?

（2）在水蒸气蒸馏前为什么用饱和碳酸钠溶液中和反应物？

（3）为什么不能用氢氧化钠代替碳酸钠溶液来中和反应物？

（4）甲醛和丙酸酐在无水的丙酸钾存在下相互作用得到什么产物？写出反应式？

（5）反应中，如果使用与酸酐不同的羧酸盐，会得到两种不同的芳香丙烯酸，为什么？

注意事项

[1] 所用仪器必须是干燥的，包括量取苯甲醛和乙酸酐的量筒。

[2] 久置的苯甲醛含有苯甲酸，使用前需蒸馏除去。久置的乙酸酐含乙酸，也需除去。

[3] 用电热套加热，控制反应液温度在150～170 ℃，回流1 h。注意控制加热速度，防止物料从空气冷凝管顶端逸出，必要时可再接一个冷凝管。

[4] 反应混合物在150～170 ℃下长时间加热，会发生部分脱羧而产生不饱和烃类副产物，进而生成树脂状物，若反应温度过高（200 ℃），这种现象更明显。

[5] 此处不宜使用氢氧化钠溶液，以免未反应的醛发生自身氧化还原反应。

[6] 进行酸化时要慢慢加入浓盐酸，一定不要加入太快，以免产生的CO_2将物料冲出烧杯。

[7] 进行冷过滤，不能用太多水洗涤产品。

[8] 在25 ℃下，肉桂酸在水中的溶解度为0.06；在乙醇中的溶解度为22.03，所以重结晶用乙醇水溶液作混合溶剂效果好。

（郑清云，沈平 供稿）

6.14 Grignard 反应

实验52 2-甲基-2-己醇的合成

2-甲基-2-己醇，英文名称：2-methyl-2-hexanol。CAS 号：625-23-0，分子式：$C_7H_{16}O$，相对分子质量：116.20。无色、易燃的液体。相对密度（d_4^{20}）：0.812，熔点：－83.6 ℃，沸点：143 ℃，折射率（n_D^{20}）：1.417 0。微溶于水，与乙醇、乙醚、丙酮等多种有机溶剂混溶。

健康危害：2-甲基-2-己醇对眼、鼻、咽喉有刺激作用。高浓度吸入可引起肺水肿，肝和肾损害。

燃爆危险：2-甲基-2-己醇易燃，遇明火、高热能引起燃烧爆炸，与氧化剂接触发生猛烈反应。

主要用途：2-甲基-2-己醇是用途广泛的一种重要的有机化工原料，在香精香料、油漆、医药等行业广泛应用。

（一）实验目的

（1）了解格氏试剂的制备原理、方法及在有机合成中的应用；

（2）学习并掌握电动搅拌器的安装及使用方法；

（3）学习并掌握回流、萃取、蒸馏等基本操作。

（二）实验原理

格氏反应是实验室制备醇的重要方法之一。镁与许多脂肪族、芳香族卤代烃反应生成烃基（或芳基）卤代镁，即格氏试剂。由于乙醚可以与格氏试剂形成配合物，增加格氏试剂的稳定性，因此反应通常在无水乙醚中进行。

$$R{-}X + Mg \xrightarrow{\text{无水乙醚}} RMgX$$

格氏试剂是一种非常活泼的金属有机化合物，它能与醛、酮、酯和二氧化碳等发生反应生成相应的醇或羧酸，与活泼氢化合物（如水、醇、羧酸）发生分解反应，生成相应的烷烃。因此，实验过程中应避免水、氧和二氧化碳的存在。实验所用的仪器应全部干燥，试剂也需经过严格的无水处理。微量水的存在，除了分解格氏试剂外，还会阻碍卤代烃和镁反应。

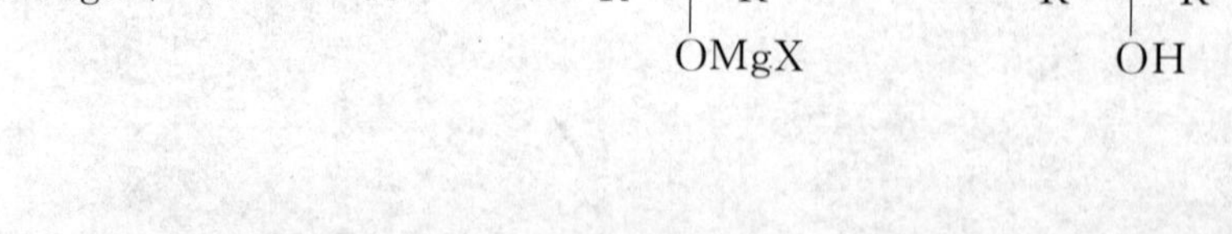

R′,R″:烷基或氢。

$$RMgX+HY \longrightarrow RH+MgYX$$

此外,反应必须在隔绝空气的条件下进行。由于乙醚的挥发性大,且其蒸气相对密度比空气大,在回流情况下,溶剂乙醚蒸气可以起着隔离空气的作用。

反应溶剂除了乙醚外,还可以用丙醚、异丙醚、丁醚、戊醚、四氢呋喃等。

卤代烃的反应活性从碘到氯依次减少。芳香卤代物和氯乙烯类化合物,在乙醚为溶剂的条件下,难生成格氏试剂,但若改用碱性比乙醚稍强、沸点较高的四氢呋喃做溶剂,则它们也能生成格氏试剂。

对于活性较高的溴代烷和碘代烷,用较粗糙的镁刨屑,可以制备格式试剂;对于活性较低的卤代烃,则需要用细小的镁屑,甚至是镁粉来制备格式试剂。特殊情况下,可用镁铝合金代替镁。使用前,镁需在 60~80 ℃条件下干燥 30 min,然后在真空干燥器内冷却,并保存在密闭的玻璃容器中备用。

对于活性较低的卤代烃,镁必须预先活化。将理论计算量的镁和少量晶体碘放入反应瓶中,用小火直接加热直至瓶内充满碘蒸气。然后停止加热,冷却后再将反应所需要的其他原料加入瓶内。也可以借助活性较高的卤代烃(如溴乙烷)来诱发反应。反应诱发后用冷却的方法使其中断,然后将溶液从瓶内倒出来,用无水乙醚洗涤镁,再立即进行所需的反应。

本实验利用溴丁烷与金属镁反应生成丁基溴化镁,丁基溴化镁与丙酮发生格氏反应(亲核加成),其加成产物经水解后,可得到醇类化合物。

【主反应】

$$n\text{-}C_4H_9Br+Mg \xrightarrow{\text{无水乙醚}} n\text{-}C_4H_9MgBr$$

$$n\text{-}C_4H_9MgBr+CH_3COCH_3 \xrightarrow{\text{无水乙醚}} n\text{-}C_4H_9C(CH_3)_2(OMgBr)$$

$$n\text{-}C_4H_9C(CH_3)_2(OMgBr)+H_2O \xrightarrow{H^+} n\text{-}C_4H_9C(CH_3)_2(OH)$$

【副反应】

$$n\text{-}C_4H_9MgBr+n\text{-}C_4H_9Br \longrightarrow CH_3(CH_2)_6CH_3+MgBr_2$$

$$n\text{-}C_4H_9MgBr+H_2O \longrightarrow n\text{-}C_4H_9H+Mg(OH)Br$$

$$2n\text{-}C_4H_9MgBr+O_2 \longrightarrow 2n\text{-}C_4H_9OMgBr$$

$$n\text{-}C_4H_9MgBr+CO_2 \longrightarrow n\text{-}C_4H_9CO_2MgBr$$

(三)实验仪器与试剂

【主要仪器】

三颈烧瓶(250 mL),恒压滴液漏斗,球形冷凝管,直形冷凝管,干燥管,接引管,电动搅拌器。

【主要试剂】

10.7 mL(13.7 g,0.1 mol)正溴丁烷,2.4 g(0.1 mol)镁屑,7.4 mL(6.0 g,0.1 mol)丙

酮，无水乙醚，碘，5%碳酸钠溶液、20%硫酸溶液、无水碳酸钾。

（四）实验步骤

1. 正丁基溴化镁的制备

在装有球形冷凝管、恒压滴液漏斗、电动搅拌器（或磁力搅拌器）和氯化钙干燥管[1]的干燥的 250 mL 三颈烧瓶中，依次加入 2.4 g 镁屑[2]、15 mL 无水乙醚及一小粒碘；在恒压滴液漏斗中加入 10.7 mL 正溴丁烷和 15 mL 无水乙醚的混合溶液。先向瓶内加入约 3～4 mL 溴丁烷-乙醚混合液，数分钟后，反应液呈微沸状态，碘的颜色消失[3]。若不发生反应，可用温水浴加热反应（禁止明火加热！）。反应开始比较剧烈时，可用冷水浴冷却。待反应缓和后，从冷凝管上端加入 25 mL 无水乙醚。开动搅拌器，并滴入剩余的溴丁烷-乙醚混合液，控制滴加速度以使反应液呈微沸状态[4]。滴加完毕后，在热水浴上回流反应 15 min，使镁条作用完全。

2. 2-甲基-2-己醇的制备

将上述制备好的格氏试剂置于冰水浴中冷却，搅拌下自恒压滴液漏斗中滴入 7.4 mL 丙酮[5]和 10 mL 无水乙醚的混合液（注意控制滴加速度，勿使反应过于猛烈）。滴加完毕，在室温下继续搅拌 15 min（溶液中可能有白色粘稠状固体析出）。然后将反应瓶置于冰水浴中冷却，搅拌下自恒压滴液漏斗中分批滴入 50 mL 20 %硫酸溶液，分解上述加成产物，开始滴入宜慢，以后可逐渐加快[6]。待分解完全后，将溶液倒入分液漏斗中，分出醚层。水层每次用 20 mL 乙醚萃取 2 次，合并乙醚层，用 30 mL 5%碳酸钠溶液洗涤，无水碳酸钾干燥[7]。

过滤干燥好的乙醚层，滤液转入 100 mL 圆底烧瓶中，用水浴蒸馏除去乙醚，稍冷却后，将剩余液倒入 25 mL 圆底烧瓶中[8]，继续蒸馏，收集 137～141 ℃的馏分。产量约 6.5 g，产率约 56%，测定产物折光率。

本实验约需 6 h。

（五）思考题

（1）在格氏试剂加成物水解前的各步反应中，为什么使用的仪器和试剂必须绝对干燥？为此，你采取了什么措施？

（2）反应若不能立即开始，应采取哪些措施？若反应未开始前，加入大量的正溴丁烷有什么不好？

（3）反应中可能有哪些副反应产生，应如何避免？

（4）实验得到的粗产物为什么不能用无水氯化钙干燥？

（5）在产品的馏分之前蒸出的前馏分可能是何物？

注意事项

[1] 格氏试剂的制备所需仪器必须干燥充分。

[2] 镁屑应使用新刨制的。如存放的镁屑表面有一层氧化膜，使用前必须将镁屑活化。

[3] 为了使开始时溴丁烷的局部浓度较大，易于发生反应，故搅拌应在反应开始以后进行。

[4] 必须避免一次加入大量的试剂，因为这会使反应过于剧烈而不好控制。当缓慢加入卤代烷时，能得到高的产率。

[5] 所用的丙酮应事先用无水碳酸钾干燥处理。

[6] 反应的全过程应控制好滴加速度，使反应平稳进行。

[7] 2-甲基-2-己醇与水能形成共沸物（沸点 87.4 ℃，含水 27.5%），因此，蒸馏 2-甲基-2-己醇前必须彻底干燥，否则前馏分很多。

[8] 除去乙醚后的剩余物较少，如果使用大的蒸馏瓶，蒸馏完毕后残留液相对增多，使产物损失较大。

（陈朗秋 供稿）

实验53　三苯甲醇的合成

三苯甲醇，英文名称：triphenylmethanol，trityl alcohol，triphenylcarbinol。CAS 号：76-84-6，分子式：$C_{19}H_{16}O$，相对分子质量：260.34。无色菱形晶体。相对密度(d_4^{20})：1.199，熔点：162.5 ℃，沸点：360 ℃。不溶于水和石油醚，溶于乙醇、乙醚、丙酮、苯，溶于浓硫酸显黄色。

健康危害：三苯甲醇对眼、鼻、咽喉有刺激作用。高浓度吸入可引起肺水肿，肝、肾损害。

燃爆危险：三苯甲醇易燃，遇明火、高热能引起燃烧爆炸。

主要用途：三苯甲醇是一种重要的有机合成中间体，在香精香料、医药、染料等行业应用广泛。

（一）实验目的

（1）了解芳基溴化镁格氏试剂的制备和应用；

（2）掌握搅拌、回流、蒸馏、水蒸气蒸馏及重结晶等基本操作。

（二）实验原理

利用苯甲酸乙酯与两分子苯基溴化镁格氏试剂反应，制备三苯甲醇。

【主反应】

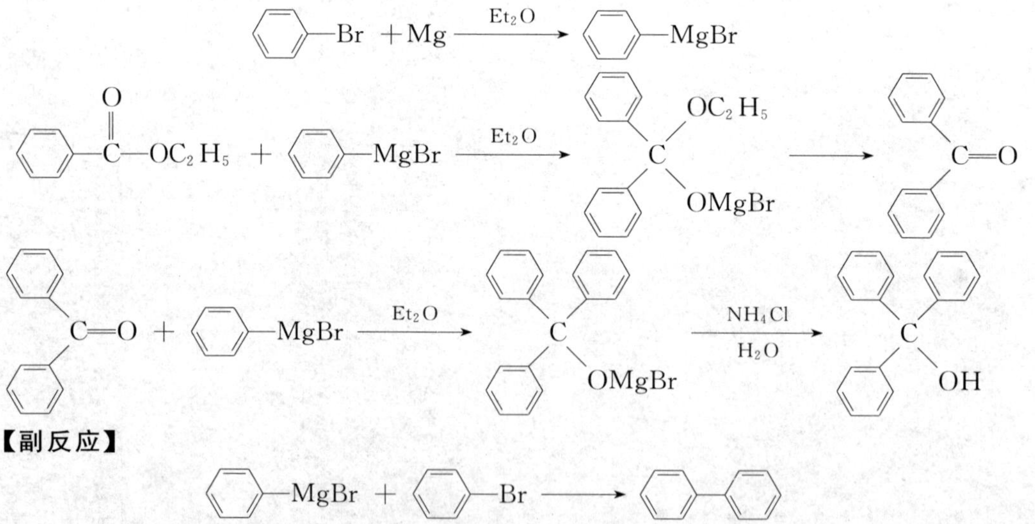

【副反应】

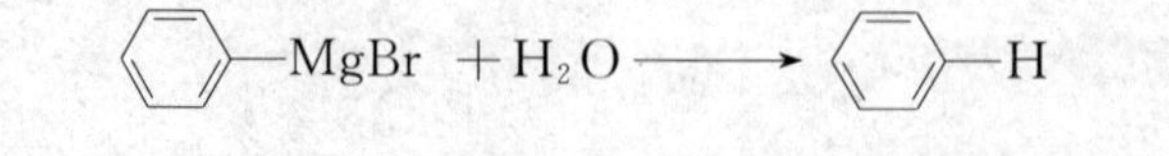

（三）实验仪器与试剂

【主要仪器】

三颈烧瓶(100 mL)，球形冷凝管，恒压滴液漏斗，锥形瓶。

【主要试剂】

10.0 g(6.7 mL，63.6 mmol)溴苯，4.0 g(3.8 mL，26.7 mmol)苯甲酸乙酯，1.5 g(62.5 mmol)镁屑，无水乙醚，碘，氯化铵。

（四）实验步骤

1. 苯基溴化镁(格氏试剂)的制备

在 100 mL 三颈烧瓶上，安装好球形冷凝管、搅拌器和恒压滴液漏斗[1]，在冷凝管上口连接无水氯化钙干燥管[2]。在瓶内放置 1.5 g 镁屑[3]及一小粒碘[4]。往恒压滴液漏斗中加入 10.0 g 溴苯和 30 mL 无水乙醚，并混合均匀。自恒压滴液漏斗将约 9 mL 的混合液加入烧瓶中，数分钟后即见镁屑表面有气泡产生，溶液轻微混浊，碘的颜色开始消失。若不发生反应，可用水浴温热。反应开始后搅拌，缓慢滴加剩余的溴苯乙醚溶液，控制滴加速度，保持溶液呈微沸状态[5]。滴加完毕，反应液停止沸腾时，将反应瓶置于约 40 ℃的水浴上加热、回流反应 1 h 左右，使镁屑几乎完全溶解。

2. 三苯甲醇的制备

将三颈烧瓶置于冷水浴中冷却，搅拌下自滴液漏斗中滴入 4.0 g 苯甲酸乙酯和 10 mL 无水乙醚的混合液，控制滴加速度以保持反应平稳地进行。滴加完毕，将反应混合物在水浴上回流反应 1 h，使反应进行完全。然后，用冷水浴冷却反应液，在搅拌下自滴液漏斗中慢慢滴加由 7.5 g 氯化铵配制成的饱和水溶液，分解加成产物[6]。这时可以观察到反应物明显地分为两层。

将反应装置改为蒸馏装置，在水浴上蒸馏，回收乙醚，再将剩余物进行水蒸气蒸馏，以除去未反应的溴苯及副产物联苯。瓶中剩余物冷却后凝结成有色固体，抽滤。固体用水洗涤 2 次，用 80%的乙醇进行重结晶，干燥，得到约 5.0 g 无色晶体。测定产物的熔点。

本实验约需 10 ～ 11 h。

（五）思考题

(1) 反应中可能发生哪些副反应，如何避免这些副反应的发生？

(2) 溴苯加入速度太快或一次加入有什么不好？

(3) 反应结束后，加入氯化铵饱和水溶液的作用是什么？

(4) 水蒸气蒸馏的目的是什么？

注意事项

[1] 在加氯化铵溶液之前的实验步骤中,所用仪器和试剂必须严格干燥处理,否则反应不能进行或不能得到目标化合物。

[2] 为了防止水汽侵入反应体系,在球形冷凝管上端与大气相通的地方连接氯化钙干燥管。搅拌器密封处用液体石蜡润滑,但不可用甘油润滑。

[3] 镁屑是新刨制的。如存放的镁屑表面有一层氧化膜,则必须活化。

[4] 卤代芳烃或氯代烷以及某些溴代烷和镁作用较难发生时,通常通过温热或用一小粒碘作催化剂促使反应进行。碘的量不可多加,否则碘颜色无法消失,得到产品为棕红色,也易产生偶合副反应。若室温下不能引发,可适当温热。

[5] 滴加溴苯溶液的速度要控制好,不可过快以免生成联苯。滴加溴苯溶液时若体系过于粘稠,可适当补加一些无水乙醚。

[6] 加入氯化铵溶液可防止氢氧化镁的生成。滴加完氯化铵溶液后若还有固体未完全溶解,可加几毫升 6 mol/L 的盐酸溶解。

附:醇的性质与鉴定

1. 醇的定性鉴定

(1) 乙酰氯试验

醇和乙酰氯直接作用生成酯,该反应用于区分醇与酯、醛和酮,可用于醇的定性试验。

$$CH_3COCl + ROH \longrightarrow CH_3COOR + HCl$$

反应中常可观察到热的释放;加水稀释,由低级醇反应所生成的乙酸酯具有水果香味,容易检出;而高级醇的乙酸酯因香味很淡或无香味,不适于醇的定性。

鉴定实验:取 1 支试管,加入乙醚和 10 滴液体试样(或 100 mg 固体试样),摇匀使试样溶解。在摇动下,滴加 10 ~ 15 滴乙酰氯,加水稀释反应混合液,观察气味和浑浊程度。

(2) 卢卡斯(Lucas)试验

浓盐酸-氯化锌溶液(Lucas reagent,卢卡斯试剂)与醇反应形成氯代烃:

$$ROH + HCl(浓) \xrightarrow{ZnCl_2} RCl + H_2O$$

该反应涉及碳正离子中间体的形成,较易形成碳正离子中间体的醇的反应速度较快,因而,不同类型的醇的反应速度不同。

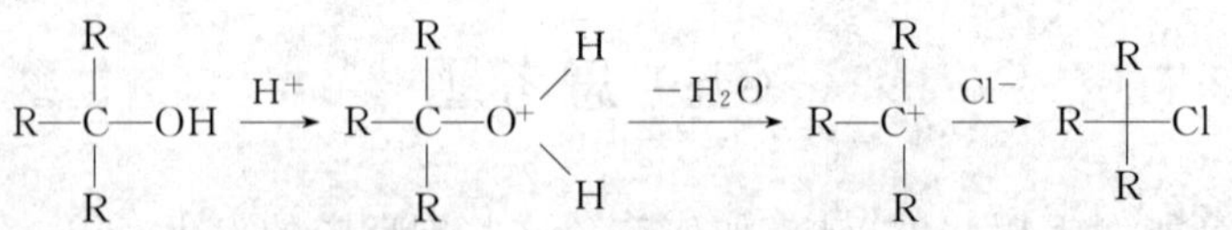

其中,烯丙基醇、苄基醇、三级醇立即反应;二级醇需要等待几分钟或稍加热引发反应;一级醇大多数反应困难,必须加热促使反应,其原因是形成的一级碳正离子不稳定,往往产生重排现象。所以,卢卡斯试验可用来区别一、二、三级醇等。

该反应要求所用的醇类必须具有水溶性,并且阳性结果应为得到浑浊的溶液。含 3 ~ 6 个碳原子的醇可溶于氯化锌-盐酸溶液中,反应后由于生成不溶于试剂的卤代烃,故会出现混浊或分层,利用各种醇出现混浊或分层的速度不同可加以区别。含 6 个碳原子以上的醇类由于不溶于水,故不能用此法检验。甲醇和乙醇由于生成相应挥发性的卤代烷,故此法也不适用。

鉴定实验：往试管中加入 2 ～ 3 mL 卢卡斯试剂，滴加 4 ～ 5 滴试样，观察是否形成浑浊以及形成浑浊所需的时间。如果 5 min 后仍未出现浑浊，温和地加热混合物 2 ～ 3 min，继续观察是否出现浑浊。

卢卡斯试剂的配制方法：在冰浴冷却下，在 50 mL 浓盐酸中溶解 80 g 无水氯化锌。

(3) 琼斯(Jones)氧化试验

具有还原性的醇可以使清澈的铬酐(CrO_3)的硫酸水溶液从橙色[Cr(VI)]转变为不透明的蓝绿色[Cr(III)]：

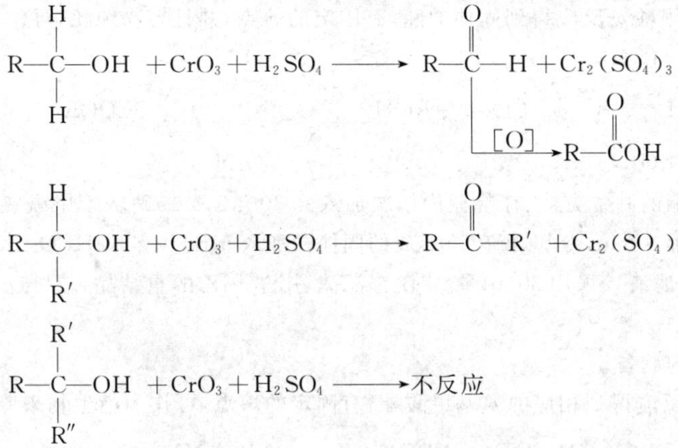

一级醇在氧化剂作用下很容易氧化为醛，然后进一步被氧化成酸。二级醇在氧化剂作用下易被氧化成酮，而且停留在酮的阶段。三级醇较稳定，不易发生氧化反应。利用醇的这种性质，可以鉴别醇的种类。但是，在此条件下，醛也能使铬酐被还原成三价的铬盐而干扰鉴定。

该反应在丙酮溶液中进行，一级醇和二级醇及所有醛类与铬酐反应迅速，在 5 s 内产生明显的颜色变化，溶液由橙色变为蓝绿色。

鉴定实验：取 1 支试管，加入 20 滴丙酮，滴加 2 滴液态试样(或加入 10 ～ 15 mg 固体试样)，边摇边滴加 5 ～ 6 滴铬酐的硫酸溶液，观察混合液的颜色等变化，一级醇、二级醇将在 2 ～ 5 s 内产生蓝绿色沉淀。

铬酐的硫酸溶液的配制方法：在 10 mL 浓硫酸中加入 10 g CrO_3，溶解完全后将该混合液小心地加入到 30 mL 水中，混匀。

(4) 硝酸铈铵试验

含 10 个碳以下的醇和硝酸铈铵溶液作用可生成红色的配合物，溶液的颜色由橘黄色转变成红色，此反应可用来鉴别化合物中是否含有羟基。

$$(NH_4)_2Ce(NO_3)_6 + ROH \longrightarrow \underset{\text{红色}}{(NH_4)_2Ce(OR)(NO_3)_5} + HNO_3$$

鉴定实验：在试管中，溶解 4 ～ 5 滴试样于水或二甘醇二甲醚，加入 10 滴硝酸铈铵溶液，观察混合液是否变为红色。

硝酸铈铵溶液的配置方法：在 115 mL 2 mol/L 的硝酸中，加入 45 g 硝酸铈铵，摇动使之溶解成均匀一致的溶液。

(5) 碘仿试验

具有结构通式为 $RCH(OH)CH_3$ 的一级醇、二级醇在碱性的碘溶液中发生氧化反应，首先形成甲基酮，然后进一步反应生成黄色的碘仿沉淀：

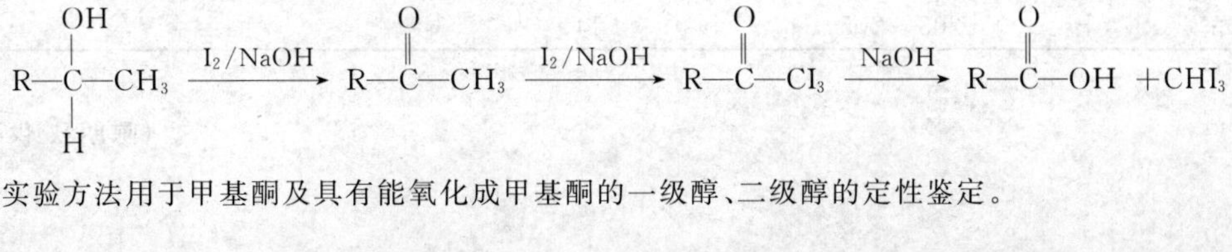

该实验方法用于甲基酮及具有能氧化成甲基酮的一级醇、二级醇的定性鉴定。

鉴定实验:取1支试管,加入5 mL水和5滴液体试样(或100 mg固体试样),使之溶解。加入1 mL 10%NaOH水溶液,边摇边加2 mL I_2-KI溶液、50 mL水,放置15 ~ 20 min,减压过滤,收集滤渣,在80 ℃下干燥。测定熔点。碘仿的熔点为119 ~ 121 ℃。

I_2-KI溶液的配置:溶解10 g碘和20 g碘化钾于100 mL水中。

2. 醇的衍生物

(1) 3,5-二硝基苯甲酸酯的制备

醇与3,5-二硝基苯甲酸氯反应得到固体的酯,有固定的熔点,并且容易纯化,可作为衍生物来鉴定醇。

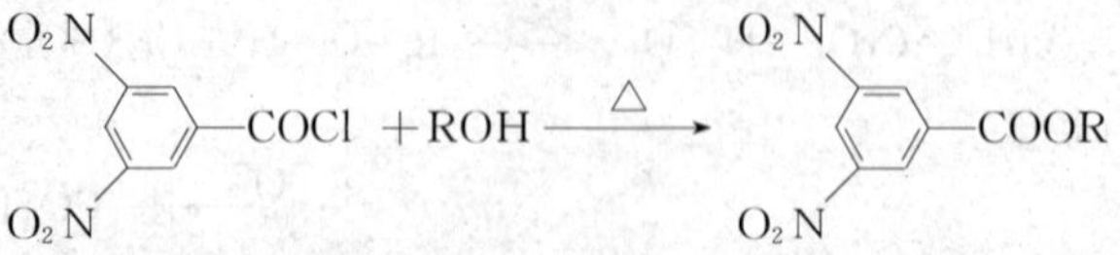

3,5-二硝酸苯甲酸酯的制备方法:往烧瓶中依次加入0.30 g 3,5-二硝基苯甲酰氯、10滴液体试样(或300 mg固体试样)。煮沸5 min,冷却,捣碎所形成的固体。加入5 mL 2%$NaHCO_3$水溶液,搅拌混合液1 ~2 min,减压过滤,收集滤渣。采用20 mL冷水洗涤滤渣,用95%乙醇重结晶,减压过滤;用冰冷的50%乙醇洗涤,干燥。测定熔点。

(2) 苯胺基甲酸酯的制备

醇类与异氰酸苯酯反应得到相应的氨基甲酸酯,有固定的熔点,可作为衍生物来鉴定醇。

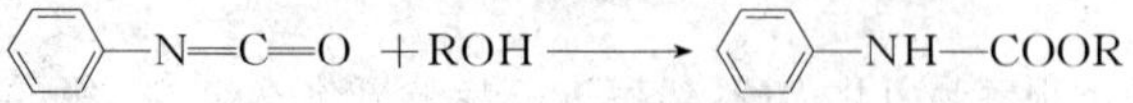

苯胺基甲酸酯的制备:往烧瓶中,依次加入10滴液体试样(或300 mg固体试样)、10滴异氰酸苯酯,混匀;加入3滴被固体KOH干燥过的吡啶,加热5 min,冷却;加入6 mL石油醚,加热使产物溶解,趁热减压过滤,采用石油醚重结晶;干燥。测定熔点。

表6-5 部分醇的酯类衍生物的熔点数据

醇	醇的沸点	衍生物的熔点 t_{mp}/℃	
	t_{bp}/℃	3,5-二硝基苯甲酸酯	苯胺基甲酸酯
甲醇	65	108	47
乙醇	78	93	52
1-丙醇	97	74	57
2-丙醇	82	123	88
1-丁醇	116~119	64	61
2-丁醇	98	76	65
2-甲基-1-丙醇	108	87	86
叔丁醇	83	142	136
1-戊醇	136~138	46	46
2-甲基-2-丁醇	102	116	42
1-己醇	157	58	42
1-辛醇	195	61	74
1-癸醇	231	57	59
烯丙基醇	96~98	49	70
环己醇	160~161	113	82
苄醇	203~205	113	77

(陈朗秋 供稿)

6.15 相转移催化反应和卡宾反应

实验 54 (±)苯乙醇酸(扁桃酸)的合成

苯乙醇酸,别名:扁桃酸,苦杏仁酸,英文名称:phenylhydroxy acetic acid。CAS 号:611-72-3,分子式 $C_8H_8O_3$,相对分子质量:152.15。白色斜方片状结晶或结晶性粉末,有旋光异构体,见光分解变色。相对密度(d_4^{20}):1.30,熔点:119 ℃。易溶于乙醚和异丙醇,溶于乙醇、水,1 g 能溶解于 6.3 mL 水和 1 mL 乙醇中。

主要用途: 用作医药原料及中间体、染料中间体;可作为检测锆和酮的分析试剂。

(一)实验目的

(1) 了解相转移催化反应的原理及其在药物合成中的应用;
(2) 掌握相转移二氯卡宾法制备扁桃酸的操作方法;
(3) 进一步学习重结晶等基本操作。

(二)实验原理

早期扁桃酸的合成方法主要有两种:(1) 苯甲醛氰化法,通过合成的羟基苯乙腈直接水解,得到扁桃酸;(2) 苯乙酮衍生法,通过苯乙酮氯代成 α,α-二氯苯乙酮,然后水解,得到扁桃酸。但这两条路线的收率不高(46%),且方法(1)要用剧毒物 NaCN,工业生产不安全。本实验在季铵盐氯化苄基三乙基胺(TEBA)的催化下,通过苯甲醛、氯仿与氢氧化钠的共同作用,"一锅煮"即制得外消旋的扁桃酸,收率可达 75%。

反应主要经过两个过程:(1) 在非手性季胺盐的相转移催化剂(PTC)存在下,氯仿与氢氧化钠作用,生成三氯甲基碳负离子,被相转移催化剂转移到有机相中,在有机相中产生活泼中间体二氯卡宾;(2) 二氯卡宾对苯甲醛的羰基进行加成,加成产物经过重排,水解得到扁桃酸。

【反应过程】

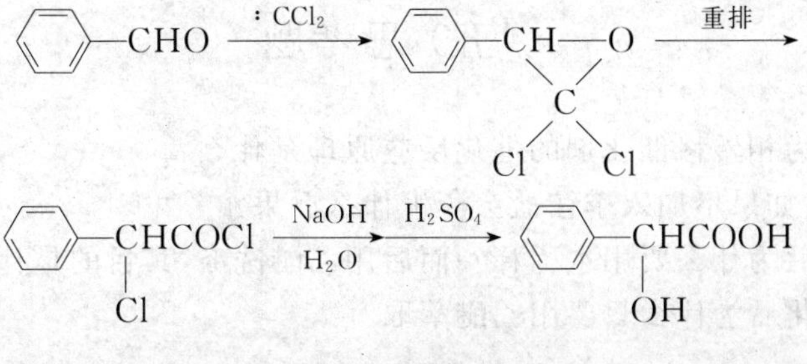

【反应式】

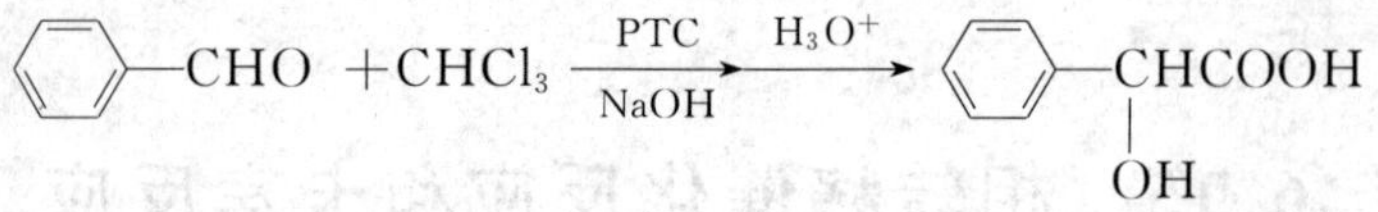

（三）实验仪器与试剂

【主要仪器】

圆底烧瓶（100 mL），三颈烧瓶（100 mL），球形冷凝管，滴液漏斗，分液漏斗，烧杯，温度计，搅拌器。

【主要试剂】

5.4 g(5.1 mL，50.8 mmol)苯甲醛，2.8 g(2.5 mL，22.1 mmol)氯化苄，2.6 g(3.5 mL，25.7 mmol)三乙胺，氯仿，乙醚，甲苯，二氯甲烷，50％NaOH 溶液，50％的硫酸溶液。

（四）实验步骤

1. 氯化苄基三乙基胺(TEBA)的制备

在 100 mL 圆底烧瓶中，加入 3.5 mL 三乙胺、2.5 g 氯化苄和 10 mL 二氯甲烷[1]，磁力搅拌，回流约 45 min，有大量白色固体析出。冷却抽滤[2]，固体用少量乙醚洗涤，真空干燥[3]，得白色固体 TEBA 约 4.0 g，熔点：188～189 ℃。

2. 扁桃酸的制备

在装有搅拌器、球形冷凝管和滴液漏斗的 100 mL 三颈烧瓶中，依次加入 5.1 mL 苯甲醛、0.5 g TEBA 和 8 mL 氯仿。开动搅拌器[4]，并逐渐加热。当温度上升至 55～65 ℃，开始缓慢滴加 20 mL 50％氢氧化钠溶液[5]，维持反应温度在 55～65 ℃左右。滴加完毕，继续搅拌 1 h，至反应液的 pH 值约为 7，停止搅拌。反应混合物用 100 mL 水稀释，用乙醚洗涤 2 次，每次用量 10 mL，以除去未反应的氯仿等有机物。水层用 50％ H_2SO_4 酸化至 pH 值为 2～3[6]，然后用乙醚萃取 2 次，每次 20 mL，合并醚层萃取液，用无水 Na_2SO_4 干燥，过滤，滤液在水浴上加热，蒸馏除去乙醚，得粗产物 5.8 g。粗产物用无水乙醇-甲苯（1∶8）混合溶剂进行重结晶（每克粗产物约需 3 mL 混合溶剂），趁热过滤，母液在室温下放置，慢慢析出晶体。冷却后抽滤，固体用少量石油醚（30～60 ℃）洗涤以加速干燥。产品为白色结晶，产量约 3.9 g，熔点 118～119 ℃。

本实验约需 8～9 h。

（五）思考题

(1) 以季铵盐为相转移催化剂的催化反应原理是什么？

(2) 在实验中，如果不加入季铵盐会产生什么后果？

(3) 反应结束后为什么要用水稀释？而后用乙醚洗涤，其目的是什么？

(4) 反应液酸化后为什么只要用乙醚萃取？

（5）根据相转移反应原理，写出本反应中离子的转移和二氯卡宾的产生及反应过程。

注意事项

[1] 氯化苄有毒！并具有催泪刺激性。三乙胺和二氯甲烷也有毒，量取时需在通风橱中操作。

[2] 过滤时宜在通风橱中进行，因滤液中尚有部分未反应的具有刺激性的三乙胺逸出。季铵盐极易吸水，过滤应迅速。

[3] 干燥器中放石蜡以除去产物中残余的烃类溶剂。

[4] 此反应是发生在两相界面之间，强烈搅拌反应混合物，有利于加速反应。

[5] 滴加 50%NaOH 溶液速度不宜过快，每分钟约 4～5 滴。否则，苯甲醛在强碱条件下易发生歧化反应，使产品收率降低。

[6] 用 50%H_2SO_4 酸化时应酸化至溶液呈强酸性。

（张维庆，沈平 供稿）

实验 55　7,7-二氯二环[4.1.0]庚烷的合成

7,7-二氯二环[4.1.0]庚烷，英文名称：7,7-dichlorobicyclo[4.1.0]heptane。CAS 号：823-69-8，分子式：$C_7H_{10}Cl_2$，相对分子质量：165.06。无色透明液体。相对密度（d_4^{20}）：1.250，沸点：198 ℃，折光率（n_D^{20}）：1.500 6～1.504 0。

主要用途：是生产农药杀螨剂的主要原料，也是生产表面活性剂、橡胶助剂的原料。

（一）实验目的

（1）了解相转移催化、卡宾的生成及加成反应；
（2）掌握萃取、蒸馏、减压蒸馏等操作。

（二）实验原理

在相转移催化条件下，通过二氯卡宾与环己烯作用，制备 7,7-二氯二环[4.1.0]庚烷。其中，二氯卡宾（$:CCl_2$）是通过氯仿在叔丁醇钾作用下发生 α-消除反应来获得。通常认为该反应的机理为：

$$(C_2H_5)_3\overset{+}{N}CH_2C_6H_5Cl^- \xrightarrow[\text{水相}]{-OH} (C_2H_5)_3\overset{+}{N}CH_2C_6H_5OH^- + Cl^-$$

$$(C_2H_5)_3\overset{+}{N}CH_2C_6H_5OH^- + CHCl_3 \xrightarrow{\text{相界面}} (C_2H_5)_3\overset{+}{N}CH_2C_6H_5\bar{C}Cl_3 + H_2O$$

$$(C_2H_5)_3\overset{+}{N}CH_2C_6H_5\bar{C}Cl_3 \xrightarrow{\text{有机相}} :CCl_2 + (C_2H_5)_3\overset{+}{N}CH_2C_6H_5Cl^-$$

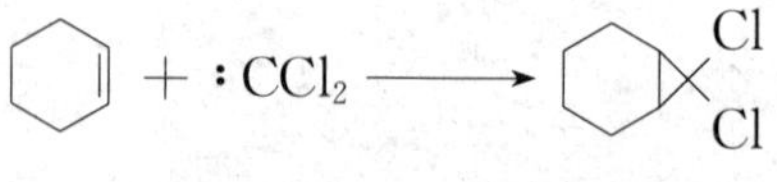

【反应式】

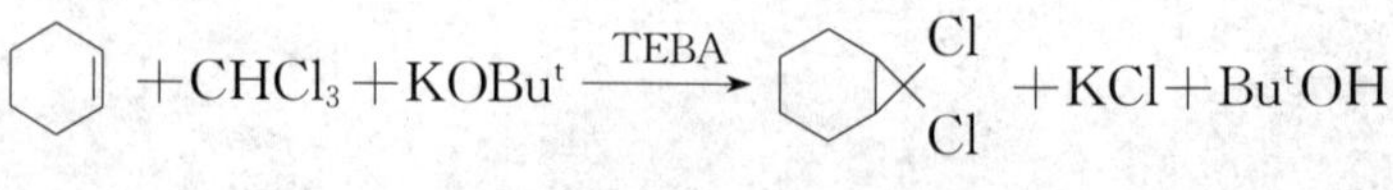

（三）实验仪器与试剂

【主要仪器】

三颈烧瓶，球形冷凝管，分液漏斗，电动搅拌器。

【主要试剂】

4.1 g (5.1 mL, 0.05 mol)环己烯，18 g (12 mL, 0.15 mol)氯仿，0.2 g 三乙基苄基氯化

铵(TEBA),氢氧化钠,乙醇,乙醚,浓盐酸,无水硫酸镁。

(四) 实验步骤

在装有电动搅拌装置,回流冷凝管及温度计的 100 mL 三颈烧瓶中,依次加入 5.1 mL 环己烯、12 mL 氯仿和 0.2 g TEBA[1]。开动搅拌器[2],将 10 g NaOH 与 10 mL 水组成的溶液自回流冷凝管上端缓慢滴入(约 10 min 加完)。反应混合物自动升温并形成乳浊液,15 min 内烧瓶内温度逐渐上升至 60 ℃左右,反应液渐渐变成棕黄色并伴有固体析出。当温度开始下降时,可用热水浴维持反应温度在 55～60 ℃,搅拌反应 40 min[3]。然后再将反应液冷至室温,加入 20 mL 冰水稀释,并转入分液漏斗,分出有机层;水层用 15 mL 乙醚提取 1 次,合并有机层和乙醚萃取液,并用等体积的水洗涤 2 次,再加入无水硫酸镁干燥。

将干燥后的 7,7-二氯二环[4.1.0]庚烷的乙醚溶液滤入 50 mL 圆底烧瓶中,水浴加热,常压蒸馏出溶剂(乙醚、氯仿),然后进行减压蒸馏,收集 75～80 ℃/2.0 kPa (15 mmHg),或 95～97 ℃/4.7 kPa(35 mmHg)馏分[4],产量约 5～6 g。

本实验约需 5～6 h。

(五) 思考题

(1) 相转移催化剂在本实验中起什么作用?

(2) 在实验中为什么要使用过量的氯仿?为什么要激烈搅拌反应混合物?

(3) 二氯卡宾是一种活性中间体,容易与水作用,试简述本实验在有水存在下为什么二氯卡宾可以和烯烃发生加成反应?

(4) 试问还有哪些 α-消去反应可得到二氯卡宾?

注意事项

[1] 也可用其他季铵盐作催化剂,如四乙基铵、四丁基化铵、三甲基苄基铵等的溴化物或氯化物。催化剂不可多加,否则在后面的分离纯化中会严重乳化而难以分层。

[2] 本反应为非均相的相转移催化反应,必须在强烈的搅拌下进行。

[3] 在回流温度下反应效果较好。但若搅拌器密封不好,在回流温度下会有氯仿蒸气逸出,为避免氯仿逸出,可将反应温度降至 55～60 ℃,收率略有下降。如发现氯仿已经逸出甚多,可适当补加。

[4] 产品也可用空气冷凝管进行常压蒸馏得到,沸程约为 190～200 ℃。

(张维庆,沈平 供稿)

6.16 Leuchart 外消旋体的拆分

实验 56　α-苯乙胺的制备及拆分

α-苯乙胺，又称 2-苯乙胺。英文名称：2-phenylethylamine。CAS 号：64-04-0，分子式：$C_8H_{11}N$，相对分子质量：121.18。无色，具有鱼腥味的碱性液体。相对密度(d_4^{20})：0.964 0，熔点：－65 ℃，沸点：194.5～195 ℃(101.3 kPa)，折光率(n_d^{20})：1.523 8。溶于水，易溶于醇和醚。

主要用途： 苯乙胺为重要的医药、染料、香料及乳化剂中间体。在医药上可用作兴奋剂、迷幻剂、降食欲剂、抗抑郁剂等。

（一）实验目的

（1）掌握(±)-α-苯乙胺的制备原理和方法；

（2）掌握运用分步结晶法拆分外消旋体的方法。

（二）实验原理

醛或酮在高温下与甲酸铵作用得到胺的反应称为 R. Leuchart(鲁卡特)反应。反应中，首先是氨基对羰基的亲核加成，接着脱水生成亚胺。亚胺被甲酸还原生成胺。本实验的苯乙酮与甲酸铵作用得到外消旋体(±)-α-苯乙胺。要获得具有旋光性的对映异构体，还需经过拆分操作。(±)-α-苯乙胺属于碱性外消旋体，可用酸性拆分试剂进行拆分，例如，(＋)-酒石酸。加入拆分剂 *L*-(＋)-酒石酸后，形成两个非对映体化合物。再利用它们在甲醇中的溶解度有明显差异，用分步结晶的方法将它们分离、精制，然后加入碱除去拆分剂，可得纯光学异构体。

【反应式】

$$C_6H_5COCH_3 + HCOONH_4 \longrightarrow C_6H_5CH(NH_2)CH_3 + CO_2 + H_2O$$

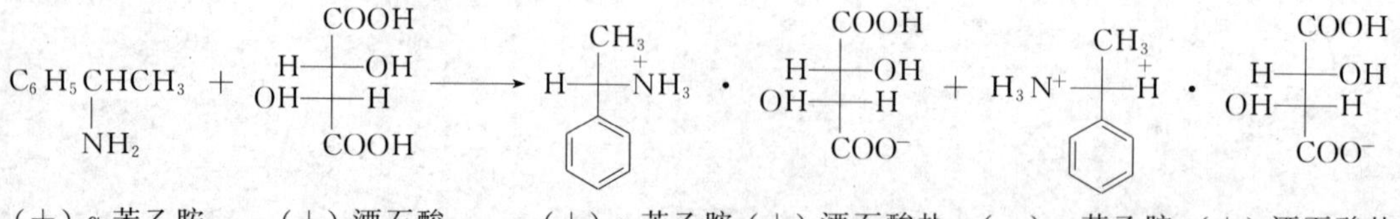

(±)-α-苯乙胺　　(＋)-酒石酸　　(＋)-α-苯乙胺-(＋)-酒石酸盐　　(－)-α-苯乙胺-(＋)-酒石酸盐

（三）实验仪器和试剂

【主要仪器】

三颈烧瓶(100 mL)，空气冷凝管，直形冷凝管，分液漏斗。

【主要试剂】

6 g (6 mL，0.05 mol)苯乙酮，10 g (0.16 mol)甲酸铵，2.5 g (0.016 mol)(＋)-酒石酸，氯仿，浓盐酸，氢氧化钠，甲苯，甲醇，乙醚，50％氢氧化钠溶液。

（四）实验步骤

1. α-苯乙胺制备

在50 mL三颈烧瓶中依次加入6 mL苯乙酮、10 g甲酸铵和2粒沸石，装配好简单蒸馏装置，温度计插至近反应瓶底。用电热套加热至140 ℃左右，瓶内混合物开始熔化，当温度升至150～155 ℃时，混合物逐步转化成均相；并有液体慢慢蒸出，继续缓缓加热90 min[1]，当温度升至185 ℃，停止加热[2]。冷却，将馏出液转入分液漏斗中，分出苯乙酮层，再重新倒入反应瓶中。维持180～185 ℃下继续反应70～80 min。

冷却，向烧瓶中加入8 mL水，洗涤，分离出水层，油层倒入原烧瓶中。水层用20 mL氯仿分2次萃取，合并氯仿的萃取液，也倒入原烧瓶中。然后加入6 mL浓盐酸和2粒沸石，水浴蒸馏出氯仿，将蒸馏装置改成回流装置，微沸回流30 min。水解反应结束后，冷却反应物至室温[3]，移入分液漏斗中。用15 mL氯仿分3次洗涤，合并氯仿层，回收氯仿，水层转入三颈烧瓶中。

将三颈烧瓶置于冰水浴中冷却，慢慢加入5 g氢氧化钠与10 mL水配制的氢氢化钠溶液，混合均匀，然后进行水蒸气蒸馏至馏出液为中性(用pH试纸检查)。

将馏出液转移到分液漏斗中，用30 mL甲苯萃取3次，合并甲苯溶液，加入固体氢氧化钠干燥。将干燥好的甲苯溶液滤入圆底烧瓶中，加入1～2粒沸石，加热，常压蒸馏出甲苯；稍冷却后将直形冷凝管改换为空气冷凝管，蒸馏，收集180～190 ℃馏分[4]，用于下一步拆分实验。

本实验时间约需8 h。

2. α-苯乙胺的拆分

在100 mL锥形瓶中，加入35 mL甲醇[5]和2.5 g *L*-(＋)-酒石酸，水浴加热并搅拌使其溶解，在搅拌下缓慢加入2.0 g实验制得的α-苯乙胺(滴加速度不宜太快，以免起泡)。滴加完毕，冷却至室温，塞紧瓶塞，放置24 h，即可得白色棱状晶体[6]。减压过滤，滤液保留。晶体用少许甲醇洗涤，干燥后可得(－)-α-苯乙胺-(＋)-酒石酸盐，称重。

将(－)-α-苯乙胺-(＋)-酒石酸盐溶于8 mL水中，加入2 mL 50％氢氧化钠溶液，搅拌至固体完全溶液解，然后用16 mL乙醚分两次萃取，合并乙醚萃取液，用固体氢氧化钠干燥。将干燥后的乙醚溶液滤入圆底烧瓶中，水浴加热蒸馏出乙醚[7]，稍冷却后，改用电热套加热，继续蒸馏，收集180～190 ℃馏分至已称重的锥形瓶中，称重，计算产率。

准确称取(－)-α-苯乙胺0.1 g于10 mL容量瓶中，用甲醇溶解并稀释至刻度。根据溶液的总体积和(－)-α-苯乙胺的量，计算浓度。用配制溶液测定旋光度和比旋光度，计算光学纯度。纯 S-(－)-α-苯乙胺的 $[\alpha]_D^{25}=-39.5°$。

将析出(－)-α-苯乙胺-(＋)-酒石酸盐的母液水浴蒸馏蒸去甲醇，可得(＋)-α-苯乙胺-(＋)-酒石酸盐白色固体。按上步实验操作方法，用水、氢氧化钠处理该盐。用乙醚萃取，萃取液用固体氢氧化钠干燥，水浴蒸馏蒸去乙醚；再改用电热套加热蒸馏，收集 180～190 ℃馏分至已称重的锥形瓶中，称重，计算产品的量。测定旋光度和比旋光度，计算产物的光学纯度。纯 R-(＋)-α-苯乙胺的$[\alpha]_D^{25}=-39.5°$。

本实验时间约需 6 h。

（五）思考题

(1) 采用鲁卡特反应合成(±)-α-苯乙胺时为什么只能获得其外消旋体？

(2) 本实验为什么要比较严格地控制反应温度？

(3) 苯乙酮与甲酸铵反应后，用水洗涤的目的是什么？

(4) 为什么要用溶剂对水解溶液进行萃取？

(5) 写出苯乙酮与甲酸铵作用制得 α-苯乙胺的反应机理。

(6) 制备 α-苯乙胺实验中水蒸气蒸馏的作用是什么？可否用其他操作替代？

(7) 简述对映异构体拆分的原理。

(8) 如何控制反应条件得到纯的光学异构体？

注意事项

[1] 宜用小火继续加热，以免有太多泡沫泛出。

[2] 在此反应过程中，水和苯乙酮被蒸出，同时不断产生泡沫，放出氨气和二氧化碳。此外在冷凝管上可能生成一些碳酸铵固体，此时，可暂时关闭冷凝水使固体溶解，以免堵塞冷凝管。

[3] 若有晶体析出，可加最少量水使之溶解。

[4] 要避免沸腾或起泡而逸出。(±)-α-苯乙胺易吸收空气中的二氧化碳，应密闭避光保存。

[5] 甲醇有毒，避免吸入其蒸气。

[6] 若析出的是针状结晶，则需重新加热冷却溶解，再冷却至菱形结晶析出为止。

[7] 可直接用旋转蒸发仪进行蒸馏或水浴蒸馏除去乙醚，然后再用减压蒸馏方式进行蒸馏。

（罗虹，沈平 供稿）

实验 57　(±)-反-1,2-环己二胺的拆分

(±)-反-1,2-环己二胺,别名:(±)-反式-1,2-二氨基环己烷,英文名称:(±)-trans-1,2-cyclohexane-diamine,或(±)-trans-1,2-Diaminocyclohexane。CAS 号:1121-22-8,分子式:$C_6H_{14}N_2$,相对分子质量:114.19。白色结晶。相对密度(d_4^{20}):0.951,熔点:14～15 ℃,沸点:79～81 ℃/15 mmHg,折射率(n_D^{20}):1.489,闪点:68.9 ℃。可溶于水、氯仿。

(1*R*,2*R*)-(−)-1,2-环己二胺,英文名称:(1*R*,2*R*)-(−)-1,2-Diaminocyclohexane。CAS 号:20439-47-8。熔点:40～45 ℃,沸点:104～110 ℃ (40 mmHg)。

(1*S*,2*S*)-(+)-1,2-环己二胺,英文名称:(1*S*,2*S*)-(+)-1,2-Diaminocyclohexane。CAS 号:21436-03-3。熔点:40～45 ℃,沸点:104～110 ℃ (40 mmHg)。

健康危害: (±)-反-1,2-环己二胺有毒,对眼睛及呼吸系统有刺激性,与水、酸接触释放有毒气体,有强腐蚀性。

主要用途: 用作手性合成试剂和合成奥沙利铂中间体。

(一) 实验目的

(1) 掌握将外消旋体(±)-反-1,2-环己二胺转变为非对映异构体后分步结晶的拆分方法;

(2) 熟悉旋光仪的使用方法。

(二) 实验原理

外消旋体的拆分方法很多,实验室通常采用一个旋光化合物(拆分剂)与外消旋体进行化学反应,生成两个非对映体,利用非对映体在某种选定的溶剂中具有不同溶解度的特性,用分步结晶法将它们分离、精制得到纯的旋光异构体。拆分酸性外消旋体常用旋光性生物碱,如(−)-麻黄碱,(−)-马钱子碱等;拆分碱性外消旋体常用旋光性酸,如酒石酸,樟脑-*β*-磺酸等。(±)-反-1,2-环己二胺属于碱性外消旋体,可用酸性拆分剂(如酒石酸)进行拆分。本实验通过 *L*-(+)-酒石酸与(±)-反-1,2-环己二胺反应形成非对映异构体盐(*R*,*R*)-反-1,2-环己二胺-(+)-酒石酸盐和(*S*,*S*)-反-1,2-环己二胺-(+)-酒石酸盐。这两种盐在甲醇中溶解度有显著差异,前者在甲醇中的溶解度比后者小。采用分步结晶法,使(*R*,*R*)-反-1,2-环己二胺-(+)-酒石酸盐从溶液中先结晶析出,经纯化、碱化处理,即可得到纯的(*R*,*R*)-反-1,2-环己二胺-(+)-酒石酸盐。母液经类似的处理也可得到纯的(*S*,*S*)-反-1,2-环己二胺-(+)-酒石酸盐。

【主反应】

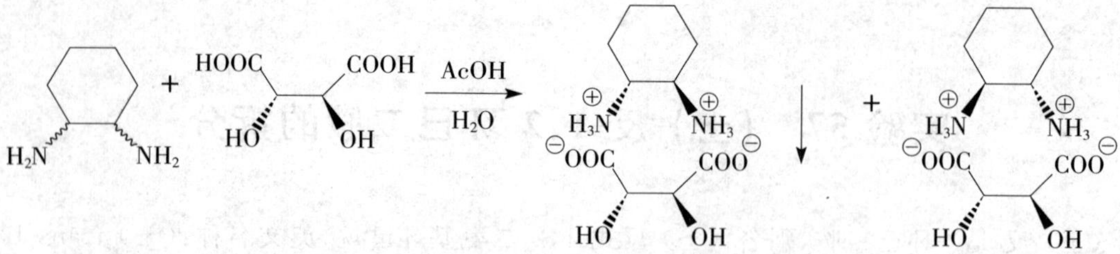

(*R*,*R*)-反-1,2-环己二胺-*L*-(+)-酒石酸盐

（三）实验仪器与试剂

【主要仪器】

三颈烧瓶（500 mL），圆底烧瓶（1000 mL），锥形瓶，回流冷凝管，滴液漏斗，抽滤瓶。

【主要试剂】

11.4 g (100 mmol)（±）-反-1,2-环己二胺，7.51 g (50 mmol) *L*-（+）-酒石酸，甲醇，乙醇，二氯甲烷，丙酮，无水硫酸钠，氢氧化钾，浓盐酸。

（四）实验步骤

在装有滴液漏斗、回流冷凝管和磁力搅拌子的 500 mL 三颈烧瓶中，依次加入 11.4 g (100 mmol)（±）-反-1,2-环己二胺、20 mL 水和 160 mL 甲醇。搅拌，自滴液漏斗滴加 7.5 mL(130 mmol)冰醋酸。然后将 7.51 g (50 mmol) *L*-（+）-酒石酸溶于 30 mL 甲醇，滴加至反应液中，并用 10 mL 甲醇冲洗，使反应液中甲醇和水的比例为 10∶1。加热回流 24 h，冷却至室温。过滤，滤饼用甲醇(3×20 mL)洗涤，放入烘箱中干燥 8 h (70 ℃)，得到(1*R*,2*R*)型环己二胺的酒石酸盐（约 12.8 g，$[\alpha]_D^{20}=+12.5$），产率约 49%，熔点 273 ℃（变黄分解）。

将 12.8 g (1*R*,2*R*)型环己二胺的酒石酸盐、135 mL 水和 54 mL 乙醇加入 250 mL 圆底烧瓶中。加 KOH 调节溶液 pH＝12～13，回流 2 h，再用 CH_2Cl_2 萃取，将萃取液用无水 Na_2SO_4 干燥，过滤，减压蒸馏，收集 93.5 ℃/26 mmHg 馏分，即为(1*R*,2*R*)-1,2-环己二胺。$[\alpha]_D^{20}=-41.7^{\circ}$(C＝8.57，苯)。

将母液（含多次洗涤液）转移至装有搅拌子和回流冷凝管的 1 000 mL 圆底烧瓶中，搅拌下加入 10 mL(130 mmol)浓 HCl，加热回流，每隔 1 h 加入 50 mL 丙酮，分 10 次加完 500 mL 丙酮，继续回流 24 h，得白色沉淀。冷至室温，过滤，滤饼用丙酮(3×20 mL)洗涤，烘箱干燥 12 h (80 ℃)，得到(1*S*,2*S*)型环己二胺盐酸盐的白色晶体粉末(6.85 g)[1]。

将 6.85 g (1*S*,2*S*)型环己二胺的盐酸盐、135 mL 水和 54 mL 乙醇加入 250 mL 圆底烧瓶中。加 KOH 调节 pH＝12～13，回流 2 h，再用 CH_2Cl_2 萃取，将萃取液用无水 Na_2SO_4 干燥，过滤，减压蒸馏，收集 93.5 ℃/26 mmHg 的馏分，即为(1*S*,2*S*)-1,2-环己二胺。$[\alpha]_D^{20}=+41.7^{\circ}$(C＝8.57，苯)。

（五）思考题

（1）在 L-(+)-酒石酸甲醇溶液中加入(±)-反-1,2-环己二胺后，析出晶体，过滤后滤液是否有旋光性？为什么？

（2）拆分实验中关键的步骤是什么？如何控制反应条件，拆分、纯化得到纯的旋光异构体？

注意事项

[1] 针状晶体的存在使对映异构体拆分达不到足够高的光学纯度，应将其转化为棱柱状晶体。

（易兵，党丽敏 供稿）

6.17 金属有机化合物的合成

实验 58 二茂铁的合成

二茂铁，或称环戊二烯基铁，英文名称：ferrocene。CAS 号：102-54-5。相对分子质量：186.04。外观为橙黄色针状或者粉末状结晶。相对密度(d_4^{20}) 2.690，熔点：174 ℃，沸点：249 ℃。不溶于水，溶于甲醇、乙醇、乙醚、石油醚、汽油、煤油、二氯甲烷、苯等有机溶剂。二茂铁其分子呈极性，具有高度热稳定性、化学稳定性和耐辐射性，溶于浓硫酸，在沸腾的烧碱溶液和盐酸中不溶解、不分解。在化学性质上，二茂铁和芳香族化合物相似，不容易发生加成反应，容易发生亲电取代反应，可进行酰基化、烷基化、磺化、甲酰化等反应，从而可制备一系列用途广泛的衍生物。二茂铁的化学合成方法主要有环戊二烯钠法、二乙胺法、相转移催化法、二甲基亚砜法等

主要用途：二茂铁及衍生物可以用作汽油的抗震剂，它们要比曾经广泛使用的四乙基铅更为安全。此外，二茂铁及其衍生物还被用于医药、材料等领域。

（一）实验目的

(1) 掌握二茂铁二乙胺法的制备方法；

(2) 进一步学习分馏，蒸馏等基本操作。

（二）实验原理

利用氯化亚铁和环戊二烯在碱(二乙胺)存在下反应制备二茂铁。氯化亚铁可以由氯化铁和还原铁粉原位制备。

【反应式】

$$2FeCl_3 + Fe \longrightarrow 3FeCl_2$$

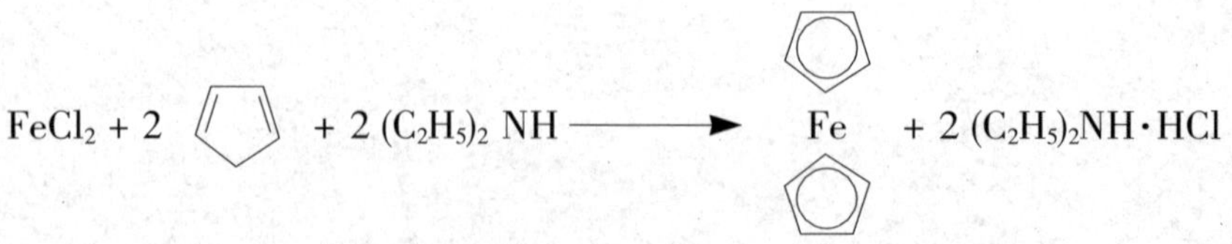

（三）实验仪器和试剂

【主要仪器】

圆底烧瓶(100 mL)，三颈烧瓶(100 mL)，刺形分馏柱，回流冷凝管，电动搅拌器。

【主要试剂】

8.1 g (0.05 mol)无水三氯化铁，1.4 g (0.025 mol)还原铁粉，9.9 g (12.5 mL，0.15 mol)环戊二烯，21.9 g (30 mL，0.3 mmol)二乙胺，四氢呋喃，石油醚 (30～60 ℃)。

(四) 实验步骤

在 100 mL 圆底烧瓶中，加入 40 mL 双环戊二烯[1]和 1～2 粒沸石，安装好刺形分馏柱及其分馏装置。缓缓加热至回流，收集 39～42 ℃馏分，接收瓶用冰水冷却，以防止环戊二烯的挥发损失和二聚体的形成。当烧瓶中残留少许液体时，停止分馏。

在装有回流冷凝管、搅拌器及导气管的 100 mL 三颈烧瓶中，加入 25 mL 干燥的四氢呋喃[2]和 8.1 g 无水三氯化铁，通入氮气保护，并开启搅拌器。从瓶口处迅速加入 1.4 g 还原铁粉，重新装好导气管，通入氮气保护。反应液开始升温，加热回流 4 h，反应液呈棕色，并有灰色沉淀物析出。回流结束后，将反应装置改为减压蒸馏装置，开启水泵，减压蒸馏出四氢呋喃，即得无水氯化亚铁。

再在原三颈烧瓶上安装回流冷凝管、恒压滴液漏斗和导气管，通入氮气保护并开启搅拌器。自滴液漏斗向烧瓶中滴加由 12.5 mL 环戊二烯和 30 mL 二乙胺[3]配成的溶液。滴加过程中反应会放热，须用冷水浴冷却反应瓶，使反应温度维持在 20 ℃左右。滴加完毕后，在室温下继续搅拌 6 h，静置过夜。将反应装置改为减压蒸馏装置，连接水泵，减压蒸馏出过量的二乙胺。然后以石油醚为萃取剂，在加热回流条件下对剩余物进行萃取 (3 × 20 mL)，合并萃取液。蒸馏除去大部分溶剂后，将剩余物放入冰箱中冷却，可获二茂铁结晶粗品。二茂铁粗产品可以通过石油醚重结晶进一步提纯，也可以通过升华精制。产物经干燥后称量、测定熔点。

(五) 思考题

(1) 实验中为什么不能直接使用市售的环戊二烯来合成二茂铁？

(2) 二茂铁的合成实验中为什么要加入二乙胺？

(3) 已知二茂铁的核磁共振氢谱仅有 $\delta=4.09$(单峰)，这说明二茂铁具有什么样的分子结构特征？

(4) 反应中为什么需要氮气保护？

注意事项

[1] 商品化的环戊二烯以二聚体的形式存在，故在使用前需要对二聚环戊二烯进行解聚。当环戊二烯被加热至 170 ℃时，单体与二聚体之间能建立平衡，可用分馏的方法得到纯的环戊二烯单体。环戊二烯单体必须随蒸随用，暂时不用时需置入冰箱冷藏，以防止大量二聚体产生。

[2] 对市售化学纯的四氢呋喃按其体积的 5%加入无水氢氧化钾，盖紧瓶盖，静置 24 h，即可使用。

[3] 需用无水氢氧化钾干燥并重蒸。

(邓国军 供稿)

第七章　设计与创新性实验

实验 59　植物生长素——2,4-二氯苯氧乙酸的合成

2,4-二氯苯氧乙酸，别名：2,4-D 酸，2,4-二氯苯氧基乙酸，英文名称：2,4-dichloro-phenoxyacetic acid。CAS 号：94-75-7，分子式：$C_8H_6Cl_2O_3$，相对分子质量：221.03。白色结晶，无臭味。相对密度（d_4^{20}）：1.563，熔点：137～141 ℃，沸点：160 ℃（0.4 torr）。水溶性：0.089 g/100 mL，难溶于乙醇、乙醚和丙酮等有机溶剂，能溶于碱。

健康危害：吞食本品有害，对呼吸系统有刺激作用，对眼睛有严重伤害。与皮肤接触可能致敏，对水生物有害，可能对水体环境产生长期不良影响。

主要用途：用作除草剂和植物生长素。低浓度的 2,4-二氯苯氧乙酸对植物生长具有刺激性作用，能促进作物早熟、增产，防止果实如西红柿等落花落果。高浓度的 2,4-二氯苯氧乙酸对植物有杀灭作用。

（一）实验目的

（1）学习威廉逊制备芳基醚、芳烃氯化的反应原理；

（2）了解 2,4-二氯苯氧乙酸的合成原理。

（二）实验原理

采用浓盐酸加过氧化氢，或者次氯酸钠在酸性介质中氯化等两种方法，合成植物生长素 2,4-二氯苯氧乙酸。这两种方法的优点是：可避免直接使用氯气带来的危险和不便。本实验采用次氯酸钠在酸性介质中氯化的方法，合成 2,4-二氯苯氧乙酸。

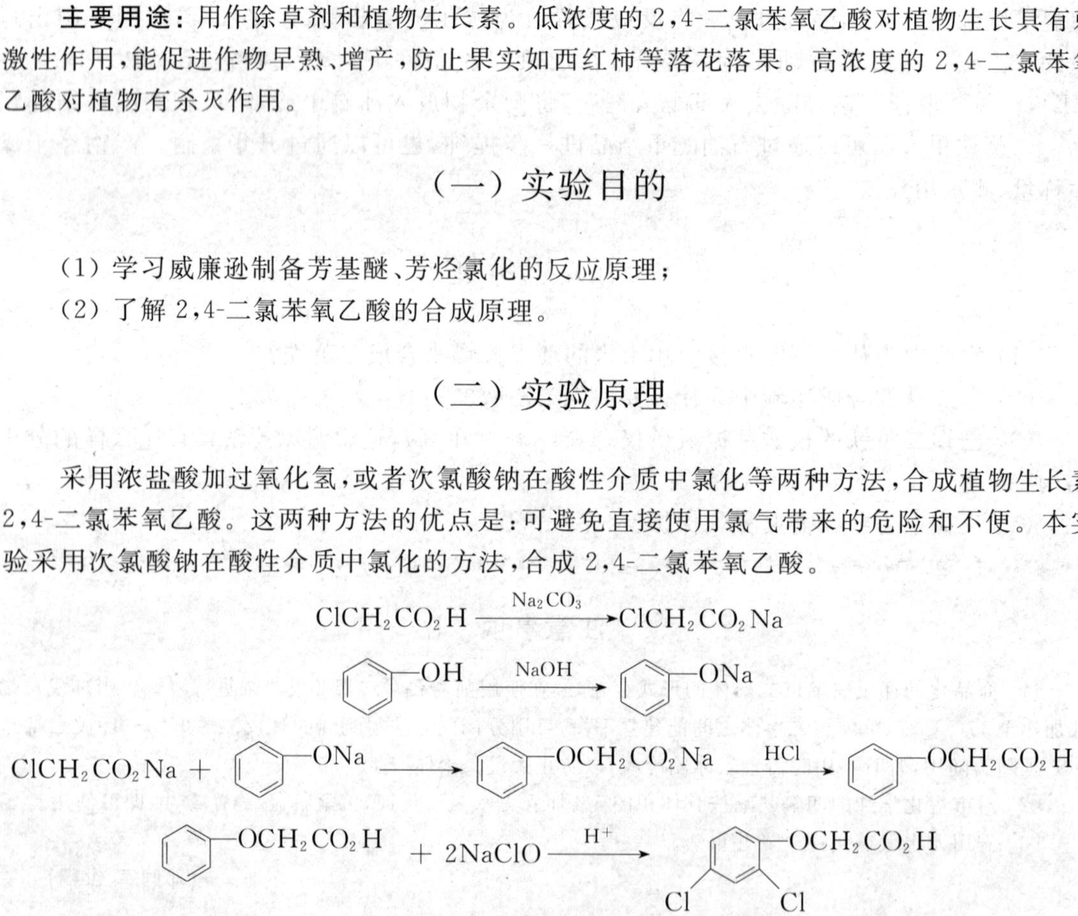

（三）实验仪器与试剂

【主要仪器】

三颈烧瓶（100 mL），烧杯（100 mL），机械搅拌器，回流冷凝管，分液漏斗，滴液漏斗。

【主要试剂】

3.1 g (32.8 mmol) 一氯乙酸，2.8 g (29.8 mmol) 苯酚，1.3 g (32.5 mmol) 氢氧化钠，7% 次氯酸钠水溶液，冰醋酸，二氯甲烷，乙醚，碳酸钠，20%盐酸。

（四）实验步骤

1. 一氯乙酸钠溶液的配制

在 100 mL 烧杯中，加入 3.1 g (32.8 mmol)一氯乙酸和 5 mL 15%食盐水[1]，搅拌下慢慢加入 2.0 g (18.9 mmol)碳酸钠，维持反应混合液的温度不超过 40 ℃[2]。当溶液 pH 值接近中性时，改用饱和碳酸钠水溶液来调节反应混合液 pH 值至 7～8。

2. 苯氧乙酸的合成

在装有搅拌器、回流冷凝管的 100 mL 三颈烧瓶中，加入 1.3 g (32.5 mmol)氢氧化钠和 8 mL 水。搅拌溶解后，加入 2.8g (29.8 mmol)苯酚[3]，水浴加热至 45 ℃，搅拌使苯酚溶解，冷却待用。将配制好的一氯乙酸钠溶液直接加入到三颈烧瓶中。开启搅拌器，电热套加热，使反应温度保持在 100～110 ℃之间，反应 2 h[4]，直至反应液 pH 值为 7～8。

反应结束后，冷却反应混合物至室温，用约 5 mL 20%盐酸将混合物的 pH 值调至 1～2，析出晶体，抽滤，用 3 mL 水洗涤，得苯氧乙酸粗品。将粗品倒入 100 mL 烧杯中，加入 10 mL 20%碳酸钠水溶液使之溶解（如仍有不溶的固体，可补加 15 mL 水使之完全溶解），把溶液转入分液漏斗中，加入 10 mL 乙醚洗涤、静置分层，除去乙醚层[5]。水层用 20%盐酸酸化至 pH 值为 1～2，静置、冷却结晶，抽滤，用少量冷水洗涤滤饼 2 次，经干燥后即得苯氧乙酸纯品。称量、测熔点。苯氧乙酸为无色针状结晶，熔点 98～99 ℃。

3. 2,4-二氯苯氧乙酸的制备

在装有搅拌器、温度计和滴液漏斗的 100 mL 三颈烧瓶中，加入 1 g 苯氧乙酸和 12 mL 冰醋酸，开动搅拌器，使苯乙酸全部溶解。在室温和搅拌下，滴加 20 mL 含氯 7%的次氯酸钠水溶液[6]，加料完毕后继续搅拌 5 min，将反应液倒入盛有 50 mL 水的烧杯中，滴加 20%盐酸，将混合物的 pH 值调到 3～5。

将上述酸化后的反应混合液用 50 mL 二氯甲烷（2×25 mL）进行萃取。二氯甲烷萃取层用 15 mL 水洗涤[7]，然后以 5%碳酸钠水溶液对二氯甲烷萃取层进行反萃取（2×30 mL），合并水相，并将水相倒入盛有 25 g 碎冰的烧杯中，再用 20%盐酸酸化，析出黄色固体。抽滤，水洗，烘干后称重，用 CCl_4 重结晶[8]。

（五）实验要求

(1) 查阅文献，综述 2,4-二氯苯氧乙酸（植物生长调节剂）的合成方法。

(2) 实现植物生长素(2,4-二氯苯氧乙酸)的合成。制备2,4-二氯苯氧乙酸1 g左右。

(3) 检验植物生长素(2,4-二氯苯氧乙酸)的性能。

(六) 思考题

(1) 以酚钠和一氯乙酸合成醚时,为什么要先使一氯乙酸成盐?可否用苯酚和一氯乙酸直接反应制备醚?

(2) 用碳酸钠中和一氯乙酸时为什么要加入食盐水?

(3) 在苯氧乙酸合成过程中,为何pH值会发生变化,以pH=7~8作为反应终点的依据是什么?

(4) 制备2,4-二氯苯氧乙酸时,温度应该控制在多少?用5%碳酸钠反萃取的目的是什么?

注意事项

[1] 一氯乙酸具有强刺激性和腐蚀性,能灼伤皮肤。使用时要特别小心,若不慎触及皮肤,应立即用水冲洗。加入食盐水有利于抑制氯乙酸水解。

[2] 中和反应温度超过40 ℃时,一氯乙酸易发生水解。

[3] 苯酚有腐蚀性,若不慎触及皮肤,应立即用肥皂和水冲洗,再用酒精棉擦洗。

[4] 反应刚开始时,反应混合物的pH为12,随着反应的进行,其pH值逐渐变小,直至pH值为7~8,反应结束。

[5] 加入Na_2CO_3使产物生成溶于水的盐,使未反应而游离出来的少量酚溶于乙醚,然后加以分离。

[6] 该步反应是在20~25 ℃条件下进行,随着NaClO溶液的滴入,反应液温度一般高于30 ℃,此时要用冰水冷却。温度过高,对产率会造成较大的影响。

[7] 进行萃取的目的是将产物和钠盐层分离出来,并进行纯化。用水洗涤CH_2Cl_2的目的是防止加入5%$NaHCO_3$溶液时产生大量气泡。产物难溶于水,故可用水洗涤。

[8] 粗产品为黄色晶体,用CCl_4重结晶后为白色晶体,溶点为137~138 ℃。

(周诗彪,朱卫国 供稿)

实验 60　辅酶催化合成安息香

安息香又名二苯乙醇酮，英文名称：*D*,*L*-benzoin。CAS 号：579-44-2，分子式：$C_{14}H_{12}O_2$，相对分子质量：212.25。白色或淡黄色棱柱体结晶。相对密度（d_4^{20}）：1.310，熔点：137 ℃，沸点：344 ℃，折射率（n_D^{20}）：1.347 7。不溶于冷水，微溶于热水和乙醚，溶于乙醇。

健康危害：吸入会引起咳嗽、咽喉痛。皮肤和眼睛接触后会发红。

主要用途：可用作生产聚酯树脂的催化剂、润湿剂、乳化剂和药品，也可用于消毒剂。在粉末涂料中是一种有效的消泡剂。

（一）实验目的

（1）了解酶催化反应的特点，学习以辅酶 VB_1 为催化剂的安息香缩合反应的原理及实验方法。

（2）熟练掌握固态有机化合物分离、纯化的基本操作。

（二）实验原理

酶是活细胞的组成成分，由细胞产生，能在细胞体内和细胞体外起催化作用。作为一种生物催化剂，酶的催化效率非常高，是一般化学催化剂的 106～1 019 倍。酶易受温度、酸、碱及能引起蛋白质变性的因素的影响。酶催化反应的突出特点是具有高度的专一性，如淀粉酶只能水解淀粉而不水解蛋白质，反之，蛋白酶只能水解蛋白质而不水解淀粉；麦芽糖酶能促进麦芽糖水解，它只能使 α-葡萄糖苷键断裂，却对 *β*-葡萄糖苷键无效（绝对特异性）。此外，酶在生物体内的很多催化反应还具有立体选择性。

酶的催化作用分以下三步进行：1）底物在酶的活性部位上结合，生成酶-底物复合物；2）在酶-底物复合物内进行催化反应，生成产物-酶复合物；3）产物脱离活性部位，使酶能催化另一分子底物发生反应。

酶根据化学组成可分为单纯酶和结合酶两类。单纯酶的催化反应由它们的蛋白质结构所决定；而结合酶的催化活性，除蛋白质外，还需要非蛋白质的有机分子，这种有机分子称为辅助因子或辅酶，大多数维生素特别是 B 族维生素是组成辅酶或辅基的主要成分。

维生素 B_1，也称硫胺素（Thiamine），它的结构式为

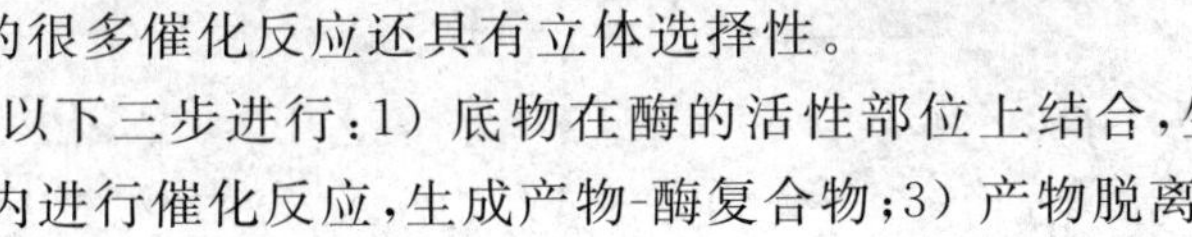

维生素 B_1 起催化作用的活性部分是噻唑环，噻唑环 C2 上的质子受氮原子和硫原子的

影响，具有明显的酸性，在碱作用下，能产生碳负离子活性中心。产生的碳负离子和邻位带正电荷的氮原子形成稳定的内鎓盐，或称叶立德(Ylide)。

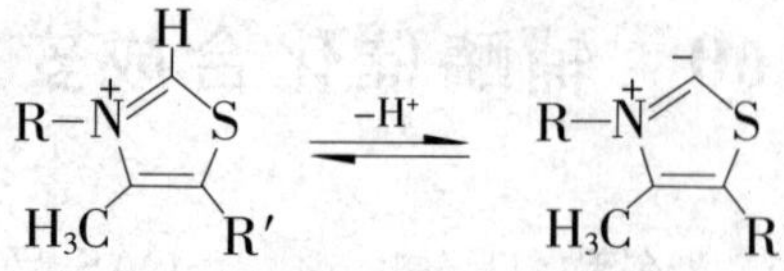

VB_1　　　　　　Ylide

在催化反应中，内鎓盐首先与醛生成中间体烯醇加合物。

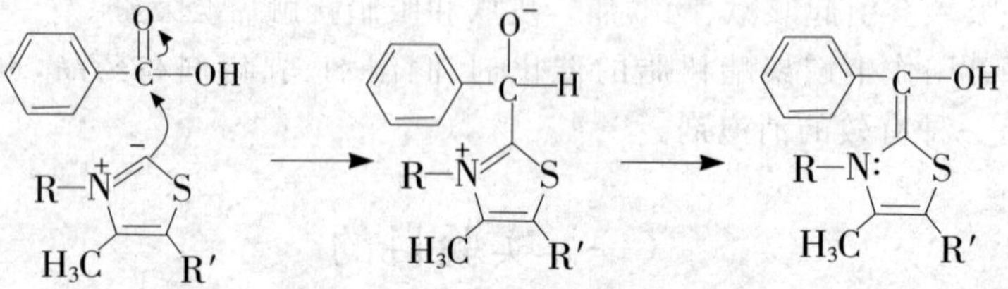

烯醇加合物与另一分子醛作用生成一个新的辅酶加合物。

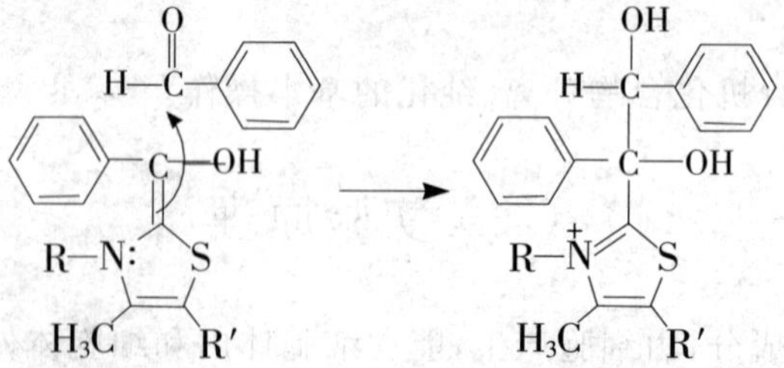

辅酶加合物离解成安息香，辅酶复原。

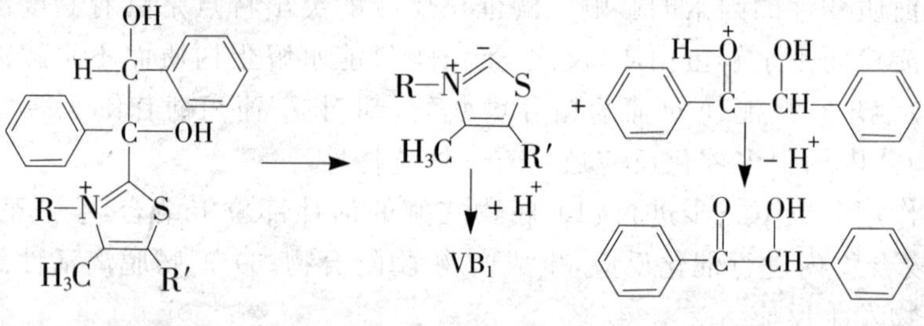

本实验以苯甲醛为原料，以辅酶 VB_1 为催化剂进行缩合反应，可顺利制备安息香。与以氰化钠为催化剂的方法相比较，该方法具有材料易得、操作安全、产率高、不污染环境等优点。

【主反应】

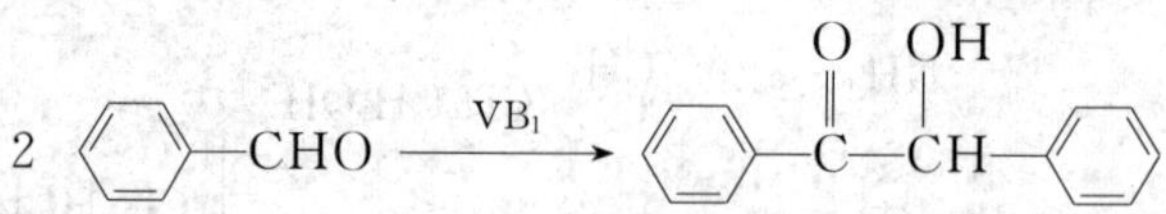

【副反应】

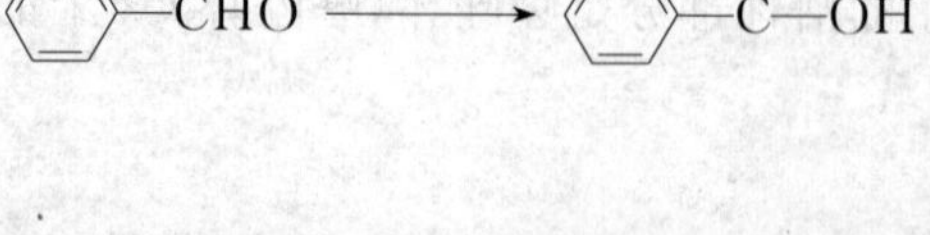

（三）实验仪器与试剂

【主要仪器】

圆底烧瓶(50 mL)，回流冷凝管，抽滤装置，重结晶装置，锥形瓶。

【主要试剂】

5.2 g (5 mL，44 mmol)苯甲醛（新蒸），0.85 g (2.5 mmol)维生素 B_1（盐酸硫胺素），95%乙醇，3 mol/L 氢氧化钠溶液。

（四）实验步骤

在 50 mL 圆底烧瓶中，加入 0.85 g 盐酸硫胺素[1] 和 2 mL 水，搅拌溶解后，加入 8 mL95%乙醇，摇匀，置于在冰水浴中冷却。同时，在一试管中，加入 1.5 mL 3 mol/L 氢氧化钠溶液，也置于冰水浴中冷却[2]。然后，在冰水浴冷却和不断振荡下，5 min 内将氢氧化钠溶液滴加到盐酸硫胺素溶液中，当碱液加到一半时，溶液呈淡黄色，随着碱液的加入，溶液的颜色逐渐变深。

调节溶液 pH 值为 9～10 后，加入 5 mL 苯甲醛[3] 和 1～2 粒沸石，装上回流冷凝管，在 70～80 ℃水浴上加热 90 min，此时溶液 pH＝8～9[4]，反应混合物呈橘黄色或橘红色。冰水浴冷却反应物至室温，产生白色结晶[5]。抽滤，用 20 mL 冷水分 2 次洗涤产物，干燥得安息香粗产物约 3.5 g。粗产物用 95%乙醇重结晶(每克粗产物约需 95%的乙醇 7～8.5 mL)，得白色晶体。称量，计算产率，并测定熔点。

（五）实验要求

(1) 查阅文献，综述合成安息香的方法；

(2) 分析各种合成安息香方法的优缺点，选择最佳合成路线。

（六）思考题

(1) 酶催化反应与化学催化反应有何相同和不同之处？

(2) 为什么要在盐酸硫胺素中加入氢氧化钠溶液？

(3) 加入苯甲醛后，为什么反应混合物的 pH 值要保持在 9～10？溶液 pH 值过低，对反应有什么影响？

注意事项

[1] 盐酸硫胺素的质量对本实验影响很大，应使用新开瓶的或原密封并保管良好的盐酸硫胺。盐酸硫胺素对热敏感，受热易变质，不用时应存放在冰箱中，进行反应时，加热不能太剧烈。

［2］在反应的第一步加入冰冷的氢氧化钠的目的是防止噻唑环发生开环反应，反应升温至 70～80 ℃ 的目的是促使 VB1 形成负碳离子，并使之与苯甲醛及时发生反应。

［3］苯甲醛应不含苯甲酸，久置的苯甲醛临用前应除去苯甲酸并重新蒸馏，沸点 178.1 ℃。

［4］由于负碳离子必须在碱性条件下才能生成，因此，控制反应液的 pH 值是本实验的关键。如果溶液的 pH 值保持在中性或偏酸性，都不利于碳负离子的生成。

［5］如果产物以油状物析出，可再次加热使之成为均相，缓慢冷却，结晶。也可用玻璃棒摩擦瓶壁以诱导结晶。

（杨涛，廖德仲 供稿）

实验61　对氨基苯磺酰胺的合成

对氨基苯磺酰胺，别名：磺胺，英文名称：*p*-aminobenzenesulfonamide，Sulfanilamide。CAS号：63-74-1，分子式：$C_6H_8N_2O_2S$，相对分子质量：172.22。白色颗粒或粉末状结晶，无臭，味微苦。相对密度（d_4^{20}）：1.08，熔点：165～166 ℃，微溶于水、乙醇、丙酮，易溶于甘油、丙二醇、盐酸，不溶于氯仿、苯等。

健康危害：长期接触，会引起干咳、食欲不振、口中有恶臭味、头痛、头晕、易疲乏、精神萎靡等。遇热分解放出有毒的氮氧化物和氧化硫。

主要用途：合成磺胺类药物的主要原料，用于医药工业、生化研究、有机合成。

（一）实验目的

（1）了解对氨基苯磺酰胺的合成方法；

（2）掌握对氨基苯磺酰胺的合成操作。

（二）实验原理

以乙酰苯胺为原料，利用氯磺化反应制备乙酰胺基苯磺酰氯，通过氨解和水解反应，进一步合成对氨基苯磺酰胺。

【主反应】

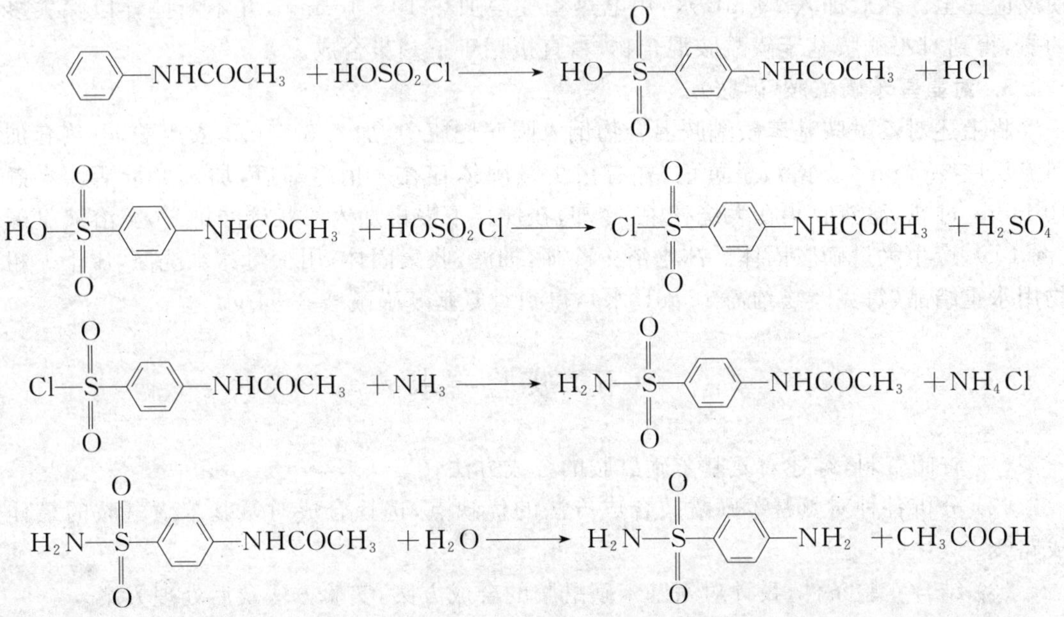

（三）实验仪器与试剂

【主要仪器】

锥形瓶(100 mL)，圆底烧瓶，水浴锅，烧杯。

【主要试剂】

5.4 g (40 mmol)乙酰苯胺，22.5 g (12.5 mL，0.1 mol)氯磺酸(d=1.77)，35 mL 浓氨水(28%，d=0.9)，浓盐酸，碳酸钠。

（四）实验步骤

1. 对乙酰胺基苯甲酰氯

在 100 mL 干燥的锥形瓶中，加入 5.4 g(40 mmol)干燥的乙酰苯胺，用电热套加热熔化。瓶壁上若有少量水汽凝结，应用滤纸擦干。冷却使熔化物凝结成块[1]，然后将锥形瓶置于冰浴中冷却，迅速倒入 12.5 mL 氯磺酸[2]，立即连接氯化氢吸收装置(防止倒吸入吸收液)[3]，反应很快发生。若反应过于激烈，可用冰水浴冷却。

反应缓和后，轻轻摇动锥形瓶使固体全溶，然后置于温水浴中加热，反应 10～15 min 使反应完全，至不再有氯化氢气体产生为止。冷却反应液，在通风橱中充分搅拌下，将反应液慢慢倒入盛 75 mL 碎冰的 150 mL 烧杯中[4]，并用 10 mL 冷水洗涤反应瓶，洗涤液一并倒入烧杯中。搅拌反应混合液数分钟，产生颗粒小而均匀的白色固体。抽滤，固体用少量冷水洗涤，压干[5]，立即进行下一步反应。

2. 对乙酰胺基苯磺酰胺

将上述对乙酰胺基苯甲酰氯粗产物[6]倒入锥形瓶中，在通风橱内，不断搅拌下，慢慢加入 17.5 mL 浓氨水，立即发生放热反应，并产生白色糊状物。滴加完毕，继续搅拌 15 min，使反应完全。然后加入 19 mL 水，用电热套缓慢加热 10～15 min，并不断搅拌以除去多余的氨，得到对乙酰胺基苯磺酰胺混合物[7]，直接用于下一步合成。

3. 对氨基苯磺酰胺(磺胺)

将上述对乙酰胺基苯磺酰胺混合物倒入圆底烧瓶中，加入 3.5 mL 浓盐酸，电热套加热回流反应 30 min[8]。溶液呈黄色，并有极少量固体存在。稍冷却后，加入少量活性炭煮沸 10 min。过滤，滤液收集在大烧杯中，冷却，在搅拌下慢慢加入粉状碳酸钠[9]，至溶液呈碱性(约 4 g)，产生大量磺胺固体。冰水浴中冷却，抽滤，收集固体，用少量冰水洗涤，压干。粗产物用水重结晶(每克产物约需 12 mL 水)，得到对氨基苯磺酰胺 3～4 g。

（五）实验要求

(1) 查阅资料，综述对氨基苯磺酰胺的合成方法；

(2) 分析各种对氨基苯磺酰胺合成方法的优缺点，选择合成对氨基苯磺酰胺的最佳合成路线；

(3) 结合实验条件，设计对氨基苯磺酰胺的合成方案，实验方法及后处理方案。

（六）思考题

（1）氯磺化反应后，为什么必须移到通风橱中，在充分搅拌下，把产物缓缓倒入碎冰中水解剩余的氯磺酸？如果倒入水中，会有什么副反应发生？

（2）为什么苯胺要乙酰化后再氯磺化？直接氯磺化行吗？

（3）如何理解对氨基苯磺酰胺是两性物质？试用反应式表示磺胺与稀酸和稀碱的作用。

注意事项

[1] 氯磺酸与乙酰苯胺反应非常剧烈，将乙酰苯胺凝结成块状，可使反应缓慢进行。当反应过于激烈时，应适当冷却。

[2] 氯磺酸对皮肤和衣服有强烈的腐蚀性，暴露在空气中会冒出大量氯化氢气体，遇水会发生猛烈的放热反应，甚至爆炸，故取用时需加倍小心。反应中所用仪器及药品必须十分干燥，含有氯磺酸的废液应倒入废液缸中，严禁倒入水槽。工业氯磺酸常呈棕黑色，使用前宜用磨口仪器蒸馏纯化，收集 148～150 ℃的馏分。

[3] 在氯磺化过程中，有大量氯化氢气体放出。为避免污染室内空气，装置不应漏气，导气管的末端要与气体吸收装置内的水面接近，但不能插入水中，否则会发生倒吸而引起严重事故！

[4] 加入速度必须缓慢，并充分搅拌，以免局部过热，使对乙酰胺基苯磺酰氯水解。这是实验成功的关键。

[5] 尽量洗去固体所夹杂和吸附的盐酸，否则产物在酸性介质中放置过久，会很快水解，因此在洗涤后，应尽量压干，且在 1～2 h 内将它转变为磺胺类化合物。

[6] 粗制的对乙酰胺基苯磺酰氯久置容易分解，甚至干燥后也不可避免。若要得到纯品，可将粗产物溶于温热的氯仿中，然后迅速转移到事先温热的分液漏斗中，分出氯仿层，在冰水浴中冷却后即可析出晶体。对乙酰胺基苯磺酰氯纯品的熔点为 149 ℃。

[7] 为了节省时间，粗产物不必分离。若要得到纯品，可在冰水浴中冷却，抽滤，用冰水洗涤，然后用 50%乙醇重结晶，纯品熔点为 214 ℃。

[8] 对乙酰胺基苯磺酰胺在稀酸中水解成磺胺，后者又与过量的盐酸形成水溶性的盐酸盐，所以水解完成后，反应液冷却时应无晶体析出。由于水解前溶液中氨的含量不同，滴加 3.5 mL 盐酸有时还不够，因此，在回流至固体全部消失前，应检测溶液的酸碱性。若酸性不够，应补加盐酸，再回流一段时间。

[9] 用碳酸钠中和滤液中的盐酸时，有二氧化碳产生，故应控制加热速度并不断搅拌使其逸出。磺胺是一两性化合物，在过量的碱溶液中也易变成盐类而溶解，故中和操作必须仔细进行，以免降低产量。

（张复兴，朱卫国 供稿）

实验 62　4-苯基-2-丁酮的合成

4-苯基-2-丁酮，别名：苄基丙酮，苄丙酮，英文名称：benzylacetone。CAS 号：2550-26-7，分子式：$C_{10}H_{12}O$，相对分子质量：148.20。无色液体。易溶于丙酮，溶于乙醇和乙醚，不溶于水。相对密度（d_4^{20}）：0.984 9，沸点：235 ℃，折光率：（n_4^{20}）1.511，闪点：103 ℃。

主要用途： 4-苯基-2-丁酮主要存在于香杜鹃的挥发油中，具有止咳、祛痰作用，也常用作医药中间体。

（一）实验目的

（1）学习乙酰乙酸乙酯法合成 4-苯基-2-丁酮的原理和方法；

（2）熟练掌握加热、搅拌、蒸馏、减压蒸馏等基本操作技术，并能综合利用。

（二）实验原理

本实验以乙酰乙酸乙酯为原料，在强碱性条件下与苄氯发生亲核取代反应，生成苄基取代的乙酰乙酸乙酯。苄基取代的乙酰乙酸乙酯在稀碱作用下，发生脱羧反应，获得 4-苯基-2-丁酮。

【主反应】

$$CH_3COCH_2CO_2C_2H_5 \xrightarrow[C_2H_5OH]{NaOC_2H_5} [CH_3COCHCO_2C_2H_5]^- Na^+$$

$$[CH_3COCHCO_2C_2H_5]^- Na^+ \xrightarrow{C_6H_5CH_2Cl} CH_3CO\underset{\substack{|\\ CH_2C_6H_5}}{CH}CO_2C_2H_5$$

$$CH_3CO\underset{\substack{|\\ CH_2C_6H_5}}{CH}CO_2C_2H_5 \xrightarrow[H_2O]{NaOH} CH_3CO\underset{\substack{|\\ CH_2C_6H_5}}{CH}CO_2^- Na^+ \xrightarrow[-CO_2]{HCl} CH_3COCH_2CH_2C_6H_5$$

$$2CH_3COCH_2CH_2C_6H_5 \xrightarrow{NaS_2O_5} 2\ CH_3-\overset{\substack{OH\\ |}}{\underset{\substack{|\\ SO_3Na}}{C}}-CH_2CH_2C_6H_5$$

（三）主要仪器与试剂

【主要仪器】

磁力搅拌器，三颈烧瓶（100 mL），圆底烧瓶（25 mL），直型冷凝管，滴液漏斗。

【主要试剂】

0.6 g（26.1 mmol）金属钠，4.1 g（4 mL，22.8 mmol）乙酰乙酸乙酯，2.9 g（2.6 mL，

22.8 mmol)苄氯,0.75 g (6.9 mmol)焦亚硫酸钠,无水乙醇,95%乙醇,氢氧化钠,盐酸。

(四) 实验步骤

1. 4-苯基-2-丁酮的制备

在装有磁力搅拌器、回流冷凝管(上端口加装氯化钙干燥管)和滴液漏斗的 100 mL 干燥三颈烧瓶中,加入 10 mL 无水乙醇。分批向瓶内加入 0.6 g (26.1 mmol)切成小块的金属钠(金属钠遇水燃烧爆炸,使用时要严格防止与水接触)。搅拌,使金属钠全部反应,室温下滴加 4 mL (22.8 mmol)乙酰乙酸乙酯,滴加完毕,继续搅拌 10 min,再慢慢滴加 2.6 mL (22.8 mmol)苄氯,约 15 min 滴加完毕。电热套加热,回流 30 min 至反应物呈米黄色乳浊状。停止加热,稍冷后,缓慢加入 1.6 g NaOH 和 16 mL 水配成的溶液,约 5 min 滴加完毕,此时反应液变为橙黄色,并呈强碱性(pH $\approx$ 11)。将混合物继续加热回流 30 min 至有油层析出,水层 pH 值为 8~9,停止加热。冷却至 40 ℃以下,缓慢加入 4 mL 浓盐酸至 pH 值为 1~2,约 10 min 滴加完毕。重新加热回流 30 min,直至无 CO_2 气泡放出为止。溶液分为两层,上层为黄色有机层。

反应结束后,改为蒸馏装置,水浴加热,常压蒸馏出低沸点物。冷却,将反应混合物转入分液漏斗中,分出红棕色有机相[2]。水层用 10 mL 乙醚萃取 1 次,将乙醚层和有机层溶液合并,再用饱和氯化钠溶液洗涤 2 次,至 pH=6~7。用无水硫酸钠干燥,过滤,滤液用水浴加热,常压蒸馏出乙醚后再减压蒸馏,收集 132~140 ℃/5.35 kPa (40 mmHg)馏分,得 4-苯基-2-丁酮无色透明液体约 1.7 g。

2. 4-苯基-2-丁酮亚硫酸氢钠的制备

在 25 mL 圆底烧瓶中,加入 1.7 g (11.5 mmol) 4-苯基-2-丁酮和 4 mL 95%乙醇,水浴加热至 60 ℃备用。在另一 50 mL 圆底烧瓶中,加入 0.75 g (6.9 mmol)焦亚硫酸钠和 3.0 mL 水,加热至 80 ℃左右,搅拌至固体溶解,趁热缓慢加入上述配好的 4-苯基-2-丁酮-乙醇溶液,装上球形冷凝管,加热回流 15 min,得到无色透明溶液。过滤,将滤液冷却结晶,晶体用少量乙醇洗 2 次,得 4-苯基-2-丁酮的亚硫酸氢钠加成物,呈白色片状晶体。

(五) 实验要求

(1) 查阅文献,综述乙酰乙酸乙酯烃基化制备 4-苯基-2-丁酮的方法;

(2) 提出改进 4-苯基-2-丁酮的合成工艺流程的措施;

(3) 表征 4-苯基-2-丁酮的结构。

(六) 思考题

(1) 乙醇钠在反应中的起什么作用?

(2) 4-苯基-2-丁酮的合成原理?

(3) 如何精制经过脱羧后得到的 4-苯基-2-丁酮的粗品?

(周诗彪,朱卫国 供稿)

实验 63 2-(4-羟基苯基)-5-芳基-1,3,4-噁二唑的合成

2,5-二芳基-1,3,4-噁二唑是有机电致发光(organic electroluminescence)领域研究最早、应用最为广泛的一类具有高电子迁移率的电子传输/空穴阻挡材料。本实验设计合成2-(4-羟基苯基)-5-芳基-1,3,4-噁二唑,对于开发噁二唑衍生物在高效发光的环金属配合物和聚合物发光材料中的应用,具有重要的意义。

2-(4-羟基苯基)-5-苯基-1,3,4-噁二唑,英文名称:2-(4-hydroxyphenyl)-5-phenyl-1,3,4-oxadiazol,或者4-(5-phenyl-1,3,4-oxadiazol-2-yl)phenol。CAS号:23133-34-8,分子式:$C_{14}H_{10}N_2O_2$,相对分子质量:238.24。白色晶体,熔点:254 ℃。溶于乙醇和乙醚,不溶于石油醚和水。

主要用途: 主要用于平板显示、背景光源和固态照明等领域的电子传输材料和发光材料的中间体。

(一) 实验目的

(1) 学习2,5-二芳基-1,3,4-噁二唑的合成方法;

(2) 熟练掌握重结晶、柱层析、脱氧和气体吸收等实验操作技术。

(二) 实验原理

以对羟基苯甲酸甲酯和苯甲酸为原料,通过酰氯化、单酰肼化、二酰肼化和脱水关环等反应,合成得到2-(4-羟基苯基)-5-苯基-1,3,4-噁二唑。

【主反应】

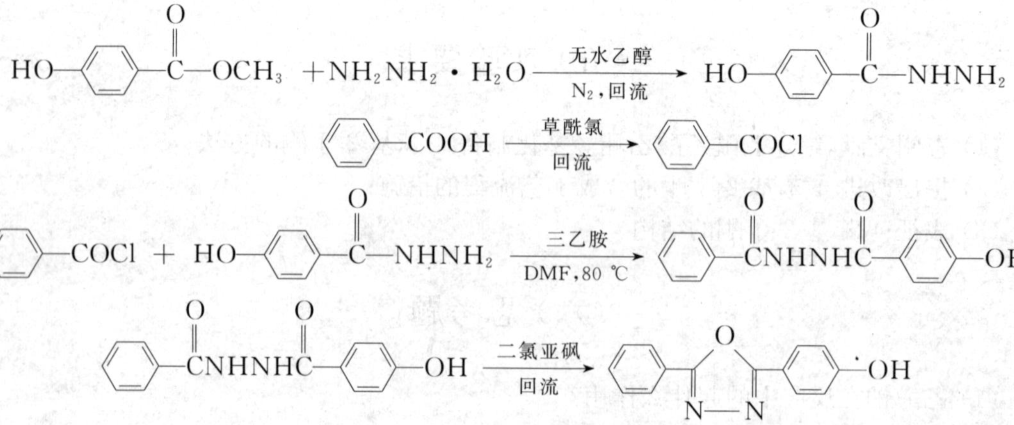

（三）实验仪器与试剂

【主要仪器】

磁力搅拌器，三颈烧瓶（100 mL），圆底烧瓶（100 mL），直形冷凝管，滴液漏斗。

【主要试剂】

2.36 g（16 mmol）对羟基苯甲酸甲酯，1.3 g（10.6 mmol）苯甲酸，1.6 g（1.1 mL，12.7 mmol）草酰氯，N，N-二甲基酰胺（DMF），0.75 g（6.9 mmol）焦亚硫酸钠，无水乙醇，氢氧化钠，盐酸，95%乙醇。

（四）实验步骤

1. 对羟基苯甲酰肼的合成

在 50 mL 圆底烧瓶中，依次加入 2.36 g（16 mmol）对羟基苯甲酸甲酯、4.5 mL 水合肼、12 mL 无水乙醇。安装好直形冷凝管和液封鼓泡装置，磁力搅拌，回流反应 24 h，反应中有大量白色固体析出，抽滤，固体用无水乙醇洗涤，真空干燥，得到约 1.8 g 对羟基苯甲酰肼白色固体，产率约 75%。

2. 苯甲酰氯的制备

在 100 mL 三颈烧瓶中，安装好直形冷凝管和有氯化氢气体吸收装置的干燥管，加入 1.3 g（10.6 mmol）苯甲酸、1.1 mL（12.7 mmol）草酰氯[1]、10 mL 二氯甲烷和 2 滴无水 DMF[2]，磁力搅拌，加热回流，反应约 3 h，固体完全溶解，常压蒸馏出二氯甲烷，再升温至 80 ℃，用水泵减压蒸馏除掉剩余的草酰氯，得淡黄色液体。冷却，称重，备用。

3. 4-羟基-二苯甲酰肼的制备

在 100 mL 圆底烧瓶中，安装好直形冷凝管、液封鼓泡装置和氯化氢气体吸收装置，依次加入 1.6 g（10.5 mmol）对羟基苯甲酰肼、10 mL 无水 DMF 和 2 mL（13.8 mmol）三乙胺。磁力搅拌，自恒压滴液漏斗缓慢滴加等摩尔的苯甲酰氯与 6 mL 无水 N，N-二甲基酰胺的混合液。滴加完毕后，加热至 80 ℃反应 4 h，反应后溶液呈棕黄色。用水泵减压蒸馏出大部分溶剂，剩余溶液倒入碎冰中，产生大量白色沉淀，静置过夜。抽滤，固体依次用去离子水、乙醇、石油醚洗涤，真空干燥，得 4-羟基-二苯甲酰肼白色固体约 2.2 g，产率约 81.5%。

4. 2-(4-羟基苯基)-5-苯基-1，3，4-噁二唑的制备

在 50 mL 圆底烧瓶中，依次加入 2.1 g（8.2 mmol）4-羟基-二苯甲酰肼和 15 mL 新蒸二氯亚砜[3]，安装好直形冷凝管、液封鼓泡装置和有氯化氢气体吸收装置，磁力搅拌，加热回流反应 5 h。稍冷却后，改为蒸馏装置，常压蒸馏出二氯亚砜，至不再有馏分馏出，然后用水泵减压蒸馏除去剩余的少量二氯亚砜。冷却至室温，在搅拌下，将剩余液慢慢倒入 300 mL 碎冰中，产生大量白色沉淀，静置过夜。抽滤，依次用去离子水、乙醇、石油醚洗，得到灰白色固体粗产品，粗产品用乙醇重结晶，真空干燥，得到 2-(4-羟基苯基)-5-苯基-1，3，4-噁二唑白色晶体约 1.5 g[4]，产率约 79%。

（五）实验要求

（1）查阅文献资料，综述2,5-二芳基-1,3,4-噁二唑的合成方法；

（2）根据文献资料，提出以下有机化合物的合成方案。

① 2-(4′-羟基苯基)-5-(4′-甲基苯基)-1,3,4-噁二唑；

② 2-(4′-羟基苯基)-5-(4′-甲氧基苯基)-1,3,4-噁二唑唑；

③ 2-(4′-羟基苯基)-5-(4′-叔丁基基苯基)-1,3,4-噁二唑；

④ 2-(4′-羟基苯基)-5-(4′-氟苯基)-1,3,4-噁二唑。

（3）表征对羟基苯甲酰肼、4-羟基-二苯甲酰肼和2-(4-羟基苯基)-5-苯基-1,3,4-噁二唑分子结构。

（六）思考题

（1）如何分离、纯化2-(4-羟基苯基)-5-芳基-1,3,4-噁二唑衍生物？

（2）利用2-(4-羟基苯基)-5-芳基-1,3,4-噁二唑衍生物，可以合成哪些有机电致发光材料？

注意事项

［1］草酰氯无色或淡黄色液体，沸点：62～65 ℃，相对密度：1.335，具有高毒性和腐蚀性，能严重刺激眼睛、皮肤和呼吸道。草酰氯可以和水剧烈反应放出毒性气体CO、CO_2和HCl。剩余草酰氯应倒入指定的回收瓶中，严禁将剩余草酰氯倒入下水道。

［2］无水N,N-二甲基甲酰胺(DMF)的制备：在50 mL圆底烧瓶中加入25 mL N,N-二甲基甲酰胺和0.3 g氢化钙，装上冷凝管和干燥管，控温80 ℃，搅拌12 h，常压蒸馏，收集153 ℃/760 mmHg馏分，备用。

［3］二氯亚砜为无色或微黄色液体，有刺激性，遇水强烈分解。剩余二氯亚砜应倒入指定的回收瓶中，严禁将剩余二氯亚砜倒入下水道。

［4］2-(4-羟基苯基)-5-苯基-1,3,4-噁二唑在空气中容易氧化，因此，这类噁二唑衍生物应在真空条件下干燥。

（刘 煜，朱卫国 供稿）

实验 64 电致磷光材料环金属铱配合物的合成

1999 年，Princeton 大学 Forrest 研究小组[1]报道了电致磷光材料三(2-苯基吡啶-C^2N)合铱配合物 $Ir(PPy)_3$，并获得了外量子效率为 7.5%的电致磷光器件，开创了环金属铱配合物研究的新局面。常见的环金属铱配合物红色电致磷光材料主要是二(1-苯基异喹啉-C^2，N′)(3-吡啶基-1,2,4-三唑)合铱(III)。

二(1-苯基异喹啉-C^2，N′)(3-吡啶基-1,2,4-三唑)合铱(III)，英文名称：Di(1-phenylisoquinoline-C^2, N′) (2-(1,2,4-triazol-3-yl)pyridine) iridium。红色固体粉末。不溶于水、石油醚和乙醇，溶于二氯甲烷。

主要用途：主要用于平板显示、背景光源和固态照明等领域的有机电致红光材料

(一) 实验目的

(1) 了解环金属铱配合物的合成方法及原理；

(2) 学习半微量合成技术。

(二) 实验原理

采用苯乙胺为原料合成环金属配体 1-苯基异喹啉，以 2-氰基吡啶为原料合成 3-吡啶基-1H-1,2,4-三唑；然后通过环金属化反应制备二(1-苯基异喹啉-C^2，N)(3-吡啶基-1,2,4-三唑)合铱(III)配合物电致红光材料。

【主反应】

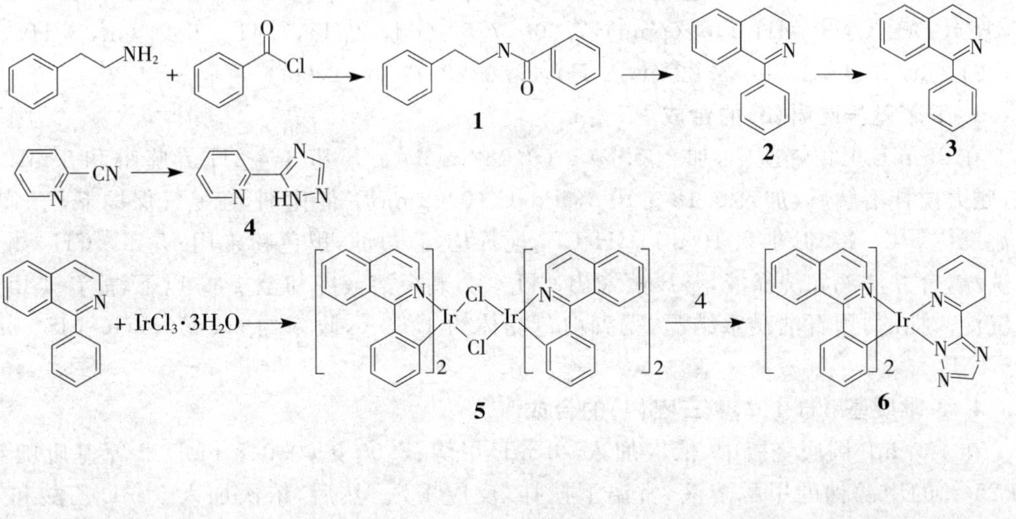

（三）实验仪器与试剂

【主要仪器】

三颈烧瓶（100 mL），圆底烧瓶（100 mL），直形冷凝管，磁力搅拌器，氮气袋。

【主要试剂】

4.84 g (0.04 mol)苯乙胺，4.04 g (0.04 mol)三乙胺，5.62 g (0.04 mol)苯甲酰氯，5.00 g (0.048 mol)2-氰基吡啶，10 g (0.167 mol)甲酰肼，0.89 g (2.5 mmol) 三水合氯化铱，0.18 g 10 % Pd，2.86 g (0.01 mol)五氧化二磷，三氯氧磷，甲醇钠，二甲苯，三甲苯，二氯甲烷，乙二醇单乙醚，无水乙醇，乙酸乙酯，丙酮，甲醇，乙酸，石油醚，硅胶（200～300 目），氢氧化钠，无水硫酸镁。

（四）实验步骤

1. N-苯乙基苯甲酰胺(1)的合成

在 100 mL 三颈烧瓶中，加入 4.84 g (0.04 mol)苯乙胺、4.04 g (0.04 mol)三乙胺[2]和 50 mL 二氯甲烷，磁力搅拌溶解后，慢慢滴加 5.62 g (0.04 mol)苯甲酰氯，滴加完毕，在室温下持续反应 4 h。分离出有机层，依次用水、5 %盐酸和饱和氯化钠溶液洗涤，无水硫酸镁干燥。过滤，常压蒸馏出滤液中的二氯甲烷，得淡黄色固体，固体用乙酸乙酯重结晶，得 N-苯乙基苯甲酰胺白色晶体约 7.85 g，收率约 87.2 %。GC-MS，m/z:225(M^+)。

2. 1-苯基-3,4-2H-异喹啉(2)的合成

在 100 mL 三颈烧瓶中，加入 2.25 g (0.01 mol) N-苯乙基苯甲酰胺和 5 mL 二甲苯，磁力搅拌溶解后，加入 2.86 g (0.01 mol) P_2O_5 和 10 mL $POCl_3$，加热，回流反应 3 h。冷却至室温，倾斜除去上层溶液，剩余固体用 10%NaOH 溶液中和[3]。所得溶液用 CH_2Cl_2 萃取，分离出 CH_2Cl_2 溶液，用无水硫酸镁干燥。过滤，滤液常压蒸馏出 CH_2Cl_2，得棕黄色的油状物。该油状物用硅胶柱色谱分离（以乙酸乙酯与二氯甲烷的混合溶剂为展开剂，体积比为 1∶10），得到约 1.75 g 浅黄色的油状产物，产率约 84.5%。GC-MS，m/z：207(M^+)。^1H NMR ($CDCl_3$，400 MHz)，δ_H(ppm)：7.60～7.58 (dd，2 H)，7.41～7.40 (m，4 H)，7.26～7.21 (m，3 H)，3.86～3.82 (t，2 H)，2.80～2.77 (t，2 H)。

3. 1-苯基异喹啉(3)的合成[4]

在 25 mL 三颈烧瓶中，加入 1.70 g (0.082 mol) 1-苯基-3,4-2H-异喹啉和 5 mL 三甲苯，磁力搅拌溶解后，加入 0.18 g 10 % Pd/C (0.02 mol) 催化剂，在氮气保护下，于 190 ℃回流反应 3 h。冷却，加入 10 mL CH_2Cl_2，搅拌均匀，过滤，黑色粉末用 15 mL CH_2Cl_2 分 3 次洗涤，合并滤液和洗涤液，常压蒸馏出 CH_2Cl_2，剩余溶液冷却至 4 ℃ 以下，静置 1 h，得黄色沉淀。抽滤，用石油醚重结晶，得到白色晶体约 1.53 g，收率约 90.8%。GC-MS，m/z：205 (M^+)。

4. 3-吡啶基-1H-1,2,4-三唑(4)的合成[5]

在 100 mL 圆底烧瓶中，依次加入 20 mL 甲醇、5.00 g (0.048 mol) 2-氰基吡啶和 10 mL25 %的甲醇钠的甲醇溶液，常温下搅拌，反应 1 h。然后，依次加入 5 mL 乙酸和 10 g

(0.167 mol)甲酰肼,室温下搅拌 1 h,过滤得白色固体。固体悬浮在 50 mL 甲苯中,搅拌回流 3 h,冷却至室温,抽滤,真空干燥,得到 3-吡啶基-1H-1,2,4-三唑白色固体约 4.01 g,收率约 57.0 %。

5. 四(1-苯基异喹啉-C2, N′)(μ-二氯)合铱(III) (5)的合成

在 50 mL 三颈烧瓶中,加入 35 mL 乙二醇单乙醚、5 mL 水和 1.50 g (7.3 mmol) 1-苯基异喹啉,磁力搅拌,通氮气脱氧 30 min[6],加入 0.89 g (2.5 mmol) 三水合氯化铱,在氮气保护下,加热回流 24 h,冷却至室温。抽滤,固体依次用 10 mL 95 %乙醇、乙醚洗涤,得深红色粉末约 1.49 g,收率约 91 %。该产物未经纯化,直接用于下一步反应。

6. 二(1-苯基异喹啉-C2,N′)(3-吡啶基-1,2,4-三唑)合铱(III)(6)的合成

在 50 mL 三颈烧瓶中,加入 0.206 g (1.4 mmol) 3-吡啶基-1H-1,2,4-三唑、0.088 g (1.6 mmol)甲醇钠和 10 mL 无水乙醇,磁力搅拌,通氮气,脱氧 30 min,加热到 50 ℃,反应 1 h。在氮气保护下,滴加 0.502 g (0.4 mmol) 四(1-苯基异喹啉-C2, N′)(μ-二氯)合铱(III)和 10 mL CH_2Cl_2 组成的溶液,回流反应 3 h,冷却至室温。加入 50 mL 水,分离出有机层,水层用 30 mL CH_2Cl_2 分 3 次萃取,合并有机相溶液,用水洗涤,无水硫酸镁干燥,过滤,常压蒸馏出滤液中的溶剂,剩余物用硅胶柱色谱分离(以 CH_2Cl_2 与丙酮的混合溶剂为展开剂,体积比为 1∶1),得红色粉末约 0.302 g,收率约 52%。ESI-MS, m/z :747 $(M+1)^+$, ^1H NMR ($CDCl_3$, 400 MHz),δ (ppm):8.97～8.95 (t,1 H),8.92～8.90 (t,1 H),8.45 (s,1 H),8.25～8.21 (t, 2 H),8.17～8.16 (d,1 H),7.84～7.79 (m,3 H),7.70～7.67 (m,4 H),7.62～7.55 (d,1 H),7.41～7.40 (d,1 H),7.25～7.24 (d,1 H),7.18～7.16 (d,1 H),7.06～7.02 (m,3 H),6.99～6.79 (m,2 H),6.42～6.40 (d,1 H),6.39～6.37 (d,1 H)。

(五) 实验要求

(1) 查阅文献,综述环金属铱配合物的合成方法;

(2) 设计合成苯基异喹啉和 3-吡啶基-1H-1,2,4-三唑衍生物,及其环金属铱配合物,制备出铱配合物 50 mg。

(六) 思考题

在合成 $Ir(1\text{-}piq)_2pt$ 中,先用二氯甲烷溶解$[Ir(1\text{-}piq)_2Cl]_2$ 而不直接用乙醇,为什么?如果直接用乙醇,对实验的结果会有什么影响?

注意事项

[1] 文献来源:Baldo M A, Lamansky S。Very high-efficiency green organic light-emitting devices based on electrophosphorescence, Appl Phys Lett, 1999, 75: 4-6; Baldo M A, O'Brien D F, et al. Highly efficient phosphorescent emission from organic electroluminescent devices. Nature,

1998, 395: 151-154.

[2] 三乙胺须用氢氧化钾干燥后，再蒸馏待用。

[3] $POCl_3$ 与 NaOH 的中和反应是放热反应，操作时要特别小心，最好将反应液置于冰水冷却中和。

[4] 文献来源：Yang C H, Tai C C, Sun W. Synthesis of a high-efficiency red phosphorescent emitter for organic light-emitting diodes. J Mater Chem, 2004, 14: 947-950.

[5] 文献来源：Hage R, Prins R, Haasnoot J G, et al. J Chem Soc Dalton Trans, 1986: 253.

[6] 有关铱的环金属化反应和去桥联反应都需要在惰性气氛下进行。

(梁 波，朱卫国 供稿)

实验65　2-氰基-3-(5-(4-(N,N′-二苯胺基)苯)-4-己基噻吩-2-基)-丙烯酸的合成

2-氰基-3-(5-(4-(N,N′-二苯胺基)苯)-4-己基噻吩-2-基)-丙烯酸，英文名称：2-Cyano-3-(5-(4-(diphenylamino)phenyl)-4-hexylthiophenyl-2-yl) acrylic acid。红色固体，是一种高效的染料敏化太阳能电池(DSSCs)的敏化剂。能溶于大多数有机溶剂，如乙醇、乙腈、二氯甲烷、三氯甲烷等。

(一) 实验目的

(1) 学习2-氰基-3-(5-(4-(N,N′-二苯胺基)苯)- 4-己基噻吩-2-基)-丙烯酸的制备原理和方法；

(2) 初步掌握Suzuki偶联反应和Knoevenagel缩合反应的实验操作方法。

(二) 实验原理

染料敏化剂是DSSCs中的电子给体材料，一般具有“D-π-A”结构。其中，D指电子给体部分，如三苯胺、咔唑及其衍生物等；π为共轭连接桥部分，如噻吩、苯及其衍生物等；A为电子受体部分，最常见的是氰基乙酸。本实验设计并合成一类以三苯胺为电子给体、3-己基噻吩为π-共轭连接桥、氰基乙酸为电子受体部分和锚定基团的D-π-A型三苯胺类染料敏化剂。

染料2-氰基-3-(5-(4-(N,N′-二苯胺基)苯)-4-己基噻吩-2-基)-丙烯酸(SD)的合成过程分两步完成。第一步是在用甲苯作溶剂，2 mol/L的K_2CO_3溶液作反应介质，$Pd(PPh_3)_4$作催化剂的条件下，5-溴- 4-己基噻吩-2-醛(**1**)与三苯胺硼酸酯(**2**)进行Suzuki偶联反应，得到5-(4-(N,N′-二苯胺基)苯)- 4-己基噻吩-2-醛(**3**)；第二步是化合物(**3**)和氰基乙酸在乙腈为溶剂、哌啶为催化剂的条件下通过Knoevenagel缩合反应得到染料敏化剂SD。

【主反应】

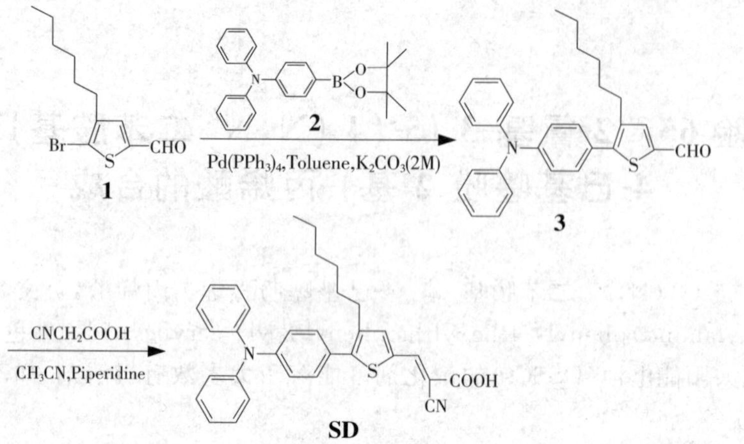

（三）实验仪器与试剂

【主要仪器】

三颈烧瓶（50 mL），圆底烧瓶（100 mL），分液漏斗（100 mL），锥形瓶（50 mL），柱层析硅胶柱（15 mm×150 mm），直形冷凝管，氮气保护装置 1 套。

【主要试剂】

0.45 g (2 mmol) 5-溴-4-己基噻吩-2-醛(1)[1]，0.74 g (2 mmol) 三苯胺硼酸酯(2)[2]，0.17 g (2 mmol) 氰基乙酸，0.046 g (0.04 mmol) $Pd(PPh_3)_4$，2 mol/L KOH 溶液，二氯甲烷，2 mol/L 盐酸溶液，甲苯，乙腈，哌啶，石油醚，无水甲醇。

（四）实验步骤

1. 5-(4-(N,N′-二苯胺基)苯)-4-己基噻吩-2-醛(3)的制备

在装有回流冷凝管和温度计的 50 mL 三颈烧瓶中，依次加入 0.45 g (2 mmol) 5-溴-4-己基噻吩-2-醛、0.74 g (2 mmol) 三苯胺硼酸酯、20 mL 甲苯和 2 mL 2 mol/L KOH 溶液，磁力搅拌下通氮气鼓泡脱氧 20 min[3]，迅速加入 0.046 g (0.04 mmol) $Pd(PPh_3)_4$，升温至 100 ℃，反应 48 h。停止反应，待反应混合物冷却至室温时，将其转移至分液漏斗中，分离出有机层[4]。有机层依次用水、饱和食盐水洗涤，无水硫酸镁干燥，过滤，减压蒸馏出滤液中的溶剂。粗产品以石油醚和二氯甲烷（1∶1）作洗脱剂，经硅胶柱层析分离后得黄色液体。真空干燥，得纯品，称重，计算产率。通过 FT-IR，^{1}H NMR 和^{13}C NMR 对纯品结构进行表征和确证。

2. 2-氰基-3-(5-(4-(N,N′-二苯胺基)苯)-4-己基噻吩-2-基)-丙烯酸(SD)的制备

在装有回流冷凝管的 50 mL 三颈烧瓶中，依次加入 0.44 g (1 mmol) 5-(4-(N,N′-二苯胺基)苯)-4-己基噻吩-2-醛、0.17 g (2 mmol) 氰基乙酸、20 mL 无水乙腈和 0.5 mL 哌啶，磁力搅拌下，在氮气保护下回流反应 24 h。停止反应，待反应混合物冷却至室温时，将其转移至 100 mL 的圆底烧瓶中，常压蒸馏出大部分溶剂后，冷却，将混合物滴加到石油醚和 2

mol/L 的盐酸的混合物中，有红色固体析出[5]。抽滤，红色固体用水和石油醚洗涤多次后真空干燥，称重，计算产率。纯品可通过 FT-IR，^{1}H NMR 和^{13}C NMR 对其结构进行表征和确证[6]。

（五）实验要求

（1）查阅有关文献，设计用 5-溴-4-己基噻吩-2-醛和三苯胺制备 2-氰基-3-(5-(4-(N，N′-二苯胺基)苯)-4-己基噻吩-2-基)-丙烯酸的实验方案。

（2）制备 2-氰基-3-(5-(4-(N，N′-二苯胺基)苯)-4-己基噻吩-2-基)-丙烯酸 0.2 g。

（3）测试 2-氰基-3-(5-(4-(N，N′-二苯胺基)苯)-4-己基噻吩-2-基)-丙烯酸的紫外吸收光谱。

（六）思考题

（1）Suzuki 偶联反应为什么需要在氮气保护下进行？

（2）用硅胶柱分离、纯化物质时，应如何选择恰当洗脱剂？

（3）目标染料 SD 粗产品的分离纯化可采用哪些方法？

注意事项

[1] 5-溴-4-己基噻吩-2-醛合成的文献来源：Shen P，Liu Y J，Huang X W，et al. Efficient triphenylamine dyes for solar cells：effects of alkyl-substituents and π-conjugated thiophene unit. Dyes and Pigments，2009，83：187—197.

[2] 三苯胺硼酸酯(**2**)合成的文献来源：Pu Y J，Takashi K，Minoru S，et al. Triphenyl amine and oxadiazole substituted poly(1，4-phenylenevinylene)s：synthesis，photo-，and electroluminescent properties。Synthetic Metals，2004，143，207—214.

[3] 利用 Suzuki 反应制备 5-(4-(N，N′-二苯胺基)苯)-4-己基噻吩-2-醛时，需要使用 $Pd(PPh_3)_4$ 作催化剂。由于此催化剂在空气中会被氧化而失去催化性能，因此该反应不仅要在氮气保护下进行，而且要在加入催化剂之前通入氮气排尽反应溶剂(甲苯和水的混合物)中的空气。

[4] 在 5-(4-(N，N′-二苯胺基)苯)-4-己基噻吩-2-醛的后处理中，由于 $Pd(PPh_3)_4$ 的存在，有时比较难分层，这时可以加适量稀盐酸破乳。

[5] 在滴加反应混合液到稀盐酸和石油醚混合物中之前，需尽量浓缩反应混合液，以免由于大量溶剂的存在导致沉淀不易形成和产量降低。

[6] 2-氰基-3-(5-(4-(N，N′-二苯胺基)苯)-4-己基噻吩-2-基)-丙烯酸(SD)可以用柱层析进一步分离、纯化。

（沈平，朱卫国 供稿）

实验 66 苯佐卡因的制备

苯佐卡因，别名：对氨基苯甲酸乙酯，英文名称：Anaesthesine，CAS 号：94-09-7。分子式：$C_9H_{11}NO_2$，相对分子量：165.19。熔点：89～92 ℃，沸点 172 ℃（17 torr），相对密度（d_4^{20}）：1.17。易溶于醇、醚、氯仿，能溶于杏仁油、橄榄油、稀酸，很难溶于水。

健康危害：本品是局部麻醉药。毒性低，有轻度致敏作用。

主要用途：苯佐卡因是重要的医药中间体，可以作为很多药物的前体原料，如：奥索仿、奥索卡因、普鲁卡因等，也可作为局部麻醉药物，用于创面，溃疡面及痔疮的止痛，有时用于遮蔽日光的防护剂。

（一）实验目的

（1）通过苯佐卡因的合成，了解药物合成的基本过程；

（2）掌握氧化、酯化和还原反应的原理及基本操作。

（二）实验原理

本实验以对硝基甲苯为原料，经过氧化、酯化和还原反应，制备苯佐卡因。

【主反应】

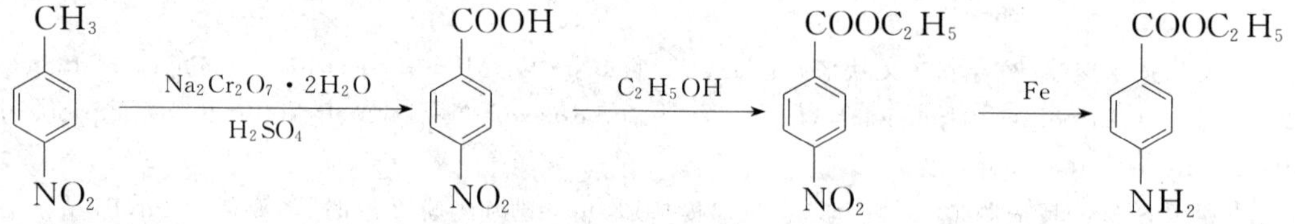

（三）实验仪器与试剂

【主要仪器】

三颈瓶（25 mL），圆底烧瓶（25 mL，10 mL），球型冷凝管，热水漏斗，试管。

【主要试剂】

2.4 g（8.1 mmol）重铬酸钠，0.8 g（5.8 mmol）对硝基甲苯，无水乙醇，冰醋酸，浓硫酸，15％硫酸溶液，5％氢氧化钠溶液，5％碳酸钠溶液，活性碳，还原铁粉，氯化钙。

（四）实验步骤

1. 对硝基苯甲酸的制备

在25 mL圆底烧瓶中，加入2.4 g（8.1 mmol）含两个结晶水的重铬酸钠和5 mL水，磁力搅拌，待重铬酸钠溶解后，再加入0.8 g（5.8 mmol）对硝基甲苯，用滴液漏斗滴加3.2 mL浓硫酸。滴加完毕，用电热套加热，保持反应液微沸60～90 min（反应中球型冷凝器若有白色针状的对硝基甲苯析出，可适当关小冷却水，使其熔融）。冷却后，将反应液倾入8 mL冷水中，即有对硝基苯甲酸析出。抽滤，固体用5 mL水分3次洗涤，抽干，转移到烧杯中，加入10 mL 5% 氢氧化钠溶液，加热搅拌溶解后，加入活性碳脱色5～10 min，趁热抽滤[1]。冷却，在充分搅拌下，慢慢滴加15%硫酸，调节溶液pH=1～2，抽滤，用少量水洗涤，置于100 ℃干燥，得到约0.7 g浅黄色对硝基苯甲酸，产率达73%。测定熔点（约242 ℃）。

2. 对硝基苯甲酸乙酯的制备

在干燥的10 mL圆底烧瓶中，加入0.5 g（3.0 mmol）对硝基苯甲酸、无水乙醇4 mL，搅拌，溶解后滴加0.17 mL浓硫酸，装上附有氯化钙干燥管的球型冷凝管，油浴加热，控制油浴温度在100～120 ℃，回流反应60～80 min[2]。冷却，搅拌下，滴加0.8 mL 5%碳酸钠溶液，调节反应混合物呈碱性[3]。然后将混合液滴加到8 mL水中，析出固体，冰水浴中冷却，抽滤，固体用少量水洗涤，干燥，得到约0.4 g浅黄色对硝基苯甲酸乙酯，产率约69%。测定熔点（约57 ℃）。

3. 对氨基苯甲酸乙酯的制备

在10 mL圆底烧瓶中，加入2.0 mL水、1.3 mL冰醋酸和0.40 g（7.2 mmol）已经处理过的铁粉[4]，搅拌，加热至95～98 ℃反应5 min。稍冷却，再加入0.30 g（1.5 mmol）对硝基苯甲酸乙酯和1.8 mL 95%乙醇，在激烈搅拌下，回流反应60～90 min。稍冷却，在搅拌下，滴加温热的5%碳酸钠溶液，调节溶液pH=10，趁热过滤，滤液冷却后，析出结晶，抽滤。晶体用稀乙醇洗涤，干燥，得到约0.21 g对氨基苯甲酸乙酯。

4. 精制

将对氨基苯甲酸乙酯粗品置于装有球形冷凝管的5 mL圆底瓶中，按10～15 mL/g比例加入50% 乙醇，在水浴上加热溶解。稍冷却，加活性碳（活性碳用量视粗品颜色而定），加热回流、脱色10 min，趁热过滤，滤液收集在5 mL试管中，自然冷却。待结晶完全析出后，抽滤，用少量50%乙醇洗涤2次，压干，干燥，得到约0.13 g对氨基苯甲酸乙酯白色晶体。测定熔点（约184 ℃）。

（五）实验要求

（1）通过查阅文献，设计不同的苯佐卡因的合成实验方案。

（2）实现苯佐卡因的合成。

（3）完成苯佐卡因的性能检测。

（六）思考题

本实验以对硝基甲苯为原料，经过氧化、酯化和还原反应，最终得到苯佐卡因，为什么不经过氧化、还原和酯化的反应过程来得到苯佐卡因？试比较不同路线合成方法的优劣。

注意事项

[1] 氧化反应这一步在用5%氢氧化钠溶液处理滤渣时，温度应保持在50 ℃左右，若温度过低，对硝基苯甲酸钠会析出而被过滤掉。

[2] 酯化反应须在无水条件下进行，如有水进入反应系统中，收率将降低。

[3] 对硝基苯甲酸乙酯及少量未反应的对硝基苯甲酸均溶于乙醇，但不溶于水。反应完毕，将反应液加入水中，乙醇的浓度降低，对硝基苯甲酸乙酯及对硝基苯甲酸便会析出。加入碳酸钠溶液，可以除去未反应的对硝基苯甲酸。

[4] 还原反应中，因铁粉相对密度大，沉于瓶底，必须将其搅拌起来，才能使反应顺利进行，故充分激烈搅拌是铁粉还原反应的重要因素。所用的铁粉需预处理，方法为：称取铁粉1 g置于烧杯中，加入2%盐酸2.5 mL，加热至微沸，抽滤，水洗至pH 5～6，烘干，备用。

（刘煜、朱卫国 供稿）

实验 67 立索尔大红的合成

立索尔大红，又名：2-(2-羟基-1-萘偶氮)-1-萘磺酸钡，英文名称：Lithol Red 或 Barium bis[2-[(2-hydroxynaphthyl)azo]naphthalenesulphonate]。CAS 号：1103-38-4，分子式：$C_{40}H_{26}BaN_4O_8S_2$，相对分子质量：892.117。红色粉末，微溶于热水、乙醇和丙酮。立索尔大红是一种偶氮色淀类有机染料，着色力强，耐晒、耐酸及耐热性一般，遮盖力差。

主要用途：用于油墨、水彩、油彩、蜡笔等的着色，也可用于油漆。

（一）实验目的

（1）了解立索尔大红的合成原理与方法；

（2）进一步熟练重氮化反应和偶合反应的基本操作。

（二）实验原理

以吐氏酸(2-氨基-1-萘磺酸)和 2-萘酚原料，经重氮化反应、偶合反应和中和反应合成立索尔大红染料。

【主反应】

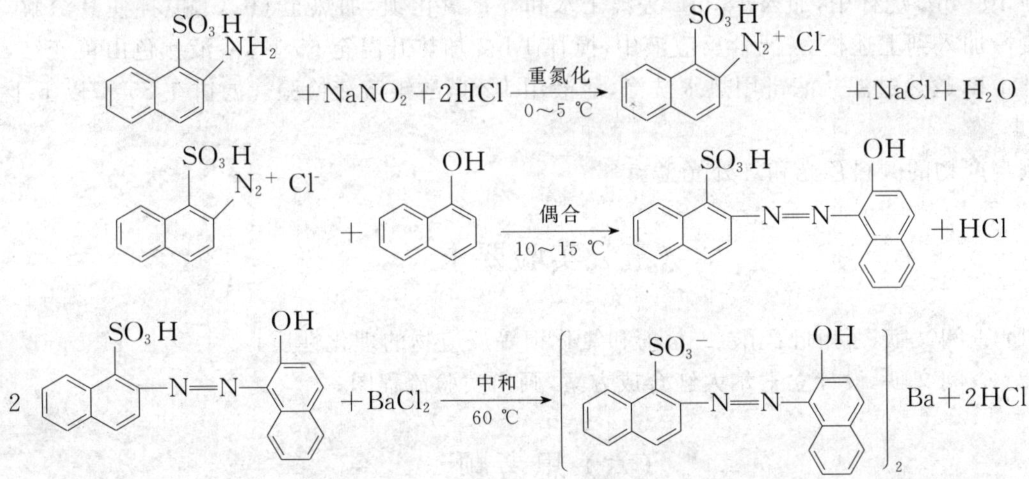

（三）实验仪器与试剂

【主要仪器】

电动搅拌器，烧杯(500 mL、150 mL)。

【主要试剂】

5 g (20 mmol)吐氏酸，3.4 g (35 mmol)2-萘酚，6 mL (26 mmol，30%)亚硝酸钠溶液，5 g (24 mmol)氯化钡，7 mL (30%)氢氧化钠溶液，6 mL (30%)盐酸溶液，松香，硝酸银(1%)溶液。淀粉-碘化钾试纸，刚果红试纸，

（四）实验步骤

1. 重氮盐制备

在 100 mL 烧杯中，依次加入 5 mL 蒸馏水、5 g (20 mmol)吐氏酸和 2.3 mL 30%氢氧化钠溶液，搅拌溶解，pH 值为 7.5～8。用冰盐浴使溶液温度冷至 0 ℃。搅拌下加入 5.7 mL30%盐酸，然后匀速滴加 6 mL 30%亚硝酸钠溶液，维持反应温度在 0～5 ℃[1]，用刚果红试纸检测反应液是否始终保持酸性(试纸变蓝色)，淀粉碘化钾试纸检测反应终点(试纸变蓝色)[2]，再继续搅拌 1 h，使反应趋于完全。

2. 偶合反应

在 250 mL 烧杯中，依次加入 40 mL 水、3.2 mL 30%氢氧化钠溶液和 3.4 g (35 mmol) 2-萘酚[3]，升温至 60 ℃，搅拌使之完全溶解。加入去离子水，使反应混合物的总体积增至 60 mL，冷却反应混合物至 10℃，充分搅拌，慢慢滴加反应制得的重氮盐溶液，控制反应液 pH 值为 10.0～10.5，温度为 10 ℃，滴加完毕，继续反应 1 h，反应液 pH 降至 9.5～10.0。

3. 色淀的制备

在 100 mL 烧杯中，加入 9 mL 去离子水和 1.2 mL 30% 氢氧化钠溶液，加热至 70～80 ℃后，再加入 3 g 松香，加热至沸，使之完全溶解。趁热将该溶液加入偶合反应液中，此时 pH 值为 9.0～9.5，继续搅拌 1 h，得松香-偶合反应液，待用。

在 100 mL 烧杯中，加入 18 mL 去离子水和 5 g 氯化钡，加热至 60 ℃，搅拌使其溶解，然后慢慢加入到上述松香-偶合反应液中，搅拌 1 h。加热升温至 65 ℃，溶液颜色由黄变红，再搅拌 1 h，趁热过滤。滤饼用热水洗涤，滤液用 1%硝酸银溶液检验。滤饼在 85 ℃以下干燥，称重。

测定产物的颜料色光和红外光谱。

（五）实验要求

(1) 查阅文献，了解吐氏酸、2-萘酚和氯化钡等反应物的理化性质；

(2) 查阅文献，设计立索尔大红合成方案，画出实验流程图；

（六）思考题

(1) 为什么一定要将 2-氨基萘磺酸完全溶解在氢氧化钠溶液中，否则会出现什么问题？

(2) 为什么要保持 2-萘酚微微过量？用什么方法进行检测？

(3) 用 1%硝酸银溶液检验的目的是什么？

注意事项

[1] 重氮化反应应保持反应温度在 0～5 ℃。反应温度过高，重氮盐会分解，影响反应产率，甚至有爆炸的危险；温度过低，重氮化反应速度降低，不利于重氮化反应的发生。

[2] 当溶液有过量的亚硝酸存在时，它能将碘化钾氧化成碘，碘使淀粉变蓝。如果亚硝酸过量，可用尿素水溶液分解，反应式如下。

$$NH_2CONH_2 + HNO_2 \rightarrow CO_2\uparrow + N_2\uparrow + 3H_2O$$

[3] 2-萘酚有毒，是很强的腐蚀剂，对皮肤、眼和黏膜有强烈刺激作用，使用时要特别小心。

（王晓娟，朱卫国 供稿）

实验 68 己内酰胺的合成

己内酰胺，英文名称：caprolactam。CAS 号：105-60-2，分子式：$C_6H_{11}NO$，相对分子质量：113.18。白色晶体。熔点：69～70 ℃，沸点：270 ℃，相对密度（d_4^{20}）：1.05，折射率（n_D^{20}）：1.493 5。溶于水，溶于乙醇、乙醚、氯仿等多数有机溶剂。

健康危害：经常接触本品可致神经衰弱，还可引起鼻出血、鼻干、上呼吸道炎症及胃灼热感等。本品易经皮肤吸收，引起皮肤损害，包括皮肤干燥、角质层增多、皮肤皲裂、脱屑和全身性皮炎等。

燃爆危险：遇高热、明火或与氧化剂接触，有引起燃烧的危险。受高热分解，产生有毒的氮氧化物。粉体与空气可形成爆炸性混合物，当达到一定的浓度时，遇火星即可发生爆炸。

主要用途：用以制取己内酰胺树脂、己内酰胺纤维和人造革等，也用作医药原料。

（一）实验目的

(1) 学习己内酰胺的制备原理和方法；
(2) 熟练减压蒸馏操作。

（二）实验原理

采用环己酮与羟胺反应，制备环己酮肟，随后，环己酮肟在酸的作用下，发生分子内的贝克曼(Beckmann)重排反应，制备己内酰胺。

【主反应】

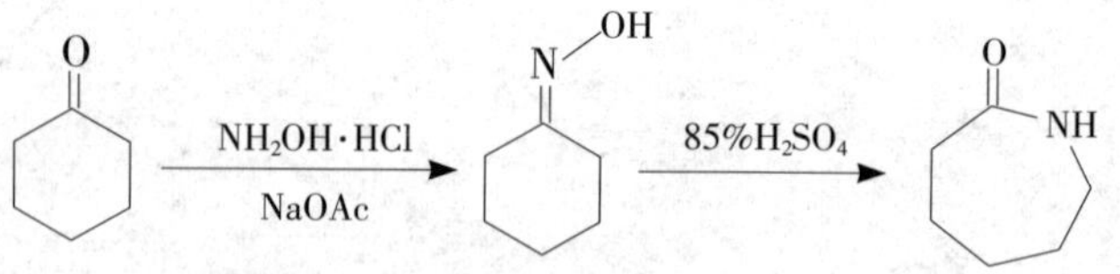

（三）实验仪器与试剂

【主要仪器】

烧杯(100 mL)，三颈烧瓶(100 mL)，搅拌器，恒压滴液漏斗，分液漏斗，锥形瓶，抽滤瓶。

【主要药品】

2.5 g (36.0 mmol)羟胺盐酸盐，2.5 g (25.5 mmol)环己酮，3.5 g (42.7 mmol)无水醋酸钠，浓硫酸，20%氨水，四氯化碳，石油醚，硫酸镁。

（四）实验步骤

1. 环己酮肟的制备

在 50 mL 锥形瓶中，加入 2.5 g (36.0 mmol)羟胺盐酸盐、3.5 g (42.7 mmol)无水醋酸钠和 10 mL 水，摇动使之溶解。然后用电热套缓慢加热至 35～40 ℃，分批慢慢加入 2.5 g (25.5 mmol)环己酮，边加边摇动反应瓶，很快有固体析出。滴加完毕，用橡皮塞塞住瓶口，并不断激烈振荡锥形瓶 5～10 min[1]。冷却，抽滤，粉状固体用少量水洗涤，50～60 ℃下烘干，得到白色粉状环己酮肟固体约 2.2 g，产率约 76%。

2. 环己酮肟重排制备己内酰胺

在 100 mL 烧杯中，放置 2 g (17.7 mmol)环己酮肟和 4 mL 85%硫酸，旋摇烧杯使混合均匀。在烧杯内放 1 支 200 ℃温度计，用电热套缓慢加热，当开始产生气泡时(约 120 ℃时)，立即移去电热套，停止加热。此时，发生强烈的放热反应，温度很快自行上升至 160 ℃以上[2]，反应在几秒钟内即可完成。

稍冷却后，将此溶液倒入 100 mL 三颈烧瓶中，并在冰盐浴中冷却。三颈烧瓶上分别安装搅拌器、温度计和滴液漏斗。当溶液温度下降至 0～5 ℃时，在搅拌下小心滴入 20%氨水[3]，控制溶液温度在 20 ℃以下(以免己内酰胺在温度较高时发生水解)，直至溶液使石蕊试纸变蓝色，溶液呈碱性(pH≈8，通常需加入约 12 mL 20%氨水)，反应约需 1 h。

将反应混合液转入分液漏斗中，每次用 10 mL 四氯化碳萃取 2 次。合并有机相溶液，用无水硫酸镁干燥，过滤，将滤液滤入干燥的圆底烧瓶中，加入 1～2 粒沸石，在水浴上常压蒸馏，蒸出大部分溶剂，至剩余液约 1.5 mL，小心地向溶液中加入石油醚(30～60 ℃)，到出现浑浊为止[3]。将圆底烧瓶置于冰浴中冷却、结晶。抽滤，用少量石油醚洗涤晶体，得到己内酰胺产品约 1 g，产率约 50%。

己内酰胺易潮解，应储存于密闭的容器中。

（五）实验要求

(1) 查阅资料，综述己内酰胺的合成方法；

(2) 分析己内酰胺各种合成方法的优缺点，提出最佳合成路线。

（六）思考题

(1) 反式甲基乙基酮肟经 Beckmann 重排得到什么产物？

(2) 如果用氨水中和时，反应温度过高，将发生什么反应？

注意事项

[1] 与羟胺反应时温度不宜过高。加完环己酮以后，充分摇荡反应瓶使反应完全。若环己酮肟呈白色

小球状，则表示反应未完全，需继续振摇。

[2] 由于重排反应进行猛烈，故需在大烧杯中反应，以利于散热，使反应缓和。

[3] 用氨水中和时，反应强烈放热，且开始时溶液粘稠，散热慢，因此滴加氨水速度要慢。如果滴加氨水速度太快，会造成局部过热，发生酰胺水解而降低收率。

[4] 若加入石油醚的量超过原溶液 4～5 倍仍未出现浑浊，说明剩下的四氯化碳溶液太多。需加入沸石，重新蒸出大部分溶剂直到剩下很少量的四氯化碳溶液时，再加入石油醚进行结晶。

（杨涛，廖德仲 供稿）

实验 69　α-乙酰氨基肉桂酸的合成及氢化

α-乙酰氨基肉桂酸，别名：*D*，*L*-*N*-乙酰氨基肉桂酸，英文名：α-acetamidocinnamic acid。CAS 号：5469-45-4，分子式：$C_{11}H_{11}NO_3$，相对分子质量：205.21。白色吸湿性晶体，熔点：191～192 ℃，不溶于水，溶于醇。

N-乙酰-*D*，*L*-苯丙氨酸，别名：阿丙氨酸，英文名：N-acetyl-dl-phenylalanine crystalline。CAS 号：2901-75-9，分子式：$C_{11}H_{13}NO_3$，相对分子质量：207.23。白色结晶，熔点：152～153℃，溶于乙醇、乙酸乙酯。

N-乙酰-*L*-苯丙氨酸，别名：*N*-乙酰-*L*-A-氨基氢化肉桂酸，英文名：*N*-Acetyl-*L*-phenylalanine。CAS 号：2018-61-3，分子式：$C_{11}H_{13}NO_3$，相对分子质量：207.23，白色结晶，熔点：171～172 ℃；

N-乙酰-*D*-苯丙氨酸，别名：*N*-乙酰-*L*-A-氨基氢化肉桂酸，英文名：*N*-Acetyl-*D*-phenyl alanine。CAS 号：10172-89-1，分子式：$C_{11}H_{13}NO_3$，相对分子质量：207.23，白色细粉末晶体，熔点：167 ℃。

健康危害：α-乙酰氨基肉桂酸对眼睛和皮肤有刺激性，一旦与皮肤、眼睛接触，应立即用大量的水冲洗并尽快就医。α-乙酰氨基肉桂酸和 *N*-乙酰-*D*，*L*-苯丙氨酸均应于 0 ℃密封保存。

主要用途：α-乙酰氨基肉桂酸是重要的化工和医药中间体。用于合成苯丙氨酸及化妆品添加剂、紫外防护吸收剂等，是甜味剂阿斯巴甜(Aspartame)的主要原料，是医药输液与氨基酸胶囊以及口服液的原料药。*N*-乙酰-*D*，*L*-苯丙氨酸主要用于生化研究，抗抑郁药。

（一）实验目的

(1) 掌握 α-乙酰氨基肉桂酸的合成原理及方法；

(2) 学习 Raney 镍氢化催化剂的制备方法；

(3) 掌握常压催化加氢反应的操作。

（二）实验原理

由甘氨酸酰化合成 *N*-乙酰甘氨酸，再由苯甲醛和 *N*-乙酰甘氨酸发生反应合成 α-乙酰氨基肉桂酸。α-乙酰氨基肉桂酸在 Raney 镍催化下，常压加氢还原得到 *N*-乙酰-*D*，*L*-苯丙氨酸。

【主反应】

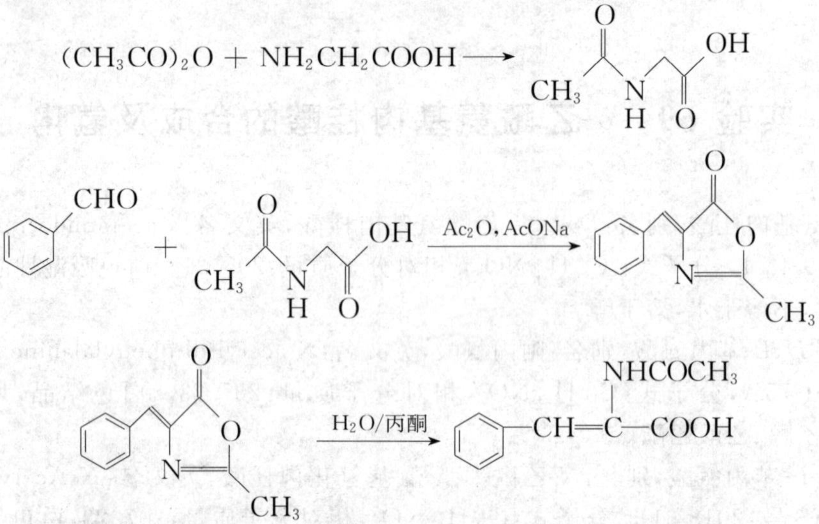

$$NiAl_2 + 2NaOH + 2H_2O \longrightarrow Ni + 2NaAlO_2 + 3H_2\uparrow$$

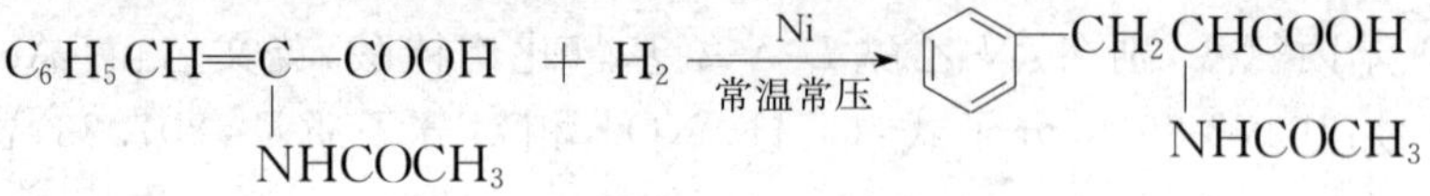

（三）实验仪器和试剂

【主要仪器】

圆底烧瓶（100 mL），三颈烧瓶（100 mL），烧杯，锥形瓶，热水漏斗，蒸馏头，直形冷凝管，球型冷凝管，接引管，分液漏斗。

【主要试剂】

7.5 g (0.1 mmol)甘氨酸，8.0 mL (79.1 mmol) 苯甲醛，3.0 g (36.6 mmol) 醋酸钠，乙酸酐，丙酮，无水乙醇，镍铝合金，活性炭，氢氧化钠，氢气。

【常压催化加氢装置】

由氢化反应瓶、贮气瓶、平衡瓶、三通活塞和磁力搅拌器组成常压氢化装置，如图 7-1 所示。其中，三通活塞(1)连接氢气贮存系统，三通活塞(2)连接真空系统。

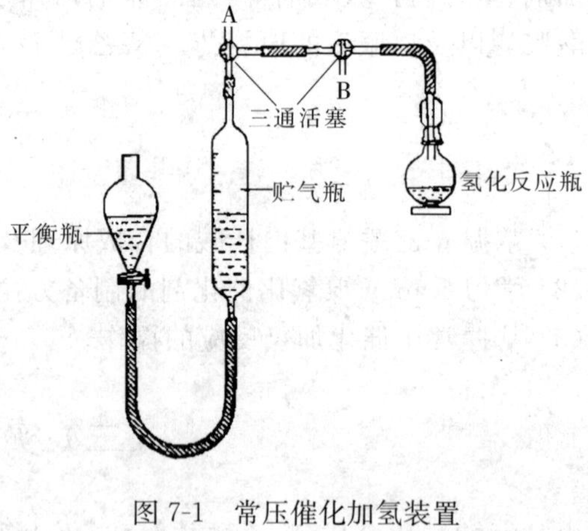

图 7-1　常压催化加氢装置

（四）实验步骤

1. **N-乙酰甘氨酸的合成**

在干燥的 100 mL 烧瓶中，加入 7.5 g (0.1 mmol)甘氨酸和 30 mL 水，常温搅拌，待固体全部溶解后，加入 20 mL 醋酸酐，继续剧烈搅拌 20 min，产生大量白色沉淀，置于冰箱中冷却 3 h，抽滤。固体用冰水洗涤，于 100～110 ℃烘干，得到乙酰甘氨酸约 8.0 g，产率约 68.4%，熔点：207～208 ℃。

2. α-乙酰氨基肉桂酸的合成

在 100 mL 三颈烧瓶上，安装好氮气保护装置及回流冷凝管，冷凝管上端接液封装置[1]。加入 5.85 g (50 mmol)乙酰甘氨酸和 3.0 g (36.6 mmol)新熔化且磨细的醋酸钠，通入氮气脱氧 10 min。注入 8.0 mL(79.1 mmol)新蒸苯甲醛和 12.5 mL 乙酸酐，磁力搅拌，氮气保护下加热，反应物溶解后，回流反应 1 h。自然冷却至室温，再放在冰箱中过夜，析出红棕色固体氮杂环丁内酯。加入 12.5 mL 水后混合均匀，抽滤，固体用冰水充分洗涤，真空干燥器中干燥(KOH 或 P_2O_5)，得到氮杂环丁内酯约 7.0 g，产率约 74.8%，熔点：148～150 ℃。

依次加入上述 4.7 g (25.1 mmol)氮杂环丁内酯、45 mL 丙酮和 17.5 mL 水到装有回流冷凝管和液封装置的 100 mL 圆底烧瓶中，磁力搅拌，加热溶解，再回流反应 4 h。常压蒸馏出丙酮，再加入 40 mL 水，煮沸至固体全溶。冷却至 80 ℃，加入 1 g 活性炭，煮沸 5～10 min，趁热用热水漏斗过滤，将滤液冷却至室温。再放置在冰箱中过夜，析出无色针状结晶，抽滤。晶体用冰水洗涤，在 90～100 ℃下，烘干，得到 α-乙酰氨基肉桂酸约 4.1 g，产率约 78.8%，熔点：191～192 ℃。

3. α-乙酰氨基肉桂酸的氢化

1) Raney 镍的制备

在 100 mL 烧杯[2]中，将 7 g (0.175 mol)氢氧化钠溶于 40 mL 蒸馏水，在冰水浴冷却下，使碱溶液温度降到 10 ℃以下。在搅拌下，把 4 g 镍铝合金(Ni 的含量为 40%～50%)按少量多次加入，这时反应放热，并有大量气体逸出。维持反应温度在 25 ℃以下，加完镍铝合金后，停止搅拌，撤去冰水浴，反应物在室温下放置 10 min。然后，在 70 ℃水浴中保温 0.5 h，倾去上层清液，固体用蒸馏水洗涤多次，直至用 pH 试纸检验洗涤液呈中性为止。最后，依次用 95%乙醇(3×10 mL)、无水乙醇(3×10 mL)洗涤[3]，得到 Raney 镍[4]。将 Raney 镍尽快转移到具磨口塞的 50 mL 锥形瓶中，并用无水乙醇覆盖，备用。

2) α-乙酰氨基肉桂酸的氢化

在 100 mL 圆底烧瓶(加氢反应瓶)内放入搅拌子，加入 4.1 g (0.02 mol) α-乙酰氨基肉桂酸和 50 mL 95%乙醇，磁力搅拌，并温热使之溶解。将所制备的 1.5 g Raney 镍加入烧瓶中，用少量乙醇冲洗附在瓶壁上的催化剂，将圆底烧瓶与常压催化加氢装置相连[5]，塞紧连有导气管的磨口塞，检查体系没有漏气后，在常压催化加氢装置中完成氢化操作[6]。

加氢反应结束后，取下烧瓶，反应液用布氏漏斗抽滤。由于 Raney 镍粒子很细，抽滤时最好用两层滤纸。滤纸上的 Raney 镍催化剂用少许乙醇洗涤后，放入指定的回收瓶中，严禁随意抛弃[7]。

滤液放入 100 mL 圆底烧瓶内，在沸水浴上常压蒸馏出乙醇，趁热将剩余物倒在已称量的表面皿上，冷却，即得 *N*-乙酰-*D*,*L*-苯丙氨酸晶体，干燥，称量产物，测其熔点。纯 *N*-乙酰-*D*,*L*-苯丙氨酸为白色结晶，熔点：152～153 ℃。

（五）实验要求

（1）查阅资料，综述 α-乙酰氨基肉桂酸的合成方法。

（六）思考题

（1）制备 Raney 镍时，应该注意哪些问题？

（2）哪些因素对 α-乙酰氨基肉桂酸的催化加氢反应有显著的影响？

注意事项

[1] 用 *N*-乙酰甘氨酸制备脱氢氨基酸时，所有的原料和仪器必须干燥，不能含有水分。在加入 *N*-乙酰甘氨酸之后，要使用氮气保护。加入苯甲醛及乙酸酐时采用注射器注入，所有操作不能接触空气。

[2] 制备和贮存 Raney 镍所用的烧杯、锥形瓶及氢化反应瓶等必须洗涤干净，然后用去离子水冲洗。这是保证反应顺利进行的先决条件。

[3] 每次洗涤时，通过倾倒法将乙醇分离出来，Raney 镍表面的溶剂不能全部挥发或抽干，以免引起 Raney 镍自燃。

[4] 制备的 Raney 镍，必须进行活性检测实验。用药勺取少量的 Raney 镍于滤纸上，待乙醇挥发后，Raney 镍能着火自燃，表明制备的 Raney 镍有活性，可以用于后续的氢化反应，否则 Raney 镍需要重新制备。

[5] 常压催化加氢装置的使用方法：

（1）检查系统是否漏气。将整个氢化系统与带有压力计的水泵相连，开启水泵，当抽到一定压力后，关闭水泵，切断与氢化系统的连接，观察压力计的读数是否发生变化。若系统漏气，应逐个检查玻璃活塞和磨口塞是否塞紧，橡皮管连接处是否紧密等，使系统排除漏气。

（2）排除系统内空气。① 打开贮气瓶的三通活塞 A，把盛有去离子水的平衡瓶的位置提高，使贮气瓶内充满水，赶尽贮气瓶内的空气。② 关闭贮气瓶的三通活塞 A，打开与水泵相连的三通活塞 B，开启水泵，抽去整个氢化系统内的空气，抽到一定压力后关闭三通活塞 B。③ 打开与氢气相连的三通活塞 A 进行充氢。如此抽真空、充氢，重复 2～3 次，即可排除整个系统中的空气。

（3）对贮气瓶内充氢。关闭与水泵相连的三通活塞，打开与氢气袋相连的三通活塞 A，使氢气与贮气瓶连通，同时把平衡瓶位置降低，使氢气顺利地进入贮气瓶中。待氢气充到适当体积后，关闭三通活塞 A，充氢即告结束。调整平衡瓶的位置，使其水平面与贮气瓶的水平面高度持平，记下贮气瓶内氢气的体积。

（4）开动电磁搅拌，进行氢化反应，并记下氢化开始的时间。每隔一段时间后，将平衡瓶水平面与贮气瓶水平面置于同一水平线上，记下贮气瓶内氢气的体积变化，按实验记录格式计算吸氢量。当吸氢的体积没有明显变化后，氢化反应即可停止。整个氢化反应时间约 0.5～1 h。

（5）结束氢化反应。关闭贮气瓶的三通活塞 A，打开与水泵相连的三通活塞，放掉系统内的残余氢气，取下氢化反应瓶。

[6] 使用氢气钢瓶，必须在教师指导下使用。也可用多个球胆或氢气袋。

[7] 催化剂抽干时，会导致催化剂自燃。万一催化剂着火，可迅速取下漏斗，用水冲灭即可。

（党丽敏，易兵 供稿）

实验 70 对硝基苯酚的合成

对硝基苯酚，别名：4-硝基苯酚或 4-硝基-1-羟基苯，英文名称：*p*-Nitrophenol。CAS 号：100-02-7，分子式：$C_6H_5NO_3$，相对分子质量：139.11。浅黄色结晶，无味。熔点：114～116 ℃，沸点：216 ℃，相对密度(d_4^{20})：1.479。常温下微溶于水，易溶于乙醇、氯仿及乙醚，可溶于碱液，能升华。

健康危害：本品对皮肤有强烈刺激作用。动物实验表明：对硝基苯酚可引起高铁血红蛋白血症，体温升高，肝肾损害。

主要用途：用作农药、医药、染料等精细化学品的中间体。用于制造非那西丁、扑热息痛、农药 1605、显影剂米妥尔、硫化草绿 GN、硫化还原黑 CL、硫化还原黑 CLB、硫化还原蓝 RNX、硫化红棕 B3R。也用作皮革防霉剂以及酸值指示剂。

（一）实验目的

（1）掌握高压反应设备的使用技术及安全知识；

（2）掌握水蒸气蒸馏、重结晶实验技术。

（二）实验原理

以对硝基氯苯为原料，通过高压水解反应制备对硝基苯酚。通过水蒸气蒸馏、酸化和重结晶等方法分离、纯化对硝基苯酚。

【主反应】

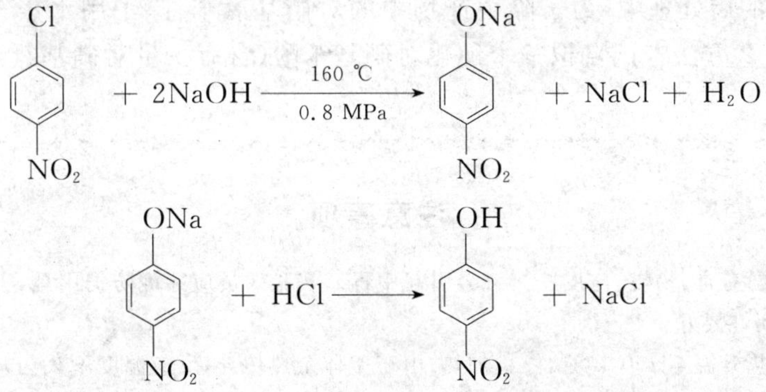

（三）实验仪器与试剂

【主要仪器】

高压釜(250 mL)，三颈烧瓶(500 mL)，水蒸气发生器，直形冷凝管。

【主要试剂】

10.5 g (60.5 mmol)对硝基氯苯,5.0 g (125 mmol)氢氧化钠,浓盐酸。

(四) 实验步骤

依次将10.5 g (60.5 mmol)对硝基氯苯[1]、5.0 g (125 mmol)氢氧化钠和90 mL水加入到250 mL的高压釜中。擦净高压釜口并盖严。加热并搅拌,1 h内使釜温升至160 ℃[2],釜内压力约0.8 MPa。

在搅拌下保温反应3 h后,停止反应,待釜体温度降至60 ℃,打开高压釜,将反应液转入500 mL三颈烧瓶中,水蒸气蒸馏,除去未反应的对硝基氯苯。

将三颈烧瓶中的剩余液趁热过滤至烧杯中,滤液用浓盐酸酸化至pH=3,冷却至室温,析出浅黄色对硝基苯酚晶体。抽滤、水洗后晾干。称重、测熔点并计算产率。

(五) 实验要求

(1) 深入了解芳环上亲核取代反应机理,以及这类反应在有机合成中应用。

(2) 掌握高压反应操作技术及水蒸气蒸馏实验技术。

(六) 思考题

(1) 试比较氯苯和对硝基氯苯水解反应的难易程度,并指出它们在水解反应中的条件差异?

(2) 本实验是采用提高封闭体系中的温度使溶剂蒸气压增大的方式来增加反应体系的压力,单靠这种方式所产生的压力是有限的,试问在一定温度下如何进一步提高釜内的压力?

(3) 在实验的后处理中,为了除去产物中的对硝基氯苯,除了用水蒸气蒸馏的方法外,还可采用其他什么方法?试自拟一个纯化对硝基苯酚(含有少量对硝基氯苯)的实验方案。

注意事项

[1] 对硝基苯酚有毒,易燃,与皮肤接触会引起中毒。实验人员应穿戴防护用具,实验场所应有良好通风条件,设备的密闭性要好。

[2] 高压釜加热升温至150 ℃时,停止加热,由于釜体余热传导,反应温度不久会升至160 ℃左右。

(罗志强,朱卫国 供稿)

附　录

附录 1　常用溶剂的物理常数

溶　剂	t_{mp}/℃	t_{bp}/℃	d_4^{20}	n_D^{20}	ε/(F·m^{-1})	Mr	μ/D
Acetic acid 乙酸	17	118	1.049	1.371 6	6.15	60	1.68
Acetone 丙酮	−95	56	0.788	1.358 7	20.7	68	2.85
Acetonitrile 乙腈	−44	82	0.782	1.344 1	37.5	41	3.45
Anisole 苯甲醚	−3	154	0.994	1.517 0	4.33	108	1.38
Benzene 苯	5	80	0.879	1.501 1	2.27	78	0.00
Bromobenzene 溴苯	−31	156	1.495	1.558 0	5.17	157	1.55
Carbon disulfide 二硫化碳	−112	46	1.263	1.629 5	2.6	76	0.00
Carbon tetrachloride 四氯化碳	−23	77	1.594	1.460 1	2.24	154	0.00
Chlorobenzene 氯苯	−46	132	1.106	1.524 8	5.62	112.5	1.54
Chloroform 氯仿	−64	62	1.489	1.445 8	4.81	119	1.15
Cyclohexane 环已烷	6	81	0.778	1.426 2	2.02	84	0.00
Dibutyl ether 丁醚	−98	142	0.769	1.399 2	3.1	130	1.18
o-Dichlorobenzene 邻二氯苯	−17	181	1.306	1.551 4	9.93	147	2.27
1,2-Dichloroethane 1,2-二氯乙烷	−36	84	1.253	1.444 8	10.36	99	1.86
Dichloromethane 二氯甲烷	−95	40	1.326	1.424 1	8.93	85	1.55
Diethyl ether 乙醚	−117	35	0.713	1.352 4	4.33	74	1.30
1,2-Dimethoxyethane 1,2-二甲氧基乙烷	−68	85	0.863	1.379 6	7.2	90	1.71
N,N-Dimethylacetamide N,N-二甲基乙酰胺	−20	166	0.937	1.438 4	37.8	87	3.72
N,N-Dimethylformamide (DMF) N,N-二甲基甲酰胺	−60	152 (153)	0.945	1.430 5	36.7	73	3.86
Dimethyl sulfoxide (DMSO) 二甲基亚砜	19	189	1.096	1.478 3	46.7	78	3.90
1,4-Dioxane 1,4-二氧六环	12	101	1.034	1.422 4	2.25	88	0.45
Ethanol 乙醇	−114	78	0.789	1.361 4	24.5	46	1.69
Ethyl acetate 乙酸乙酯	−84	77	0.901	1.372 4	6.02	88	1.88
Ethyl benzoate 苯甲酸乙酯	−35	213	1.050	1.505 2	6.02	150	2.00
Formamide 甲酰胺	3	211	1.133	1.447 5	111.0	45	3.37

续表

溶　剂	t_{mp}/℃	t_{bp}/℃	d_4^{20}	n_D^{20}	ε/(F·m^{-1})	Mr	μ/D
Hexamethylphosphoramide (HMPA) 六甲基磷酰三胺	7	235	1.027	1.458 8	30.0	179	5.54
Isopropyl alcohol　异丙醇	−90	82	0.786	1.377 2	17.9	60	1.66
Isopropyl ether　异丙醚	−60	68	0.725 8	1.36	1.37	102	4.00
Methanol　甲醇	−98	65	0.791	1.328 4	32.7	32	1.70
2-Methyl-2-propanol 2-甲基-2-丙醇	26	82	0.786	1.387 7	10.9	88	1.66
Nitrobenzene　硝基苯	6	211	1.204	1.556 2	34.82	123	4.02
Nitromethane　硝基甲烷	−28	101	1.137	1.381 7	35.87	61	3.54
Pyridine　吡啶	−42	115	0.983	1.510 2	12.4	79	2.37
tert-Butyl alcohol　叔丁醇	25.5	82.5	0.79	1.387 8	12.5	74	5.53
Tetrahydrofuran (THF) 四氢呋喃	−109	66	0.888	1.407 2	7.58	72	1.75
Toluene　甲苯	−95	111	0.867	1.496 9	2.38	92	0.43
Trichloroethylene　三氯乙烯	−86	87	1.465	1.476 7	3.4	131	0.81
Triethylamine　三乙胺	−115	90	0.726	1.401 0	2.42	101	0.87
Trifluoroacetic acid　三氟乙酸	−15	72	1.489	1.285 0	8.55	114	2.26
2,2,2-Trifluoroethanol 2,2,2-三氟乙醇	−44	74	1.384	1.291 0	8.55	100	2.52
Water　水	0	100	0.998	1.333 0	80.1	18	1.82
o-Xylene　邻二甲苯	−25	144	0.880	1.505 4	2.57	106	0.62

注：t_{mp}—熔点；t_{bp}—沸点；d_4^{20}—相对密度；n_D^{20}—折射率；ε—介电常数；Mr—相对分子质量；μ—偶极矩

附录 2　常用有机溶剂的纯化

市售试剂规格一般分为一级(GR)保证试剂、二级(AR)分析试剂、三级(CP)化学纯试剂和四级(LR)实验试剂。按照实验要求购买某一规格试剂与溶剂是化学工作者必须具备的基本知识。有些有机试剂与溶剂性质不稳定,储存太久易变色、变质,而化学试剂和溶剂的纯度直接关系到反应速率、反应产率及产物的纯度。为了合成某一目标分子,选择什么规格的试剂,以及为满足合成反应的特殊要求,对试剂与溶剂进行纯化处理,这些都是有机合成的基本知识与基本操作内容。这里主要介绍常用试剂和某些溶剂在实验室条件下的纯化方法及相关性质。溶剂的纯化工作主要应用于以下几种情况:

(1) 某些实验对溶剂的纯度要求特别高,普通市售溶剂不能满足要求;

(2) 溶剂久置,由于氧化、吸潮、光照等原因使之产生了其他杂质而不能满足实验要求;

(3) 溶剂用量甚大,需要以低规格的溶剂代替昂贵的高规格溶剂;

(4) 溶剂回收利用。

下面介绍 20 种常用溶剂在实验室中的纯化方法。

1. 丙酮(Acetone)

$t_{bp}=56.2$ ℃, $d_4^{20}=0.7899$, $n_D^{20}=1.3588$。

普通丙酮常含有少量的水及甲醇、乙醛等还原性杂质。普通丙酮的纯化方法有:

(1) 于 250 mL 丙酮中加入 2.5 g 高锰酸钾,加热回流。若高锰酸钾紫色很快消失,再加入少量高锰酸钾继续,加热回流至紫色不褪为止。然后将丙酮蒸出,用无水碳酸钾或无水硫酸钙干燥,过滤后蒸馏,收集 55～56.5 ℃的馏分。

【注意】用此法纯化丙酮时,丙酮中含还原性物质不能太多,否则会过多消耗高锰酸钾和丙酮,使处理时间增长。

(2) 将 100 mL 丙酮装入分液漏斗中,先加入 4 mL10％硝酸银溶液,再加入 3.6 mL 1mol/L 氢氧化钠溶液,振摇 10 min,分出丙酮层,再加入无水硫酸钾或无水硫酸钙进行干燥。最后蒸馏收集 55～56.5 ℃馏分。此法比方法(1)要快,但硝酸银较贵,只宜进行小量丙酮的纯化。

2. 四氢呋喃(THF, Tetrahydrofuran)

$t_{bp}=66$ ℃, $d_4^{20}=0.8892$, $n_D^{20}=1.405$。

四氢呋喃与水能混溶,常含有少量水分及过氧化物。若要制得无水四氢呋喃,可用氢化铝锂在隔绝潮气下回流(通常 1 000 mL THF 约需 2～4 g 氢化铝锂),除去其中的水和过氧化物,直至在处理过的四氢呋喃中加入钠丝和二苯甲酮,出现深蓝色的二苯酮钠,且加热回流蓝色不消退为止。然后在氮气保护下蒸馏,收集 66 ℃的馏分(蒸馏时不要蒸干,将剩余残液用异丙醇分解,再倒入指定回收缸中)。精制后的液体加入钠丝并应在氮气氛中保存。

处理四氢呋喃时,应先用小量进行试验,在确定其中只有少量水和过氧化物,作用不致过于激烈时,方可进行纯化。

四氢呋喃中的过氧化物可用酸化的碘化钾溶液来检验。若过氧化物较多,应另行处理为宜。

3. 1,4-二氧六环(1,4-Dioxane)

t_{bp}=01.6 ℃,d_4^{20}=1.093 37, n_D^{20}=1.422 4。

1,4-二氧六环能与水任意混合,常含有少量二乙醇缩醛与水,储存太久的1,4-二氧六环可能含有过氧化物(鉴定和除去方法与THF的相似)。1,4-二氧六环的纯化方法:在500 mL 1,4-二氧六环中加入8 mL浓盐酸和50 mL水,回流6~10 h,在回流过程中,慢慢通入氮气以除去生成的乙醛。冷却后,加入固体氢氧化钾,直到不再溶解为止,分去水层,再用固体氢氧化钾干燥24 h。然后过滤,在金属钠存在下加热回流8~12 h。最后在金属钠存在下蒸馏,将精制过的1,4-二氧六环加入钠丝密封保存,避免与空气接触。

4. 吡啶(Pyridine)

t_{bp}=115.6 ℃,d_4^{20}=0.983 1, n_D^{20}=1.510 2。

分析纯的吡啶含有少量水分,可供一般实验使用。如要制得无水吡啶,可用粒状氢氧化钾(钠)干燥过夜,然后隔绝潮气蒸出备用。干燥过的吡啶吸水性很强,保存时应将容器口用石蜡封好。

5. 石油醚(Petroleum ether)

石油醚为轻质石油产品,是低分子量的烷烃类混合物。按其沸程,收集不同温度区间的馏分。通常有30~60 ℃,60~90 ℃,90~120 ℃等沸程规格的石油醚。主要杂质是少量不饱和烃。

石油醚的精制:通常将石油醚用浓硫酸洗涤2~3次,经无水氯化钙干燥后蒸馏。若需绝对干燥的石油醚,可加入钠丝(与纯化无水THF相同)加热回流,然后蒸馏,备用。

6. 甲醇(Methyl alcohol)

t_{bp}=64.75 ℃,d_4^{20}=0.796 1, n_D^{20}=1.330 6。

普通未精制的甲醇常含有0.02%丙酮和0.1%水,而工业甲醇中这些杂质的含量一般为0.5%~1%。

为了制得纯度达99.9%以上的甲醇,可将甲醇用分馏柱分馏,收集65 ℃的馏分。若要获得绝对无水甲醇,则加入镁后再加热回流去水,然后蒸馏,备用。

【注意】甲醇有毒,处理时应防止吸入其蒸气。

7. 乙酸乙酯(Ethyl acetate)

t_{bp}=77 ℃,d_4^{20}=0.902 0, n_D^{20}=1.372 4。

乙酸乙酯一般含有少量水、乙醇和乙酸。可采用下列方法纯化:依次用5%碳酸钠溶液、饱和氯化钠溶液和饱和氯化钙溶液洗涤,无水碳酸钾干燥,蒸馏,即得乙酸乙酯纯品。

8. 乙醚(Diethyl ether)

普通乙醚常含有2%乙醇和0.5%水,储存太久的乙醚常含有少量过氧化物,其检验除去方法如下:

(1) 醇和水的检验及除去方法:在乙醚中加入少许高锰酸钾粉末和一粒氢氧化钠,静置后,若氢氧化钠表面附有棕色物,即证明有醇存在。水的存在用无水硫酸铜检验。醇和水的除去方法是:先用无水氯化钙除去大部分水,再经金属钠干燥。具体操作是:将100 mL乙醚放在干燥锥形瓶中,加入无水氯化钙干燥,瓶口用软木塞塞紧,放置一天以上,并间断摇动,然后蒸馏,收集33~37 ℃的馏分。用压钠机将1 g金属钠直接压成钠丝放于盛乙醚的瓶中,用带有氯化钙干燥管的软木塞塞住。或在木塞中插一末端拉成毛细管的玻璃管,这样既可防止潮气浸入,又可使产生的气体逸出。放置至无气泡产生即可使用;放置后,若钠丝表面已变黄变粗时,须再蒸一次,然后再压入钠丝。

(2) 过氧化物的检验和除去方法:在干净的试管中放入 2～3 滴浓硫酸、1 mL2%碘化钾溶液(若碘化钾溶液已被空气氧化,可用稀亚硫酸钠溶液滴至黄色消失)和 1～2 滴淀粉溶液,混合均匀后加入乙醚,出现蓝色即表示有过氧化物存在。除去过氧化物可用新配制的硫酸亚铁稀溶液(6 mL 浓硫酸用 100 mL 水稀释,加入 60 g $FeSO_4$)。将 100 mL 乙醚和 10 mL 新配制的硫酸亚铁溶液加入分液漏斗中,洗涤数次,至无过氧化物为止。

9. 二甲亚砜(DMSO,Dimethyl sulfoxide)

二甲亚砜能与水混溶,市售二甲亚砜含水量约为 1%,可用分子筛加以干燥,然后减压蒸馏,收集 71～72 ℃/2.8 kPa(21 mmHg)馏分。蒸馏时,温度不可高于 90℃,否则会发生歧化反应生成二甲砜和二甲硫醚。也可用氢化钙粉末(10 g/L)搅拌 48 h,再减压蒸馏。

【注意】二甲基亚砜与某些物质混合时可能发生爆炸,例如氢化钠、高碘酸或高氯酸镁等。

10. N,N-二甲基甲酰胺(DMF,N,N-dimethyl formamide)

t_{bp}＝153 ℃,d_4^{20}＝0.948 7, n_D^{20}＝1.430 5。

市售 N,N-二甲基甲酰胺含量不低于 95%,主要杂质为胺、氨、甲醛的水。常压蒸馏时有些分解,产生二甲胺和一氧化碳。在有酸或碱存在时,分解加快。若加入固体氢氧化钾(钠)在室温放置数小时后,即有部分分解。因此,常用硫酸钙、硫酸镁、氧化钡、硅胶或分子筛干燥,然后减压蒸馏,收集 76 ℃/4.8 kPa(36 mmHg)的馏分。如其中含水较多时,可加入 1/10 体积的苯,在常压及 80 ℃以下蒸去水和苯,然后再用无水硫酸镁或氧化钡干燥,最后进行减压蒸馏。纯化后的 N,N-二甲基甲酰胺要避光贮存。

11. 二氯甲烷(Dichloromethane)

t_{bp}＝39.7 ℃,d_4^{20}＝1.326 6, n_D^{20}＝1.424 2。

市售化学纯二氯甲烷的含量为 95%,一般可直接使用。如需要纯化,可依次用 5%碳酸钠溶液和水洗涤,再用无水氯化钙干燥,蒸馏,收集 39.5～41 ℃的馏分,保存在棕色瓶中。

【注意】二氯甲烷不可用金属钠干燥,否则会发生爆炸。

12. 冰醋酸(Acetic acid)

t_{bp}＝117.9 ℃,d_4^{20}＝1.049 2, n_D^{20}＝1.371 6。

市售冰醋酸(乙酸)常含有微量水、乙醛及其他可氧化物质。所含的水可加入适量五氧化二磷干燥、回流几小时除去(10 g/L)。乙醛等可与 2%三氧化铬共热(加热至刚刚低于乙酸的沸点)1 h,或用 2%～5%高锰酸钾溶液回流,然后蒸馏,收集馏分。

【注意】冰醋酸对皮肤有腐蚀作用,触及皮肤或溅到眼睛时,要用大量水冲洗。

13. 二硫化碳(Carbon disulfide)

t_{bp}＝46.4 ℃,d_4^{20}＝1.263 2, n_D^{20}＝1.631 9。

二硫化碳为有毒化合物,具有高度的挥发性和易燃性,能使血液神经组织中毒。因此,使用时应避免与其蒸气接触。普通二硫化碳中常含有硫化氢、硫磺和硫氧化合物等杂质,故其气味很难闻,久置后颜色变黄。

对二硫化碳纯度要求不高的实验,在二硫化碳中加入少量无水氯化钙干燥几小时,在水浴温度为 55～65 ℃下加热蒸馏,收集 45～46 ℃馏分。如需要制备较纯的二硫化碳,在试剂级的二硫化碳中加入 0.5%高锰酸钾水溶液洗涤 3 次，除去硫化氢，再用汞不断振荡以除去硫。最后用 2.5%硫酸汞溶液洗涤，除去所有的硫化氢(洗至没有恶臭为止)，再经氯化钙干燥，蒸馏，收集馏分。

14. 氯仿(Chloroform)

t_{bp}=61.7 ℃，d_4^{20}=1.489 2，n_D^{20}=1.445 9。

氯仿在日光下易氧化成氯气、氯化氢和光气(剧毒)，故氯仿应贮于棕色瓶中。市场上供应的氯仿多用 1%酒精做稳定剂，以消除产生的光气。氯仿中乙醇的检验可用碘仿反应；游离氯化氢的检验可用硝酸银的醇溶液。

乙醇除去方法：用所取氯仿的二分之一体积的水洗涤 5～6 次，然后用氯化钙干燥 24 h，蒸馏，收集馏分。

另一种纯化方法：每 200 mL 氯仿加入 10 mL 浓硫酸，振动 2～3 次后除去酸层，再用水洗涤氯仿，氯化钙干燥 24 h，蒸馏，收集馏分。

【注意】除去乙醇后的无水氯仿应保存在棕色瓶中并避光存放，以免光化作用产生光气。氯仿不能用金属钠干燥，以免发生爆炸。

15. 苯(Benzene)

t_{bp}=80.1 ℃，d_4^{20}=0.878 7，n_D^{20}=1.501 1。

普通苯常含有少量水和噻吩，噻吩的沸点为 84℃，与苯接近，不能用蒸馏的方法除去。

噻吩的检验方法：取 1 mL 苯加入 2 mL 溶有 2 mg 吲哚醌的浓硫酸，振荡片刻，若酸层呈蓝绿色，即表示有噻吩存在。

噻吩和水的除去方法：将苯装入分液漏斗中，加入相当于苯的体积七分之一的浓硫酸，振摇使噻吩磺化；弃去酸液，再加入新的浓硫酸，振摇重复洗涤几次，直到酸层呈现无色或淡黄色，并检验无噻吩为止。将上述无噻吩的苯依次用 10%碳酸钠溶液和水洗至中性，再用氯化钙干燥，常压过滤，蒸馏并收集 80 ℃的馏分。最后用金属钠脱去微量的水，即得无水苯。

16. 乙腈(Acetonitrile)

t_{bp}=81.6 ℃，d_4^{20}=0.785 7，n_D^{20}=1.344 2。

市售的乙腈常含有水、不饱和腈、醛和胺等杂质，也含有游离的氢氰酸。乙腈有毒。

乙腈的纯化方法：可先将乙腈用无水碳酸钾干燥，过滤，再与五氧化二磷(20 g/L)加热回流，直至无色，用分馏柱分馏，收集馏分，即可。

无水乙腈可贮存在放有分子筛(A_4)的棕色瓶中。

17. 甲苯(Toluene)

t_{bp}=110.6 ℃，d_4^{20}=0.866 0，n_D^{20}=1.496 1。

普通甲苯可能含有少量甲基噻吩。除去甲基噻吩的方法是将 1 000 mL 甲苯加入 100 mL 浓硫酸中，摇荡约 30 min(温度不要超过 30 ℃)，除去酸层，然后再依次用水、10%的碳酸钠水溶液和水洗涤，用无水氯化钙干燥过夜，过滤，常压蒸馏，收集纯品。

无水甲苯制备方法：先用无水氯化钙将甲苯进行干燥，过滤，加入少量金属钠丝和二苯甲酮，加热回流至出现深蓝色，再进行蒸馏，收集馏分，即可得无水甲苯。

18. 正己烷(*n*-Hexane)

t_{bp}=68.7 ℃，d_4^{20}=0.654 3，n_D^{20}=1.374 8。

用35%发烟硫酸分次振摇至酸层无色，再依次用蒸馏水、10%碳酸钠溶液、少量水洗涤2次，用无水硫酸钙或硫酸镁干燥，加入金属钠和二苯甲酮，加热回流至出现深蓝色，蒸馏，收集馏分。

19. 无水乙醇(Absolution ethylalcohol)

t_{bp}=78.5 ℃，d_4^{20}=0.789 3，n_D^{20}=1.361 1。

制备无水乙醇的方法很多，根据对无水乙醇质量的要求不同而选择不同的方法。

(1) 获得98%～99%的乙醇的提纯方法：

① 利用苯、水和乙醇形成低共沸混合物的性质，将苯加入乙醇中，进行分馏，在64.9℃时蒸出苯、水、乙醇的三元恒沸混合物，多余的苯在68.3 ℃与乙醇形成二元恒沸混合物被蒸出，最后蒸出乙醇。工业上多采用此法。

② 用生石灰脱水。于100 mL 95%乙醇中加入新鲜的块状生石灰20 g，装上回流冷凝管和氯化钙干燥管，回流2～3 h，然后进行蒸馏，收集78.5 ℃馏分。

(2) 获得99.9%以上的乙醇的提纯方法：

① 在100 mL99%乙醇中，加入2 g金属钠和二苯甲酮，加热回流至出现深蓝色，然后进行蒸馏，收集馏分。

金属钠虽能与乙醇中的水作用，产生氢气和氢氧化钠，但所生成的氢氧化钠又与乙醇发生平衡反应，形成乙醇钠和水，因此，单独使用金属钠不能完全除去乙醇中的水，须加入适量的高沸点酯，如邻苯二甲酸二乙酯与生成的氢氧化钠作用，可以消除上述反应，从而达到进一步脱水的目的。其反应式如下：

$$C_2H_5ONa + H_2O \rightleftharpoons C_2H_5OH + NaOH$$

$$o\text{-}C_6H_4(CO_2C_2H_5)_2 + 2NaOH \longrightarrow o\text{-}C_6H_4(CO_2Na)_2 + 2C_2H_5OH$$

② 在60 mL 99%乙醇中，加入5 g镁和0.5 g碘，待镁溶解并生成乙醇镁后，再加入900 mL 99%乙醇，回流5 h后，蒸馏，可得到99.9%乙醇。

由于乙醇具有非常强的吸湿性，所以在操作时，动作要迅速，尽量减少转移次数以防止空气中的水分进入，同时所用仪器必须事前干燥好。

20. 1,2-二氯乙烷(1,2-dichloroethane)

t_{bp}=83.4 ℃，d_4^{20}=1.253 1，n_D^{20}=1.444 8。

一般纯化可依次用浓硫酸、水、稀碱溶液和水洗涤，用无水氯化钙干燥，或加入五氧化二磷(20 g/L)，加热回流2 h，常压蒸馏，收集馏分。

附录3 常见共沸混合物的沸点与组成

1. 与水形成的二元共沸物

溶剂	沸点/℃	共沸点/℃	含水量/%	溶剂	沸点/℃	共沸点/℃	含水量/%
氯仿	61.2	56.1	2.5	甲苯	110.5	84.1	13.5
四氯化碳	77.0	66.0	4.0	正丙醇	97.2	87.7	28.8
苯	80.4	69.2	8.8	异丁醇	108.4	89.9	88.2
丙烯腈	78.0	70.0	13.0	二甲苯	137～140.5	92.0	35.0
二氯乙烷	83.7	72.0	19.5	正丁醇	117.7	92.2	37.5
乙腈	82.0	76.0	16.0	吡啶	115.5	92.5	40.6
乙醇	78.3	78.1	4.4	异戊醇	131.0	95.1	49.6
乙酸乙酯	77.1	70.4	6.1	正戊醇	138.3	95.4	44.7
异丙醇	82.4	80.4	12.1	氯乙醇	129.0	97.8	59.0

2. 与水形成的三元共沸物

共沸混合物	各组分的沸点/℃	共沸物的组成/%	共沸物的沸点/℃
水-乙醇-苯	100, 78.3, 80.6	7.8∶9.0∶83.2	70.3
水-乙醇-乙酸乙酯	100, 78.3, 77.1	4.3∶9.7∶86.0	61.8
水-乙醇-四氯化碳	100, 78.3, 76.8	7.4∶18.5∶74.1	64.9
水-乙醇-氯仿	100, 78.3, 61.2	7∶17∶76	62.1
水-正丁醇-乙酸乙酯	100, 117.8, 77.1	29∶8∶63	90.7
水-异丙醇-苯	100, 82.4, 80.6	7.5∶18.7∶73.8	66.5
水-二硫化碳-丙酮	100, 46.3, 54.6	0.81∶75.12∶23.98	38.0

3. 常见有机溶剂间的共沸混合物

共沸混合物	各组分的沸点/℃	共沸物的组成/%	共沸物的沸点/℃
乙醇-乙酸乙酯	78.3, 77.1	30∶70	72.0
乙醇-苯	78.3, 80.6	32∶68	68.2
乙醇-氯仿	78.3, 61.2	7∶93	59.4
乙醇-四氯化碳	78.3, 76.8	16∶84	64.9
乙酸乙酯-四氯化碳	77.1, 76.8	43∶57	74.8
乙酸乙酯-二硫化碳	77.1, 46.3	7.3∶92.7	46.1
甲醇-四氯化碳	64.7, 76.8	21∶79	55.7
甲醇-苯	64.7, 80.6	39∶61	58.3
丙酮-氯仿	56.5, 61.2	20∶80	65.5
丙酮-异丙醚	56.5, 69.0	61∶39	54.2
甲苯-乙酸	110.6, 118.5	72∶28	105.4
己烷-苯	69.0, 80.6	95∶5	68.8
己烷-氯仿	69.0, 61.2	28∶72	60.0
环己烷-苯	80.8, 80.6	45∶55	77.8

附录 4　商用氘代溶剂中残留质子的化学位移

溶剂名称	分子式	残留质子化学位移 δ/ppm	可能残留的水峰 δ/ppm
氘代氯仿	$CDCl_3$	7.26	1.56
氘代甲醇	CD_3OD	3.31	4.87
氘代丙酮	$(CD_3)_2CO$	2.05	2.84
氘代二甲亚砜	DMSO-d_6	2.50	3.33
氘代乙腈	CD_3CN	1.94	2.13
氘代苯	C_6D_6	7.16	0.40
重水	D_2O	/	4.79
氘代二氧六环	二氧六环-d_8	3.55	/
氘代乙酸	CD_3COOD	2.05,8.5[1)]	/
氘代三氟乙酸	CF_3COOD	12.5[1)]	/
氘代吡啶	C_5D_5N	7.15,7.55,8.70	4.80
氘代 N,N′-二甲基甲酰胺	DMF-d_7	2.77,2.93,8.05	

1）活泼质子的化学位移是可变的，取决于温度和溶质的变化

附录 5　商用氘代溶剂中碳原子的化学位移

溶剂名称	分子式	碳原子的化学位 δ/ppm
氘代氯仿	$CDCl_3$	77.06 ± 0.06
氘代甲醇	CD_3OD	49.00 ± 0.01
氘代丙酮	$(CD_3)_2CO$	29.84 ± 0.01,206.26 ± 0.13
氘代二甲亚砜	DMSO-d_6	39.52 ± 0.06
氘代乙腈	CD_3CN	1.32 ± 0.02,118.26 ± 0.02
氘代苯	C_6D_6	128.06 ± 0.02

附录 6　有机物各类氢核近似的化学位移

氢核类型	化学位移（δ/ppm）[1]	氢核类型	化学位移（δ/ppm）[1]
H—C—R	0.9～1.8	H—C—NR	2.2～2.9
H—C—R=C	1.6～2.6	H—C—Cl	3.1～4.1
H—C—R(=O)	2.1～2.5	H—C—Br	2.7～4.1
H—C≡C—	2.5	H—NR—	1～3[2]
H—C—Ar	2.3～2.8	H—C—O	3.3～3.7
H—C=C—	4.5～6.5	H—O—C(=O)—	10～13[2]
H—C(=O)—	9～10	H—OR	0.5～5[2]
H—Ar	6.5～8.5	H—Ar	6～8[2]

注：1）以 TMS 为标准，分子中其他的基团可能使信号在表中列出的区域以外出现；

2）与氧和氮相连的质子的化学位移与温度和溶液浓度有关

（沈平 供稿）

参考文献

[1] 湘潭大学有机化学教研室.有机化学实验,第一版.长沙:湖南科学技术出版社,2002.

[2] 关烨第,李翠娟,葛树丰.有机化学实验,第二版.北京:北京大学出版社,2002.

[3] 李兆陇,阴金香,林天舒.有机化学实验,第一版.北京:清华大学出版社,2001.

[4] 焦家俊.有机化学实验,第一版.上海:上海交通大学出版社,2000.

[5] 王福来.有机化学实验,第一版.武汉:武汉大学出版社,2001.

[6] 兰州大学/复旦大学化学系有机化学教研室.有机化学实验,第二版.北京:高等教育出版社,1994.

[7] 化工词典,http://www.chemyq.com/xz.htm.

[8] B. S. Furniss, A. J. Hannaford et al. Vogel's Textbook of Practical Organic Chemistry 5th. 世界图书出版公司北京公司,2004.

[9] 李英,孙淑琴.半微量有机化学实验,第一版.北京:化学工业出版社,2005.

[10] 何红运.本科化学实验,第一版.长沙:湖南师范大学出版社,2008.

[11] 赵剑英,胡艳芳,孙桂滨.有机化学实验,第一版.北京:化学工业出版社,2009.

[12] 陈琳.基础有机化学实验,第一版.北京:中国医药科技出版社,2009.

图书在版编目(CIP)数据

有机化学实验 / 朱卫国，罗虹主编.—湘潭：湘潭大学出版社，2009.12

ISBN 978-7-81128-161-3

Ⅰ. ①有… Ⅱ. ①朱…②罗… Ⅲ. ①有机化学—化学实验—高等学校—教材 Ⅳ. ①O62-33

中国版本图书馆 CIP 数据核字（2010）第 000717 号

有机化学实验

朱卫国　罗　虹　主编

责任编辑：王亚兰
封面设计：胡　瑶
出版发行：湘潭大学出版社
社　　址：湖南省湘潭市　湘潭大学出版大楼
电话(传真)：0731-58298966　邮编：411105
网　　址：http://xtup.xtu.edu.cn
印　　刷：长沙鸿和印务有限公司
经　　销：湖南省新华书店
开　　本：787×1092　1/16
印　　张：22
字　　数：536 千字
版　　次：2010 年 1 月第 1 版　2018 年 3 月第 6 次印刷
书　　号：ISBN 978-7-81128-161-3
定　　价：39.00 元